한국 교회를 살리는
정경해석 방법의 이론과 실제

한국 교회를 살리는
정경해석 방법의 이론과 실제

초판 1쇄 인쇄 | 2017년 8월 18일
초판 1쇄 발행 | 2017년 8월 25일
초판 2쇄 발행 | 2020년 8월 31일

지은이 배정훈
펴낸이 임성빈
펴낸곳 장로회신학대학교 출판부

등록 제1979-2호
주소 04965 서울시 광진구 광장로5길 25-1(광장동 353)
전화 02-450-0795
팩스 02-450-0797
이메일 ptpress@puts.ac.kr
홈페이지 http://www.puts.ac.kr

값 17,000원
ISBN 978-89-7369-415-0 93230

* 이 도서의 국립중앙도서관 출판예정도서목록(CIP)은
서지정보유통지원시스템 홈페이지(http://seoji.nl.go.kr)와
국가자료공동목록시스템(http://www.nl.go.kr/kolisnet)에서
이용하실 수 있습니다. (CIP제어번호 : CIP2017019706)

• 잘못된 책은 바꿔 드립니다.
• 이 책은 저작권법의 보호를 받는 저작물이므로 무단전재와
  복제를 금합니다.

한국 교회를 살리는
정경해석 방법의 이론과 실제

배정훈

장로회신학대학교출판부

추천의 말

❝ 이 책은 성경 본문에 대한 통시적인 역사비평적 관찰을 넘어서(우회하거나 무시하지 않고) 최종 본문으로서의 성경 본문의 통일성을 전제하는 공시적인 정경해석 방법에 의해 본문을 해석함으로써 오늘 살아계신 하나님의 말씀을 선포하고자 하는 저자의 오랜 동안의 일관된 관심과 연구의 열매이다. 이 책이 저자의 바람대로 한국 교회의 강단이 다시 살아나는데 귀하게 쓰임 받게 되기를 기대한다.

윤철호(장로회신학대학교 교수, 조직신학)

❝ 성경은 하늘의 신비를 담은 책이고, 그것을 전하는 메시지이기에 설교자에게는 그것을 어떻게 읽고 해석하느냐가 참으로 중요한 작업입니다. 정경해석 방법론을 통해 성경 본문을 읽고 거기에서 들은 메시지를 설교로 담아내는데 구체적 도움을 주는 본서는 설교자들에게 성경으로부터 듣는 과정과 해석의 과정에 실질적인 도움을 주는 유익한 책입니다. 수천년 전 하나님의 백성들과 교회를 향해 말씀 하신 내용을

전해주는 성경은 오늘도 말씀하시는 설교자입니다. 그러므로 설교자에게는 성경을 바로 읽고, 바로 듣고, 그 의미를 옳게 해석하여 오늘의 시대에 펼쳐주어야 하는 사명이 주어졌습니다. 그것이 교회와 그리스도인들에게 생명의 신비를 누리게 하는 지름길입니다. 설교자로 살기를 원하는 신학생들과 그 길을 가는 목회자들에게 실질적인 도움을 주는 책입니다. 일독을 권합니다.

김운용(장로회신학대학교 교수, 예배/설교학)

❝ 정말 꼭 읽고 싶었던 책이 나왔다. 이 책은 구약성경을 어떻게 읽고 해석하며 설교할 것인가에 대한 정답을 가르쳐주는 균형 잡힌 안내서이며 교과서라 생각한다. 저자 배정훈 교수님은 한국 교회를 바르게 세우는 데 많은 관심을 쏟으며 장로회신학대학교에서나 교회 현장에서 헌신하시는 구약학자이며 목회자이시다. 그러기에 성경 해석의 방법론으로 성경의 정경성에 바탕을 두어 정경해석의 이론과 실제를 상세히 이 책에 안내하고 있다. 특히 역사비평이 간과했던 본문 해석에 이르는 방법을 독자에게 친절히 제공한다. 오늘 바르게 성경을 읽고 해석하며 설교하려는 모든 신학생들과 목회자들에게 이 책을 꼭 읽기를 추천한다.

이경재 목사(함께하는교회 담임목사, 부천노회장)

머리말

　　불신자 가정에서 태어나 성경을 사랑하고 해석하는 목사와 교수가 되기까지 나에게는 하나님의 선하신 인도하심이 있었다. 나는 초등학교 2학년 때 충청북도 옥천군 지탄리의 한 시골교회에서 일주일간 여름성경학교를 통해 처음으로 하나님을 체험하고 성경에 관한 이야기를 들었다. 중학교 2학년 때는 아직 교회 생활은 하지 않았지만 학교 대표로 자유교양경시대회에 출전하면서, 그때 읽어야 할 책들 중에 서양 고전 중 하나인 성경을 시험 목적으로 읽다가 성경에 대한 지식을 얻었다. 그리고 고등학생 시절, 비로소 교회에 출석하면서 성경퀴즈대회에서 일등을 해서 사람들을 놀라게 하였다.
　　나의 성경 사랑은 서울 중앙고등학교 시절 매주 정기모임을 가지던 기독교반에서 시작되었다. 성경을 손에서 놓지 않고 꾸준하게 읽는 것이 경건의 핵심이라고 배운 나는 매일 성경을 읽게 되었고, 주말에는 친구들과 함께 모여서 선배들의 성경 강의를 들었다. 나의 사춘기의 흔들리는 가치관이 말씀에 의하여 서서히 형성되어 가던 기간이었다.
　　나는 유신 시대 말기 학생 운동이 절정에 달한 시기에 대학을 다녔다. 그때 나는 신학생들이 함께 생활하는 사당동의 한 기숙사에 살면서 신학생들을 가까이에서 접할 수 있는 기회를 가졌다. 뜻하지 않게 UBF 출신의 한 전도사에게 창세기를 배우면서 나는 귀납적 성경공부를 처음 배우게 되었다. 대학시절에는 강남터미널 앞에 있는 산성교회 청년부에 출석하였는데, 이 청년부의 주말모임에는 장신대 전도사들이 성경을 가르치는 전통이 있었다. 내가 청년부모임에 흥미를 붙이기 시작한 대학교 2학년 시절 교회 청년부 성경공부모임을 인도하는 김경조 전도사 역시 UBF 출신이었다. 그분은 목사 안수를 받은 후 현재 브라질 선교사로 활동하고 있다. 그분에게 1년 내내 요한복음을 배우고 겨울 동안 로마서를 배우면서 귀납적 방법을 체득하였다. 이후 나는 경건의 시간에 귀납적 성경공부를 적용하면서 성경 읽기를 생활화하였다. 신학을 공부하기 전에도 나는 교회 후배들을 이 방법으로 가르치곤 하였다. 신대원에 들어와서 교회 청년부를 맡아 청년들에게 성경을 가르칠 기회를 갖기 시작한 이래 지금까지 30여 년 동안 교회에서 성경을 가르치고 있다. 그동안 처음 배웠던 대로 귀납적 성경공부 방법은 한결 같이 단순하였지만, 그 형식이 담은 내용은 더 심화되어갔고 나의 성경연구의 기초가 되었다.

그렇게 교회 현장과 일상생활에서 귀납적 성경공부로 성경 연구의 맛을 느끼고 있었지만, 막상 신학교에서 성경 연구에 대하여 배울 기회는 많지 않았다. 역사비평의 산은 너무 높았고, 함께 공부하는 학생들은 중도에 길을 잃었다. 보수와 진보의 논쟁은 해결되지 않았고, 성경 연구로 가는 길에는 너무 큰 장애물들이 있었다. 특히 구약석의 방법론이라는 과목에서 역사비평에 힘겨워하는 신학교의 현실을 보게 되었다. 학교에서 배우는 학문과 교회에서 행하는 실천이 따로 놀고 있었다. 나에게 힘을 주는 것은 학교가 아니라 교회 현장이었다. 교회 현장의 역동감이 나에게 문제의식을 갖게 하고 길을 보게 하여, 정녕 내가 교회의 아들임을 깨닫게 만들었다. 신대원에서 공부하는 내내 구약학에서 어떤 힘이 느껴져서 구약학을 전공하기로 결심하고 유학을 떠났다. 이후 프린스톤 신학교(Princeton Theological Seminary) 대학원에서 성경을 사랑하는 교수들 가운데 영감을 주는 분들을 만났고, 버클리 연합신학대학원(GTU)에서 정경해석 방법을 공부하면서 브레바드 차일즈(Brevard. S. Childs)라는 신학자를 알게 되었다.

박사과정을 마칠 때쯤 되어서야 나는 비로소 한국 교회의 성경 해석의 근본적인 문제를 알게 되었다. 그것은 역사비평이 초래한 문제 곧 '관찰은 하지만 해석하지 않는다.'였다. 성경학을 기술하는 것(description)으로 정의하고 성경 해석에서 신학을 제외하여 조직신학에 넘겨줌으로 인해 초래된 신학의 부재가 바로 핵심 문제였다. 역사비평의 유산 아래 신학자의 내면에 해석을 두려워하는 자아가 숨어 있음을 알게 되었다. 신앙인으로서 역사비평을 버거워하는 신학자들은 본문을 해석하는 대신 본문에 대한 객관적인 관찰 뒤로 숨어 버린다. 그리하여 본문을 관찰하고 설명할 때에는 전문가의 능력을 뽐내지만, 해석의 단계에 들어서면 아마추어의 설익은 실력을 드러내 보인다. 역사비평 시대의 문제를 깨달은 나는 박사과정 중에 결심했다. 전문적인 성경 해석가가 되어 교회를 살리겠노라고.

대학생 때부터 성경공부를 열심히 했지만, 내가 신학교에서 성경을 본격적으로 가르친 것은 2000년 대전신학대학교에 구약학 교수로 부임하면서부터이다. 아직 성경 해석 방법론에 익숙하지 않았던 나는 처음에는 내가 감동적인 설교를 할 때 어떻게 해석이 이루어졌는지를 살펴보면서 성경 해석의 원리를 찾아 나갔다. 구약석의 방법론이라는 과목은 원래 성경 원어를 분석하여 성경 본문에 대한 바른 이해와 해석에 이르는 방법을 배우는 시간이다. 하지만 많은 신학생들은 원어 분석의 문턱에서 좌절하였다. 내가 신학교 시절에 좌절했던 그 과목을 가르치면서 나는 구약석의 방법론 과목을 단지 성경의 본문을 객관적으로 다루는 입문에 머물지 않고 설교를 위한 해석으로 나아가도록 가르치는 과목으로 만들려고 노력하였다. 그래서 원어 분석의 문턱을 낮추고 학생들이 해석의 방법을 배울 수 있도록 도왔다. 사실 본문의 원어를 분석하고 본문을 관찰하는 일은 주석을 참조하면 어느 정도 가능하다. 그러나 관찰에서 해석에 이르는 방법을 가르쳐주는 사람과 책들은 별로 없었다.

내가 계획한 구약석의 방법론 수업은 3주에 걸쳐 하나의 본문을 다룬다. 첫째 주에는 학생들이 본문의 원어를 다루면서 본문비평을 하는데, 원어 분석에 취약한 학생을 배려하여 조별로 진행한다. 둘째 주에는 학생들이 주석의 도움을 받지 않고 혼자서 성경 본문을 연구한다. 셋째 주에는 학생들이 주석까지 참조하여 해석을 시도하여 석의 방법 보고서를 제출한다. 학생들이 셋째 주에 마지막 보고서를 제출하면, 담당 교수는 각 항목을 점수화한 평가표에 따라 보고서를 평가한다. 학생들은 평가 시 지적받은 부족한 부분을 보완하여 다음 보고서를 작성한다. 나는 이런 방식의 수업을 대전신학대학교에서 시작한 다음 장로회신학대학교로 자리를 옮긴 다음에도 계속하였다. 돌아보면 지난 16년 동안 거의 매년 구약석의 방법론을 가르쳤다. 한 학기에 3-4개의 본문을 다루는 이 수업은 결코 쉽지 않다. 그래서 나는 이 작업을 "산고의 고통이 필요한 수업"이라고 표현하곤 한다. 이 수업을 들은 많은 학생이 한 학기 동안 본문을 다루는 능력이 향상되었다고 나에게 고백하였다. 그동안 나의 수업 방법도 계속 진화하였는데, 이 책은 바로 그동안의 노력의 결실이다.

성경 해석에서 중요한 것은 관찰(explanation)과 해석(interpretation)이다. 역사비평은 본문을 관찰하는데 큰 도움을 주지만, 관찰 이후의 접근에 대해서는 별다른 도움을 주지 못한다. 이 책은 성경 해석에 관한 다른 많은 책들과 달리 해석을 연습하도록 돕는데 초점을 두고 있다. 이것을 위해서 많은 성경 해석 방법 중에서 특별히 성경의 최종 본문을 강조하는 정경해석 방법을 취하여 본문 해석의 이론과 실제를 가르친다. 정경해석 방법이란 특별한 방법론이라기보다는 본문의 통일성의 전제 아래 성경 해석의 기초가 되는 관찰과 해석을 연습하는 것이다. 이 기초적인 방법을 훈련하면 다른 방법론으로 나아가 본문 연구를 심화할 수 있고, 설교를 위하여 본문을 다루는 능력을 함양하게 된다.

이 책에서 나는 그동안 발전된 정경해석 방법의 이론과 실제를 정리하는 한편, 학생들이 제출한 과제 중에서 모범적인 사례를 소개하면서 평가를 내렸다. 물론 이 책이 성경 해석을 배울 수 있는 유일한 책이 아니다. 성경 해석의 역사, 본문비평, 통시적인 방법과 공시적인 방법을 포함한 다양한 성경 해석 방법에 관한 책들이 이미 많이 출판되었다. 다만 이 책은 어떻게 본문에 대한 관찰로부터 해석에 이르고 나아가 설교에까지 도달할 수 있는지 그 절차를 가르친다. 관찰한 자료를 어떻게 해석할지에 관심이 있는 독자라면 이 책으로부터 도움을 받을 수 있을 것이다. 나는 이 책을 접하는 독자가 혼자서도 성경을 해석하는 방법을 터득할 수 있기를 바라는 마음을 갖고 이 책을 저술했다. 성경을 사랑하는 한국 교회의 목회자들이 이 책을 통하여 성경 해석의 새로운 지평을 열고 목회에 큰 힘을 얻게 되기를 바라며, 이 일을 통해 한국 교회의 강단이 살아나기를 소망한다.

2017년 8월
광나루에서
배 정 훈

차 례

추천의 말   5
머리말   7

제 I 부 | 성경 해석과 정경해석 방법   15

  1. 성경 해석에서 관찰과 해석의 이해   17
  2. 역사비평과 정경해석 방법   21
    (1) 성경 해석의 역사와 역사비평 방법   21
    (2) 역사비평학의 해석학적인 문제   26
      1) 사건이냐, 본문이냐?   29
      2) 비평이냐, 정경이냐?   31
      3) 서술이냐, 고백이냐?   32
    (3) 정경해석 방법의 기원   34
    (4) 정경해석 방법과 역사비평 방법   36

제 II 부 | 정경해석 방법의 이론   39

  1. 브레바드 차일즈와 정경적 접근   41
  2. 제임스 샌더스와 정경비평   44
  3. 정경해석 방법의 이론   45
  4. 성경 해석에 있어서 정경해석 방법의 적용   50

제Ⅲ부 | 정경해석 방법의 실제   53

1. 석의의 원리   55
2. 석의적 성경연구 방법의 순서   58
3. 석의적 성경연구의 실제   67
4. 석의 방법의 심화연구   79

제Ⅳ부 | 구약석의 방법론 수업의 실제   103

1. 여호수아 17:14-18   106
2. 창세기 39:1-23   134
3. 열왕기상 3:1-15   168

제Ⅴ부 | 구약석의 방법의 다양한 해석 연구 203
       (사사기 16:22-31)

1. 실패의 늪을 통과하는 법   205
2. 밑바닥에 선 목회자의 희망   232
3. 너는 나로 하여금   258
4. 절망에 빠진 자를 향한 하나님의 메시지   281
5. 좌절 속에 있는 지도자에게   303
6. 실패한 지도자를 향한 끝나지 않은 부르심 330

제 I 부

성경 해석과 정경해석 방법

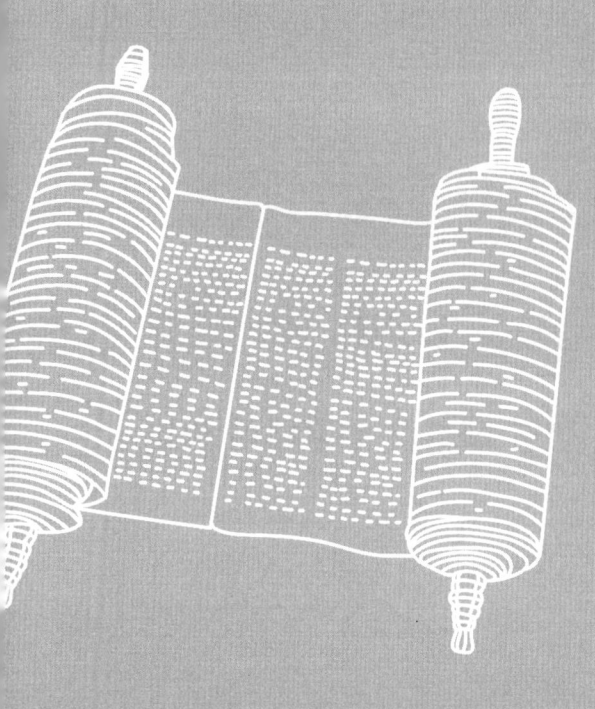

1. 성경 해석에서 관찰과 해석의 이해

한국 교회의 아름다운 전통은 성경을 사랑하는 것이다. 성경은 하나님의 말씀으로 우리들의 길을 제시하는 것이기에 우리는 성경에서 하나님의 음성을 듣고 싶어 한다. 그러나 성경에서 설교에 이르는 길은 생각만큼 그리 단순하지 않다. 그래서 많은 목회자들이 좌절한다. 누구나 성경으로부터 시작하지만 바른 길을 찾지 못하고, 바르지 않지만 편리한 길을 찾아 나선다. 가장 위험한 방법은 성경으로부터 시작하지만 성경보다는 성경 외의 자료 수집에 의존하여 청중을 감동시키려는 시도이다. 성경에서 벗어난 이러한 시도는 감동적일 수는 있지만, 본문을 다루는 능력을 향상시키지 못하고 매번 다음 주 설교를 걱정하게 만든다. 그런가하면 어떤 목회자들은 성경을 통해 자신이 속한 교단의 익숙한 교리를 증명하는 것으로 성경 연구를 대치한다. 이러한 교리 설교를 하는 목회자들은 어떤 본문을 설교하든지 늘 유사한 결론에 이르게 되고, 각 본문의 독특성을 놓치게 된다. 어떤 목회자들은 성경을 읽고 5분 이상을 설교하지 못하고 주석을 참조한다. 본문을 묵상하지 않고 주석을 참조하기 시작하면 설교자는 남의 이야기를 하는 듯한 어색함을 감출 수 없고 자신감을 상실하게 될 것이다.

성경을 강조한다고 모두 바른 길을 가는 것은 아니다. 관찰과 해석의 균형이 필요하다. 관찰을 강조하지만 해석을 시도하지 않거나 무시하는 목회자들이 있다. 본문의 내용만을 관찰할 경우 해석의 부재로 인하여 영적인 갈증이 초래된다. 이것이 역사비평의 가장 큰 문제이다. 반면 관찰을 가볍게 하고 바로 해석으로 들어가

다가 자의적으로 해석하는 목회자들도 있다. 이러한 해석은 본문의 증거가 부족하여 청중들의 확신을 유도하지 못하고 일관성 있는 신학을 형성하기 어렵다. 관찰과 해석을 균형 있게 전개하되 해석이 어떻게 이루어지는지에 큰 관심을 가지고 노력해야 한다.

이 책의 목표는 한국 교회의 상황에서 성경을 잘 해석할 수 있도록 돕는 것이다. 포도를 기계에 넣으면 포도주가 나오고 밀가루를 빵 만드는 기계에 넣으면 빵이 나오듯이, 성경을 읽고 이 책에서 제시하는 절차를 밟으면 청중들을 향한 설교가 나오도록 돕는 데 이 책의 주된 관심이 있다. 그렇다고 그 과정이 결코 쉽지는 않다. 하지만 과정을 몸에 익히고 나면 점차 성경 해석이 자유로워진다. 이 책은 성경을 관찰하고 해석하여 설교의 결과물이 나오기까지 그 객관적인 방법을 친절하게 알려주려는 목적을 갖고 있다. 나는 한국 교회를 살리는 길이 정경해석 방법에 입각하여 본문을 해석하는 것이라고 확신하고 있다.

성경 해석은 어떻게 이루어지는가? 하나님의 말씀이라는 권위를 가진 성경이 해석될 객체이고, 우리는 성경을 해석하는 주체이다. 본문을 해석하는 내내 성령께서 성경 해석의 전 과정을 인도하실 것이다. 성령이 인간을 사용하셔서 인도하는 해석은 어떻게 이루어지는가? 성경 해석을 뜻하는 석의(exegesis)란 주체인 인간이 객체인 본문의 뜻을 본문에 임의로 강요하지 않고, 본문으로부터 그 뜻을 귀납적으로 끌어내어 주체인 해석자의 삶과 관련을 맺게 만드는 것이다. 이러한 석의의 과정은 관찰과 해석으로 이루어진다. 석의의 첫 번째 단계인 관찰(explanation)은 객체인 본문을 주체인 해석자로부터 분리시켜 객관적으로 설명하는 것이다. 이 과정에서 우리는 주체의 자의적인 해석이 객체인 본문을 지배하지 않도록 주의하여야 한다. 본문의 철저한 객관화 과정은 누구나 이해 가능해야 한다. 석의의 두 번째 단계인 해석(interpretation)은 객관화

된 본문과 주체인 해석자를 연결하는 것이다. 지금까지 주체와 분리되어 철저히 주체와 거리를 두고 설명된 본문이 이제 주체와 관련을 가지면서 의미를 찾는 것이다. 해석은 과거를 담은 본문과 현재를 살아가는 주체의 간극을 넘어서 그 둘을 연결하려는 시도로써, 성경이 단지 과거에 어떤 의미였는지 묻는 것을 넘어서 현재 상황에서 해석자에게 어떤 의미를 주는지를 묻는 과정이다. 만약 본문에 대한 분석적인 설명 없이 본문을 해석하려 들면 자의적인 해석이 되지만, 본문의 충분한 설명을 동반한 해석은 해석자를 변화시켜 결단에 이르게 만든다.

관찰	본문을 해석자로부터 분리하여 객관화하라
해석	본문(과거)과 해석자(현재)를 연결하라

성경 석의를 관찰과 해석의 두 단계로 이해하는 것은 특별히 역사비평 방법의 남용을 극복하는데 도움이 된다. 역사비평은 성경 본문의 의미를 신학적 교리에 종속시키지 않으면서 본문이 과거에 무엇을 의미하였는지를 설명하기 위하여 발전하였다. 그렇지만 역사비평은 본문을 설명하지만 해석은 시도하지 않는 해석학적인 문제를 동반하였다. 이것은 역사비평이 본문이 과거에 무엇을 의미하였는지에 대해서는 말하지만, 본문이 오늘날 무엇을 의미하는지에 대해서는 관심이 없다는 것을 의미한다. 역사비평을 극복하려는 해석학의 등장은 본문의 과거와 현재를 연결하려는 시도와 관련되어 있다.

여기에서 관찰이란 해석이 아니라 객관적으로 본문을 다루는 방법(process)을 말한다. 본문의 특성에 따라 본문을 다루는 방법이 다를 수 있다. 다양한 방법에 따라 해석자의 관점이 다양할 수 있

고, 다양한 관점에 따라 관찰은 절대적이지 않고 다양하게 나타날 수 있다.[1]

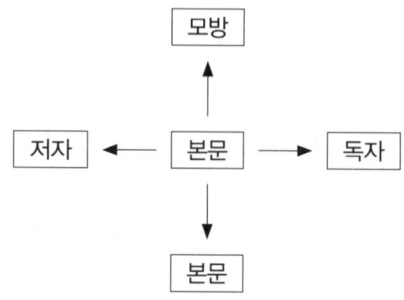

이 표는 본문을 어떠한 관점에서 볼 것인지에 대한 통찰력을 제공한다. 첫째, 모방의 방법은 본문이 역사적인 현실을 그대로 반영한다는 전제 아래 본문을 이해하는 것이다. 둘째, 본문을 저자의 의도의 관점에서 읽는 것은 역사의 틀(paradigm)을 사용한 역사비평의 방법과 일치한다. 자료비평은 본문을 독창적이고 천재적인 개인들이 창작한 문서들의 조합으로 본다. 양식비평은 각 문서를 한 개인의 작품이 아니라 오랜 기간에 걸쳐 만들어진 공동체의 작품으로 여긴다. 편집비평은 최종 본문을 확정한 저자의 의도를 가장 권위 있게 생각한다. 정경비평은 최종 본문의 형성 단계뿐 아니라 최종 편집을 통해 이루어진 정경 전체의 통전성에 관심을 가진다. 셋째, 저자나 독자보다는 본문 자체의 공시적 측면을 강조하는 방법으로 정경적 접근, 사회학적 비평, 수사 비평, 구조주의 비평, 이야기 비평 등이 있다. 마지막으로, 공시적인 방법 중에서 본문 자체보다는 독자를 더 강조하는 방법으로 독자 반응 비평, 여성 신학적 비평, 이데올로기 비평 등이 있다.[2]

---

1) John Barton, "Classical Biblical Criticism," *Journal for the Study of the Old Testament* 29 (1984), 19-35. 이하 '*JSOT*'.

2. 역사비평과 정경해석 방법

(1) 성경 해석의 역사와 역사비평 방법[3]

기독교가 시작된 이후 초기의 교회는 유대교로부터 구약성경과 더불어 다양한 성경 해석 방법을 이어받았고,[4] 이 유산 아래 예수 그리스도의 삶과 죽음과 부활의 사건을 새롭게 해석했다. 예수와 사도들은 통상적인 구약 해석 방법보다는 주로 기독론적(christological)이고 유형론적인(typological) 해석을 선호하였다. 신약성경이 형성되면서 구약성경과 신약성경의 연속성과 불연속성의 문제가 대두되었다. 한편으로 유대교(Judaism)와 유대교화 된 기독교인들(Judaizing Christianity)에 맞서 구약과 신약의 불연속성을 강조하면서 구약을 예수 사건의 빛 아래에서 해석했다. 다른 한편으로 기독교는 구약의 하나님과 신약의 하나님의 불연속성을 강조하는 영지주의자(Gnosticism)들과 마르시온주의자(Marcion)들에 대항하여 구약과 신약의 연속성을 입증해야 했다. 이단의 공격에 대항해야 했던 기원후 2세기의 교회는 권위 있는 정경(canon), 주교의 권위 있는 해석, 보편적으로 받아들여진 믿음의 규범(rule of faith)을 통하여 성경 해석의 통일성과 권위를 유지하였다.[5] 나아가서 역사적, 문법적 해석을 추구하며 유형론적인 해석을 강조하는 안디옥

---

2) 이동수, 『구약 주석과 설교』(서울: 장로회신학대학교 출판부, 2000).
3) 역사비평 방법에 대한 아래의 논의는 필자가 2016년 3월 22일 있었던 장신신학강좌에서 발표하고 이후 수정 보완하여 출판한 글을 이 책의 전체적인 주제에 맞추어 다시 수정하였다. 배정훈, "한국교회 성경해석 어떻게 할 것인가?" 『제1회 한국교회와 장신신학의 정체성』(서울: 장로회신학대학교 출판부, 2016), 17-34.
4) 중요한 방법으로 문자적(literal), 미드라쉬(midrash), 페쉐르(pesher), 알레고리적(allegorical), 그리고 유형론적(typological) 방법들이 있다. David S. Dockery, *Biblical Interpretation: Then and Now* (Grand Rapids: Baker Book House, 1992), 27-34.
5) David S. Dockery, *Biblical Interpretation*, 24-73.

학파(Antiochene School)와, 본문의 문자적 의미를 넘어서 알레고리적 의미를 추구하는 알렉산드리아 학파(Alexandrian School)가 발전하였다.6) 그러나 어거스틴과 토마스 아퀴나스를 거치면서 중세의 성경 해석은 가톨릭 교리를 증명하는 "증빙본문"(proof-text) 인용이었다. 즉, 성경 해석의 일차 목표는 교회를 지탱하는 교리를 증명하는 것이었고, 성경 자체의 해석은 이차적인 관심에 머물러 있었다. 종교개혁자들은 루터(Martin Luther)와 칼뱅(Jean Calvin)을 필두로 교회의 신학적 편견으로부터 자유로운 성경 이해를 추구하면서 성경본문의 역사적, 문자적, 문법적 해석을 강조하였다. 종교개혁자들은 "오직 성경"(Sola Scriptura)이라는 원리를 주장하고, 성경만이 성경을 해석한다는 명제를 강조하고, 성경의 신적 영감설(divine inspiration)을 주장하였다. 루터에 따르면 성경은 그 자체로 명료하고, 성경 자체가 성경의 해석자이며 모든 것을 조명한다. 루터는 "그리스도의 발견"을 성경 해석의 중요한 기준으로 삼았다.7) 칼뱅도 성경을 교회의 유일한 권위로 강조하였지만, 루터와는 차이를 보였다. 칼뱅은 좋은 주석의 미덕을 명료성과 간결성에서 찾았으며, 기독론적인 해석은 영적이지만 반드시 역사적이어야 한다는 점을 강조하였다.8)

종교개혁 이후 등장한 근대주의(modernism)에 대한 기독교 내서로 다른 반응은 역사비평 방법(historical-critical method)과 스콜라주의(scholasticism)로 이어졌다. 근대성에 대하여 역사비평 방법이 진보적인 반응이라면, 스콜라주의는 보수적인 반응이라고 말할 수 있다. 근대성에 기초한 근대 철학의 기초는 데카르트가 제시한 "방

---
6) 베르너 진론드, 최덕성 역, 『신학적 해석학』(서울: 본문과 현장 사이, 2000), 44; David S. Dockery, Biblical Interpretation, 75-128.
7) 에드가 크렌츠, 김상기 역, 『역사적 비평방법』(서울: 한국신학연구소, 1988), 22-23.
8) Gerald Bray, Biblical Interpretation (Leicester: Apollos, c1996), 189-220.

해받지 않는 자유롭고 중립적인 이성"이다.⁹⁾ 근대성은 유럽과 미국에서 1차 과학혁명과 2차 과학혁명을 통하여 변화된다. 18세기 말 이전 유럽과 19세기말 이전 미국에서 1차 과학혁명의 패러다임에 근거한 고전적 근대성이 나타났다면, 18세기말 이후 유럽과 20세기 초 미국에서는 2차 과학혁명의 패러다임에 근거한 유기적 근대성이 출현했다. 고전적 근대성이 고정적이고 불변적인 법칙을 발견하고 파악한 뉴턴의 역학에 근거했다면, 유기적 근대성은 다윈주의(Darwinism)와 역사주의에서 시작하는 2차 과학혁명과 낭만주의 인식론에 기반을 두었다.¹⁰⁾

개신교 근본주의는 개신교 자유주의와 다른 방식으로 근대주의에 응답했다. 종교개혁 이후 등장한 개신교 스콜라주의는 환원주의적 성경신학, 인간의 전적 타락, 성경의 축자영감설 등을 기초로 하여, 교리의 정통적 체계를 뒷받침하는 증거 본문으로 성경을 활용하였다.¹¹⁾ 개신교 스콜라주의의 뒤를 이어 미국에서 근대주의에 저항하는 개신교 근본주의가 등장했다. 개신교 근본주의는 유기적 근대성보다는 고전적 근대성을 수용하였다.¹²⁾ 종교개혁 전통을 따라 성경의 절대 권위를 강조하면서 성경무오설을 주장했다. 고등비평을 용납하지 않았으며, 성경무오설을 지키기 위해 축자영감설과 문자주의적 성경 해석을 강조했다. 문자주의적 성경 해석의 이론적 토대를 제공한 스코틀랜드 상식철학에 따르면,¹³⁾ 상식을

---

9) "근대성은 인식론적 차원의 개념으로 개인의 의식을 인식론적 토대로서 주체 우위의 철학을 전개한다. … 이는 주체와 객체의 양분을 전제하며 주체에 의한 객체의 파악, 지배, 정복을 그 핵심적 내용으로 삼는다. 이러한 맥락에서 자연/초자연, 정치/종교 등의 양분법이 산출되면서 종교의 영역이 새롭게 자리잡힌다." 이진구, "미국 개신교 근본주의의 형성과 그 성격에 관한 연구 - 근대성 수용양태를 중심으로," 「종교학 연구」 13 (1994), 114-15.
10) 위의 책.
11) 프레드릭 C. 프루스너/존 H. 헤이스, 장일선 역, 『구약성경 신학사』(서울: 나눔사, 1991), 23-36.
12) 미국의 근본주의의 특징에 대해서는 다양한 논의가 있다. Ernest Robert Sandeen, *The Roots of Fundamentalism; British and American millenarianism, 1800-1930* (Chicago, University of Chicago Press, 1970); 죠지 마르스텐, 홍치모 역, 『미국의 근본주의와 복음주의 이해』(서울: 성광문화사, 1998), 13-16.

지닌 사람이라면 누구나 사실적인 인식 대상을 파악할 수 있기 때문에 사실의 기록인 성경을 읽고 성경의 진리를 있는 그대로 파악할 수 있다. 또한 성경은 오류가 없는 사실 기록이기 때문에 성경의 문자적 사실을 수집하고 체계화하면 성경의 진리를 파악할 수 있다는 것이다. 이와 같이 개신교 근본주의는 성경의 초자연적 기원을 전제한 가운데 경험주의에 기초한 귀납적 상식철학을 방법론적 무기로 삼아 성경의 절대 무오성과 문자주의적 성경 해석을 변호하였다.[14]

근대주의에 대한 한 반응으로서 개신교 자유주의는 개신교의 정체성을 유지하면서 동시에 다원주의와 역사적 성경 비평의 인식론에 기초한 유기적 근대성을 수용하였다. 그리하여 개신교와 진화론을 결합한 유신론적 진화론과, 개신교와 역사주의적 성경 비평을 결합한 고등비평적 성경 해석을 발전시켰다.[15] 이 시기에 완성된 역사주의는 모든 것이 발전하며 처음과 중간과 끝이 있는 역사를 가진다는 발전론적 역사관을 기초로 역사비평의 세 가지 원리를 제시하는데, 비평(criticism)의 원리,[16] 유비(analogy)의 원리,[17] 상관관계(correlation)의 원리[18] 등이 바로 그것이다.[19] 요컨대 개신교 근대주의는 2차 과학혁명, 낭만주의, 역사주의의 틀 안에서 출현한 진화론과 고등비평이라는 새로운 지적 도전에 직면하여 유기적 근

---

13) "상식철학이란 베이컨의 경험주의 철학에 기초하여, 우리의 인식은 지각 대상을 있는 그대로 파악할 수 있으며 지각의 직접적인 대상은 외적 대상 자체이고, 우리가 기억하는 것은 과거의 사건 자체라는 것이다." 이진구, "미국 개신교 근본주의의 형성과 그 성격에 관한 연구," 119.
14) 이진구, "미국 개신교 근본주의의 형성과 그 성격에 관한 연구," 120.
15) "역사주의적 성경비평을 수용한 개신교 근대주의는 교리보다 종교적 삶 자체를 종교적 핵심으로 간주함으로 지성을 강조하는 계몽주의적 사고 대신 감정을 중시하는 낭만주의적 사고를 추구하고, 성경에 대한 문자주의적 해석을 맹목적인 해석으로 반대하고, 고등비평을 수용하였다." 이진구, "미국 개신교 근본주의의 형성과 그 성격에 관한 연구," 116.
16) 역사는 오직 개연성의 형태로만 기술될 수 있다.
17) 현재의 경험과 사건이 과거 기술의 개연성을 판단하는 기준이 된다.
18) 모든 역사적 현상들은 상호연관 되어 있으므로 역사해석은 인과 고리에 의하여 좌우된다.
19) 크렌츠, 『역사적 비평방법』, 99. Ernst Troeltsch, "Historical and Dogmatic Method in Theology," in *Religion in History*, trans. J. L. Adams and W. F. Bense (Minneapolis: Fortress, 1991), 11-32.

대성을 수용함으로써 그 도전에 대응했다고 말할 수 있다.[20]

역사비평은 성경신학의 아버지라고 불리는 요한 필립 가블러(Johann Philip Gabler)가 제시한 방법론을 통하여 발전하였다.[21] 가블러는 교리신학의 기초를 확실히 하기 위해서 문법적, 역사적 성경 연구에 기초한 성경신학의 독립이 필요하다고 주장하였다. 가블러의 관심은 어떻게 성경의 역사적 연구가 신학에 공헌하는가를 살피면서 신학적인 반성과 역사적인 연구를 긴장 관계에 있는 것으로 이해하였다.[22] 그러나 가블러 이후에 성경신학의 역사적인 성격에 대한 강조는 분석적인 것(analytical)과 해석적인 것(constructive)의 분리를 가져왔고,[23] 신학적인 질문은 점차 무시되었다.[24] 19세기 중반에 그라프-바트케-벨하우젠 등의 종교사 연구에서 성경의 역사성을 과도하게 강조하는 역사비평 방법이 절정을 이루고 구약성경 연구는 이스라엘 종교사로 대체되게 되었다.[25]

---

20) 이진구, "미국 개신교 근본주의의 형성과 그 성격에 관한 연구," 117.
21) 가블러의 의도는 성경에 이성적으로 방어할만한 기초를 제공함으로써 전통적인 개신교의 정통 신학을 개혁하려는 것이었다. 애초 그의 강조점은 사실상 성경 비평을 교리적인 추론으로부터 독립시키는 것이 아니라 교리 신학의 기초를 확실히 하려는 것이었다.
22) 가블러에 대하여는 다음의 책들을 참조하라. 벤 올렌버거(Ben Ollenburger)의 다음 글들을 참조하라. "From Timeless Ideas to the Essence of Religion" and "Old Testament Theology: A Discourse on Method," in *Biblical Theology: Problems and Perspective*, 3-19, 81-103, eds. Steven J. Kraftchick et al. (Nashville: Abingdon, 1995); "Biblical Theology: Situating the Discipline," in *Understanding the Word*, 37-62, eds. J. T. Butler et al. (Sheffield: JSOT, 1985).
23) "가블러는 성경 기자들이 무엇을 생각하였는가를 기술하는 분석적인 과제를 교회가 나중에 성경을 어떻게 수용하고 사용하려고 했는가를 해석하는 건설적인(해석적인) 과제로부터 구별하였다." 브레바드 S. 차일즈, 『구약신학』(서울: 크리스찬 다이제스트, 1992), 14.
24) "이미 바우어(G. L. Bauer)와 드베테(W. M. L. de Wette)의 신학 안에 역사적인 과제와 해석적인 과제가 모두 각각 유효한 것이지만, 두 과제가 이미 갈등을 일으키고 있었다. 가블러가 제시한 성경신학의 두 단계 (분석적인 과제와 해석적인 과제)가 성경에 대한 역사비평 방법이라는 한 단계로 축소되었음에 틀림없다. 20세기의 성경신학은 Schlatter로부터 Stuhlmacher에 이르기까지, 그리고 Vatke로부터 von Rad, G. E. Wright 그리고 Gese까지 전적으로 그러한 통합의 산물이었다." Ollenburger, "Biblical Theology," 47-48.
25) J. Wellhausen, *Prolegomena to the History of Ancient Israel* (Scholars Press Reprints and Translation Series; Edinburgh: A. & C. Black, 1885. Reprint, Atlanta: Scholars Press, 1994). 라이너 알베르츠, 강성렬 역, 『이스라엘 종교사』(서울: 크리스찬 다이제스트사, 2003), 15-24.

(2) 역사비평의 해석학적인 문제

이제 한국교회사에 등장한 역사비평 논의를 살펴보자. 역사비평은 이성과 역사주의라는 비판적인 관점에서 성경을 연구한다. 역사비평에 대한 역사적인 논의는 주로 역사비평과 자유주의 신학과의 관계를 중심으로 설명할 수 있다. 역사비평 자체가 자유주의 신학을 본질적으로 포함하고 있는 것인지, 아니면 신학과 무관한 객관적인 방법인지 살펴볼 일이다.

초창기 한국 교회 안에서는 역사비평의 순기능을 소개하려는 시도가 있었지만,[26] 곧 역사비평이 자유주의 신학과 동일하게 여겨지면서 역사비평에 대한 부정적인 인식이 많아졌다.[27] 보수주의 입장은 역사비평에 저항하고 자유주의 입장은 역사비평을 받아들였다. 하지만, 양측 모두 역사비평의 역기능과 순기능을 동시에 인식하고 있었다. 총신대의 김정우는 역사비평이 계몽주의의 산물로서 이성 중심적 합리적 세계관을 전제하며 이로 인해 유신론적 세계관과 충돌하지만, 역사비평이 제기한 문제들은 성경의 문법적, 역사적, 신학적 차원을 깊이 드러내었다는 사실을 인정한다.[28] 한신대의 김이곤은 오늘날 성경해석학이 실종된 원인을 근본주의자들의 오만과, 성경해석학의 사명감을 박탈하는 학문주의의 오만 즉 교회 현장에 유익하지 않은 학문적 회의주의에서 발견한다고 말하면서 보수주의와 자유주의를 모두 비판한다.[29] 장신대의 박수암에 따르면, 역사적 개신교는 자유주의적 비평에 빠져서도 안 되지만,

---

26) 양주삼, "구신약전서총론,"「신학세계」I/1 (1916), 69-88; I/2(1916), 61-75; I/3(1916), 43-68; I/4(1916), 18-29. 어도만, "고등비평,"「신학지남」III/4 (1920), 423-431; "모세오경의 진위,"「신학지남」IV/2 (1924), 13-40.
27) 대표적으로 성경 해석에 역사비평 방법을 적용하여 문제가 된 사건은 아빙돈 단권주석 사건이며, 이후에 성경의 역사비평적 해석을 놓고 진보 진영과 보수 진영이 갈등이 심화되고, 교파 분열에도 영향을 주게 된다. 왕대일, "한국 구약학의 회고와 전망," 한국문화연구원 편,「신학연구 50년』(서울: 도서출판 혜안, 2003), 59-61.

반(反)비평주의를 지향해서도 안 된다고 하면서 비평 방법을 신중하게 사용할 것을 제안한다.30) 김지철은 역사적인 물음이 없는 본문 해석은 가현설의 위험에 빠지기 쉽기 때문에 역사비평을 거절할 이유가 없다고 본다. 다만 역사비평은 본문이 전달하려는 신앙의 확실성을 확보하는데 목적을 두어야 한다고 주장한다.31) 성종현은 역사비평의 사용을 받아들이지만 최종 단계에서 성경신학적 해석으로 끝맺어야 한다고 주장한다.32) 김중은은 보수주의와 자유주의의 차이를 결정하는 것은 성경에 나타난 사건의 역사적 사실성과 정확성을 받아들이는 데 있다고 보면서, 성경유오설과 성경무오설의 관점에서 보수주의와 자유주의를 구분한다.33) 또한 그는 종교개혁의 전통은 역사적-비평적 방법이 아니라 문법적-역사적인 방법임을 강조한다.34) 학자들이 주목하는 것은 근본주의의 문자주의와 몰-역사주의, 그리고 역사비평과 자유주의적 신학과의 결합만이 아니라 해석학의 부재에 대한 경고 등이다. 요컨대, 장신대는 근본주의 입장과 달리35) 역사비평의 유효성을 인정하는 한편 역사비평이 자유주의 신학과 결합될 때 발생하는 위험을 인식하고 있다.36)

성경 해석을 위하여 우리는 역사비평을 조심스럽게 사용해야

---

28) "지난 200년 동안 구약학을 지배해온 역사비평의 세계관과 그 학문적 출발점을 비판하며 거부한다. 왜냐하면 역사비평은 바로 계몽주의의 산물로서, 그 근본정신에 있어서 만물의 척도로서 이성중심적 합리적 세계관을 전제하고 있으며, 이것은 성경이 주장하고 있는 유신론적 세계관과 심각한 충돌을 일으키기 때문이다." 김정우, "21세기 총신 구약학의 정체성과 통전적 융합을 위한 모색," 「신학지남」 75 (2008), 7-24.
29) 김이곤, "성경해석학의 위기와 새 소명," 「기독교사상」 43 (1999), 21-29.
30) 박수암, "성경해석방법론," 총회헌법개정위원회 신앙고백과교리분과위원회 편, 『21세기 한국장로교의 신앙과 신학의 방향』(서울: 한국장로교출판사, 1999), 138. 156.
31) 김지철, "누가복음 서문(눅 1, 1-4)의 해석학적 의미," 「교회와 신학」 30 (1997 가을), 150.
32) 성종현, "크리스찬과 성경해석," 「장신논단」 (1986), 22.
33) 김중은, "장신대의 신앙과 신학노선: 성경신학적 관점에서," 「장신논단」 18 (2002.12), 15.
34) 위의 논문, 19.
35) "비평학을 백안시하거나 분리주의적인 전투를 하는 근본주의자와는 구별되는 개혁교회 전통의 복음주의 입장을 지켜나갔다." 위의 논문, 39.

한다. 역사비평의 기초가 되는 이성과 역사주의는 인과율에 기초한 실증주의적 역사 이해와 내재주의적 세계상을 전제하고 있으며, 이것은 초자연적 계시와 초월적 하나님을 전제하는 기독교적 세계관과 차이가 있다는 사실을 기억할 필요가 있다.[37] 그러나 최근 성경 해석은 본문의 통시적인 이해를 위한 역사적 틀과 본문의 공시적인 설명을 위하여 문학적 틀을 동시에 사용하는 한편, 본문에 대한 이러한 객관적인 설명에 머물지 않고 신학적인 해석에까지 나아간다. 말하자면, 역사(history), 문학(literature), 신학(theology)의 틀을 모두 사용한다.[38] 이러한 맥락에서 역사비평은 본문의 역사적 틀을 설명하는 도구가 될 수 있으며, 다음과 같은 순기능을 가진다.[39] 첫째, 역사비평학자들은 문법서, 사전, 용어 색인 등 연구 도구를 마련해준다. 둘째, 본문의 지리적, 역사적 문맥에 대한 연구를 통해 이스라엘과 초대교회의 역사를 새롭게 보게 한다. 셋째, 성경의 본래적인 문법적, 역사적 의미를 더 잘 파악하게 한다. 넷째, 성경이 시대적인 한계를 지닌 역사적 성격의 문서임을 밝히고 성경 시대와 우리 시대 사이의 역사적 간격을 깨닫게 한다. 다섯째, 역사비평은 성경이 최초로 전승이 형성된 후부터 최종 본문까지 형성되

---

[36] "장신대 신학은 성경비평학을 결정적인 도구로 환영하여 받아들이지 않지만, 결코 백안시하거나 적대시하지 않는다." 위의 논문, 43. 장신대의 성경해석방법의 통전적인 특징에 대해서는 이미 많은 연구가 이루어졌다. 성종현, "신약성경과 통전적 성경해석," 임성빈 편, 『제3,4회 춘계신학강좌』(서울: 장로회신학대학교 출판부, 2012), 297-330; 김태훈, "통전적 신학의 구약학에서의 적용가능성에 대한 한 모색," 임성빈 편, 『제3,4회 춘계신학강좌』(서울: 장로회신학대학교 출판부, 2012), 333-65.

[37] 보수적인 입장은 역사비평의 이러한 특성 때문에 성경 해석을 위하여 이 방법을 사용하기를 거부하고 문학적 방법을 선호한다. 이한영은 역사비평이 다른 방법론을 거부하는 배타성의 문제가 있으며, 역사비평의 결과를 객관적으로 증명하는 것도 어렵기 때문에 받아들이기 어렵다고 말한다. 그는 역사비평이 본문을 이해하는데 있어서 역사적인 틀을 제공한다는 긍정적인 면도 받아들이지 않는 것으로 보인다. 이한영, 『패러다임 맥락에서 본 성경해석학』(서울: 나눔사, 2003). 73-242.

[38] 역사, 문학, 신학을 사용한 성경 해석에 대한 다음 연구를 참조하라. Andreas J. Koestenberger and Richard D. Peterson, Biblical Interpretation: Exploring the Hermeneutical Triad of History, Literature, and Theology (Kregel: Academic, 2011).

[39] 크렌츠, 『역사적 비평방법』, 112-19.

어가는 과정을 보여줌으로 공동체의 통시적(diachronic) 자기 이해를 돕는다. 역사비평의 이러한 긍정적 기능은 성경 해석에 큰 공헌을 한다.

반면 역사비평의 역기능은 성경 본문의 역사적 특성에 대한 지나친 강조에서 비롯된 것이다. 역사비평의 문제를 극복하기 위해서는 자유주의나 보수주의의 범주에 머물러 있어서는 안 된다. 우리는 최종 성경 본문이 해석을 위한 권위를 갖게 함으로써 역사비평의 해석학적인 문제를 극복해야 한다. 가블러가 명료화하고 발전시킨 역사적 방법론은 다음 세 가지 측면에서 해석학적인 질문을 제기한다. 1) 사건이냐, 본문이냐? 2) 비평이냐, 정경이냐? 3) 서술이냐, 고백이냐?[40]

1) 사건이냐, 본문이냐?

성경 해석의 첫 번째 질문은 본문을 해석하는 최종 권위가 본문 그 자체에 있는가 아니면 본문이 기술하는 사건에 있는가 하는 것이다. 한스 프라이(Hans Frei)는 이 문제를 집중적으로 연구하였다.[41] 프라이에 따르면 역사비평이 발흥한 18세기 이전 기독교는 성경을 교리적, 교훈적으로 이해하는 동시에 문자적, 역사적으로 이해하였다.[42] 그러나 역사비평의 발흥과 더불어 성경의 의미를 찾는 실마리로 보았던 성경 이해가 성경에 대한 역사적 이해, 즉 본문 자체를 넘어 그것들이 기록하고 있는 사건들에서 의미를 찾는 성경 이해로 대치되었다는 것이다. 차차 성경학자들에게 본문에 대한 관심이 줄고 역사적 사건을 재구성하는 시도에 대한 관심이

---

40) 세 가지 주제는 역사비평의 해석학적인 질문을 볼 수 있도록 돕는다. 존 H. 세일해머, 김진섭 역, 『구약신학개론』(서울: 솔로몬, 2003).
41) 한스 W. 프라이, 김진섭 역, 『성경의 서사성 상실』(서울: 한국장로교출판사, 1996).
42) 위의 책, 13.

증가되었다. 역사비평을 따르는 독자는 성경을 읽을 때 독특한 관점으로 해석되어 독자 앞에 있는 본문의 의미를 찾기보다는 해석된 의미가 제거되어 객관적이라고 여기는 사건에서 의미 찾기를 시작한다.[43] 진보적인 학자들이나 보수적인 학자들 중에서 실제로 무슨 일이 일어났는지에 관심을 가지고 역사적으로 재구성된 사건에 성경 해석의 최종 권위를 부여하는 학자들이 많다.

역사적 사건을 가장 중요한 요소로 받아들인다면 성경 해석에 있어서 사건을 역사적으로 재구성하는 것이 가장 중요하다. 사건을 역사적으로 재구성하는 것이 성경 연구의 목표가 된다면, 어떤 사건을 재구성하기 위해서는 성경뿐 아니라 고대 근동의 다른 문헌들과 고고학적인 자료 등 다양한 자료들이 필요할 것이고, 결국 성경은 여러 역사적 자료들 중의 하나로 전락하게 될 것이다. 그러나 바른 성경 해석에 있어서 성경 해석의 최종 권위는 본문 안에 있다. 성경 본문은 특정한 관점에서 역사적 사건을 해석하고 있는 문학적 형태의 산물이다. 우리 앞에 놓인 성경 본문은 그 본문이 가리키는 원래 사건에 대한 다양한 해석에 대해 열려 있는 것이 아니라, 다양한 해석의 관점들 가운데 그 사건을 독특하게 해석한 그 관점을 전제하는 최종 본문으로 우리 앞에 놓인 것이다. 그러므로 바른 성경 해석은 재구성된 역사적 사건에 초점을 맞추는 것이 아니라, 특정한 관점의 해석을 담고 있는 본문 자체에 초점을 맞추어야 한다.

성경 해석의 초점을 역사에서 본문으로 옮기는데 결정적인 역할을 한 사람은 게르하르트 폰 라드(Gerhard von Rad)이다.[44] 그는 성경 본문 뒤에 있는 역사적 사건을 말하는 것은 불가능하다고 주

---

43) "역사비평은 본문에 나타난 사건에 대한 객관적인 재건이 가능하다고 믿고, 성경을 사건의 재건을 위한 보조 자료로 사용한다. 보수적인 학자들도 의미에 대한 역사적 이해를 시도하면서, 역사적인 유추 원리를 이용하여 기초를 제시한다." 세일해머, 김진섭 역, 『구약신학개론』, 143. C. F. Keil, *Biblical Commentary on the Old Testament*, vol. I (Grand Rapids: Eerdmans, 1971), 478.
44) 게르하르트 폰라드, 허혁 역, 『구약성경 신학』 I, II (왜관: 분도출판사, 1976).

장한다. 그는 성경에 기록된 사건들을 역사적으로 재구성하기보다는 성경 본문의 전승사가 가진 신학적 의미를 더 강조하면서 성경 본문의 전승사에 대한 신학적 이해를 제시하였다. 이것은 성경 연구의 초점을 역사적 사건에서 성경 본문으로 이동시키는 출발점이 되었다. 이러한 접근이 제시하는 방법은 다음과 같다.[45] ① 역사 속에서 이루어지는 하나님의 계시는 사건을 통하여 나타났다. 그러나 성경의 독자가 그 계시의 사건에 접근하는 유일한 방법은 성경 본문 속에서 나타난 기록자들의 해석을 통해서이다. ② 성경 본문은 처음 사건이 일어난 후에 공동체의 계속적인 해석을 담고 있다. 과거 역사에 대한 계속적 해석을 통하여 최종 본문이 이루어졌기 때문에, 본문 해석의 권위는 최종 본문 안에 있다. 본문으로부터 재구성한 전승과 해석의 전 역사는 가설로만 존재할 뿐 최종 권위를 갖지 못한다. ③ 성경 해석의 대상은 본문이 담고 있는 역사적 정황이 아니라 일정한 관점으로 해석된 최종 본문이다.

2) 비평이냐, 정경이냐?

두 번째 질문은 본문을 해석하는 최종 권위가 비평적으로 재구성된 역사에 있는가 아니면 정경에 나타난 역사에 있는가 하는 것이다. 이 질문의 배후에는 현재 주어진 정경이 실제 역사와 일치하지 않는다는 역사비평적 이해가 있다. 만약 성경에 기록된 사건이 실제 일어난 역사와 일치하지 않는다면 역사비평이 제시하는 기준을 따라 실제 역사를 재구성하고 설명할 필요가 있는 것 아닌가? 보수적인 학자들 중에는 성경은 실제 역사에 기초하고 있다고 강조하는 학자들이 있는 반면에, 비평적 학자들은 실제 역사를 재구성

---

45) 세일해머, 『구약신학개론』, 148.

하기 위하여 철저한 비평적 접근이 필요하다고 강조한다. 사건 중심의 비평적 접근은 성경 해석을 위한 출발점을 역사적 사건의 비평적 재구성 위에 세우려 한다.[46)]

정경으로서 성경이 해석의 대상임을 강조하는 입장은 브레바드 차일즈(Brevard Childs)를 통하여 발전되었다. 그는 정경으로서 성경을 해석하는 방식을 다음 세 가지 측면에서 설명한다.[47)] ① 정경적 접근은 중립을 표방하는 비교종교학적 접근과 구별된다. ② 정경적 접근은 성경 본문을 단지 자료로 다루는 입장과 달리 증언으로 다룬다. ③ 이스라엘의 정경적 역사라는 표현은 사건을 조망하는 틀이 객관적이고 비평적인 방법을 통해 재구성된 객관적 실체를 상정하는 시각이 아니라 이스라엘의 고유한 시각임을 의미한다. 따라서 해석의 대상은 비평적으로 재구성된 역사가 아니라 이스라엘의 고백에 따라 이루어진 정경의 최종 본문이다. 우리에게 주어진 계시는 비평적으로 재구성된 역사가 아니라, 정경의 형태로 주어진 정경적인 역사이다.

3) 서술이냐, 고백이냐?

세 번째의 질문은 구약 해석의 목표를 본문에 대한 서술로 볼 것인가 아니면 본문에 대한 고백으로 볼 것인가 하는 것이다. 가블러 이후 성경 해석이 역사적 탐구의 도구를 사용하는 역사 연구가 되면서, 성경 연구가 고백적이기보다는 서술적으로 변화되었다.[48)] 가블러의 역사적 방법론은 시대를 따라 다음과 같이 변화되었다.

첫째로, 18세기에 적용된 가블러의 방법은 구약에서 발견되는

---

46) 위의 책, 179.
47) 브레바드 S. 차일즈, 유선명 역, 『신구약 성경신학』(서울: 은성, 2001), 128.
48) 세일해머, 『구약신학개론』, 274 이하.

영원 가치의 종교적 진리들이 계몽주의에서 각광받는 보편적 진리, 즉 자유, 하나님, 영혼불멸과 관계된다고 이해하였다. 계몽된 성경학자들은 이성과 자유에 대한 그들의 견해가 실제적으로 성경의 역사적 의미라고 인식하였다.[49] 둘째로, 19세기에 적용된 가블러의 방법에 영향을 미친 두 가지 사건이 있다. 하나는 계몽주의에 대한 반작용으로서 낭만주의의 등장이다. 낭만주의가 가진 특징은 이성에 반하는 비이성과 감정, 논리적 명제들에 반하는 사고의 중심범주로서의 역사, 그리고 인위적인 체계에 반하는 개념들의 성장과 발전을 강조하는 지적 발전의 한 모델로서 유기적 발전주의이다. 다른 하나는 간단한 것에서 복잡한 것으로 옮겨가는 개념 발전과 패턴을 강조하는 진화론적 관점이다. 이제 구약을 계몽주의의 거울에 비친 이미지로 보지 않고, 원시적인 종교 민족주의로 보게 되었다. 그 결과 종교사학파가 등장했다.[50] 셋째로, 20세기에 적용된 가블러의 방법은 크리스터 스텐달(Krister Stendahl)에게서 나타난다.[51] 스텐달은 구약성경이 오늘날 현대인들에게 무슨 의미가 있는지를 밝히는 일을 포기하고, 구약성경이 과거에 주어졌던 의미가 무엇인가를 밝히는 일을 구약성경 해석의 목표로 규정했다. 이제 구약성경은 서술적 접근을 통하여 조직적-교의적인 범주로부터 해방되었다. 서술적인 접근에 반하는 고백적 접근이 여전히 존재했지만,[52] 역사비평의 과제를 본문에 대한 객관적인 서술로 이해하는 흐름을 바꾸지 못했다. 신학을 제거함으로써 구약학을 객관적인 서술의 학문으로 만들려는 역사비평의 시도는 해석학적인 문제를 제기하는데, 이것은 역사비평의 파산을 선고하는 정경해석 방법의

---

49) 위의 책, 278.
50) 위의 책, 279.
51) K. Stendahl, "Biblical Theology, Contemporary," in *The Interpreter's Dictionary of the Bible*, vol. 1, 418-32 (Nashville: Abingdon, 2009).
52) 아이스펠트(Otto Eissfeldt)와 아이히로트(W. Eichrodt)가 대표적이다.

중요한 출발점이 된다.

결론적으로 역사비평이 제기한 문제점을 극복하는 성경 연구의 방향은 다음과 같이 정리할 수 있다.[53] 성경 해석의 대상으로서 특별계시의 자리는 역사적 사건이 아니고 우리에게 주어진 본문이다. 즉, 본문을 단순히 역사적 사건에 접근하는 통로나 사건 속 계시에 대한 정보를 제공하는 자료 혹은 계시 이해의 창으로만 보아서는 안 된다. 우리의 해석 대상은 역사적 사건에 대한 특정한 관점의 해석을 내포하고 있는, 우리에게 주어진 본문이다. 즉, 본문은 객관적인 내용이 아니라 특정한 관점의 해석을 담고 있다. 구약성경의 본문은 네 가지 특성을 가지고 있다: ① 구약성경 본문은 기록된 문서이다. ② 구약성경 본문은 저자의 의도를 나타낸다. ③ 구약성경 본문에는 그것이 전달되는 상황이 있다. ④ 구약성경 본문은 문예 형식을 띠고, 실제 세계를 언어적 용어로 재생하며, 사건의 대체물이 아니라 묘사하는 사건들에 대한 하나의 해석이다. 역사비평의 문제는 성경의 의미를 역사적 사실로 축소하고 역사의 재건을 성경 해석의 목표로 삼는데 있다. 이제 성경 해석의 대상은 특정한 관점으로 해석된 본문이 되어야 한다.

(3) 정경해석 방법의 기원

여기에서 성경신학운동을 살펴보는 이유는 이 운동이 미국에서 나타났을 때 보여준 성경에 대한 보수적인 해석과 진보적인 해석의 갈등이 오랫동안 한국 교회가 직면해온 상황과 유사하기 때문이다. 성경신학 운동은[54] 역사비평의 파산 위기 앞에서 신정통주

---

53) 세일해머, 『구약신학개론』, 147-150.
54) 성경신학운동에 대한 자세한 설명은 다음 글을 참조하라. James Barr, "Biblical Theology," in *The Interpreter's Dictionary of the Bible*, supplementary volume (1976): 104-11; James Barr, "The

의로부터[55] 영향을 받은 미국 상황에서[56] 보수적인 입장에서 주도권을 가지고 보수주의와 자유주의를 넘어서는 해법을 제시하였다. 첫째, 성경신학 운동은 성경의 신학적인 차원을 찾으려고 노력하였다.[57] 이는 성경 해석에 있어서 역사적인 해석을 신학적인 해석에서 분리하려는 역사비평의 시도에 대한 저항이었다. 성경신학 운동은 신정통주의에 기초하여 객관적으로 분석하는(analytical) 일과 신학적으로 해석하는(constructive) 일 사이의 간격을 메우기 위하여 성경적인 범주를 채택하였다. 둘째로, 성경신학 운동은 역사비평 방법을 성경의 진리를 증명하는 도구로 삼았다. 성경신학 운동은 역사비평 방법의 남용을 지켜보았기 때문에 역사비평이 바른 기능을 하기 위해서는 성경적인 범주에 종속되어야 한다고 여겼다. 그래서 이 운동은 이스라엘 종교와 역사가 고대 근동의 문화와는 다른 독특성을 가지고 있다는 것을 증명하려고 시도하였다. 성경신

Theological Case against Biblical Theology," in *Canon, Theology, and Old Testament Interpretation: Essays in honor of Brevard S. Childs*, 3-19, eds. G. M. Tucker et al. (Philadelphia: Fortress, 1988); Brevard S. Childs, *Biblical Theology in Crisis* (Philadelphia: Westminster, 1970); Steven J. Kraftchick, "Facing Janus: Reviewing the Biblical Theology Movement," in *Biblical Theology*, eds. Steven J. Kraftchick et al. (Nashville: Abingdon, 1995), 54-77.

55) 성경신학운동은 자유주의 신학에 대한 급진적인 응답이라는 면에서 신정통주의와 유사하다. 제임스 바아는 말한다. "두 운동(성경신학운동과 신정통주의)에 공통적인 것은 자유주의 신학에 대한 부정적인 반응인데 이 운동들이 반대하는 것은 건조한 역사비평 방법을 적용하는 자유주의, 분석적인 경향과 자료비평에 의존하는 것, 보편적인 신학 경향, 그리고 신학적인 관심과 실존적인 관심의 부족 등이다." Barr, "Biblical Theology," 105. 그러나 차일즈는 성경신학운동과 신정통주의를 구별하려고 하였다. 그는 이렇게 말한다. "성경신학운동은 미국적인 발전과 '성경신학'이라는 용어의 폭넓은 사용의 차이를 제안한다. 성경신학은 당대의 고백적인 정통주의에 대한 반응으로서 성경적이라고 알려진 신학을 서술하기 위하여 이성주의자와 경건주의자들에 의하여 종교개혁 이후에 등장한 것이라고 볼 수 있다. … 브레데(Wrede), 바이스(Weiss), 그리고 슈바이처 (Schweitzer) 등은 하르낙의 옛 자유주의의 기초를 허물고 바르트와 불트만으로 대표되는 성경신학의 다른 이해의 가능성을 열었다. 그러나 성경신학운동은 이 구조와는 다르다." Childs, *Biblical Theology in Crisis*, 18-19.

56) 차일즈는 말한다. "이차 세계대전 이후, 자유주의와 보수주의의 대결을 넘어서는 다른 것이 있었다. 하나는 성경비평을 조건 없이 유용한 도구로 받아들이는 것이고, 다른 하나는 고백적인 신학을 받아들이는 것이었다. 이는 미국적인 정황으로서 유럽의 신학에 열려 있으면서도 미국적인 문제를 서술하는 것이었다." 위의 책, 20-21.

57) 크라프칙(Kraftchick)은 이렇게 말한다. "성경신학이 재발흥하게 된 중심에는 소위 말하는 성경신학운동이 있다." Kraftchick, "Facing Janus," 58. 바아(Barr)는 성경신학운동이 성경신학의 일부임을 강조한다. "성경신학운동은 신정통주의 운동과 유사한 운동으로 보는 것이 나을 것이다." Barr, "Biblical Theology," 105.

학 운동에서 제시하는 모든 증거의 목적은 이스라엘을 통해 주어진 계시가 독특하다는 사실을 입증하는 것이었다. 역사 속에 나타난 하나님의 계시에 대한 성서신학 운동의 강조는 고고학의 발전을 촉진하였다.[58]

그러나 성경신학 운동은 보수주의와 진보주의를 효과적으로 통합하지 못했고, 결과적으로 성경신학 운동이 택한 방법이 건강하지 못하다는 것이 판명되었다. 성경신학 운동의 몰락은 두 가지 측면에서 초래되었다. 제임스 바아(James Barr)는 성서신학 운동의 절차와 주석의 문제를 제기한 반면,[59] 랭던 길키(Langdon Gilkey)는 성경신학운동이 일반적인 해석학을 무시하는 점을 비판하였기에 해석학에 대한 관심이 강조되었다.[60] 원래 성경신학운동은 해석학의 문제로 인하여 시작되었지만 해법을 제시하는 데 실패하고 대안으로 정경해석 방법이 대두되었다.

(4) 정경해석 방법[61]과 역사비평 방법

역사비평의 역기능과 순기능 앞에서 정경해석 방법은 어떤 입장을 취하였는가? 첫째, 정경해석 방법은 역사비평의 순기능으로서 역사라는 틀을 포기하지 않았다. 차일즈는 정경해석 방법이 여

---

58) 이는 성서고고학에 대한 관심을 불러 일으켰다. 성경에 관한 역사적이고 고고학적인 접근이 활발하게 된 두 가지 이유가 있는데, 하나는 경험적인 연구에 대한 미국의 수행 능력이고 다른 하나는 윌리엄 올브라이트(William F. Albright)의 영향력이다. 고고학은 성경적 사고방식이 근동의 다른 국가들과는 다르게 독특하다는 것을 과학적으로 입증될 수 있다는 것을 보여주는데 사용되었다. Childs, *Biblical Theology in Crisis*, 47-50.
59) James Barr, *The Semantics of Biblical Language* (Oxford University Press, 1962). 바아는 성경신학운동의 언어학적인 방법론의 문제를 비판하였다. 히브리어 연구를 같은 어족의 언어 연구와 분리시켜 선별적인 사전학과 용어군의 잘못된 방법론을 사용함으로 의미론적인 범위의 차이가 개념 자체의 차이로 인식되었고, 낙관적인 신학적 가치 판단을 제공하였다.
60) Kraftchick, "Facing Janus," 74-75.
61) 이 단락에서 정경해석 방법에 대한 논의는 필자의 학위논문의 내용을 일부 수정하여 정리한 것이다. 배정훈, 『정경해석 방법으로 본 묵시문학』(파주: 한국학술정보, 2008), 126-42.

전히 역사비평 방법을 사용하지만[62] 정경해석 방법이 역사비평과는 다르다고 강조하면서 정경적 접근이라는 용어를 사용한다. 차일즈가 보기에 역사비평 방법이 해석적(constructive) 과업과는 구별되는 분석적(analytical) 과업만을 목표로 삼았기 때문이다. 차일즈와 달리, 샌더스는 정경해석 방법이 역사비평 안의 다음 단계라고 규정하면서 연속성을 강조하기 위하여 정경비평이라는 용어를 사용한다.

둘째, 정경해석 방법은 역사비평 방법이 제기한 해석학적 문제의 극복을 시도하기 위하여 역사적 해석과 신학적 해석의 연결을 시도한다. 샌더스는 과거와 현재의 간격에 관한 해석학적인 문제를 해결하기 위하여 과거 공동체와 현재 공동체의 동일성을 공동체의 정체성(우리는 누구인가?)과 사명(우리는 무엇을 해야 하는가?)으로 이해한다.[63] 차일즈는 역사비평의 과업을 서술적으로 보고 본문의 통시적인 측면과 단절된 최종 본문의 문학적 형태만이 계시를 담고 있다고 이해한다. 최종 본문의 문학적 구조가 과거와 현재를 연결한다는 것이다.

셋째, 정경해석 방법은 역사비평 방법과 달리 본문 전승의 초기 단계보다는 마지막 단계, 즉 편집비평을 넘어서[64] 최종 본문에

---

[62] 바아는 이렇게 비판한다. "역사비평에 관한 그의 환멸은 매우 명백해졌다." James Barr, "Childs' Introduction of the Old Testament as Scripture," *JSOT* 16 (1980), 15. 이에 대하여 차일즈는 답한다. "현재의 역사비평 방법에 대한 나의 불만은 역사비평 방법 자체에 대한 환멸이 아니라, 검토되는 말(speech)의 특별한 양식에 부적절한 언어가 사용될 때 초래되는 혼란으로부터 온 것이다." Brevard Childs, "Response to Reviews of Introduction to the OT as Scripture," *JSOT* 16 (1980), 52. 그는 역사비평 방법 자체를 사용하기를 거부한 것은 아닌 것 같다. 그는 이렇게 말한다. "나는 구약의 정경 문헌을 적절하게 다루기 위하여 역사비평 방법의 남용을 비판하려고 한다. 그러나 성경을 비역사적으로 읽는 것도 정경 문헌에 대한 기본적인 오해이다. 차라리 중요한 것은 성경의 역사성에 관한 본질이며, 그것과 관련하여 역사적인 접근을 시도하는 것이다." Brevard Childs, *Introduction to the Old Testament as Scripture* (Philadelphia: Fortress, 1979), 71. 그는 결국 역사성으로부터 벗어나고 있지만, 그의 출발점은 역사성(historicity)이다.

[63] James Sanders, *From Sacred Story to Sacred Text* (Philadelphia: Fortress, 1987), 17, 63; James Sander, *Canon and Community* (Philadelphia: Fortress, 1984), 28.

[64] 샌더스는 말한다. "성령은 정경의 모든 과정에 역사한다. 청자가 듣는 원래 화자, 제자들이 말

관심이 있다. 정경해석 방법이 강조하는 최종 본문에 대해서는 차일즈(Brevard S. Childs)의 입장과 샌더스(James Sanders)의 입장이 서로 다르다. 샌더스는 최종 본문을 만든 공동체(community)를 강조하는 반면에, 차일즈는 공동체가 만든 최종 본문(text)을 강조한다.

했다고 믿는 것, 후기 편집자들이 구전이건 문서이건 기록된 것을 재형성한 것, 그리고 현재 믿음의 공동체에서 본문을 듣고 이해하는 것에 이르기까지 다양하다." Sanders, *Canon and Community*, xvii. 차일즈는 말한다. "마지막 문서 자료에 의하여 주어진 형태와 마지막 정경 형태 간의 간격이 있다. 이는 전 오경에 대한 지식을 반영하는 신학적인 힘이 마지막 순서를 형성하였음을 의미한다." Childs, *Introduction to the Old Testament as Scripture*, 132. 롤프 렌토르프 (Rolf Rendtorff)는 받아들여진 오경의 형태가 구전 단계의 전통적인 연결이나 문헌적인 자료로만 돌려질 수 없다는 것을 보여주려고 한다. Rolf Rendtorff, *The Problem of the Process of Transmission in the Pentateuch*, trans. John J. Scullion (Sheffield: JSOT Press, 1990).

제 II 부

정경해석 방법의 이론

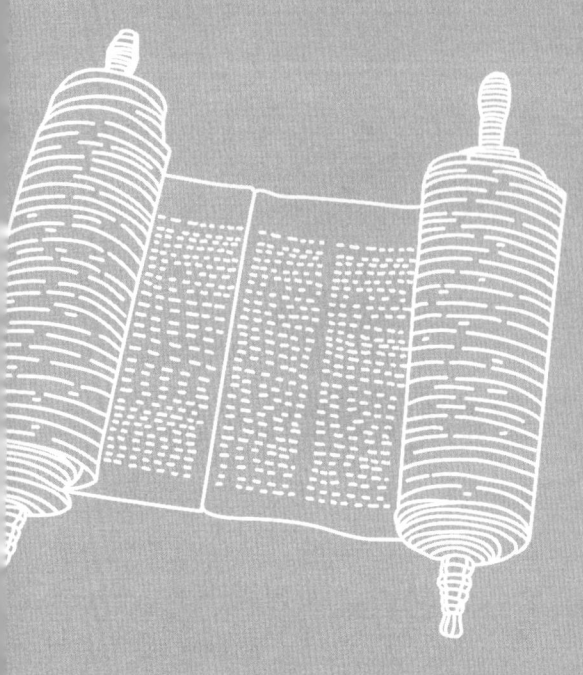

1. 브레바드 차일즈와 정경적 접근

차일즈의 정경적인 접근은 역사비평 방법을 사용하면서도 역사비평 방법과는 완전히 분리되어 있다. 그 이유는 차일즈가 역사비평 방법은 본질적으로 분석적인 방법이요, 해석적인 방법이 아니라고 믿었기 때문이다. 차일즈에게 매 세대를 연결하는 해석학적인 열쇄는 최종 본문이다. 차일즈는 최종 본문과 역사성을 다음과 같이 연결한다. 첫째, 차일즈의 정경해석 방법은 본문의 역사성에서 출발한다.[1] 차일즈는 본문과 본문을 형성해온 공동체[2]의 선역사(pre-history)를 중요하게 여긴다. 둘째로, 그는 본문의 최종 형태를 강조하면서 점차로 본문을 형성하는 역사적인 고정점으로부터 멀어지게 된다. 즉, 차일즈는 정경을 정의할 때 정경의 형성 과정을 포함시키지만,[3] 또한 본문의 최종 형태를 강조하면서 선역사(pre-history)와 공동체의 정경 형성 과정을 최종 본문으로부터 분리한다. 나아가서 차일즈는 본문의 초기 단계를 후기 단계에, 다시 후기 단계를 미래 단계에 종속시키면서, 최종 본문은 당대의 공동체가 아니라 후대의 공동체를 위하여 만들어진 것이라고 주장한다. 결과적으로, 차일즈는 본문 해석의 최종 권위를 본문의 최종 형태에만 부여한다.[4]

---

[1] "포로이전부터 시작하여, 포로이후시대에 그 중요성이 커진바, 선택하고, 모으고, 정리되는 문헌의 형성에 영향을 준 이스라엘의 전승에 대한 종교적인 사용을 지배하는 어떤 힘이 있었다." Childs, *Introduction to the Old Testament as Scripture*, 78.

[2] "정경적인 접근의 관심은 일반적으로 히브리 문헌의 역사를 세우는 것이 아니라, 고대 이스라엘의 역사적인 공동체내에서의 이것의 사용과 관련하여 이 특별한 종교적인 본문들의 특징을 연구하는 것이다." 위의 책, 73.

[3] "정경은 문헌 그 자체의 형성에 영향을 준 이스라엘의 역사 전체에 걸쳐서 확장되는 과정을 통해 이루어진다." 위의 책, 57.

차일즈가 정경을 형성한 공동체의 역할을 무시하면서까지 최종 본문을 강조하는 이유는 본문이 재건되는 실제 과정이 모호하고 베일에 가려져 있으며, 자의적인 경우가 많기 때문이다. 또한 역사비평은 역사적인 현장에서 성경의 증인들이 초월성이나 하나님의 활동을 다루는데 적절하지 않다고 보기 때문이다.[5] 역사성에 관한 차일즈의 두 가지 원칙은 다음과 같다: "역사적인 초점이 날카로울수록, 해석은 더욱 명확해진다."[6] "본문이 증거하는 한 최대한도로 역사적인 상세함으로 더욱 들어가라."[7] 즉, 차일즈는 역사를 강조하면서도 본문이 보증하지 않고 자의성에 근거하는 역사 재건은 인정하지 않는다. 차일즈에게, 정경의 권위는 믿음의 공동체가 받고 전달한 본문의 최종 형태에 있다. 그에게 중요한 것은 본문이 어떻게 형성되었든지 간에 책의 전체적인 문학적인 구조이다. 주어진 최종 본문은 하나님의 영감 때문에 어떤 역사적인 사건과는 무관하게 권위를 갖게 된다.[8]

그렇다면 차일즈의 연구는 성경 해석을 위하여 어떤 의미를 갖는가? 존 바톤(John Barton)은 차일즈의 정경해석 방법의 핵심과 그 한계를 지적하고 있다. 그에 따르면, 차일즈가 정경해석 방법은 신학적인 형태의 연구라고 말할 때, 차일즈의 연구는 성경비평과 신

---

4) 위의 책, 60, 75-76.
5) 차일즈는 사회학적인 연구의 결과들도 받아들이지 않는다. "정경의 형성과정에 기본적인 것은 본문의 실제적인 편집을 맡은 이들이 그들 자신의 정체를 숨기기 위하여 최선의 노력을 다했다는 것이다. 이와 같이, 본문이 재작업 되는 실제 과정은 전적으로 베일에 가려져 있다. 정경은 현대의 역사학자들이 추구하는 사회학적인 증거들을 감추면서, 유대 공동체의 생활을 위한 결정적인 상황을 형성하였다." 위의 책, 78. 차일즈와 갓월드 모두 정경형성의 과정이 성경 전승들의 이면에 있는 원래 사회학적인 요소를 모호하게 만들었다는 것을 인정하지만, 이 모호성의 이유는 서로 다르다. 갓월드에 따르면, 정경형성의 과정은 그것이 일어난 사회학적인 모형과 분리해서는 이해될 수 없는 것이다. N. Gottwald, "Social Matrix and Canonical Shape," *Theology Today* 42. no. 3. (1986), 307-21.
6) Childs, "Response to Reviews of *Introduction to the OT as Scripture*," 205.
7) Mark G. Brett, *Biblical Criticism in Crisis?* (Cambridge: Cambridge University Press, 1991), 77.
8) "우리의 의견으로는, 성경영감설에 대한 주장은 성경이 역사한 교회의 정경적인 상황의 독특성에 대한 주장이다. 하나님의 영감은 이 한 상황에 대한 특별한 특권을 주장하는 방법이다." Childs, *Biblical Theology in Crisis*, 104.

학 사이의 간격을 메우려는 시도이다. 바톤에 따르면, 차일즈가 받아들이든지 말든지 차일즈의 방법론이 본문이 의미했던 것보다 본문이 의도하는 것을 강조하기 때문에 문학비평(literary criticism)에 가깝다는 것이다:

> 우리가 지금까지 고려한 모든 다른 방법들은 그것들이 우리가 가지고 있는 본문을 형성한 그룹들의 의도를 묻고, 본문이 쓰인 역사적, 사회적 정황에 관하여 알 수 있는 것에 기초하여 이러한 의도를 재건하려고 한다는 측면에서 역사적이라고 말할 수 있다. 이와 달리, 정경적 접근은 정경 본문의 최종 편집자의 마음에 무엇이 있었는지에 우선적인 관심이 있는 것은 아니다. 그랬더라면 그것은 단지 편집비평의 아류가 되었을 것이다. 정경적인 접근은 본문 각각이 다른 것들과의 관련을 통하여 갖게 되는 의미들에 관심이 있다. 정경적인 의미들은 정경의 형성의 기능이며, 정경을 이룬 자들의 마음을 재건하는 일에 의존하지 않는다.[9]

바톤은 왜 정경적인 접근이 궁극적으로 신학적인 단계에서 신빙성이 없는지 그 이유를 제시한다. 그는 정경적인 접근이 차일즈가 의도하는 것보다는 신학적으로 더 중립적이라고 표현한다. 바톤은 정경적인 접근이 구약성경의 문학적인 독서에 제한되어야 한다고 주장한다. 바톤은 성경비평은 신학과는 달리 지각있는 독자들이 본문에 부여하는 질문을 분석하고, 설명하고, 성문화하는 서술적인 추구라고 정의한다.[10] 차일즈가 자신의 방법을 절대화하려는 시도에 대해서도, 바톤은 성경비평은 특별한 도구와 전제에 따

---

9) John Barton, *Reading the Old Testament: Method in Biblical Study* (Philadelphia: Westminster Press, 1984), 90.
10) 위의 책, 6.

라 본문을 처리(process)하는 한 방법이기 때문에 절대적으로 옳은 방법을 찾으려는 시도는 실패할 수밖에 없다고 말한다.[11] 결론적으로, 차일즈의 정경적인 접근은 구약성경을 문학적으로 읽기 위한 준비이다.

2. 제임스 샌더스와 정경비평

차일즈와 달리, 샌더스는 정경비평이 최종 본문이 이루어지는 시기의 공동체를 강조해야 한다고 주장하면서, 정경비평을 역사비평의 다음 단계로 보고 역사비평과의 연속성을 강조한다.[12] 그는 역사비평의 해석학적인 질문을 인식하지만, 역사비평 안에서 이 문제를 해결하려고 한다.

샌더스는 정경비평의 요소로서 정경 과정(canonical process)과 정경 해석학(canonical hermeneutics)이라는 두 가지를 제시한다. 첫째로, 정경 과정은 정경이 처음부터 마지막까지 전승과 해석으로 이루어졌다는 것이다.[13] 차일즈와 달리,[14] 샌더스는 정경이 전승만이 아니라 해석으로 이루어져있고, 이 해석까지도 정경의 일부로 보아야 한다고 주장한다.[15] 둘째로, 정경해석학은 공동체가 최종

---

11) "그는 몇 가지 입장에 대하여 취할 필요가 없는 비판을 했고, 정경적인 접근이라는 명목으로 너무 많은 과업을 포함하려고 노력했다. 해석학적인 목표에 대한 진술이 어떤 방법에 대한 질문보다 앞선다." Mark G. Brett, *Biblical Criticism in Crisis?*, 11.
12) "이 세 사람[B. S. Childs, Morton Smith, and J. A. Sanders]은 어느 정도 양식비평과 편집비평의 결과 사이에서 나타난 갈등에 대하여 응답하였다. 이 세 사람은 모두 이 방법을 넘어서 다른 단계에 다다랐다. 정경비평은 성경비평의 또 다른 방법론으로 초기 발전된 방법론을 보강하는 것으로 보아야 한다." Sanders, *From Sacred Story to Sacred Text*, 82.
13) Sanders, *Canon and Community*, 32
14) 차일즈는 본문의 최종 형태에 있는 모든 것이 본문이요, 그 시기 후의 첨가는 주석이지 본문이 아니라고 말한다. 샌더스에 따르면, "성경을 전체적인 정경의 맥락에서 읽는 것은 기껏 해야 성경으로 끝난 문헌의 최종 편집자에게 돌릴 수 있을 것이다." Sanders, *Canon and Community*, 35.

본문을 형성하기까지 취했던 해석학적인 질문(hermeneutic)들을 통시적으로 추적한다.[16] 샌더스는 공동체가 새로운 문화의 도전 앞에 적응과 변형을 시도함으로 정경을 형성해왔음을 강조한다.[17] 즉, 그는 공동체의 필요(need)와 위기(crisis)에 직면하여 우리가 누구인가라는 정체 의식에 관한 질문과 오고 오는 공동체의 사명에 관한 질문 안에서 과거 공동체와 현재 공동체의 동일성을 발견하는 것이다.[18] 특히 샌더스는 많은 정경 가운데 토라를 가장 권위 있는 책으로 이해하는데, 이는 토라가 유다의 멸망 가운데 소망을 말함으로 유다의 죽음과 부활을 서술하고 있기 때문이다.[19]

3. 정경해석 방법의 이론

성경 연구에서 최종 본문을 강조하는 전환점은 역사적으로 게르하르트 폰 라드(Gerhard von Rad)를 넘어섬으로 이루어진다. 역사의 재건을 강조하는 입장에서 해석된 전승을 강조하는 폰 라드의

---

15) 정경비평이 관심 있는 것은 "초기 수납과 어떤 천재들의 다른 상황에서의 반복에서 나타난 정경형성의 과정과 그러한 정경작업이 믿음의 공동체내에서 특별한 거룩함을 지닌 책으로 여겨지는 후기의 시기이다." Sanders, *Canon and Community*, 38.
16) 돈 모르간(Donn F. Morgan)은 샌더스의 방법을 거시적인 정경해석 방법이라고 부른다. 이 방법은 성경의 순서와 특별한 정경집 내에서의 변화를 고려한다. 전승사나 편집비평은 정경해석 방법의 과정을 돕는다. 이 방법은 믿음의 공동체내에 있는 필요와 관심을 찾아낸다. 전체 내에서 단위로서 한 책들의 해석은 이 문헌들을 사용한 공동체내에서의 역사적인 동기와 의도를 찾으려는 노력에 의하여 조절된다. Donn F. Morgan, "Canon and Criticism: Method or Madness?" *Anglican Theological Review* 68 (1986), 88.
17) "정경은 초기 권위 있는 전승들이 고대 문화적인 도전에 직면하여, 그 도전에 스스로 적응시키고 믿음의 공동체의 요구에 따라 변형되는 과정을 포함한다." Sanders, *From Sacred Story to Sacred Text*, 65.
18) 위의 책, 17, 63; Sanders, *Canon and Community*, 28.
19) 모르간은 정경연구에 있어서 샌더스의 중요한 주장을 지적하고 있다. "토라는 특별한 문제와 도전의 빛 아래에서 과거의 권위 있는 전승과의 관계를 이해하려는 공동체에 의하여 형성되었다." Donn F. Morgan, *Between Text & Community: The Writings in Canonical Interpretation* (Minneapolis: Fortress Press, 1990), 17.

입장은, 전승사적인 방법과 편집비평을 중요하게 여기고 오랜 전승의 자료들보다도 마지막 편집자의 역할을 강조한다. 그리하여 가장 오래된 저자의 말을 찾는 작업에서 마지막 단계의 편집자의 역할을 강조하면서, 전승의 연속성보다는 마지막 단계의 편집자들의 신학이 강조된다. 폰 라드의 연구를 통하여 성경 해석에 있어서 하나님의 권위는 역사로부터 전승으로 이동되고, 정경해석 방법을 통하여 하나님의 권위가 최종 본문의 형태로 이동된다.

정경해석 방법의 적용을 위하여, 차일즈와 샌더스의 공헌을 생각할 수 있다. 정경해석 방법은 최종 본문의 공시적인 특성을 강조하면서도, 공동체적인 문헌의 형성을 무시하지 않는다. 차일즈는 최종 본문이라는 권위 있는 본문이 믿음의 공동체에서 영향력이 있음을 보여준다.[20] 차일즈와는 달리 샌더스는 최종 본문을 형성한 공동체의 응답에 초점을 맞춘다. 그는 편집 단계에서 발견되는 다양한 해석은 공동체의 반응으로서 본문의 형성이라고 이해한다. 그리하여 차일즈와 샌더스는 정경해석 방법을 위하여 본문과 공동체를 해석학적인 요소로 받아들인다. 하나님의 계시를 식별하는 권위는 서로 긴장을 이루는 본문(text)과 공동체(community)의 대화 안에 있다.[21] 차일즈와 샌더스 모두 최종 본문을 강조하지만, 차일즈는 생성된 최종 본문의 공시적인 특징을 강조하며, 샌더스는 최종 본문을 형성한 공동체의 통시적인 특징을 강조한다. 정경해석 방법은 최종 본문을 통시적인 방법과 공시적인 방법으로[22] 최종 본

---

20) "정경해석과정의 핵심은 권위 있는 전승을 계시의 원래 사건에 동참하지 않았던 세대를 위하여 성경으로서 기능할 수 있는 형태로 전달하고 질서 지우는데 있다. 이제 해석학적인 활동은 정경본문의 구조 안에 정착되었다. 그리하여, 성경본문의 적절한 해석은 역사와 해석의 용어가운데 매우 진지하게 정경의 형성을 취하는데 있는 것이다. 성경본문의 최종형태의 중요성은 그것만이 계시의 전 역사에 대한 증거를 한다는데 있다." Childs, *Introduction to the Old Testament as Scripture*, 60, 75-76.
21) 본문과 공동체의 긴장은 본문과 공동체 사이의 대화가운데 권위가 있다는 모르간의 말로 표현할 수 있다. Morgan, *Between Text & Community*, 18.
22) 현대 문헌 연구에서 공시적인 읽기는 우리에게 전달된 최종 형태로 본문의 구조를 정의하고 서술하는 목표를 가진 접근법이고, 통시적인 방법은 본문의 편집 역사의 정의와 서술을

문의 형성 가운데 나타나는 공동체의 해석 과정과 공동체에게 영향을 준 권위 있는 본문 전승을 함께 다루어야 한다.

통시적인 면과 공시적인 면을 고려할 때 한 본문은 다음과 같이 발전했다고 볼 수 있다:

    최초의 역사 + 해석 1
        ⇩
    전승 1 (*traditum*) + 해석 2
        ⇩
    전승 2 + 해석 3
        ⇩
    전승 3 + 최종편집
        ⇩
    최종 형태의 본문

목표로 하는 접근법이라고 볼 수 있다. Jacob Hoftijzer, "Holistic or Compositional Approach?: Linguistic Remarks to the problem," in *Synchronic or Diachronic?: Debate on Method in Old Testament Exegesis*, 98, ed. J. C. de Moor (Leiden: Brill, 1995). 통시적인 방법과 공시적인 방법의 구분은 소시르(Ferdinand de Saussure)로부터 시작되었는데, 그는 *parole*와 *langue*를 구분하였다. 사실상, 소시르는 *parole*보다는 *langue*를 우선으로 여겼다. 최근에 두 가지 방법은 서로 보완된다고 여겨졌다. James Barr, "The Synchronic, the Diachronic and the Historical: A Triangle Relationship," in *Synchronic or Diachronic?: Debate on Method in Old Testament Exegesis*, 1-14, ed. J. C. de Moor (Leiden: Brill, 1995). 벌린(A. Berlin)은 수평적인 역사의 축(통시적)에서 본문의 전역사와 후역사의 중요성을 인식하고, 수평 구조적인 축(공시적)에서 초자연적인 역사의 중요성을 강조한다. A. Berlin, *Poetics and Interpretation of Biblical Narrative* (Sheffield: Almond Press, 1983), 111. 폴진(Robert Polzin)은 다음과 같이 쓰고 있다. "성경의 통시적인 연구와 공시적인 연구는 역사적 문헌적인 방법으로서 서로 보완적인 관계를 유지한다. Robert Polzin, *Moses and the Deuteronomist, Part One: Deuteronomy, Joshua, Judges A Literary Study of the Deuteronomistic History* (Bloomington: Indiana University Press, 1980), 2. 다음 글들을 참고하라. D. J. A. Clines and J. Ch. Exum, "The New Literary Criticism," in *The New Literary Criticism and the Hebrew Bible* (JSOTS 143; Sheffield: JSOT Press, 1993), 11-25; E. Talstra, *Solomon's Prayer: Synchrony and Diachrony in the Composition of 1 Kings 8:14-61* (Kampfen, 1993), 81-2. 공시적이고 역사적인 성경본문 읽기에 대한 논의는 더 포괄적이고 편견이 없어야 한다. 두 방법은 택일할 방법들이 아니고, 본문을 연구하는 두 가지 서로 관계되는 필요한 방법들이다. R. Rendtorff, "Directions in Pentateuchal Studies," Currents in Research: Biblical Studies 5 (1997), 58.

위의 표는 성경 해석에 있어서 정경해석 방법을 어떻게 할 것인지를 보여준다. 저자는 역사적인 위기에 직면하였을 때에 공동체를 위하여 하나님의 음성을 듣고 역사 속에 담긴 계시를 발견한다. 이 계시는 사건의 형식이나 사건을 초월한 말씀의 형식으로 올 수도 있다. 해석된 문헌의 역사를 살펴보자면, 최초의 역사와 역사에 대한 해석 1이 최초의 전승(traditum)인 전승 1을 형성하게 된다. 다시 세월이 흘러 공동체는 전승 1과는 다른 역사적인 상황 속에서 새로운 위기를 맞이한다. 이 위기를 맞이했을 때 공동체는 이 위기의 극복을 위하여 하나님의 음성 듣기를 시도한다. 그런데 이 공동체는 이미 그들에게 말씀의 전승으로 주어진 전승 1의 빛 아래에서 위기를 해석하게 된다. 전승 1을 그저 읽는 것으로 위기를 극복하기에는 시간적인 거리가 있기에 기존의 전승 1에 대한 해석을 시도함으로 전승 2를 만든다. 전승 1은 본문에 대한 위기에 대한 해석 2를 추가함으로 전승 2가 되는 것이다. 최초의 사건에 대한 해석인 전승 1과 전승 2는 서로 다르지만 공동체의 자기 이해라는 정체의식의 동일성을 가지고 있다. 이러한 형식으로 전승이 발전되며 마침내 전승 3에서(더 계속적인 전승의 발전이 가능하지만) 정경화를 통하여 최종 본문이 형성되고, 이후에는 새로운 해석이 본문 안으로 들어오는 기회는 차단된다. 이제 본문과 본문에 대한 해석이 구별되는 것이다. 위에서 나타나는 전승 1, 전승 2, 전승 3에서 전승의 해석학적인 차원을 발견하는데, 이 전승들에서 공동체가 시도한 해석은 우리가 누구인가라는 정체의식에 관한 질문과 오고 오는 공동체의 사명에 관한 질문들이다. 이 두 가지 질문 안에서 과거의 공동체와 현재의 공동체는 동일성(unity)을 발견한다. [23]

---

[23] Sanders, *Canon and Community*, 28; Sanders, *From Sacred Story to Sacred Text*, 17, 63.

위 과정에서 역사비평 방법을 포함한 성경 해석 방법을 평가할 수 있다. 역사비평 방법은 위의 본문 문헌의 형성 과정 중에서 최초의 사건에 하나님의 권위를 부여하고, 최초의 역사를 재건하는 것을 목표로 한다. 폰 라드는 성경 해석의 목표를 순수한 역사 재건으로부터 역사와 해석이 담긴 전승으로 전환한다. 그러나 폰 라드에게 가장 권위 있는 것은 최종 본문이 아니라, 최종 본문에 이르기 전 중간 단계의 전승이다. 이제 역사비평은 점차적으로 최종 편집을 강조하는 편집비평으로 변모한다. 편집비평은 최종 편집자가 전해 받은 전승들보다는 마지막 시점에서 반영된 편집자의 신학에 초점을 맞춤으로써, 편집 이전의 자료와 편집 단계의 신학의 불연속성을 강조한다. 그러나 정경해석 방법은 최초의 전승에서부터 마지막 최종 본문에 이르는 본문 전체의 통일성을 강조한다. 위에서 제시한 해석 1, 해석 2, 해석 3이 공동체의 위기와 해결책을 보여주는데 이 해석 안에 일관된 공동체의 자기 정체성이 반영되는 것으로 이해한다. 그러므로 성경 연구의 목표를 최종 편집자의 상황으로 환원하지 않고, 최초의 전승을 만든 공동체의 자기 동일성을 찾는 것으로 삼는다. 이는 본문에 최초의 전승으로부터 최종 본문에 이르기까지 다양한 역사적인 경험과 공동체의 해석이 반영되어 있음을 인정하는 것이다. 다양한 공동체의 통시적인(diachronic) 변화를 이해하면서도 그것을 역사적인 차원에만 머물게 하는 것이 아니라, 공동체가 하나님의 말씀으로 이해한 본문의 통일성을 강조하는 공시적인 차원에까지 이른다. 그리하여 본문의 통시적인 차원을 본문이 허락하는 한도 안에서 충분히 고려하면서도, 본문의 공시적인 차원을 무시하지 않는다.

4. 성경 해석에 있어서 정경해석 방법의 적용

정경해석 방법은 위의 이론을 근거로 다음과 같은 원칙 아래에서 본문 연구를 시도한다.

(1) 최종 본문의 권위

하나님의 계시의 궁극적인 권위는 교회가 가지고 있는 최종 본문 안에 있다. 해석의 대상은 본문을 만든 사건이 아니라 사건을 특별한 관점으로 해석한 본문이다. 최종 본문을 다루기 위해 통시적인 측면인 공동체(community)와 공시적인 측면인 본문(text)의 상호 관계를 중요시 여겨야 한다.

(2) 공시적인 연구

본문 해석의 출발점은 공시적인 관점으로 바라보는 본문이다. 본문의 통일성을 전제하고, 본문의 문학적 구조를 통하여 본문의 흐름을 파악해야 한다. 본문의 전체와 부분은 상호적으로 파악해야 한다. 전체적인 문맥 안에서 작은 단락의 의미를 찾으며, 작은 단락은 전체와의 관련성을 염두에 두고 해석해야 한다. 단순한 교리의 증명을 위하여 본문에 대한 공시적인 연구를 사용하지 말아야 한다. 공시적인 연구의 약점은 본문이 시간과 공간과 상관없이 하늘에서 떨어진 것처럼 본문을 해석할 위험이 있다는 것이다. 이러한 방법은 본문 안에 담긴 시대적인 역동성과 공동체의 반응을 읽지 못하게 한다.

(3) 통시적인 연구

통시적인 연구라는 것은 본문 안에서 역사적인 정황을 이해하거나 본문의 문헌의 역사를 통하여 본문을 형성한 공동체의 정황을 읽는 것이다. 본문에 담긴 여러 단계의 해석들은 공동체의 정체성과 사명이라는 해석학적인 동일성을 제공한다. 문헌의 역사를 파악하기 위하여 본문 안에 있는 실마리로부터 시작하여, 본문이 증거하는 만큼만 역사 안으로 들어가야 한다. 이질적인 요소의 존재에도 불구하고 본문을 통일성 있는 것으로 받아들이면서, 통일성을 저해하는 요소들은 공동체의 위기에 대한 당대의 반응을 이해하도록 돕는 것으로 여겨야 한다. 통시적인 연구를 위하여 역사의 재건이 지나친 상상력으로 인하여 자의적으로 흐르지 않도록 유의해야 한다. 또한 통시적인 연구의 목표는 본문을 편집한 공동체의 역사 재건이 아니라 최종 본문의 해석을 풍요롭게 하는 것이다.

(4) 해석

본문의 해석은 과거와 현재를 연결하는 것이다. 먼저 본문은 본문이 발생한 당대의 신앙의 세계를 드러낸다. 그리고 동시에 현재 신앙의 세계를 향하여 진리를 드러낸다. 본문을 해석하는 해석자의 삶의 자리를 염두에 두고 보편적인 자리에서 과거와 현재가 만나야 한다. 이는 두 가지 극단적인 해석을 지양(止揚)하게 한다. 역사 속에서 발생한 공동체의 정황만을 강조하면서 그 본문이 미래의 새로운 계시를 향하여 닫혀 있다고 보거나, 또는 그 전승이 사건을 경험한 최초의 공동체에게는 무의미했는데 오직 후대만을 위하여 계시되었다고 보는 것 모두는 해석학적으로 적절하지 않다. 교회의 역사를 통하여 해석을 위한 지침을 받을 수 있다. 성경의 문자적인 의미가 해석의 출발이며, 문자적 의미에 기초하여 더 깊은 의미로 나아간다. 성경의 해석은 본문이 속해 있는 정경의 문맥과 신앙 공동체가 추구하는 믿음의 규범(the rule of faith)을 전제한다. 또한 구약성경 해석은 그리스도의 사건의 빛 아래에서 해석해야 한다. 종말론이나 메시아 예언의 성취를 보여주는 것은 구약 연구의 한 부분일 뿐이며, 일반적인 구약성경 해석은 기독론적인 해석을 넘어서서 과거와 현재의 더 넓은 신앙의 세계를 보여주는 해석으로 나아가야 한다.

제 III 부

정경해석 방법의 실제

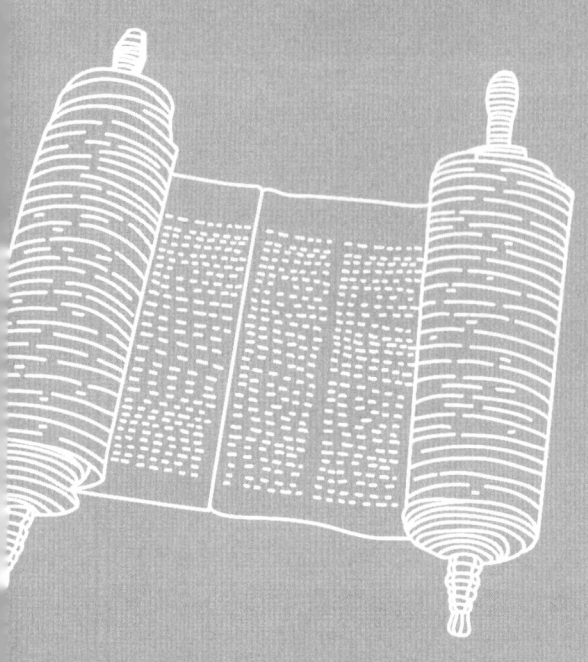

1. 석의의 원리

(1) 설교는 과거와 현재를 연결하는 것

성경 본문에서 어떻게 설교를 끌어낼 수 있을까? 성경 해석의 핵심은 본문이 구체적인 역사적 정황에서 무엇을 의미했는지를 밝히고, 이어서 그것이 오늘날 유사한 삶의 자리에서 우리에게 어떠한 의미가 있는가를 밝히는 것이다. 설교는 "과거에 무슨 의미가 있었는가?"와 "오늘날 무슨 의미가 있는가?"를 연결하는 것이다. 본문 연구의 출발은 본문의 통일성(unity)을 전제하고, 통일성을 저해하는 요소는 이질적으로 여기기보다는 통시적인 해석의 가능성을 제시하는 것으로 여긴다. 본문의 문학적 구조를 따라 본문의 논지를 밝히고, 관찰과 해석의 관점으로 본문을 연구하여 적절한 결론에 이르게 한다.

(2) 석의의 원리: 관찰과 해석

석의는 귀납적이다. 석의(exegesis)란 본문의 뜻을 본문에서부터 이끌어 낸다는 면에서 귀납적이다. 이는 본문에 자신의 뜻을 강요하는 아이세지시스(eisegesis)와는 구별된다. 석의 방법의 출발은 성경 해석의 과정이 관찰과 해석으로 이루어졌다고 보는 것이다. 성경을 해석하기 위해서는 해석자와 본문의 두 요소가 존재한다. 해석이란 주체만도 아니고 객체만도 아닌 주체와 객체가 상호작용을 통하여 해석에 이르게 된다.

이 과정의 첫 단계는 관찰로서 본문을 객관적으로 설명함으로 객체를 주체와 분리시키는 것이다. 이 단계에서는 본문에 대해 주체의 자의적인 해석이 지배하지 않도록 주의하여야 한다. 철저히 본문을 객관화시킴으로 이 내용에 대한 다양한 해석자들이 동의할 수 있는 단계에 이르러야 한다. 이 과정의 두 번째 단계는 본문과 해석자와의 관계를 밝히는 것이다. 지금까지 주체와 분리되어 철저히 주체와 거리를 두고 설명된 본문이 주체와의 관련을 가지면서 의미를 묻게 되는 것이다. 해석은 과거와 현재를 연결하는 시도이며, 성경이 단지 과거에 어떤 의미였는지를 넘어서서 현재 상황가운데 서 있는 해석자에게 어떤 의미를 주는지를 묻는 것이다. 만약 본문에 대한 분석적인 설명이 없이 해석만 하려하면 자의적인 해석이 되지만, 본문의 충분한 설명을 동반한 해석은 해석자를 변화시켜 결단에 이르게 만드는 것이다.

성경 해석을 관찰과 해석의 단계로 이해하는 것의 중요성은 특별히 역사비평 방법의 남용을 통하여 부각된다. 역사비평은 성경의 본문이 신학적인 교리의 증빙 역할을 벗어나 과거에 무엇을 의미하였는지를 설명하기 위하여 발전되었다. 그러나 역사비평은 본문을 설명하지만 본문을 해석하려 하지 않는 해석학적인 문제를 동반하였다. 그리하여 본문이 과거에 무엇을 의미하였는지는 말하지만, 현재 본문이 무엇을 의미하는지에 관하여는 관심이 없었다. 역사비평으로부터 새로운 해석학의 등장은 바로 본문의 과거와 현재를 연결하려는 시도와 관련된다. 이 연구는 정경해석 방법의 원리에 따라 최종 본문을 중요시 여기고 본문의 통일성을 강조한다.

(3) 관찰과 해석을 이용한 성경연구 방법

관찰과 해석이라는 방법을 가지고 성경을 연구하는 방법은 세

가지가 있다: 1) 귀납적 성경공부 2) 귀납적 성경연구 3) 석의적 성경연구 이 세 가지 방법은 모두 관찰과 해석을 사용하여 귀납적으로 성경 본문에서 본문의 의미를 끌어내는 방법이다. 귀납적(inductive)이라는 말은 본문에서 이끌어낸다는 것이다. 귀납적 성경공부는 성경공부의 형식을 가지고 인도자와 구성원들이 함께 성경 안으로 들어가서 본문의 의미를 탐구한다. 귀납적 성경연구와 석의적 성경연구는 모두 성경연구의 형식을 갖는다. 귀납적 성경연구는 석의적 성경연구의 약식으로서 특별히 주석을 참조하지 않고 간단한 설교문을 작성할 때 사용할 수 있다. 석의적 성경연구는 귀납적 성경연구가 발전된 것으로 연구자가 독자적으로 석의 방법의 원리에 따라 성경을 연구하되, 주석을 포함한 전문적인 자료까지 총동원하여 본문의 관찰과 해석을 시도하는 방법이다.

1) 귀납적 성경공부 방법

귀납적 성경공부는 귀납적으로 이끌 수 있도록 성경공부 형식을 취한다. 따라서 모든 결론은 회중들과 더불어 이끌어 내도록 기다리면서 문제를 만든다. 인도자는 문제에 대한 해답은 남겨두고 회중들과 더불어 토론과 나눔을 통하여 인도할 수 있는 문제를 제시한다. 귀납적 성경공부를 위해서는 관찰, 해석, 적용의 순서를 취한다. 여기에서 관찰은 본문의 내용을 숙지하는 정도에서 머문다. 해석은 2-4개 정도의 문제를 제시하여 토론을 유도하고, 이 결론을 예상하여 적용을 두 가지 정도로 제시한다. 성경공부의 반은 본문에 대하여 관찰과 해석을 하고, 나머지 반은 회중들이 말씀에 비추어 자신들의 삶을 돌아보고 나눌 수 있도록 한다. 성경공부의 목표는 성경지식이 아니라 성경적으로 사는 것이기 때문에 때로는 성경을 연구하려는 열망을 제한해야 할 때도 있다.

2) 귀납적 성경연구 방법

이 과정에서 말하는 귀납적 성경연구는 성경공부가 아니다. 성경공부가 회중의 참여를 남겨놓는데 반하여 귀납적 연구는 연구자가 본문에 대하여 연구한 모든 것을 드러내어 표현해야 한다. 단지 석의적 연구와 비교하여 차이가 나는 것은 귀납적 연구는 본문의 단어 설명 이외에는 다른 주석을 많이 참고하지 않고, 주로 본인의 성경묵상에 의존한다는 것이다. 일단 귀납적 연구를 하여 해석에 이른 후에 석의적 성경연구로 옮겨가는 것이 적절한 단계라고 볼 수 있다. 이렇게 자료에 많이 의존하지 않고 성경을 연구하는 단계를 갖는 것은 본문 연구가 주석에 치이지 않고 본문과의 대화에서 흘러나오는 성경연구를 하기 위함이다.

3) 석의적 성경연구 방법

이 과정은 귀납적 성경연구의 연장이다. 본문을 원어로 읽고 단어의 차이에 주목하여야 한다. 기존의 주석들에서 논의하고 있는 주제들에 관하여 비판하여 소화하여야 한다. 기존의 주석들은 관찰과 해석이 혼합되어 있으므로 적절하게 분류하여 자기 나름대로 소화하여야 한다.

2. 석의적 성경연구 방법의 순서

이 방법은 본문으로부터 설교에 이르도록 본문을 처리(process)

하는 과정을 설명하고 있다. 이 방법은 본문을 파악하는 원론적인 방법을 제시하고 있으며, 삼대지의 고전적인 형식을 가지고 있다. 이 방법의 목표는 충분한 본문 석의에 이르는 것이고, 그 결과물들을 가지고 설교학에서 제시하는 다양한 방법에 따라 설교를 만들 수 있을 것이다.

(1) 서론

일반적으로 서론은 석의 연구의 맨 마지막에 써야 한다. 글이 완성될 때까지 개념이 아직 불완전할 수 있기 때문이다. 성경연구는 문제에 직면한 현실에 대한 치유와 해결을 목적으로 하고 있기에 이 연구가 어떤 목표를 가지고 있는지 밝혀야 한다. 논지를 통하여 본문의 한 가지 개념이 정해지면 그 개념이 현실에서 접촉점을 의식하고 어떤 문제를 해결할 수 있는지 제시함으로 보고서를 시작한다. 그리고 연구할 내용에 대하여 언급한다. 서론에서는 본문이 해결하고자 하는 문제를 제시함으로 독자가 본문연구에 대한 동기부여를 받게 하는 것이 목표이며, 이에 대한 해답은 서론에서가 아니라 본론의 과정을 통하여 결론에서 제시하여야 한다. 약식으로 성경연구를 할 때나 지면이 제한될 때는 서론을 생략하기도 한다.

(2) 번역 및 본문비평

1) 스스로 번역하든지 가장 권위 있는 본문을 채택하든지 한다. 한글성경으로는 주로 개역개정판을 채택하고 차이점에 관하여 설명하는 형식을 취한다. 본문의 해석이 명료하지 않을 때 번역본들의 다양한 해석들이 도움이 될 때가 있다.

2) 본문에서 문제가 없는 구절에 대하여는 본문비평을 언급할 필요가 없다. 다양하게 해석될 수 있는 단어를 택하여 근거를 제시하고 적절한 해석을 택한다. 해석에 도움을 주지 않는 히브리어를 필요 없이 나열하지 않는다.

3) 단순히 언어적인 차이는 번역 설명에서 언급하지만, 해석에 심각한 차이를 줄 경우에는 관찰과 해석 부분에서 언급한다. 특히 히브리어 형태의 변화(morphology)에 머무는 차이와 의미론(semantics)에 영향을 주는 변화를 구별하여 해석을 위한 적절한 판단을 해야 한다.

4) 히브리어를 잘 모른다고 해서 한글 성경의 문맥을 관찰하는 책임을 면할 수는 없다. 히브리어에 관한 지식이 석의를 풍부하게 하지만 히브리어가 부족해도 어느 정도 해석에 접근할 수 있고, 언어에 대한 지식이 부족할 경우 주석의 도움을 받을 수 있다.

(3) 본문의 범위와 문학적 구조

1) 본문의 범위

① 본문의 범위라는 것은 성경 전체에서 내가 연구하는 본문까지 넓은데서 좁은 데까지의 맥락을 살피는 것이다.
② 더 큰 문맥: 예를 들어 창세기 4장의 더 큰 범위를 다룰 때 구약 - 오경 - 창세기 - 창세기 1-11장(원역사)의 순서로 본문의 문맥을 살피는 것은 본문의 더 큰 문맥이다. 특히나 창세기 4장을 연구할 때 창세기 전체의 구조, 그리고 창세기 1-11장의 문맥을 세심하게 살펴야 한다. 큰 문맥을 살필 때

본문의 범위에서는 단순히 문학적 관찰을 하고, 신학적으로 중요할 문맥이라고 여기면 통전적인 해석 후반부에서 행한다.
③ 앞뒤 문맥: 예를 들어 창세기 4:1-16을 다룰 때 4장 1절 이전과 4장 16절 이후를 설명함으로 창세기 4:1-16이 앞부분과 뒷부분과 구별되고 독립된 단락으로 가능한지를 밝히는 것이 앞뒤 문맥이다.
④ 본문의 범위 설정은 강조점에 따라 장(章) 안에서도 다르게 할 수 있다. 창세기 3:1-7을 범위로 잡고 유혹과 타락의 주제를 전개할 수도 있다. 창세기 3:1-24를 범위로 잡는다면 타락과 타락의 결과까지 연구하는 셈이 될 것이다. 자신이 잡은 범위의 앞 뒤 문맥을 구별하고, 더 큰 문맥을 통하여 전체적인 흐름을 파악할 수 있다.

2) 문학적 구조

① 전체를 구성하는 요소들이 어떤 논리적인 순서로 배치되는지를 살핀다. 단순한 병렬이 아니라 대단락, 중단락, 소단락을 명기하여 요소들의 중요성을 확인한다. 각 단락은 기능과 내용을 밝히되, 성경의 내용을 길게 나열하기 보다는 함축적으로 제시하여야 한다.
② 문학적 구조는 절대적인 것이 아니다. 앞으로 관찰과 해석을 진행할 때 본문에 대한 본인의 관점이 담긴다는 면에서 다양한 문학적 구조가 가능하다. 문학적 구조를 정한 후에는 왜 그렇게 정했는지 설명이 필요하다. 구조를 따라 개념의 흐름을 간단히 설명한다.
③ 문학적 구조는 일반적으로 본문의 통일성을 전제하고 각 요

소가 전체의 통일성에 어떤 공헌을 하는지 살펴야 한다. 본문의 통일성을 어색하게 하는 이질적인 요소가 있다면 본문의 통시적인 해석을 할 수 있는 실마리로 사용할 수 있다. 이럴 경우 불연속성에 유념하면서 본문의 역동성(dynamics)을 설명할 수 있다.

(4) 분석적 관찰

1) 분석적 관찰은 본문을 해석자와 관련시키는 통전적 해석과는 달리 본문을 해석자로부터 거리를 두고 객관화하여 설명하는 과정이다. 관찰의 큰 흐름은 문학적 구조를 따라 가면서 문맥을 보여주어야 한다. 분석적 관찰의 결과는 다른 사람들도 동의할 수 있을 정도로 객관적으로 본문을 설명하는 것이다. 한국어 번역이 아닌 히브리어의 이해를 통해 드러나는 문맥이나 뉘앙스를 보여줄 수 있다.

2) 한절 한절 설명하는 것을 지양(止揚)하여야 한다. 그럴 경우 전체적인 구조를 놓칠 위험이 있다. 문학적 구조의 대단락 또는 중단락을 따라 전체적인 흐름을 설명하면서 세부적인 관찰 내용을 언급하는 형식을 취한다.

3) 주석을 참조할 경우 주석과 해석이 혼합되어 있는 것을 관찰과 해석으로 나누어 배치하되, 본문의 흐름에 따라 통전성 있게 관찰해야 한다.

4) 분석적 관찰은 세 가지 방법을 사용할 수 있다.
① 단어연구: 히브리어 단어의 다양한 용례나 다른 곳에서 사

용된 다양한 문맥을 통해 본문 이해를 깊게 할 수 있다.
② 통시적인 연구: 역사비평에서 배운 다양한 방법론의 순기능을 사용할 수 있다. 문서가설, 양식사, 전승사 등을 통해 문헌의 역사적인 연구를 통해 드러나는 다양한 관찰을 얻을 수 있다. 본문의 배경을 밝히거나 문헌의 역사를 보여줌으로 본문의 이해를 깊이 할 수 있다.
③ 공시적인 연구: 본문 안에 존재하는 다양한 문학적인 기교를 통하여 관찰할 수 있다. 수사비평, 정경비평, 독자비평 등의 문학적 방법을 통하여 본문에 담긴 다양한 관찰을 얻을 수 있다.

(5) 통전적 해석

1) 해석이란 과거와 현재를 연결하는 것이다. 먼저 본문은 발생한 당대의 신앙의 세계를 보여준다. 그리고 동시에 현재 신앙의 세계를 향하여 진리를 드러낸다. 본문을 해석하는 해석자의 삶의 자리를 염두에 두고 보편적인 지리에서 과거와 현재가 만나야 한다. 통전적이라는 말을 사용하는 이유는 해석이 파편적인 해석에 머물지 않고 전체적인 통일성을 유지하려는 시도이다. 성경의 문자적인 의미가 해석의 출발이며, 문자적 의미에 기초하여 더 깊은 의미로 나아감으로 과거와 현재를 연결해야 한다. 성경의 해석은 본문이 속해 있는 정경의 문맥과 신앙 공동체가 추구하는 믿음의 규범(the rule of faith)을 전제한다. 또한 구약성경 해석은 그리스도의 사건의 빛 아래에서 해석해야 한다. 그러나 구약의 문맥을 무시하고, 메시아 예언의 성취만을 강조하는 것은 특별한 구약해석으로서 가치가 있다. 일반적인 구약성경 해석은 기독론적인 해석을 넘어서서 과거와 현재의 더 넓은 신앙의 세계를 보여주는 해석으로

나아가야 한다.

2) 분석적 관찰과 통전적 해석에 대한 구분이 명확해야 한다. 통전적 해석은 본문의 관찰을 해석자의 정황과 관련시키는 것이다. 일반적으로 학자들이 쓴 주석에는 관찰과 해석이 섞여 있으므로, 본인이 관찰과 해석을 적절히 분리하여 사용해야 할 것이다. 관찰은 본문을 객관화하는 것이다. 해석은 본문을 현재와 관련시키며, 삶의 자리를 겨냥한 신학적 의미가 드러나야 한다. 본문의 문맥에서 보편적인 진리로 자연스럽게 이동해야 한다.

3) 논지는 본문의 핵심을 한 가지 개념으로 요약하는 작업이다. 본문의 전체적인 논지를 3-5 줄로 설명하라.

4) 논지 다음에는 논지를 설명하는 신학적인 주제들을 중요도나 순서에 따라 그룹으로 묶어서 2-4개 정도를 나열하되, 나열된 주제들은 서로 중복되지 않고 자체의 통일성을 유지해야 한다. 각각의 신학적인 주제는 분석적 관찰에서 얻은 관찰을 한 가지 개념으로 묶어 통전성 있게 제시하여야 한다. 각 주제는 신학적인 주제, 관찰들의 집중, 반성을 통한 주제에 대한 심화 묵상으로 발전되어야 한다. 이 연구가 설교를 위해 준비되는 경우에는 회중의 삶의 자리를 고려하여 각 해석에서 주제, 관찰, 심화해석을 전개한다. 한편 학문적인 연구에 초점을 맞출 경우에는 관찰 부분에서 다양한 학자들의 연구를 비교 분석하며 대화하는 과정이 첨가되고, 해석은 신학적인 관점을 더 강조할 수 있다.

5) 논지를 입증하는 주제들에 대한 서술이 끝나면 본문의 신학적인 주제를 더 큰 문맥 안에서 논해야 한다. 본문의 범위에서 다루

었던 것이 단순한 관찰이라면, 이것은 더 신학적인 것이다. 예를 들어 창세기 3장을 다룰 경우 창세기 1-11장 또는 창세기 전체 안에서 관련되는 신학적인 주제를 다룰 수 있다.

6) 주제를 확장하여 신약의 주제와 관련시킬 수 있다면 관련시킨다. 아니면 주제에 따라서는 신약과 관련되는 주제를 결론의 마지막에 언급할 수도 있다. 그러나 신약과의 접촉점이 억지로 이루어지는 것보다는 차라리 연구를 구약에서 마무리하는 것이 낫다.

(6) 결론

지금까지 연구한 본문에 대한 통전적인 이해를 요약, 반성, 전망 할 수 있다.

1) 요약이란 지금까지 연구한 내용을 간결하게 정리함을 말한다.

2) 반성이란 이 연구의 현실적인 의미를 실천적으로 적용하는 시도를 말한다. 반성은 본문을 읽는 대상의 삶의 자리를 염두에 두어야 한다. 경건의 시간에 행하는 지극히 개인적인 적용보다는 삶의 자리에 서있는 청중을 향한 보편적인 메시지로 승화시켜야 한다. 할 수 있다면 결단에 이르는 감동의 어조를 담을 수도 있다.

3) 전망이란 이 연구는 일정한 범위 안에서 이루어진 것이므로, 이 연구에서 다루어지지 않은 일정한 연구과제를 서술하면서 필요한 미래의 연구를 제시하는 것이다.

(7) 보고서 작성을 위한 점검 사항

1) 서론
① 서론은 주제를 도입하기 위한 적절한 접촉점이 되는가?
② 서론에서 자신이 논의할 주제를 간단하게 표현하고 있는가?

2) 관찰
① 관찰에서 본문의 문맥이 적절히 드러나는가?
② 관찰이 단순한 본문의 재진술에 멈추지 않는가?
③ 관찰과 해석의 차이를 알고 관찰을 시도했는가?

3) 해석
① 논지를 적절히 제시하는가?
② 논지를 증명하기 위해 본문에 근거한 적절한 증거를 제시하는가?
③ 본문의 특수성에서 보편적인 해석으로 잘 전이되는가?
④ 해석이 전체적으로 논지를 향하여 통전성을 가지고 있는가?

4) 결론
① 결론은 적절한 요약과 반성으로 이루어져 있는가?

5) 맞춤법
① 긴 글을 적절하게 단락 구분을 하는가?
② 한 단락이 한 개의 개념을 포함하고 있는가?
③ 단락이 시작하기 전에 일관성 있게 들여쓰기를 하는가?
④ 맞춤법을 확인했는가? 급하게 글을 쓸 경우 맞춤법에 문제가 있기 마련이다.

⑤ 남의 말은 우회적이고 강도가 약하다. 자료를 자기 말로 이해하고 쓰는가, 그냥 나열하기만 했는가?

구약석의 체크리스트

항 목	보통입니다.	잘하고 있습니다.	아주 잘하고 있습니다.	점 수
서 론	2	4	6	
번 역	2	6	10	
본문의 범위	2	4	6	
문학적 구조	2	4	6	
분석적 관찰	6	14	22	
논 지	0	2	6	
통전적 해석	6	18	30	
결 론	0	4	8	
논문 작성법	0	2	6	
총 계			100	

3. 석의적 성경연구의 실제

(1) 서론

다음은 시편 80편의 서론이다. 시편 80편을 민족 탄식시라고 볼 때 이 본문은 탄식하는 민족의 아픔이라는 상황을 염두에 두고, 백성들의 마음을 보듬는 목표를 가지고 글을 쓴다. 본문과 이 본문이 전달될 공동체의 정황을 연결시키면서 접촉점을 제시하고, 시편 80편을 통하여 어떤 연구를 하고 싶은지 연구 내용을 서술한다.

IMF의 충격이 수많은 사람들의 한과 눈물을 자아내게 한 이후로 우리는 무한 경쟁에 돌입한 국제사회의 냉정한 현실을 실감하고 있다. 이제 위기는 어쩌다 한번이 아니라 지속적으로 우리 곁에 다가오며, 그 아픔에 탄식하는 수많은 이웃들을 보게 한다. 오늘도 직장과 가정을 잃고 옛 행복을 기억하며 눈물 짓는 우리들의 형제와 자매를 생각하면서, 민족 탄식시라고 하는 시편 80편을 통하여 우리 그리스도인들이 민족의 고난 앞에서 나아가야 할 길을 살펴보고자 한다.

열왕기상 3장 1-16절에 대한 석의 연구의 서론을 다음과 같이 전개할 수도 있다(2010, 고승표).

우리는 지금 리더십 홍수시대에 살고 있다. 서점의 베스트셀러 코너에는 리더십 관련 서적들이 앞 다투어 자리차지를 하고 있다. 곳곳에서 리더십 세미나가 쉴 새 없이 이어지며, 거액의 참가비를 내면서까지 리더십 훈련을 받겠다는 사람들로 북새통인 리더십센터들은 즐거운 비명을 지르고 있다. 그렇게 리더십이 범람하고 있지만 정작 따를만한 지도자를 찾기가 어렵다고 사람들은 호소한다. 최근 청년목회로 유명한 S교회의 J목사의 성추행 사건으로 기독교 리더십이 추락하는 부끄러운 사태가 벌어졌다. 이와 같이 기독교 리더십의 신뢰도가 추락하고 있는 가운데 신학을 시작한 우리들은 어떻게 지도력을 준비해야 할까? 이에 대해 인스턴트식 해결책을 제시하는 처세술 서적이나 기업의 CEO보다는, 2천년 이상 수많은 리더들을 양산해 온 성경과 성경 속 인물들에 귀를 기울이는 것은 지혜로운 일이다. 우리와 비슷하게 이제 막 아버지 다윗의 뒤를 이어 이스라엘의 차세대 지도자로 서게 된 솔로몬에게 주목해 보자. 우리와 유사한 상황에 있는 솔로몬으로부터 우리가 어떤 지도자로 첫 단추를 꿰어가야 할지 함께 배워보도록 하자.

(2) 본문의 범위와 문학적 구조

1) 본문의 범위

본문의 범위는 두 가지 면에서 이루어져야 한다. 하나는 더 큰 문맥에서 본문의 위치를 찾는다. 다른 하나는 본문이 앞뒤 문맥과 구별되고 독립된 단락이 가능한지를 밝힌다. 사사기 16장에서 삼손이야기에 대한 본문의 범위를 생각해 보자(2010, 김지영).

사사기는 21장으로 구성되어 있으며 이는 크게 세 부분으로 나눌 수 있다. 첫째, 사사시대의 배경을 설명해 주는 부분으로 1장에서 3장 6절까지 여호수아가 죽은 후 가나안 상황을 소개하고 있다. 둘째, 이스라엘을 구원한 대 사사들과 소 사사들의 행적에 대한 묘사로 3장 7절에서 16장까지 이어진다. 마지막 17장에서 21장은 제멋대로 행하던 사사시대의 백미를 장식하는 우상숭배와 지파간의 분열과 다툼을 다루고 있다.

3장에서 16장으로 이어지는 사사들 이야기의 마지막을 장식하는 삼손 이야기는 13장에서 시작한다. 잉태하지 못한 자에게 주도적으로 나타나셔서 나실인으로서 삼손의 출생이 가능하게 한 내용이 기술된 13장과 여호와의 영이 그를 움직여 영웅적인 일을 하는 14-15장, 가사로 내려가 들릴라를 만나 블레셋인의 손에 넘겨져 최후의 죽음을 맞기까지의 일을 다룬 16장으로 구성되어 있다. 특히 16장은 15장 20절에서 이미 삼손이 이스라엘의 사사로 이십년 동안 지냈다는 결론에 이어 마치 부록처럼 이야기가 진행되고 있어 주목되는데 16장에는 여호와의 영이 삼손에게 임했다는 기록이 존재하지 않는다. 16장 31절로 삼손이야기와 더불어 사사들의 이야기가 마무리 되며 다시한번 삼손의 치리에 대한 결론이 언급되는데 이것은 16장을 어떻게 볼 것인가가 삼손에 대한 평가를 판가름 하는 역할을 한다. 마지막 사사인 삼손의 죽음을 끝으로 17장부터 21장까지의 사사기는 타락할 대로 타락한 이스라엘의 모습과 지파간의 분열을 다루며 이스라엘의 우상숭배와 자기 옳은 대로 행했던 모습으로 또 왕정제도의 불가피성을 암시하며 사사기는 끝을 맺는다.

본문이 속한 16장을 더 살펴보면 초반부에서 가사로 내려간 삼손은 가사에서 죽음을 맞이한다. 들릴라라는 여인은 삼손의 하강에 결정적인 영향을 미치는데, 그 여인에 의해 삼손의 힘의 비밀이 밝혀지고 그녀에 의해 머리털이 밀린 삼손은 블레셋 인들의 손에 넘겨지게 된다. 블레셋인의 손에 넘겨져 눈이 뽑힌 삼손이 옥에서 맷돌을 돌리는 비참한 상황에 대한 묘사가 끝난 후 삼손의 마지막 죽음 이야기의 시작은 마치 한 조각의 희망을 암시하는 22절부터 보는 것이 타당한데 이는 삼손이 다시 힘을 회복하여 많은 블레셋인을 죽음으로 몰아넣고 함께 죽음을 택하는 이야기의 근거가 되기 때문에 삼손의 최후의 모습을 다루는 본 본문은 16장 22절에서 시작하여 31절까지로 한다.

2) 문학적 구조

문학적 구조는 평면적으로 놓인 본문을 입체적으로 배치함으로 본문의 논리를 파악할 뿐 아니라 본문을 문맥적으로 이해하는데 도움을 준다. 본문의 요소를 단순하게 늘어놓지 않고 중요도에 따라 대단락, 중단락, 소단락으로 나눈다. 다음은 열왕기상 3:1-15의 문학적 구조이다. (2010년, 고승표)

A. 일반적 배경: 솔로몬의 혼인과 산당제사(1-3절)
  1. 정치영역: 애굽 왕의 딸과 혼인관계를 맺음(1절)
  2. 종교영역: 산당제사(2-3절)
    a. 백성들의 산당제사(2절)
      (1) 이유: 여호와의 성전이 건축되지 않음(2a)
      (2) 다만 산당에서 제사드림(2b)
    b. 솔로몬의 산당제사(3절)
      (1) 하나님을 사랑하고 다윗의 법도를 행함(3a)
      (2) 다만 산당에서 제사드림(3b)
B. 하나님의 질문과 솔로몬의 대답(4-9절)
  1. 구체적 배경: 솔로몬이 기브온 산당에서의 일천번제를 드림(4절)
  2. 하나님의 질문: 하나님께서 꿈에 나타나서 질문하심(5절)
  3. 솔로몬의 대답(6-9절)
    a. 회상: 아버지 다윗에게 베푸신 은혜를 회상함(6절)
    b. 고백: 자신의 미숙함을 고백함(7절)
      (1) 작은 아이임(7b)
      (2) 출입할 줄을 모름(7c)
    c. 호소: 자신이 책임져야 할 백성이 셀 수 없이 많음을 호소함(8절)
    d. 간구: 듣는 마음을 구함(9절)
      (1) 동기: 백성 재판(통치)의 책임과 부담(9a)
      (2) 목적: 백성 재판(통치)과 선악 분별(9b)
C. 솔로몬의 대답에 대한 하나님의 반응(10-14절)
  1. 저자의 평가: 하나님께서 만족스러워 하심(10절)
  2. 하나님의 흡족한 약속(11-12절)
    a. 부정적 이유: 장수, 부, 원수의 생명을 구하지 않음(11a)
    b. 긍정적 이유: 송사를 듣고 분별하는 지혜를 구함(11b)
    c. 약속(1): 지혜롭고 총명한 마음을 주시겠다고 약속하심(12a)
    d. 약속(2): 솔로몬이 전무후무할 것을 약속하심(12b)
  3. 하나님의 보너스 약속: 부와 영광(13절)
  4. 하나님의 조건부 약속(14절)

           a. 조건: 다윗처럼 여호와의 법도와 명령을 지키라(14a)
           b. 약속: 장수(14b)
     D. 하나님의 약속에 대한 솔로몬의 반응(15절)
        1. 꿈을 계시로 받아들임(15a)
        2. 예루살렘 언약궤 앞에서 번제와 감사제물을 드림(15b)
        3. 신하들을 위해 잔치를 베풂(15c)

　　중단락, 소단락을 나눌 때도 비중을 고려하여 이루어져야 한다. 창세기 3장 1절부터 7절까지는 타락의 결과라기보다는 타락의 과정을 서술한다는 면에서 독립된 단락을 이루고 있다. 그런데 1절부터 7절까지를 자세히 살펴보면 같은 타락이 아니라 1절-5절은 유혹의 과정을, 6절-7절은 유혹의 결과로서의 타락을 서술한다. 다시 1절-5절은 유혹자의 등장 (1a)과 뱀과 여자와의 대화(1b-5)로 나눌 수 있다. 이러한 방식으로 대단락, 중단락, 소단락을 나눈다면 3장 1절-7절은 다음과 같이 나눌 수 있다.

  A. 유혹 (1-5절)
     1. 유혹자의 등장 (1a절)
        a. 유혹자: 하나님이 만드신 뱀 (1aα절)
        b. 유혹자의 특징: 가장 간교함 (1aβ절)
     2. 뱀과 여자의 대화 (1b-5절)
        a. 뱀의 질문: 동산 모든 실과를 먹지말라고 했는가? (1b절)
        b. 하와의 대답: 마음을 빼앗김 (2-3절)
           (1) 하와에게 허락된 것: 먹을 수 있으나 (2절)
           (2) 말씀의 첨가: 만지지도 말고 (3a절)
           (3) 말씀을 경히 여김: 죽을까 하노라 (3b절)
        c. 뱀의 단정과 약속 (4-5절)
           (1) 단정: 결코 죽지 아니하리라 (4절)
           (2) 약속: 하나님과 같이 되리라 (5절)

B. 타락 (6-7절)
   1. 여자의 타락: 먹음직, 보암직, 지혜롭게 할만큼 탐스러운지라(6a절)
   2. 남자의 타락: 그도 먹은지라 (6b절)
   3. 타락의 결과: 벗은 줄 알고 가림 (7절)

3장의 문학적 구조를 통하여 본문의 문맥을 알 수 있다. 본문은 크게 유혹과 타락을 말하는데, 유혹은 유혹자의 등장, 그리고 유혹자인 뱀과 여자의 대화를 통하여 유혹에 이르게 되는 것을 알 수 있다. 이 두 요소를 더 살펴본다면 유혹자의 세부적인 특징을 알 수 있고, 유혹의 절정에 이르는 과정에서 뱀과 여자가 나눈 대화를 살펴볼 수 있다. 타락 부분에서는 여자의 타락, 남자의 타락, 그리고 타락한 후의 결과를 보여준다.

문학적 구조 안에는 본문에 대한 저자의 이해가 담겨 있다. 문학적 구조를 따라 개념의 논리적인 흐름을 간단히 설명한다. 이 본문이 문학적 구조는 석의하는 사람에 따라 다를 수 있다. 처음 정한 문학적 구조는 본문을 깊이 이해하면서 바뀔 수도 있다. 또한 문학적 구조는 그것으로 끝나는 것이 아니라 앞으로 전개할 관찰과 해석의 기초가 된다. 독자라면 문학적 구조를 통하여 저자가 어떤 방식으로 본문을 이해하고 있는지를 알 수 있는 것이다.

(3) 분석적 관찰

분석적 관찰에서 중요한 것은 본문을 객관화 시켜서 귀납적으로 본문의 문맥을 드러내는 것이다. 그러기 위해서는 본문을 한절 한절 설명하는 것을 지양(止揚)해야 한다. 주석을 참조하면 지경이 넓어지지만 학자들의 견해에 종속될 위험이 있으므로 먼저 묵상한

후에 문학적 구조를 따라 전개해야 한다. 또한 분석적 관찰은 단순하게 본문을 이야기 식으로 재구성하는 재(再)-진술(retelling)과는 다르다. 본문을 문맥을 중심으로 입체적으로 관찰하여 의미로 나아가기 전 단계까지 본문을 다루는 것이다. 사사기 16:28에 대한 분석적 관찰을 살펴보기로 하자. "삼손이 여호와께 부르짖어 이르되 주 여호와여 구하옵나니 나를 생각하옵소서 하나님이여 구하옵나니 이번만 나를 강하게 하사 나의 두 눈을 뺀 블레셋 사람에게 원수를 단번에 갚게 하옵소서 하고."(2010년, 도화영)

이제 두 기둥 사이에 선 삼손은 그의 심경을 하나님 앞에 울부짖으며(קָרָא) 토로한다. 여기서 이 삼손의 울부짖음의 기도는 하나님께 자신을 바라보기를 간청하는 것으로 시작한다고 볼 수 있다(28a절). 원문으로 살펴보면, "나의 주 여호와께 말하기를 당신은 지금 나를 기억하소서. 그리고 나를 이번 한 번만 강하게 해주소서!"이다. 여기서 그가 여호와를 부를 때, 'אֲדֹנָי'(아도나이)로 표현했다는 것에 주목할 필요가 있는데, 이것은 그가 여호와를 '나의 주'로, 그리고 자신을 '하나님의 소유'로 새롭게 인식하여 나실인의 정체성으로 다시금 하나님 앞에 선다는 것을 선언하는 것이라고 할 수 있다. 그리고 그가 이제 강하여지기를 여호와 앞에 구하는 첫 대목이 나온다. 그에게는 이전에도 강한 힘으로 상대를 제압하고 승리한 경험이 수없이 많이 있었으나, 그것이 '여호와의 영'이 자신에게 임하여 일어난 일이라는 것을 전혀 깨닫지 못했었다(14:6, 19; 15:14). 그러나 이제는 그의 힘이 자신 스스로에게서나 그의 머리털로부터 주어지는 것이 아니고, 그 힘의 모든 원천이 오직 하나님이었음을 자각하게 된 것이다. 그러나 그럼에도 불구하고 이어지는 그의 기도 "하나님이여, 나로 하여금 내 두 눈에 대한 블레셋 사람의 원수를 단번에 갚게 하소서!"(28b절)에서 그는 여전히 인간적 연약함과 한계를 가진 존재라는 것을 확인할 수 있다. 원문의 'נקם'은 '원수를 갚다'라는 의미인데, 본디 '원수를 갚는 것'은 합법성과 정의, 그리고 구원이라는 개념과 그 의미가 통한다(렘 15:15; 나 1:2; 민 31:2). 그런데 여기서 삼손의 원수 갚기를 구하는 기도는 '나의 두 눈'(이 구절을 NASB 등의 많은 영어 번역에서는 'for my two eyes'라고 표현한다)을 뺀 블레셋 사람에게로 향하여 있다. 원수에 대하여 복수를 행하시는 궁극적인 주체는 오직 하나님뿐이신데(신 32:35, 41) 그의 의도는 다분히 개인적 분노와 보복심에 의한 것이었음을 알 수 있다. 신명기 역사서가 전제하는 것이 자신의 현재에서 벗어날 수 없는 인간이 피조물로서 지니는 한계라는 점을 생각해 볼 때, 삼손이 그의 상황 속에서 하나님을 새롭게 인식하고 깨달아 그의 사명을 다하기를 구하였을지라도, 그는 여전히 그의 내면의 한계를 극복하지 못한 연약한 인간으로 그려진다는 것을 알 수 있다.

(4) 통전적 해석

1) 해석의 첫 부분에 제시하는 논지는 단순한 요약이 아니다. 또한 논지가 모든 사람에게 같지 않을 수도 있다. 본문 전체에 대한 해석하는 자의 관점이 함축적으로 반영된다. 논지를 기초로 문학적 구조와 관찰과 해석이 일관성 있는 형태를 취해야 한다.

이사야서 40:27-31의 경우 논지를 어떻게 제시할 수 있는지 생각해 보자. 논지는 제목과는 다르다. 본문에서 31절을 따서 "여호와를 앙망하라!" 라고 붙인다면 결론은 가능하지만 27절에 나타난 이스라엘의 상황이 감추어진다. 전체 내용을 함축하면서 해석자의 해석이 드러나도록 논지를 정할 때 다음과 같은 논지를 생각할 수 있다: "이 본문은 포로의 암울한 상황에서 회복에 대한 기다림에 지친 이스라엘의 탄식 가운데 드러나는 인간의 한계와 하나님의 능력을 대조함으로써 여호와를 앙망하는 것만이 이 한계를 극복하는 길임을 보여주고 있다." 창세기 32:22-32에서는 야곱이 하나님을 만나는 상황이 묘사되고 있는데 이 또한 야곱이 하나님을 만나기 전의 심정 안에 이전의 야곱에 대한 상황진술을 필요로 한다. 그래서 이 본문의 논지는 다음과 같이 할 수 있다: "이 본문은 속이며 살던 야곱이 하나님에 의하여 고독한 자리로 이끌려 하나님과의 씨름을 통하여 환도뼈가 깨어짐으로 자아가 변화되는 반면, 하나님의 축복을 얻으려는 시도가 응답받으며 이스라엘로 변화되는 사건이다."

2) 논지가 정해지면 이제 해석을 통전적으로 제시하여야 한다. 통전적이라는 말을 붙인 이유는 제시된 해석 전체가 통전성을 이루어야 한다는 의미이다. 분석적 관찰은 본문의 문학적 구조를 따라 전개하는 반면에 통전적 해석은 해석을 이루는 명제에 따라 관찰을 다시 집중하는 것이다.

(5) 결론

관찰과 해석을 잘 하고도 적절한 결론에 이르지 못한다면 수고가 헛될 위험이 있다. 결론을 쓰기 위해서는 이 본문이 어떠한 삶의 자리에서 전달되어야 할지를 생각하여 삶의 자리를 동일화시키기 위하여 노력해야 한다. 결론이 요약에 머물면 지루하다. 메시지를 독자의 상황에 집중시켜 감동으로 이끌어야 한다. 민족 탄식시인 시편 80편은 IMF와 같은 재난 속에서 울부짖는 사람들을 염두에 두고 다음과 같이 쓸 수 있다.

시편 80편은 지속적인 민족의 재난 앞에 서서 하나님께 드리는 민족 탄식시이다. 민족의 구체적인 재난은 성경의 언어로 감추어지고, 그 언젠가 우리들의 신앙의 조상들이 드렸던 그 기도에 우리들의 간구를 담아 드리는 기도문이다. 현실의 재난은 그리 만만한 상황이 아니다. 많은 신앙인들이 이 재난을 해석하지 못하고, 하나님 앞에 절규하며 돌아옴을 기약할 수 없는 절망에 빠져들고 있다. 네 하나님이 어디 있느냐고 세상은 우리를 향하여 비웃고 있고, 신앙인들은 대답하지 못하여 세상을 두려워하고 있는 현실이다. 아마도 이 기도는 눈물의 깊은 골짜기를 지나온 자들의 노래일 것이다. 그 깊음 속에서 하나님의 부재를 깊이 경험하지 못한 자들이 어찌 민족을 위한 중재의 기도를 드릴 수 있으랴! 퇴락한 나라의 한복판에서 그 언젠가 우리들이 무심코 넘겼던 번영이 우연이 아니라 하나님의 은혜임을 다시 떠올려야 한다. 그리하여 그 은혜 속에 담긴 하나님의 은혜를 잊은 자들이 범했던 죄악을 회개하고 다시금 하나님 앞에 결단을 다짐해야 한다. 하나님이 없는 현실이 죽음임을 깨달은 자들의 노래를 불러야 한다. 우리들은 어디에 소망을 둘 것인가? 하나님 대신 우리 곁에 오는 인자를 통한 회복을 기다린다. 우주를 주관하며 왕들을 세우고 폐하시는 하나님의 주권 앞에 겸손히 무릎 꿇고 그분이 다시금 인자에게 기름 부어 민족의 회복의 중심이 되기를 간구 하는 기도를 드리며 회복을 노래해야 하는 것이다.

구약을 예수 그리스도의 사건 아래 읽는 그리스도인들에게 이 인자에 대한 기다림은 바로 예수 그리스도를 향한 소망으로 전이된다. 일회적인 구원 사건에 대한 진술이라기보다는 무너진 민족의 기초를 예수 그리스도 위에 세워 회복을 찾으려는 노력이다. 작금에 민족의 정치적, 경제적, 사회적 위기를 돌아보면서 우리는 과거에 우리에게 주신 하나님의 은혜를 돌아보아야 한다. 민족 없이 개인이 있을 수 없다. 먼저 우리 그리스도인들이 하여야 할 일은 민족의 아픔 깊숙한 곳으로 들어가는 일이다. 눈물 양식으로 밤을 새우며, 절망에 갇힌 자들의 절규를 들어야 한다. 그들과 함께 지새우는 고난의 한가운데에서 민족의 회복을 위하여 이 시편을 부르며 기도해야 할 것이다. 우리 구주 예수 그리스도의 능력에 힘입어 이 민족이 다시 시작하게 하옵소서.

시편 137편을 연구할 때 결론은 다음과 같이 할 수도 있다.

이 시편에는 의인이면서도 하나님의 부재가운데 십자가에서 "어찌하여 나를 버리셨나이까?" 하고 절규하며 죽어갔던 예수님의 탄식이 담겨져 있다. 원수들에게 내 맡겨져서 온갖 모욕과 조롱을 당하고, "만일 하나님의 아들이어든 자기를 구원하고 십자가에서 내려오라 (마 27:40)"는 시온의 노래를 강요당하며 온갖 고난을 감내하신 예수님의 모습이 그려져 있다. 원수들의 조롱 앞에서도, 위협적인 죽음 앞에서도 주님은 "이 잔을 내게서 떠나게 하옵소서! 그러나 내 뜻대로 마옵시고 아버지의 뜻대로 하옵소서!" 라는 기도로 견디시고 시온의 노래를 부르지 않기로 다짐한다. 그리고는 인류의 구속을 위하여 마지막까지 담대하게 죽음 앞에 선다. 그 죽음으로 향하는 길에서 이 시편보다 승화된 원수를 향한 기도를 드린다. 그 기도는 에돔과 바벨론을 향한 저주가 아니라 그들을 용서해달라는 간구였다. 그러나 이 시편이나 예수님의 기도나 모두 하나님의 공의가 이 땅에 실현되기를 간구하는 기도였다. 모두 하나님의 부재 속에서 그분의 현존이 드러나며 하나님의 공의가 이루어지는 하나님 나라를 갈망하는 기도라는 새로운 노래를 불렀던 것이다.

4. 석의 방법의 심화연구

(1) 통전적 해석의 예 (에스더 4장 1-17절)

에스더 4장 1-17절에서 통전적인 해석을 찾아보기로 하자. 해석을 드러내는 세 개의 보편적인 진리를 찾고, 각자에 맞는 관찰과 심화묵상을 하면 해석이 완료된다. 이 세 개의 해석을 하나로 모으면 논지가 된다. 논지라는 것은 본문을 넘어서는 에스더서 전체를 말하는 것이 아니라, 본문(에 4:1-17)에 국한되어야 한다. 이 논지는 4장 1절을 전제하고, 4장 17절 이후에 대해서는 석의에 포함된 내용이라기보다는 기대하는 내용으로 표시해야 한다. 전체적으로 에스더서 4:1-17을 전개하면 다음과 같다.

1) 논지를 정해 보자
이 본문은 멸망에 치힌 공동체를 구원히기 위히여 지도지 모르드개는 에스더를 움직이고, 에스더는 벼랑에 몰린 자리에서 죽으면 죽으리라는 일사각오로 민족을 향한 하나님의 기적을 기대하며 왕 앞에 나서기로 결심한다는 이야기이다.

2) 논지 아래 세 개의 해석을 찾아보자
① 위기의 시기에 지도자는 공동체의 구원을 위하여 하나님이 준비한 길을 시작한다.
② 지도자는 공동체의 위기의 시기에 하나님이 준비하신 사람을 움직인다.
③ 하나님의 뜻을 깨달은 자는 하나님의 기적을 기대하고 죽으면 죽으리라는 신앙으로 결단해야 한다.

3) 이러한 해석을 위하여 관찰을 모아보자

모르드개의 지도력을 둘로 나누어 볼 때, 첫 번 째는 위기의 시작과 유대인 민족의 행동을 촉구하는 시도를 언급하기 위하여 1-3절을 다룬다. 본문을 실마리로 앞에 있는 행동을 끌어올 수도 있다. 두 번째는 모르드개가 최후의 카드인 에스더를 설득하기 위한 행동으로 4-14절을 다룬다. 마지막으로 모르드개의 의도와 결심촉구를 전해들은 에스더의 결단으로 15-17절이다.

4) 해석의 세 요소

해석의 세 요소로서 주제, 관찰집중, 그리고 심화묵상은 다음과 같다.

첫째로, 위기시(時)에 지도자는 공동체의 구원을 위하여 하나님이 준비한 길을 시작한다(과거와 현재를 연결하는 보편적인 진리).

이방 땅에 살고 있지만 하나님이 권위를 부여하고 세우신 왕과 제국의 안녕을 위하여 살아온 모르드개는 신앙의 순결을 지키다가 초래된 하만과의 갈등으로 인하여 발생한 민족의 위기에 관한 진상을 모두 파악하고 민족의 구원을 위하여 어떻게 해야 할 지를 인지한다. 원하든 원치 않든 모르드개는 이제 민족의 구원을 위한 사령관으로 행동에 임하는 존재가 되었다. 그는 하만과의 갈등에서 지킨 신앙의 절개를 부끄러워하지 않고, 이 싸움을 민족의 싸움으로 이해하고, 하나님의 승리를 위한 대책을 나름대로 수립한 것으로 보인다. 제일 먼저 그는 성중에 나가서 대성통곡할 뿐 아니라 대궐 문 앞까지 이르러 조치의 부당함에 대해 항거한다. 나아가서 모르드개는 이미 왕궁에서 거하고 있으면서 하나님이 이 날을 위하여 준비하셨다고 여기고, 에스더를 향한 접촉에 나선다. 그의 뒤를 이어서 각 지방에서 조서를 접한 유대인들은 모르드개를 따라 애통하며 금식하고 울부짖기 시작하면서 바야흐로 민족을 위기로부터 구하려는 하나님의 계획이 실행에 옮겨진다(본문의 관찰집중).

타국 땅에 사는 디아스포라들이 그 나라를 위하여 충성을 다하였음에도 불구하고 신앙을 가졌다는 이유만으로 고난을 당할 때 얼마나 절망스러울까? 그들이 이방 땅에 사는 이상, 신앙을 빌미로 그 민족에게 다가오는 도전을 피할 도리가 없다. 그들이 이방 땅에 거하는 한 세상의 도전은 항상 있는 것이기에, 신앙의 도전이 없기를 기다리기 보다는 도전이 찾아 올 때 어떻게 맞서 당당하게 싸우느냐를 생각해야 한다. 그 도전이 찾아 올 때 지도자는 모르드개처럼 당당하게 악의 세력과의 전투를 시작해야 한다. 공동체를 위기에서 구하는 것은 하나님의 뜻이다. 그럼에도 불구하고 그 위기를 구하는 구체적인 방법은 지도자의 판단을 통하여 실행되기 시작한다. 하나님을 향하여 울부짖는 것은 당연한 출발이다. 하나님이 구하실 것을 확신하고 그분께 부르짖어야 한다. 지도자만이 아니라 공동체에 속한 모든 구성원들이 금식하고 애통하며 하늘의 하나님께서 간섭하시기를 간구해야 할 것이다. 그것만이 아니라 지도자는 하나님이 구원을 위하여 세심하게 준비하신 길을 찾아야 한다. 구원의 길은 한 사람으로 완성되는 것이 아니다. 첩보 작전과 같이 한 사람씩 최선을 다하여 참여할 때 그 구원의 줄이 모여 구원을 이루는 것이다. 지도자는 위기의 때에 하나님의 보여주시는 한 줄기 구원의 끈을 향하여 전력을 다해야 한다 (심화묵상).

둘째로, 지도자는 공동체의 위기의 시기에 하나님이 준비하신 사람을 움직인다(과거와 현재를 연결하는 보편적인 진리).

본문에서 역사의 주인공은 에스더이지만 에스더의 마음을 움직인 사람은 모르드개이다. 에스더의 마음을 움직여서 결단에 이르게 하는 역할은 모르드개의 몫이다. 굵은 베옷을 입고 대궐 앞까지 진출한 모르드개의 행동이 궁금해서 에스더는 모르드개에게 이것이 무슨 일이며 무엇 때문인가라고 묻는다. 이 말을 듣고 모르드개는 상황을 상세하게 설명한다. 그리고 민족의 구원을 위하여 에스더가 맡아야 할 역할이 무엇인지 설명한다. 왕 앞에 나서서 왕에게 부탁하는 방법에 대하여 에스더의 생각과 모르드개의 생각은 서로 다르다. 에스더는 세상의 상식을 따라 그것은 왕의 변덕에 의하여 목숨을 잃을 수 있는 무모한 방법이다. 자신이 왕에게 나아가려다가 죽음을 당할 수 있다는 법은 모든 백성들이 알고 있는 법이다. 왕이 받아 주지 않으면 죽는다. 에스더를 맞이하는 것은 왕인데 누가 그 마음을 움직일 수 있겠는가? 그것은 에스더의 능력을 벗어나는 일이 아닌가? 그러나 모르드개에게 이 방법은 민족이 위기로부터 구원받기 위해 하나님이 준비하신 유일한 방법이다(본문의 관찰집중 1).

에스더의 마음을 움직이기 위하여 모르드개는 그는 이렇게 말한다(4:13-14). "네가 혼자서 왕궁에 있다고 해서 네 민족의 운명과 상관없이 홀로 목숨을 구할 수 있다고 생각하지 마라. 백성이 살아야 네가 살 수 있다." 그런데 더 충격적인 것은 모르드개가 에스더에게 부탁하는 것이 아니라, 하나님의 계획을 전한다는 것이다. "네 마음대로 해라. 네가 이 일을 할 수도 있고, 하지 않을 수도 있다." 에스더가 그 일을 하지 않는다면 유대인의 구원이 잠시 지체될 수도 있지만, 하나님은 다른 방법으로 그 일을 하실 수 있다. "그러나 이 일을 하지 않는 너와 네 아비의 집은 망할 것이다. 그러니 너를 위하여 이 일을 해라." 하나님이 신앙인들에게 기회를 주실 때 그 기회를 붙잡으면 살지만, 그 기회를 무시하면 기회는 사라지고 멸망에 이를 수 있다는 것이다. 중도는 없다. 이 기회로 인하여 복된 사역자가 되느냐 아니면 그것을 이행하지 않음으로 죽느냐 그것 뿐이다(본문의 관찰집중 2).

공동체가 꽉 막힌 위기의 순간을 돌파할 수 있는 비결은 하나님의 방법을 헤아리는 지도자의 지도력을 통하여 나타난다. 그 지도력이 인간적인 술수가 아니라 신앙에서 온 것이기에 당당하다. 믿음의 사람들은 혼자 하나님의 일을 하지 않는다. 하나님이 보여주시는 길에 많은 사람의 동참이 필요하다. 그런데 그들을 참여시킬 때마다 지도자에게 필요한 것은 당당함이다. 하나님은 구차하게 일하지 않는다. "하나님이 하나님의 사역을 위하여 일을 준비하셨다. 당신을 위해서 이 일에 동참하라. 당신이 아니면 다른 사람을 통하여 성취하실 것이다. 하나님의 일이 지연될 수는 있지만, 포기되는 법은 없다." 지도자는 이렇게 의연하게 일해야 한다. 그리고 일에 참여한 사람들의 행복을 그려주고, 길을 보여주는 것이 지도자의 맡은 일이다(심화묵상).

셋째로, 하나님의 뜻을 깨달은 자는 하나님의 기적을 기대하고 죽으면 죽으리라는 신앙으로 결단해야 한다(과거와 현재를 연결하는 보편적인 진리).

하나님의 구원 사역의 마지막 바톤을 이어받은 사람은 에스더이다. "죽으면 죽으리라." 하나님 앞에 모든 것을 내어 놓은 결단의 말이다. 에스더가 이 말을 통하여 결심한다. 얼마나 상황이 급박하기에 에스더가 금식을 선포하는가?(4:16) 이 일이 벌어진 아하스에르 시대에 수도에 사는 모든 유대인들에게 소집을 통보한다. 모인 이유는 함께 모여서 삼일 동안 금식을 선포하기 위함이다. 그들이 금식하는 것은 한 가지, 오직 에스더를 위해서이다.

에스더야말로 민족을 위해 남겨진 기적의 끈이다. 그래서 백성들은 에스더를 위하여 삼일을 금식한다. 백성들만 금식하는 것이 아니라 에스더 자신도 시녀와 더불어 금식한다. 이들이 금식하는 것은 한 순간을 위해서이다. 민족의 위기는 에스더가 왕 곁에 나아갔을 때에 왕이 에스더를 반갑게 맞이하느냐 아니면 에스더를 죽이느냐에 달려 있다. 왕이 그저 에스더를 반갑게 맞이한다면 왕이 에스더의 간청을 들어서 위기 가운데 있는 유대 백성들을 구원해 준다는 것을 의미한다. 유대인들의 운명을 결정하는 그 순간에 왕의 마음을 주관하시도록 하나님께 간청하는 것이다(본문의 관찰집중 1).

　이들은 모든 문제의 핵심을 왕이 에스더를 만나는 그 상황과 관계있다고 생각하기에 그 순간을 위하여 금식한다. 에스더는 그렇게 준비된 후에 자신이 할 일이 무엇인지 말한다. "규례를 어기고 왕에게 나아가리니 죽으면 죽으리다." 규례를 어기고 왕에게 나아갔는데 왕의 마음이 동하지 않는다면 죽음을 자초할 수도 있다. 왕에게 나아가는 것까지는 에스더가 할 수 있지만, 왕의 마음을 바꾸는 것은 오직 하나님이 하실 일이다. 에스더는 자신을 왕비로 세우셨기에 죽음을 선택하는 것이 가능하기에 그 자리를 하나님이 준비하신 것으로 믿고 하나님의 기적을 기대하고 나아간다. 그 순간에 어떠한 일이 벌어질지 아무도 예측할 수 없다. 그 순간은 나와 조국의 운명을 하나님께 맡기는 시간이다. 하나님이 죽게 내버려두면 그대로 감수하겠다. 최악의 경우를 감수하면서 하나님의 은혜를 간구할 뿐이다. 상황이 힘들고 어려워도, 그 상황을 해결하는 열쇠는 단순하다. 상황을 지배하는 분이 하나님임을 믿고 하나님 앞에 모든 것을 내어 놓고 기다리는 것이다. 그것이 왕 앞에 나아가는 에스더가 했던 '죽으면 죽으리니' 라는 말의 의미이다(본문의 관찰집중 2).

하나님이 인간의 구원역사를 이끌어 가실 때는 인간을 동역자로 삼으사 그의 자리를 준비하시고 인간의 전적인 헌신을 필요로 하신다. 하나님은 위기가 오기 훨씬 이전부터 나를 준비하셨다. 그리고 위기가 찾아오면 나를 위해 준비한 그 자리에서 나의 순종을 원하신다. 이성적인 눈에는 닫힌 자리일지라도, 믿음의 눈으로 볼 때 길은 열려 있다. 나를 이 자리에 세우신 것은 하나님의 은혜이고, 이제 이 자리에서 하나님을 전적으로 주인으로 모시는 순종의 자리, 하나님을 초청하는 그 자리까지 가야할 몫은 나에게 남겨졌다. 마지막 주자의 할 일은 에스더처럼 죽을지도 모르는 순간에 왕 앞에 나아가는 것이다. 인간의 순종이 완성된 그 자리에서부터 예측하지 못한 하나님의 기적은 시작된다. 그 기적의 비밀은 에스더처럼 죽으면 죽으리라에서 보여주는 결단이다. 이 시대에 하나님의 사역을 위하여 당신의 자리를 준비하셨다. 지금까지는 에스더처럼 멋모르고 그 자리에까지 이끌려왔지만, 이 자리는 순종으로 죽어야 할 자리이다. 다니엘의 세 친구처럼 그리 아니하실지라도 풀무불에 던져짐을 선택하는 자리이다. 하나님이 당신을 필요로 하실 때 당신의 자리를 걸고 하나님 앞에 나아가야 한다. 지금까지 당신의 삶은 우연이 아니고 오늘 이 순간을 위함이다. 믿음의 눈으로 이루어질 기적을 바라보면서 죽으면 죽으리라는 결단을 할 때이다(심화묵상).

(2) 통전적 해석에서 관찰과 해석의 상관관계

1) 관찰 나열
관찰에서 해석에 사용할만한 요소를 나열한다.
관찰 1, 관찰 2, 관찰 3, 관찰 4, 관찰 5, 관찰 6, 관찰 7.

2) 세 가지 해석 결정
논지를 정하고, 논지에 맞는 해석 세 가지를 정한다.

3) 관찰 분류
관찰을 적절하게 세 그룹으로 나눈다. 예를 들어 다음과 같이 나눈다.

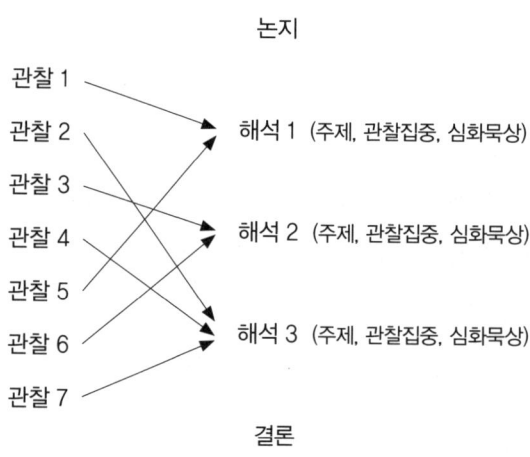

4) 해석하는 법
① 관찰을 주제에 따라 분류하여 7개 정도 나왔으면 (실제로는 더 나올 수도 있고 적게 나올 수도 있다) 이것을 중복되지 않도록 세 그룹으로 나눈다. 중복되면 해석의 집중력이 약해진다. 이것이 해석에서 관찰 집중에 해당한다.
② 해석은 주제, 관찰 집중, 심화묵상으로 구성됨으로 관찰을 중심으로 세 개의 해석을 만든다.

③ 해석 1, 해석 2, 해석 3은 중복되지는 않으면서도 연속적이어야 한다. 즉, 해석 2는 해석 1보다 뒤에 오고, 해석 3은 해석 2 다음에 와야 한다. 또한 해석 3은 해석 1과 해석 2 다음에 온다는 느낌을 주어야 한다.

④ 주제는 과거에 기록된 본문과 현재를 연결하는 보편적인 언어로 이루어진다. 과거에만 적용되는 언어도 아니고, 현재에만 적용되어도 안된다. 또한 할당된 관찰을 포괄하는 언어가 되어야 한다. 주제가 담지 못하는 관찰을 다른 해석으로 넘기든지 그 관찰을 꼭 담고 싶으면 주제를 적절한 것으로 바꾸어야 한다. 주제가 관찰의 내용을 적절히 담고 있는지 살펴야 한다.

⑤ 각 해석에 할당된 관찰들은 주제에 따라 투박하지 않게 적절한 흐름을 견지하면서 전개해야 한다. 주제를 가지고 주어진 관찰의 통일성을 염두에 두고 전개한다. 말씀을 잘 푼다는 것은 적절한 주제 아래 관찰을 유기적으로 구성하고 해서으로 나아가는 것이다. 관찰 집중을 통하여 본문의 문맥이 잘 드러나야 한다. 훌륭한 설교일수록 본문의 문맥이 충분히 드러난다.

⑥ 마지막으로 심화묵상은 관찰을 통해 주어진 주제를 가지고 현재로 넘어오는 것이다. 본문이 과거에 기록된 것으로 멈추지 않고 현재에도 적용되어야 진리이다. 해석의 목표는 본문이 과거에 어떤 의미가 있었는지에 멈추는 것이 아니다. 본문의 관찰을 통하여 드러난 진리인 주제에 따라 현재를 진단하는 것이다. 학문적인 연구를 할 때는 심화묵상 부분에서 그 주제로 본문만이 아니라 더 큰 문맥, 구약, 신약을 관통하는 전개를 한다. 그러나 설교를 위한 연구일 경우에는 현재의 삶에 적용하는 전개를 한다.

⑦ 해석 3개가 완성되면 이것을 다 모아 처음에 가정한 논지가 나오는지 생각해본다. 논지와 해석 3개를 서로 돌아보면서 묵상한다. 논지는 통일성을 강조하고, 해석은 문맥을 드러내는 것이다. 통일성과 문맥이 적절한지 다시 살펴본다.

⑧ 마지막으로 할 것은 결론이다. 결론은 심화묵상과는 또 다르다. 해석을 부분적인 주제들로 전개했다면, 결론은 본문이 드러내는 케리그마적인 요소를 한번에 청중의 가슴에 때려줌으로써 피조물로서 전적 타자인 하나님 앞에 세우는 것이다. 단순한 요약에 머물지 말고, 삶의 자리에 선 청중들을 본문에 근거한 감동으로 인도해야 한다.

(3) 해석의 연습 : 누가복음 5:1-11

1) 논지를 정해 보자

이 본문은 부족하고 연약한 베드로를 찾아 오사 베드로가 순종을 통하여 신앙에 이르게 하시고 예수님의 제자로 출발하게 하신 이야기이다.

2) 논지에 따른 세 개의 주제(보편적인 진리)를 정한다
① 예수님은 부족하고 연약한 자를 찾아오신다.
② 하나님은 순종을 통해 신앙에 이르게 하신다.
③ 하나님은 신앙인들이 하나님을 최고의 자리에 두기를 원하신다.

3) 관찰의 분류

전체적으로 관찰은 1-3절, 4-10절, 그리고 11절로 나눌 수 있다. 그러나 때때로 다른 절에서 실마리를 얻을 수도 있다.

① 첫 번째 단락(1-3절)을 생각해 보자: 예수님은 부족하고 연약한 자를 찾아오신다. 이 주제는 베드로와 예수님의 만나는 순간을 염두에 두고 있다. 그런데 이 만남의 순간을 말하기 위해서는 현재 베드로의 상태를 보여주는 구절을 찾아야 하는데 주로 1-3절에 나타나고, 5절에서 "우리들이 밤이 새도록 수고하였으되 잡은 것이 없지마는"에서도 엿볼 수 있다. 이 상태를 표현하기 위하여 "부족하고 연약한"을 첨가한다. 또한 예수께서 베드로를 선택할 때의 상황을 엿볼 수 있다. 1-3절에서는 무리들이 말씀을 듣는데, 베드로와 어부들은 배를 씻고 있는 장면에서 유추할 수 있다. 즉, 다른 무리들은 말씀을 듣는데, 밤새 수고했지만 고기를 잡지 못해 절망에 빠진 베드로는 배만 씻고 있다.

② 두 번째 단락(4-10절)을 생각해 보자: 하나님은 순종을 통해 신앙에 이르게 하신다. 이 주제는 베드로를 제자로 삼기 위하여 예수님이 무엇을 하셨는지를 보여주는 해석이다. 주로 4-10절을 관련시킬 수 있다. 그러나 예수께서 배를 빌리는 장면을 이곳에 포함하려면 3절 "그 배는 시몬의 배라 육지에서 조금 떼기를 청하시고"에서도 실마리를 찾는다. 즉, 예수께서 시몬의 배를 빌린 것으로 이해하는 것이다. 그리고 그물을 던지라는 예수님의 명령과 베드로의 역설적인 순종, 그리고 큰 어획을 포함한다. 이 부분에서 가장 핵심적인 것은 자신의 경험을 내려놓고 순종한 것이다. 본문에서 순종과 신앙고백이 나타나지만 순종과 신앙고백을 연결하는 것은 해석을 통해서 이루어진다.

③ 세 번째 단락(11절)을 생각해 보자: 하나님은 신앙인들이 하나님을 최고의 자리에 두기를 원하신다. 이 주제는 예수님

을 만난 베드로의 반응이다. 비록 한 절밖에 안되지만 중요
성은 크다. 그리하여 이 '따름'은 같은 주제를 가진 다른 구
절들을 인용하면서 심화할 수 있다.

4) 설교의 구성

본문의 내용 (관찰)	보편적인 진리	심화묵상 (현재)
예수님은 말씀에 관심 없고 배를 씻고 있는 베드로를 찾아오셨다.	예수님은 부족하고 연약한 자를 찾아오신다.	연약하고 부족하지만 탄식하는 우리를 찾아오시는 예수님을 기다리자.
하나님은 절망한 베드로에게 깊은 곳에 그물을 내리라고 명령하셨다.	하나님은 순종을 통해 신앙에 이르게 하신다.	믿음이 부족해도 순종하면 하나님은 우리가 신앙의 세계를 경험하게 하신다.
베드로는 모든 것을 버려두고 따랐다.	하나님은 신앙인들이 하나님을 최고의 자리에 두기를 원하신다.	우리의 매일 매일 삶에서 하나님을 최고의 자리에 두기를 연습하자.

위의 표는 세 개의 요소로 이루어져 있다. 첫 번째는 본문에 대한 객관적인 관찰을 통해 얻은 본문의 내용이다. 두 번째는 본문의 내용에 담긴 보편적인 진리이다. 즉, 베드로에게 일어난 일들이 주는 진리로서 과거의 내용을 현재로 연결하는 디딤돌 역할을 한다. 세 번째는 보편적인 진리에 대한 심화묵상을 통하여 진리를 현재에 적용하여 얻은 내용이다. 본문의 내용(관찰)은 보편적인 진리를 통하여 심화묵상(현재)으로 연결된다. 각 단락마다 이렇게 세 종류의 요소로 분류함으로 통전적 해석은 다음과 같이 정리할 수 있다.

① 예수님은 부족하고 연약한 자를 찾아오신다(보편적인 진리).
예수님은 말씀에 관심 없고 배를 씻고 있는 베드로를 찾아

오셨다(본문의 내용). 연약하고 부족하지만 탄식하는 우리를 찾아오시는 예수님을 기다리자(심화묵상).
② 하나님은 순종을 통해 신앙에 이르게 하신다(보편적인 진리). 하나님은 절망한 베드로에게 깊은 곳에 그물을 내리라고 명령하셨다(본문의 내용). 믿음이 부족해도 순종하면 하나님은 우리를 신앙의 세계를 경험하게 하신다(심화묵상).
③ 하나님은 신앙인들이 하나님을 최고의 자리에 두기를 원하신다(보편적인 진리). 베드로는 모든 것을 버려두고 따랐다(본문의 내용). 우리의 매일 매일 삶에서 하나님을 최고의 자리에 두기를 연습하자(심화묵상).

이어서 본문의 논지는 세 개의 해석을 하나로 모으는 것이다. 위에서 보편적인 진리 세 개를 하나로 모아 하나의 문장을 완성하면 논지는 다음과 같다: 이 본문은 부족하고 연약한 베드로를 찾아오사 베드로가 순종을 통하여 신앙에 이르게 하시고 예수님의 제자로 출발하게 하신 이야기이다.

5) 본문 중심의 설교(배정훈)

신앙의 출발점 (눅 5:1-11)

예수님이 이 땅에 오시기 전을 주전이라고 하면서 BC라는 용어를 사용합니다. 주전 몇 년이라고 할 때 우리는 BC를 사용합니다. 역사에 주님이 오신 후를 주후라고 하여 AD라는 용어로 표기합니다. 주님이 오신 후에 역사는 근본적으로 새로워지고 의미를 찾았습니다. 곤고하고 메마른 땅, 죽음의 땅이 주님을 만나서 생명의 땅, 소망의 땅으로 변했습니다. 역사에만 BC와 AD가 있겠습니까? 우리 각자의 인생에도 BC와 AD가 있습니다. 주님이 찾아오시기 전에 의미 없고 곤고했던 삶이 주님을 만난 후에는 근본적으로 바뀝니다. 우리가 힘들고 어렵고 어두운 터널을 지나고, 깊은 수렁과 같은 시기를 지날 때, 그 언젠가 경험한 신앙의 출발점은 우리에게 새로운 힘을 줍니다. 오늘 우리가 읽은 본문에서 우리는 베드로의 인생에 있었던 신앙의 출발점을 목격하게 됩니다. 주님에게 전혀 관심없던 베드로가 어떻게 주님의 제자로 출발을 하였습니까?

1. 주님은 우리가 약하고 부족할 때 친히 찾아 오셔서 우리를 만나주시는 분입니다. 베드로가 자신의 일에만 몰두하던 곤고한 시절에 주님은 베드로를 찾아 오셨습니다. 오늘 본문은 너무도 아름다운 장면으로 시작됩니다. 예수님의 소문이 널리 퍼졌습니다. 사람들이 예수님을 찾아서 게네사렛 호숫가에 몰려들었습니다. 우리의 주인공인 베드로도 성경을 들고 말씀에 대한 기다림이 있었다고 우리는 생각하기 쉽습니다. 그런데 오늘 본문에 나타나는 베드로의 모습은 그러한 것이 아니었습니다. 그가 그날 호숫가에 있었던 이유는 주님의 말씀을 갈망해서가 아니고, 밤새도록 고기를 잡다가 아침에 배를 정리하고 있을 뿐이었습니다. 사람들이 모여있는 그 자리에 배 두 척이 있었는데 하나가 시몬의 배였습니다. 시몬은 주변에 어떤 일이 있는지 관심도 없이 그 배를 씻고 있었습니다. 5절에 베드로의 말을 들으니 "밤이 맞도록 수고하여 얻은 것이 없지만"이라고 말한 것을 보면 베드로가 실의에 빠져 낙담해 있는 것입니다. 어부로서 전문가인 베드로는 최선을 다했음에도 불구하고 결과가 없는 것에 대해 무력감을 느끼고 있는 중입니다.

그런데 주님은 오늘만큼은 자신의 말에 귀 기울이는 많은 사람들보다 자신의 말에는 관심이 없는 베드로에게 관심이 있었습니다. 베드로가 주님을 찾은 것이 아니라 주님이 베드로를 찾아 오셨습니다. 우리가 우리들의 직업에 바쁘고, 돈 벌기에 바쁘던 그 때 그 가운데 갇혀 사는 것의 덧없음을 아시고 우리를 찾아 오셨습니다.

3절에 보니 "예수께서 한 배에 오르시니 그 배는 시몬의 배라 육지에서 조금 띄기를 청하시고 앉으사 배에서 무리를 가르치시더니."

말씀을 전하기 위해 준비하시다가 예수님은 베드로에게 말을 거십니다. 예수님이 갑자가 그물을 씻고 있는 시몬을 불렀습니다. "배 좀 잠깐 빌려도 될까요?" 그 말은 명분이 있는 말입니다. 사람들이 많은데 그 옆에서 말씀을 전하면 들리지 않을 수도 있습니다. 그래서 생각한 것이 사람들을 바닷가에 모이게 하고 주님은 바다에서 조금 떨어져서 배에 올라 설교를 하는 것입니다. 모든 사람들이 예수님에게 집중할 수 있었습니다. 그 말이 그럴 듯하여 베드로는 배를 빌려줍니다. 예수님이 설교를 얼마나 하셨을까요? 오늘날같이 30분정도 했겠습니까? 몇 시간 했겠지요. 베드로가 그 설교를 들으면서 어떤 생각을 했겠습니까? 저 사람 설교는 왜 이렇게 길게 할까. 그럴 듯하네. 만약 베드로의 배를 빌리지 않았더라면 베드로는 예수님의 설교에 감동되기도 전에 자리를 떠났을 것입니다. 그 말씀에 감동을 받기 전에 베드로는 얼마나 불평을 했을까요? 아니 왜 하필 내 배를 쓴단 말야. 이렇게 이를 갈았을지도 모릅니다. 주님은 아무 것도 모르는 것처럼 말씀을 전하십니다. 베드로는 어쩔 수 없이 배를 돌려 받으려고 앉았다가 주님의 말씀을 듣게 됩니다.

하나님은 이렇게 다가오십니다. 하나님은 사람을 도매금으로 한순간에 변화시키는 법이 없습니다. 필요한 방법을 따라 인격적으로 다가오십니다. 우리는 신앙생활을 우연이라고 생각합니다. 그러나 우연이란 하나님을 위하여 수고하는 사람들을 위하여 하나님이 주신 선물입니다. 하나님은 배를 빌려 달라고 하십니다. 그리고는 배를 돌려주시기를 기다리는 중에 우리를 변화시킵니다. 퉁명하게 앉아서 우리의 자존심을 세울 때에 하나님은 우리의 요구를 들어주십니다. "교회좀 나와줄래?" "알았어요. 주일만 나가겠습니다. 더는 안돼요." "성경공부 좀 참석할래?" "그래요. 더는 안돼요." 예수를 믿기 시작하면서 우리들은 얼마나 자존심을 세웠습니까? 여기까지 온 것이 기적이지요. 우리들은 얼마나 많은 단서를 달고, 자존심을 겁니까? 나는 특별한 사람임을 광고하려고 합니까? 그러면서 우리는 할 수만 있다면 부담을 버리고, 책임을 피하고, 멀찌감치 신앙생활하려고 했습니다. 사역자가 되어 있는 이 순간까지도 말입니다. 그런데 어쩔 수 없는 부담을 갖고, 어쩔 수 없이 하나님께 배를 빌려 드리고 돌려받으려고 기다리다가 신앙 안으로 깊이 들어옵니다. 저도 여기 오기까지 숱한 단서를 달았습니다. '주일만 나올거야', '성경공부만 할거야', '교사는 올해만 할거야', '청년회장은 마지막으로' 그렇게 한 걸음씩 오다가 마침내 목사가 되었습니다. 하나님의 주권아래 그분에게 어쩔 수 없이 배를 빌려 드리다 보니 여기까지 온 것입니다. 그리고 이제는 그것이 나에게 진정한 행복임을 알고 감격합니다. 하나님은 정작 나에게 관심이 있으시고, 나를 원하시면서도 나의 자존심을 살피시면서 천천히 다가오셨습니다. 하나님이 우리의 것을 빌리려고 오신다면 기꺼이 빌려 드려야 합니다.

2. 예수님은 우리들로 하여금 순종을 통하여 신앙에 이르게 하

십니다. 신앙의 첫 번째 단계가 신앙에 관심 없는 사람들을 주님의 길로 인도하는 것이라면, 두 번째 단계는 우리의 순종을 통하여 하나님을 체험하게 하십니다. 주님은 이렇게 베드로에게 다가오십니다.

4절 말씀을 마치시고 시몬에게 이르시되 깊은데로 가서 그물을 내려 고기를 잡으라

시몬은 왜 주님이 이러한 명령을 내리시는지 알 수가 없습니다. 우리들도 왜 깊은 곳에서 그물을 내려야 하는지 알기 어렵습니다. 전문가들에 의하면 깊은 곳에는 고기가 있을 수 없습니다. 수십년 동안 어부로 살아온 베드로가 보기에는 예수님이 지적한 장소에는 고기가 있을 가망성이 없었을 것입니다. 그러나 믿어지지 않는 자리에서 믿음으로 일어서는 것이 바로 하나님을 준비하는 길임을 예수님은 알고 계십니다. 베드로는 어떻게 반응합니까?

5절 선생이여 우리들이 밤이 맞도록 수고를 하였으되 얻은 것이 없지마는 말씀에 의지하여 내가 그물을 내리리이다

우선 예수님을 선생이라고 부릅니다. 그렇지만 예수님이 예사로운 분이 아님을 알아차린 것 같습니다. 그러니 상식에도 맞지 않은 명령를 내릴 때 고민이 되었을 것입니다. 이성으로는 이해되지 않지만 "말씀에 의지하여" 그물을 던집니다. 베드로가 그렇게 말씀에 의지하여 그물을 내렸을 때 어떤 현상이 나타났습니까?

눅 5:6-7 그리한즉 고기를 에운 것이 심히 많아 그물이 찢어지는지라. 이에 다른 배에 있는 동무를 손짓하여 와서 도와달라 하니 저희가 와서 두 배에 채우매 잠기게 되었더라.

그렇게 한 마리도 없던 고기가 갑자기 많이 잡혔습니다. 그런데 앞에서 호숫가에 두 척의 배가 있다고 그랬는데 다른 배 하나가 곁에 있기 때문에 오라고 손짓을 했습니다. 그 배는 누구의 배입니까? 야고보와 요한의 배입니다. 고기를 다 잡고 나니 두 배가 가득 찼습니다. 그런데 베드로의 반응이 이해하기가 어렵습니다.

눅 5:8 시몬 베드로가 이를 보고 예수의 무릎 아래 엎드려 가로되 주여 나를 떠나소서 나는 죄인이로소이다 하니

갑자기 베드로가 예수의 무릎아래 엎드렸습니다. 그리고는 무엇이라고 말합니까? "주여 나를 떠나소서. 나는 죄인이로소이다." 왜 갑자기 예수님에게 떠나라고 했을까요? 갑자기 죄인이라는 고백이 왜 나왔습니까? 주님에게 떠나라고 말하는 것은 내가 감히 주님 앞에 설 자격이 없다는 표현입니다. 나는 죄인이라는 고백은 우리 인간과는 질적으로 다른 하나님 앞에 섰을 때에만 가능합니다. 그렇다면 왜 베드로는 이러한 고백을 하였을까요? 베드로는 수십 년간 어부생활을 하면서 고기잡는 일에 관하여 잘 알고 있습니다. 어느 곳에 고기가 있고, 어느 곳에는 고기가 없고, 어떤 계절, 어떤 장소, 더구나 넓은 태평양 바다도 아니고 좁은 호숫가입니다. 그리고 그날도 자신이 살아온 경험에 비추어 보면 고기가 있을 수 없는 곳에서 고기가 잡힌다는 것은 자신의 경험으로는 상상할 수 없는 것입니다. 그런데 주님은 언제 나타

나십니까? 예수님은 베드로에게 당신이 하나님이심을 보여주기 원했습니다. 이성적으로는 이해되지 않는 상황에서 수많은 고기가 잡히는 것을 보고 베드로는 하나님이 아니시고는 가능한 일이 아니라는 고백을 하게 됩니다. 예수님은 하나님이시라는 고백을 하는 것입니다. 만약 저같이 고기잡는 일에 문외한인 사람이 그곳에 있었더라면 어떤 반응을 보였을까요? "그럴수도 있지"라고 대답했을 것입니다. 그것을 기적으로 보지 않습니다. 그러나 고기잡는 일에 전문가인 베드로의 입장에서는 하나님이 아니시고는 불가능한 일이라는 것을 알았습니다. 자신이 가장 잘 아는 분야에 들어오셔서 하나님의 하나님 되심을 보여주는 것입니다. 베드로는 하나님이 갑자기 그에게 다가오셨음을 알았습니다. 하나님의 다가오심을 두려움과 떨림으로 대한 것입니다. 바로 자기 곁에 인간의 몸을 하시고 계시지만 그분이 바로 하나님임을 알았습니다.

사실상 누가복음의 이 베드로 이야기는 창세기 12장의 아브라함의 출발과 창세기 28장의 야곱이 하란으로 출발하는 벧엘이 사건을 모아 놓은 것입니다. 야곱이 하란을 향하여 가는데 벧엘에서 잠을 자다가 꿈을 꾸었습니다. 그때까지는 하나님에 대한 인식이 없었는데 꿈을 꾸고 나서 그의 고백이 무엇입니까? "여호와께서 과연 여기 계시거늘 내가 알지 못하였도다." 하나님이 갑자기 야곱을 찾아 오신 것입니다. 지금까지는 곁에 하나님이 계신 줄 몰랐는데 갑자기 하나님의 현존이 엄습해왔습니다. 두려움과 떨림으로 그분을 맞이합니다. 베드로도 잘해야 랍비정도로 알고 대화하던 예수님이 하나님임을 알자마자 야곱이 느꼈던 경외감이 생긴 것입니다. 갑자기 찾아온 하나님의 현존 앞에 어쩔 줄을 모릅니다. 그 경험은 베드로에게 어떤 영향을 주었을까요? 아무 것도 아닌 자신에게 하나님이 찾아 오셨다고 생각할 때 얼마나 감격스럽겠습니까? 아, 하나님은 살아계시는구나 확신이 생깁니다. 늘 우리 곁에 계시는 그분을 느낍니다. 하나님이 다가오신 충격은 살아가는 순간마다 흥분으로 다가옵니다. 감격으로 다가옵니다. 하나님 체험은 우리에게 살아있는 생명을 제공하는 것입니다. 하나님을 인간의 한계 안에 가두어 둔 현대인들에게 이러한 하나님 체험이 필요합니다.

베드로가 이렇게 예수님 안에서 하나님을 발견한 방법은 무엇입니까? 베드로가 했던 일은 이성의 한계를 깨닫고 말씀에 의지함으로 하나님의 신비를 기다리는 것이었습니다. 우리는 이렇게 말합니다. 기적을 보여주시면 하나님을 믿겠다. 그런데 예수님이 가버나움에 가서는 기적을 행하시지 못했습니다. 사람들이 이상하게 생각하였습니다. 그 이유는 하나님이 기적을 행하시지 못해서가 아니라 그들에게 말씀을 의지하는 신앙이 없었기 때문에 기적이 나타나지 않았던 것입니다. 불신이 먼저라는 말입니다.

신앙이란 무엇입니까? 신앙을 가르치는 사역자의 위치에 있지만 때로는 우리조차도 하나님의 현존에 갈증을 느낍니다. 과학주의, 계몽주의, 모더니즘을 살면서 세상은 하나님을 이 땅에 내재화시키고 초월적인 하나님을 세상에서 내어쫓았습니다. 신앙은 불합리한 것이고 이성은 완전하다고 이해합니다. 그러나 신앙은 불합리한 것이 아니라 초합리적인 것입니다. 신앙은 초월을 말하고, 영원을 말하고, 무한을 말합니다. 그분을 알기 위해서는 그분의 주권 앞에 겸손히 고개숙여야 합니다. 순종을 통하여 그분이 주인이심을 고백해야 합니다. 베드로가 했던 것은 "말씀에 의지하는 것"이었습니다. 말씀에 의지함은 인간의 이성이 아니라 보이지 않는 세상을 주관하시는 분을 향하여 문을 여는 것입니다. 이성을 믿지 아니하고 말씀을 의지함으로 유한한 인간이 무한하신 하나님을 만나는 것입니다. 순간이 영원을 대면하는 것입니다. 그렇게 우리가 무한하신 하나님을 만나기 위해 필요한 것은 전폭적으로 나를 주님께 내어 맡기는 것입니다. 하나님의 살아계심을 경험하기 위하여 우리들은 말씀에 의지하여 주님을 바라보아야 합니다.

3. 하나님은 신앙인들이 하나님을 최고의 자리에 두기를 원하십니다. 신앙의 출발의 마지막 단계로서 베드로는 모든 것을 버려두고 예수님을 좇았습니다.

5:11 저희가 배들을 육지에 대고 모든 것을 버려두고 예수를 좇으니라.

이 마지막 단계는 무엇입니까? 비로소 신앙인으로서 첫 걸음을 내딛는 것입니다. 주님에게는 관심이 없이 자신의 일에만 몰두하던 사람이 차츰 주님을 알아 가다가 마침내 그분의 제자로서 삶의 방향을 바꾸는 것입니다. 비록 우리들이 실수하고 넘어진다 할지라도 주님을 향하여 나아가기로 결심하는 것입니다. 그런 의미에서 모든 것을 버려두고 예수를 좇는다는 말은 바로 본토 친척 아비 집을 떠나서 하나님이 보여주시는 땅으로 나아간다는 아브라함의 신앙의 신약적인 표현입니다.

사람들은 이 말을 듣고 고민을 합니다. 모두 버리고 떠나야 한다면, 직장 버리고 모두 목사가 되고 선교사가 되라고 말하는 것입니까? 그러면 목사가 아니고 선교사가 아닌 사람은 평생 죄책감만 느끼란 말입니까? 반대로 우리 신학생들은 '나는 목사가 될 것이니 나는 괜찮아.' 하면서 만족을 표할지도 모릅니다. '우리들은 목사가 될 것이니 나는 괜찮은 사람이야.' 이런 흑백논리에서 벗어나야 합니다. 물론 베드로의 경우에는 가정을 버리고 주님의 제자로 시작하였습니다. 그러나 주님을 체험한 사람들에게 예수를 좇는 것은 다양합니다. 모든 것을 버려두고 예수를 좇는다는 말은 곧 주님을 우리 삶의 최고의 자리에 모신다는 말입니다. 그것은 여호와를 경외한다는 말이며 이삭을 바친다는 의미입니다. 하나님이 우리 삶의 주인이 되심을 의미합니다. 신학생일지라도 우리의 삶의 자리에 하나님을 주님으로 모시고 거룩하게 서있지 않는다면 안 된다는 말입니다.

주님을 우리 삶의 최고의 자리에 모시는 방법은 다양합니다. 모든 사람이 목사가 되는 것을 의미하지는 않습니다. 목사가 될 사람이 있고, 삶의 현장에 남아 있어야 할 사람이 있습니다. 신앙만 좋으면 신학교로 몰려가는 것이 능사가 아닙니다. 하나님은 이 땅의 하나님이십니다. 하나님은 우리에게 땅을 다스리라고 하십니다. 우리의 땅이란 바로 우리가 하루 종일 서있는 우리의 직업입니다. 이제는 부르심 받은 지도자들이 각 분야에 들어가야 합니다. 과학계에, 정치계에, 교육계에, 다양한 삶의 자리에 들어가 그곳에서 하나님의 다스리심을 선포하여야 합니다. 우리가 서있는 자리를 거룩하게 만들어 하나님이 다스리시도록 도와야 합니다. 우리가 서있는 삶의 자리가 거룩한 소명의 자리입니다.

모든 사람이 목사와 선교사가 될 수는 없습니다. 목사는 신앙이 좋은 사람들가운데 성경을 잘 가르치고, 말씀을 잘 전하고 공동체를 잘 인도하는 은사를 가진 사람들이 전문적으로 훈련받아 만들어집니다. 은사나 훈련이 없이 목사가 되면 많은 사람을 불행하게 만듭니다. 선교지에 가서 선교하는 사람들도 언어의 훈련을 받아야 하고, 그 영혼을 사랑하며, 이질적인 문화에 훈련을 받아서 효과적으로 해야 합니다. 훈련되지 않는 선교사들이 선교를 망치기도 합니다. 목사가 되어서 불행한 사람이 있고, 목사가 되지 않아서 다행인 사람도 있습니다. 불행한 목사가 되지 않으려면 베드로의 출발점을 다시 기억해야 합니다. 시작만 했다고 다 끝난 것이 아닙니다. 사울은 하나님이 부르고 사람들이 인정했지만 소명을 관리하지 못하여 버림받았습니다.

　베드로는 칭찬을 들으려고 예수님께 말했습니다. 예수님 나는 모든 것을 버려두고 예수님을 좇았습니다. 무엇을 얻겠습니까? 예수님은 대답하십니다. "그래. 많은 복을 받을 것이다. 그러나 잊지 마라. 먼저 된 자로서 나중 되고 나중 된 자로서 먼저 될 자가 많으니라." 신앙의 출발은 칭찬 받을 만하지만 마지막까지 긴장하고 두렵고 떨리는 마음을 갖지 않으면 언제 중도에 넘어질지 모른다는 것입니다. 바울은 내가 남에게 전파한 후에 도리어 버림이 될까 두려워한다고 말했습니다. 하나님은 우리를 목회자로 삼으시기 위하여 많은 은혜를 우리에게 주셨습니다. 그러나 많이 주신 자에게 많은 것을 찾으십니다. 그래서 늘 처음처럼 주님의 현존 앞에 서야 합니다. 베드로의 출발은 주님을 최고의 자리에 모시는 것이었습니다. 그것은 한번으로 그치는 것이 아닙니다. 늘 한결같이 주님 앞에 내가 피조물임을 깨닫고 그분을 나의 삶의 한복판에 모시고 그분의 계명에 순종하는 것입니다.

　이제 말씀을 마치려고 합니다. 베드로는 사역자로 부름 받아서 늘 처음 주님이 다가오실 때를 생각했습니다. 쓸모없는 일만을 위하여 살던 베드로를 부르시고 그의 자존심을 따라서 서서히 변화시키시고 마침내 그의 전 생애를 빌리셔서 주님을 좇게 하셨습니다. 주님이 무슨 부족한 것이 있어서가 아니라 바로 우리의 행복을 위하여 우리를 부르신 것입니다. 그래서 우리 사역자들이 서야 할 자리가 있습니다. 우리를 부르신 부르심에 감사하고 일상의 삶속에서 순종을 통하여 그분을 최고의 자리에 모셔야 합니다. 그것이 바로 거룩하신 하나님을 우리 곁에 모시고 그분과 동행하는 비결입니다.

제 IV 부

구약석의 방법론 수업의 실제

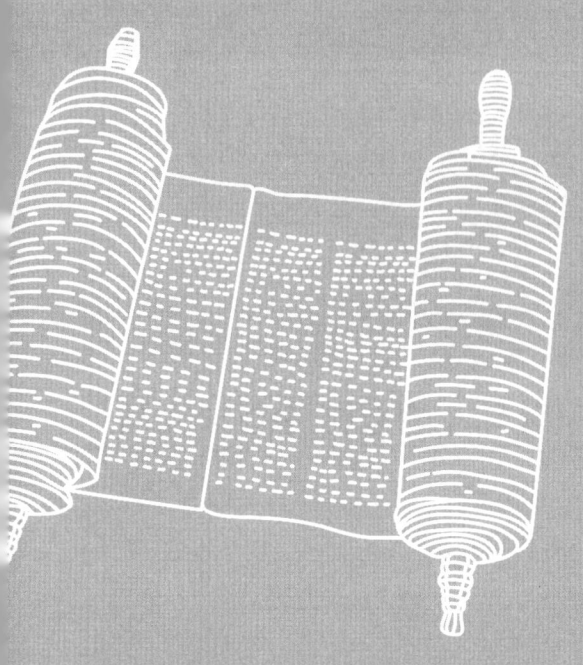

다음은 필자가 장로회 신학대학교에서 가르쳤던 구약석의 방법론 과목에서 학생들이 제출한 보고서들입니다. 앞에서 보여준 정경해석 방법의 이론과 실제의 원리에 따라 학생들이 제출했던 보고서를 그대로 제시했고, 보고서 다음에는 독자들이 이해하기 쉽게 간단한 평가를 곁들였습니다. 본문비평에 관한 교과서는 많이 있기에 설명을 많이 하지 않았습니다. 관찰은 주석을 참조하면 어느 정도 가능합니다. 좀 더 연습이 필요한 것은 해석의 방법입니다. 이 글들에서 가장 많이 배울 수 있는 것은 해석을 하는 방법입니다. 성경해석자는 과학자처럼 본문을 분석하고, 예술가처럼 본문을 해석해야 합니다. 한국 교회를 살리기 위해서는 과거와 현재를 연결하는 해석의 방법을 전문적으로 연구해야 합니다. 이 책에서 제시하는 방법론을 따라가면서 본문을 깊이 묵상하면 점차로 해석의 방법을 익힐 것입니다.

1. 여호수아 17장 14-18절

(1) 박종국의 보고서(2009년)

회중의 불평을 창조적 개척 정신으로 승화시키는 지도자의 자질

(여호수아 17:14-18)

Ⅰ. 서론

교회 공동체 안에서 대화를 나누다 보면 가정이나 직장을 비롯한 자신의 여러 환경에 대해 만족하지 못하고 불평하는 사람들을 만나게 된다. 그들은 자신들의 모든 것을 하나님이 주관하신다고 말하면서도 주어진 환경이 마음에 들지 않을 때, 그것을 하나님이 주신 것으로 받아들이기 어려워한다. 그들은 주어진 환경이 어서 개선되고, 삶을 풍요롭게 해 줄 새로운 환경을 하나님께서 허락해 주시기를 기도한다. 문제는 삶에서 우리가 참으로 만족하고 풍요롭다고 느낄 만한 환경이 생각보다 그리 많지 않다는데 있다. 그렇다면 하나님은 우리에게 완전하지 못한 선물을 주신 것인가? 하나님이 주신 것이라 생각해 보지만 자신이 보기에 부족하고 풍요롭지 못한 환경을 맞닥뜨릴 때 성도들은 당황한다. 따라서 교회의 지도자들에게 자신에게 주어진 환경에 대해 불만을 안고 찾아오는 성도들을 어떻게 세워가야 할 것인지는 중요한 문제가 아닐 수 없다. 교회의 지도자는 그들을 어떤 태도로 세워가야 할지 그러한 것을 위해 지도자에게 필요한 자질은 무엇인지 오늘 이 본문을 통해 살펴보려고 한다.

II. 본문의 확정(수 17:14-18)

14 요셉 자손이 여호수아에게[1] 말하여 이르되 여호와께서[5] 지금까지[2][3][4] 내게 복을 주시므로 내가 큰 민족이 되었거늘 당신이 나의 기업을 위하여 한 제비, 한 분깃으로만 내게 주심은 어찌함이니이까 하니
15 여호수아가 그들에게 이르되 네가 큰 민족이 되므로 에브라임 산지가 네게 너무 좁을진대 브리스 족속과 르바임 족속의 땅 삼림에 올라가서 스스로 개척하라 하니라
16 요셉 자손이 이르되 그 산지는 우리에게 넉넉하지도 못하고 골짜기 땅에 거주하는 모든 가나안 족속에게는 벧 스안과[7] 그 마을들에 거주하는 자이든지 이스르엘 골짜기에 거주하는 자이든지[6] 다 철 병거가 있나이다하니
17 여호수아가 다시 요셉의 족속[8] 곧 에브라임과 므낫세에게[9] 말하여 이르되 너는 큰 민족이요 큰 권능이 있은즉 한 분깃만 가질 것이 아니라
18 그 산지도 네 것이 되리니 비록 삼림이라도 네가 개척하라 그 끝까지 네 것이 되리라[10] 가나안 족속이 비록 철 병거를 가졌고 강할지라도[12] 네가 능히 그를 쫓아내리라[11] 하였더라 (개역 개정판을 본문으로 함)

---

1 (요셉 자손들이) '여호수아에게 말했다'는 뜻이다. 'אֵת'는 목적격

을 이끄는 전치사인데 여기에서는 '~에게'라는 뜻으로 쓰였다. 비슷한 용례로는 여호와께 묻되(창 25:22), 여호와께서 모세에게 명령하신(민 2:33), 여호와께서 모세에게 보이신(민 8:20)이 있다. 'אֵת'가 이런 용법으로 쓰일 때에는 말을 듣는 사람을 강조할 때이다. 편집장치에서 많은(20개 이상) 히브리어 필사본에서 'אֵת' 대신 'אֶל'를 제안하고 있다. 'אֶל'의 뜻 역시 '~에게' 이다. 다만 'אֵת'는 듣는 사람을 조금 더 부각시키는 강조용법인 반면 'אֶל'이 "~에게"로 쓰일 때는 일상적인 평범한 표현이다. 본문의 문맥상으로 볼 때, 여호수아에게 꼭 말하고 싶은 것이 있어 온 장면인 만큼 그들의 말을 듣는 사람인 여호수아를 강조하기 위해 쓰였다고 볼 수 있을 것이다. 문맥상 'אֵת'로 보아도 충분히 타당하므로 마소라 본문을 그대로 취한다.

2 소수(3-10개)의 필사본에는 'עַד'가 빠져있다. 마소라 학자들은 'עַד' 대신 'עַל' 또는 'עַל דְּבַר'로 읽을 것을 제안한다. 'עַד'는 '~까지'의 뜻이고 'עַל'은 '~에 대하여, ~에 대항하여'라는 뜻도 있지만, 그 중에서도 '~때문에'라는 뜻도 가지고 있다. 'עַד'를 넣어서 읽으면 "지금까지 여호와께서 나에게 복을 주셨다"는 의미가 되고, 'עַד'를 빼고 'עַל'을 넣어서 읽으면 "여호와께서 나에게 복을 주셨기 때문에"라는 의미가 된다. 만일 마소라 본문과 같이 'עַד'를 넣어서 읽으면 해석상에 어려움이 있다. "내가 큰 민족이 되었습니다. 여호와께서 나에게(를) 이제까지 복을 주셨을 때까지"라는 뜻이 되기 때문이다. 본래 요셉 자손이 하고자 했던 말의 의미는 "우리가 이렇게 많은 민족이 된 것은 하나님께서 우리를 계속해서 축복해 오셨기 때문입니다."는 뜻으로 추측되기에 'עַל'를 넣어 읽는 것이 의미상 더 부드러울 듯하다. 'עַל דְּבַר'는 '그 말 위에, 그 말로 인하여'라는 뜻으로 'עַל'보다 본문의 의미를 명확히 드러내 주지 못한다. 결론적으로 'עַד אֲשֶׁר־עַד־כֹּה'는 구술 전승의 형태

를 보여주기 위해 쓰인 것으로 보이지만 문어체가 되었을 때는 해석이 어렵다. 따라서 소수의 사본에 의해 지지를 받고 있기는 하지만 'עד' 대신 'על'을 넣어서 읽기로 한다.

3 그리스어 70인역과 라틴어 역본 불가타에는 'עד־כה'가 빠져있다. 'עד־כה'는 '이제까지'(until now)라는 뜻으로 쓰이고 있는데, 본문의 문맥상 "지금까지 여호와께서 복을 주셨다"로 읽는 것이 더 의미가 분명하다고 판단되므로 마소라 본문을 그대로 취하여 읽기로 한다.

4 카이로 게니자 히브리어 사본 단편과 히브리어 필사본에는 중 많은 것들(20개 이상)에는 'עד־כה'에서 'עד'가 빠져있다. 'כה'는 '그와 같이(so), 이처럼'의 뜻을 가지고 있는데, 'עד'를 뺀 채 'כה'만 넣고 읽으면 '하나님이 나를 복 주신 것과 같이'라는 뜻이 되어 앞의 'אשר על'(앞에서 עד대신 על을 넣어 읽기로 하였다)도 필요가 없게 된다. 문장에서 그 부분 전체가 바뀌어야 하는 상황이 생기므로 받아들이지 않고 마소라 본문대로 'עד־כה'로 읽는다.

5 마소라 본문에서는 하나님을 뜻하는 'יהוה'가 정관사 없이 고유명사로 사용되고 있다. 그러나 70인 역에서는 하나님을 ὁ Θεός로 ὁ라는 정관사를 넣어서 사용되고 있다. 이것은 헬라어와 히브리어 문법상 차이로 나타나는 현상인데, 히브리어에서는 'יהוה'를 정관사가 필요 없는 명사, 즉 고유명사로 인식하고 있어서 그 단어 자체로 '여호와'라는 의미를 가진다. 헬라어에서는 남성단수주격을 표시할 때 ὁ라는 정관사를 붙여서 표시한다. 서로 다른 두 언어의 문법상의 차이로 인해 발생하는 문제이므로 마소라 본문에 따라 'יהוה'를 '여호와'라는 뜻으로 읽겠다.

6 마소라 본문은 'לַאֲשֶׁר בְּבֵית־שְׁאָן וּבְנוֹתֶיהָ וְלַאֲשֶׁר בְּעֵמֶק יִזְרְעֶאל' 부분이 후대에 덧붙여진 것이 아닌가 하는 의문을 제기하고 있다. 위의 부분이 문장의 앞부분을 구체적으로 설명하는 듯한 어조로

말하고 있기 때문인 것으로 생각된다. 그러나 이 구절을 첨가함으로써 가나안 사람들에 대한 의미가 더욱 구체화되며 또한 특별한 사본 상의 지지 없이 문장의 구성만을 토대로 제안한 것이므로 받아들이지 않고 본문 그대로 읽는다.

7 여러 개(11-20개)의 히브리어 필사본에는 'לַאֲשֶׁר'에 'ו'가 첨가되어 있다. '그리고'의 뜻이 첨가되는데, 'לַאֲשֶׁר' 이후의 부분은 앞부분의 "골짜기 땅에 거주하는 모든 가나안 족속"을 부연하는 기능을 가지므로 'ו'를 첨가할 이유가 없다고 보인다. 따라서 마소라 본문 그대로 읽겠다.

8 요셉의 'בֵּית'이라는 단수형이 70인 역에서는 '자손들'이라는 복수 형태로 되어 있다. 히브리어는 14절, 16절이 복수(자손들- 'בֵּית'가 아닌 'בְּנֵי')로 되어 있다. 70인역은 14, 16, 17절을 계속 'τοῖς υἱοῖς'로 보고 있다. 요셉 자손은 자신들의 수가 많음을 얘기하고 있지만, 여호수아는 요셉 자손을 하나(단수)라고 보는 관점이 여기에 나타나 있다. 이것은 여호수아가 바로 뒤에 그들을 지칭할 때 'אַתָּה'라는 2인칭 남성 단수 대명사를 쓰고 있음을 통해 드러난다. 히브리어가 복수와 단수를 번갈아 가면서 쓴다는 점을 감안할 때, 별 뜻 없이 바꾸어 썼다고 볼 수도 있겠으나 여기에서는 여호수아가 요셉 지파를 보는 관점이 드러났다고 보이므로 70인역을 따르지 않고 마소라 본문을 따라 'בְּנֵי'으로 읽는다.

9 70인 역에는 '에브라임과 므낫세'라는 부분이 없다. 마소라 학자들은 이 부분이 아마도 후대에 덧붙여진 것이 아닌가 생각한다. 마소라 본문이 이 부분을 편집이라고 본다고 해서 불필요한 부분이라 볼 필요는 없다. 오히려 '요셉의 집'을 한 번 더 자세히 설명해 주는 이 부분은 본문 이해를 돕기 위해 한 때는 주석의 형태로 쓰여 있다가 본문 안으로 들어와서 현재는 최종 본문의 일부가 된 것으로 보아야 한다.

10 히브리어 사본 중 여러 개(11-20개)는 3인칭 남성 단수 형태인 'וִיהִי'을 '복수'로 읽고 있으며, 시리아(페쉬타) 역본과 타르굼 로이클리아나 사본에는 'וִיהִי'이 애초에 'וִיהִיוּ'라는 '3인칭 남성 복수 형태' 로 되어 있다. 문장의 앞부분에 "산지도 네 것이 되리니"에서 '산지'도 단수 '되리니' 도 단수로 나와 있으며, 이 부분의 주어인 'תֹּצְאֹתָיו(그것의 끝)'이 복수이기 때문에 'וִיהִי'도 복수가 되는 것이 타당하다고 보인다. 따라서 마소라 본문의 제안을 받아들여 'וִיהִיוּ'라는 복수의 형태로 읽기로 한다.

11, 12 마소라 본문은 'כִּי' 앞에 'לֹא'가 삽입되어야 할 것으로 본다. 이 부분에 'לֹא'를 넣어 읽으면 '~일지라도' 라는 의미의 변화가 일어난다. 'לֹא'를 넣었을 때에는 "너는 가나안 족속을 쫓아내지 못할 지라도"라는 의미가 되는 것이다. 'לֹא'가 들어가지 않으면 "쫓아낼 것이다"라는 의미가 된다. 'לֹא'를 넣어서 읽으면 요셉 지파가 가나안 족속을 쫓아내지 못한다는 의미가 되는 것이다. 이것은 12의 해석과 연관이 있으므로 11과 12를 함께 다루도록 하겠다. 18절의 마지막 부분을 마소라 본문과 70인역은 다르게 기술하고 있다. 마소라 본문은 "그것(가나안 족속)이 강하다"로 보고 70인역은 σὺ γὰρ ὑπερισχύ(σ) εἰς αὐτού (~τόν) "너는 그들에게(보다) 강하다"로 보고 있다. 문제는 'כִּי'를 어떻게 볼 것이냐 인데, 마소라 본문과 70인역을 비교하면 다음과 같다.

- 마소라 본문: 왜냐하면 비록 그들에게 철 병거가 있고 그들이 강할지라도 너희는 가나안 족속을 소유할 것이다

- 70인역: 그러나 비록 너는 그들에게 강할지라도 그들에게 철 병거가 있기 때문에 너는 가나안 족속을 소유할 것이다

마소라 본문은 18절에 나온 כִּי의 처음의 부분만을 '왜냐하면'으로 해석하고 나머지는 '~일지라도'로 해석하고 있다. 반면 70인역은 '그러나', '~일지라도', '~ 때문에'로 해석하고 있다. 사실 70인역의 해석은 굉장히 어색한데, 따라서 마소라 학자들은 11에서와 같이 'לֹא'라는 부정어 삽입을 제안한다. 부정어를 삽입하여 해석하면 해석이 자연스러워지기 때문이다. 'לֹא'를 넣어 70인역을 다시 해석해 보면 다음과 같다: 그러나 비록 너는 그들에게(보다) 강할지라도 그들에게 철 병거가 있기 때문에 너는 가나안 족속을 소유하지 못할 것이다.

'לֹא'가 삽입된 70인역의 해석을 택할 경우 요셉 자손의 가나안인에 대한 결과는 부정적으로 묘사된다. 왜 이런 해석이 나오는가 하는 것은 삿 1:19 때문인데 사사기에는 실제 이스라엘 지파들의 가나안 땅 정복이 완전한 성공을 거두지 못했다고 나오기 때문이다. 그러나 여호수아의 의도는 분명 가나안인들이 강하다 하더라도 요셉 자손이 그들을 점령할 수 있을 것이라는 의도에서 말하고 있기 때문에 마소라 본문을 따라 읽기로 하겠다.

III. 본문의 범위와 문학적 구조

1. 본문의 범위

여호수아서는 크게 네 부분 즉, 가나안 입성(1-5장), 가나안 정복(6-12장), 가나안 분배(13-21장), 미래의 문제(22-24장)로 나눌 수 있다. 본문은 가나안의 분배 과정에서 있었던 에피소드를 다루며, 세 번째 파트에 위치해 있다. 가나안 분배(13-21장) 부분을 조금 더 자세히 살펴보면 다음과 같다. 중부(6-8장), 남부(9-10장), 북부(11

장) 가나안 족속들을 차례로 정복한 이스라엘 백성은 13장부터 가나안 땅의 분배를 시작한다. 특이한 점은 1-12장의 어조와 13장 이후의 어조가 다르게 느껴진다는 것이다. 1-12장을 읽어보면 가나안 정복은 여호수아의 지도력 아래 열 두 지파의 일사불란한 단결과 일치 가운데 성취된 것처럼 보인다. 중부 가나안, 남부 가나안, 북부 가나안이 이미 다 정복된 듯 보인다. 더구나 12장은 정복당한 31명의 왕과 그들 성읍의 이름을 나열함으로써 이스라엘의 정복 전쟁이 당대에 완전히 마무리 된 것처럼 기술하고 있다. 그런데 13장은 노쇠한 여호수아가 은퇴할 시점에 이르렀음에도 실상 정복되지 못한 땅이 훨씬 많이 남아있음을 인정하는 구절(1절)로 시작된다. 더불어 13장부터는 열두 지파를 하나의 통일체로 보지 않을 뿐만 아니라, 정복 전쟁에 열성적인 지파와 미온적인 지파로 구분하기에 이른다. 가나안 정복 전쟁의 선봉에 섰던 유다 지파(14:6-15:63)와 요셉 지파(16-17장)의 가나안 땅 정복과정과 가나안 정복 전쟁에 미온적인 나머지 지파들의 소극적인 정복 과정이 대조되고 있다. 13-17장까지는 유다 지파와 요셉 지파의 이야기를 다루고, 18-19장은 미온적이고 소극적인 지파들의 제비뽑기에 의한 지도상의 정복 상황을 다룬다. 후자의 경우, 땅의 경계와 제비뽑기에 등장한 두령들과 가장들의 이름이 밋밋하게 나열된다. 전체적으로 보면 여호수아서의 후반부로 갈수록 가나안 땅 정복 과정이 지연되고 좌절될 것 같은 분위기가 생겨난다.

본문(17:14-18)은 13-17장에 나타난 유다, 요셉 지파(에브라임과 므낫세)의 땅의 분배 과정의 마지막 부분으로서 그 과정에서 일어난 에피소드 한 편을 다룬다. 이 에피소드는 아주 인상적인 정복 일화를 전한다. 이 이야기는 요셉 지파가 어떻게 두 지파 몫의 영토를 차지하게 되었는지에 대한 원인론적인(etiological) 일화처럼 보인다. 초반에 소극적인 모습을 보이던 요셉 지파가 어떻게 가나안 정복 과정에 적극적인 그룹으로 돌아서게 되었는지에 대한 이야기를 다루고 있는 듯하다. 18장 이후는 실로에서의 각 지파들에 대한 지도상 분배와 다른 지파의 경계 등의 이야기가 계속되며, 22-24장에서는 요단 동쪽 지파의 귀향 과정에서 일어난 문제, 그리고 여호수아와 백성 간의 세겜 언약 등이 나타난다.

2. 문학적 구조

A. 도입: 분깃이 적은 것에 대한 요셉 자손의 불평(14절)

B. 여호수아의 창조적 대안(15절)
    1. 대안: 삼림을 스스로 개척하라(15a절)
    2. 개척할 지역: 브리스와 르바임 족속의 땅 삼림(15b절)

C. 요셉 자손의 변명(16절)
    1. 여호수아의 대안에 대한 변명: 그 산지는 넉넉하지 못함(16a절)
    2. 스스로 원하는 대안에 대한 변명: 골짜기 거주민들에게는 철병거가 있음(16b절)

D. 여호수아의 도전적 격려(17절)
    1. 계속되는 권면: 삼림이라도 개척하라(17a절)
    2. 잠재된 가능성과 자원 지적: 너는 큰 민족이며 큰 권능이 있음(17a절)
    3. 확신을 심어줌(17b-c절)
        a. 산지를 얻을 것임(17b절)
        b. 가나안 족속이 강해도 쫓아낼 수 있을 것임(17c절)

IV. 분석적 관찰

1. 도입: 요셉 지파의 불평 (14절)

본문은 요셉 지파의 두령들이 지도자 여호수아를 찾아와 제비 뽑기에 대한 불평을 터뜨리는 장면으로 시작하고 있다. 가나안 정복 전쟁을 주도했던 여호수아는 이제 나이가 많아 늙었고, 그는 엘르아살과 함께 요단 서쪽 지역을 아홉 지파 반에게 제비 뽑아 나누어준다. 여호수아가 수많은 전쟁을 승리로 이끌었지만, 여전히 정복해야 할 많은 땅과 내쫓아야 할 가나안 원주민들이 남아 있었다. 지파별 정복 전쟁의 선봉에 선 것은 유다 지파와 요셉 지파였다. 그들은 먼저 자기 땅에 대한 제비를 뽑는다. 유다 지파는 남쪽 지역의 땅을 받았고, 요셉 지파는 북쪽에 있는 땅을 분배 받았다. 오늘의 사건은 요셉 지파가 제비 뽑아 땅을 분배받은 이후에 일어났다. 요셉 자손의 대표자들이 여호수아에게 나아왔다. 본문은 여호수아 앞에 'אֶת'라는 전치사를 집어넣음으로써 그들이 '여호수아'에게 꼭 할 말이 있어서 나왔다는 것을 보여준다. 그들이 '여호수아'에게 해야 할 중요한 말은 무엇인가? "여호와께서 내게 복을 주시므로 내가 큰 민족이 되었거늘 당신이 나의 기업을 위하여 한 제비, 한 분깃으로만 내게 주심은 어찌함이니이까?" 그들은 제비 뽑는 과정을 주도한 여호수아에게 그 절차가 불공정했다고 불평을 터뜨리고 있다. 이유인 즉슨, 자신들은 큰 민족인데 한 제비를 통해 분깃 하나만 받는 것은 불공정하다는 것이었다. 사실 요셉 지파는 에브라임과 므낫세 두 지파로 이루어져 있었고, 그들은 야곱의 아들이 아닌 손자였지만 야곱의 축복(창 48:5)을 통해 야곱의 아들의 지위를 물려받았다. 이스라엘 백성은 지파를 계수할 때도 그들을 각각 다른 지파로 인정하여 계수했다(민 26:28). 따라서 그들의 논리대로 요셉 지파는 한 제비로 한 분깃을 받을 것이 아니라 에브라임과 므낫세가 각각 한 제비로 한 분깃을 받을 권리를 가지고 있었다. 하지만 므낫세 반 지파가 이미 요단 동편에 넓은 분깃을 분배받았고, 요단 서편으로 넘어 온 에브라임(32,500명)과 므낫세 반 지파(26,350명)는 합하여 58,500명으로 유다(76,500명), 잇사갈(64,300명), 스불론(60,500명), 단(64,000명)에 비해 크지 않았으므로 하나님은 그들에게 한 제비의 권리만을 주신 것으로 보인다. 그러한 사실을 그들도 알고 있었기에 애초 한 제비를 뽑아 한 분깃을 준다고 했을 때, 큰 불만을 가지지 않았던 듯하다.

문제는 제비를 뽑은 이후였다. 뒤이어 나오는 15절을 참조해 볼 때, 그들이 처음 분배받았던 땅은 에브라임 산지 지역으로 여겨지는데, 막상 그곳에 들어가 보니 자신들이 살기에 넉넉지 못하다고 느꼈던 것으로 보인다. 자손 대대로 살아야 할 땅이며, 분배가 끝나고 나면 더 이상 변경될 수 없다는 사실을 그들도 잘 알았기에 그들에게는 갑작스레 두 지파 몫의 제비를 뽑지 못한 것이 불평으로 다가왔을 것이다. 숫자가 다른 지파와 비슷하기는 해도, 두 지파임이 고려되어 땅이 분배될 것이라 여겨 한 분깃을 받는 것에 대해 이의를 제기하지 않았었는데, 막상 분배받은 땅이 생각만큼 넉넉하지 못하자 그들은 마음에 불만을 품고 여호수아에게 나아온다. 여호수아가 땅 분배를 주도했던 인물이고 에브라임 지파였기에, 그에게 나아와 불평을 터뜨리면 좀 더 땅을 얻을 수 있지 않을까 하는 생각에서였을 것이다. 그들은 자신들이 지금까지 하나님의 축복을 받았기 때문에(עַד אֲשֶׁר־עַד־כֹּה) "큰 민족"이 되었음을 내세운다. 하나님의 축복과 "큰 민족"을 연결시키는 그들의 말 속에는 자신들의 수효도 많을 뿐 아니라 이스라엘 내에서 중요한 지위를 차지하고 있음에 대한 은연 중의 자부심이 드러난다. 아마도 그들의 불만은 숫자도 많고 여러 지파 중 리더 격의 역할을 감당하는 자신들이 그것에 걸 맞는 넉넉하고 좋은 땅을 받지 못했다는데 있었을 것이다. 그러나 그들이 깨닫지 못하고 있었던 것은 땅 분배를 실제로 주도하신 분이 하나님이셨다는 사실이었다. 그들에게 한 제비 한 분깃을 주신 것은 여호수아의 의견이 아니라 하나님의 생각이었다. 제비로 요셉 자손이 보기에 넉넉하지 못한 그래서 마음에 안 드는 그 땅을 주신 것도 지도자 여호수아가 아니라 바로 하나님이셨다. 또한 16절 후반부로 미루어 볼 때, 요셉 지파가 하사받은 땅이 그들에게 좁게 느껴진 것은 그 땅의 많은 부분에 가나안 원주민들이 살고 있었기 때문이었다. 땅을 분배하는 과정에서 전제되었던 것은 아직 가나안 원주민들이 곳곳에 살고 있고 "얻을 땅이 매우 많이 남아 있는"(13:1) 상황이었다. 따라서 하나님이 각 지파별로 땅을 나누어 주신 것은 이제 여호수아를 중심으로 하는 전쟁이 아닌 각 지파가 중심이 되어 가나안 정복 전쟁을 수행하라는 의미였던 것이다. 그런데도 요셉 지파는 자신의 땅에 들어와 있는 가나안 원주민은 쫓아낼 생각은 하지 않은 채, 지금 여호수아에게 와서 땅이 좁다고 불평하며 제비뽑기에 대한 공정성만을 논하고 있었다.

2. 여호수아의 창조적 대안 (15절)

요셉 지파에 대한 여호수아의 반응은 조금 의외의 요소를 담고 있다. 이미 모든 합의 하에 제비를 뽑은 상태에서 뒤늦게 다시 불만을 터뜨리는 요셉 지파를 그는 책망하지 않는다. 경내의 가나안 원주민을 쫓아낼 생각은 하지 못한 채, 자신에게 와서 하사받은 땅이 좁다고 불평을 늘어놓는 그들을 책망할 만도 하건만, 그는 "(만일) 에브라임 산지가 네게 너무 좁을진대"라고 답한다. 에브라임 산지가 그들에게 좁을 수 있다는 현실적 상황을 인정하면서 그들의 불평을 수용해 주고 있는 것이다. 그렇다고 그가 다른 지파에게 배분되어야 할 땅을 요셉 지파에게 더 주어야 한다고는 생각하지 않았던 것으로 보인다. 배분받은 땅이 좁다는 요셉 지파의 요구에 밀려 다른 지파에게 주어질 땅을 그들에게 더 준다면 지파 간의 큰 균열이 일어날 것이 분명했기 때문이다. 또한 그들에게 그 땅이 좁은 것은 경내의 다른 거주 지역에 살고 있던 가나안 원주민 때문임을 그는 잘 알고 있었을 것이다. 애초에 각 지파에게 땅을 분배한 것이 지파별로 자신들의 땅 경계 안에서 원주민을 쫓아내고 그 땅을 완전히 차지하라는 하나님의 의도였음을 그가 모를 리 없었다.

그렇다면 그 땅을 주신 하나님의 뜻을 깨닫지 못한 채, 땅이 좁다고 불평을 늘어놓고 있는 이 요셉 지파의 문제를 어떻게 해결해야 하는가? 여호수아는 요셉 지파가 미처 생각하지 못한 창조적이고도 도전적인 대안을 제시한다. "네가 큰 민족이라면 브리스 족속과 르바임 족속의 땅 삼림에 올라가서 스스로 개척하라." 그는 "내가 큰 민족이 되었다"는 그들의 주장을 역으로 사용하였다. 여기서 '개척하다'는 뜻을 가진 '바라'(ברא) 동사는 "베어내다"는 뜻으로 쓰여 산림을 개간하는 것을 말한다. 수풀이 우거진 곳으로 올라가 그 나무들을 베어내고 개간하여 정착하여 살 곳으로 만들라는 의미였다. 삼림 지대에는 사람이 살 수 없었기에 그곳은 지도상에 거주 지역으로 분배되어 있지 않았다. 따라서 그곳을 개척한다면 다른 지파의 땅을 더 얻지 않고도 그들의 거주 지역을 늘릴 수 있었다. 또한 삼림을 개척하여 새로운 거주 지역을 만드는 일은, 가나안 원주민에 대한 공세적인 전쟁을 통해 그들 스스로가 삶의 공간을 개척하도록 하신 하나님의 본래 의도와 일맥상통하는 구체적이고 현실적인 대안이었다.

3. 요셉 자손의 변명 (16절)

그러나 여호수아의 창조적 대안을 요셉 자손은 만족할 만한 것으로 받아들이지 않는 듯 대답한다. "그 산지는 우리에게 충분하지 않습니다. 그렇다고 넓은 골짜기 땅을 차지하자니 그곳에 사는 가나안 원주민들은 너무 강합니다. 벧 스안과 그 마을들, 그리고 이스르엘 골짜기에 거하는 자들은 모두가 철병거로 중무장한 집단입니다." 삼림 지역을 개간해 보지도 않고 그들은 거기가 좁다고 대답한다. 동시에 그들은 그들이 하사받은 땅이 그들에게 좁을 수밖에 없었던 이유를 간접적으로 실토한다. 벧 스안과 이스르엘 골짜기는 큰 평지였다. 그곳은 수자원이 풍부하고 땅도 넓어 사람들이 살기에 아주 풍족한 곳이었다. 사실 그들이 얻고 싶은 곳은 그들 땅의 경내(境內)에 있는 그곳이었다. 그러나 그들의 지역 안에 있는 탐나는 영토인 벧 스안과 이스르엘 평지는 자신들보다 압도적으로 강한 원주민들이 살고 있어 그들은 갈만한 엄두조차 못 내고 있었다. 삼림 지역을 개간하는 것은 탐탁지 않고, 경내의 큰 평지는 강한 원주민들 때문에 갈 수가 없다. 결국 요셉 자손이 여호수아에게 말하는 바는 무엇인가? 자신들이 너무 애쓰지 않고도 쉽게 얻을 수 있는 땅을 달라는 것이었다. 그들은 수풀이 빽빽이 우거진 삼림을 개간하라는 여호수아의 제안이 대단히 도전적이고 스스로의 수고를 많이 필요로 하는 것이었기에 섣불리 그것을 받아들이지 못하고 머뭇거리고 있었다. 그렇다고 경내의 가나안 원주민을 쫓아낼 용기도 없었다. 그들의 변명은 유다 지파의 선봉장이었던 갈렙의 "이 산지를 지금 내게 주소서 … 그곳에는 아낙 사람이 있고 그 성읍들은 크고 견고할지라도 여호와께서 나와 함께 하시면 내가 여호와께서 말씀하신 대로 그들을 쫓아내리이다."(14:12)라는 대답과 날카롭게 대비된다. 가장 어려운 상대였던 아낙 자손이 살고 있는 헤브론을 먼저 기업으로 달라고 요청하는 갈렙의 도전적인 개척 정신이 요셉 지파에게는 결여되어 있었다. 게으름과 소심함 그리고 비전의 부족에 시달리는 그들에게 목숨을 건 가나안인과의 전투는 물론이거니와 목숨과는 전혀 상관이 없는 산림을 개간하는 일조차 버거웠다.

4. 여호수아의 도전적 격려 (17-18절)

여호수아는 그의 창조적 대안을 받아들이지도 못하고, 동시에 자신들이 원하는 대안도 이룰 용기가 없어 머뭇거리고 있는 요셉 지파를 다시금 붙들고 격려한다. "너는 큰 민족이요 큰 권능이 있은즉 한 분깃만 가질 것이 아니라"(17절) 그는 요셉 지파가 한 지파의 몫이 아니라 두 지파의 몫을 차지할 만큼 인구가 많고 능력이 있음을 환기시킨다. 그들이 능력이 있는 지파임을 인정하고 스스로 분발하도록 도와주고 있는 것이다. 그들은 단지 가나안 사람들이 건설한 성읍들과 그들이 개간하였던 목축지에 만족해서는 안 된다. 그들은 자신들이 하나님께 분배받은 땅이 좁다고 불평만 하며 더 좋은 땅이 위에서 떨어지기만을 기다려서도 안 된다. 그는 도전적 비전 앞에 두려워 주저하고 있는 요셉 지파에게 그들이 그 모험을 충분히 감행하여 새로운 영역을 열어젖힐 수 있는 능력과 자원이 있음을 명확히 지적해 주고 있다. 그것에 기초하여 여호수아는 그들에게 새로운 영역을 개척하고 도전하라고 계속해서 권고한다. 그들의 개척정신을 고취시키고 있는 것이다. "그 산지도 네 것이 되리니 비록 삼림이라도 네가 개척하라 그 끝까지 네 것이 되리라 가나안 족속이 비록 철 병거를 가졌고 강할지라도 네가 능히 그를 쫓아내리라"(18절) "그 산지도 네 것이 되리니 … 그 끝까지 네 것이 되리라. … 네가 능히..쫓아내리라"와 같은 말씀들은 하나님이 여호수아에게 해 주셨던 말씀들과 닮아있다. 그는 자신이 그들에게 제시했던 대안과 그들 스스로가 원했던 대안 두 가지를 다 붙잡는다. 여호수아는 하나님이 함께 하시면 그들이 능히 그 모든 도전들을 성취해 낼 수 있다는 강한 확신을 심어준다. 실제로 여호수아 자신이 그들과 함께 지금까지 그러한 삶을 보여 왔던 것이 아닌가? 여호수아는 확신에 찬 격려를 통해 현실에 안주하려는 요셉 지파가 창조적이고 도전적인 비전을 향해 달려 나갈 수 있도록 끝까지 격려하고 있는 것이다.

V. 통전적 해석

【논지】이 본문은 개척 정신을 결여한 채 하나님이 주신 기업에 대해 불평만 늘어놓는 요셉 지파에게, 창조적인 대안을 제시함과 동시에, 그들의 잠재적 능력과 자원에 대한 명확한 지적, 그리고 확신에 가득 찬 격려를 통해 그들이 도전적이고 개척적인 비전을 향해 나아갈 수 있도록 하는 여호수아의 지도자적 자질이 잘 나타난 본문이다.

1. 지도자는 사역의 현장에서 개척 정신을 결여한 채 하나님이 주신 환경에 대해 만족하지 못하고 불평하는 회중을 만나게 된다.

여호수아를 찾아 온 요셉 지파의 문제는 무엇이었는가? 가장 근본적인 문제는 그들에게 도전적이고 개척적인 정신이 결여되어 있다는데 있었다. 그러한 정신의 결여로 인해 그들은 자신들에게 주신 하나님의 기업에 대해 불평하는 자리로 나아갈 수밖에 없었다. 아직 가나안의 모든 족속이 정복되지 않은 상태에서 각 지파에게 분배된 땅이 그들의 인구 모두에게 풍족하리라는 보장은 없었다. 그들이 여호수아와 많은 전쟁을 치렀고, 많은 땅을 차지했지만 13:1에 나온 여호수아의 말처럼 여전히 "얻을 땅이 매우 많이 남아 있었기" 때문이다. 따라서 분배받은 땅이 넉넉지 못하다고 느껴졌을 때 그들이 했어야 할 행동은 자신들의 지역 안에 있는 가나안 원주민들을 쫓아내고 스스로 그들의 거주지를 넓히는 것이 되어야 했다. 그러나 그들에게는 그런 진취적이고 개척적인 정신과 용기가 없었다. 오히려 그들은 큰 지파를 이룬 자신들의 상황과 두 지파의 몫을 가질 수 있는 자신들의 권리만을 내세우며 하나님이 주신 기업에 대한 불만만을 드러내고 있었다. 그들은 그 땅이 '하나님께서' 자신들에게 내려주신 기업이요 환경임을 깨닫지 못하고 있었다.

그들이 두 제비를 뽑을 권리를 갖고 있음을 하나님이 모르시는 바가 아니었다. 아니 오히려 야곱의 손자인 요셉 지파(에브라임과 므낫세)를 이스라엘의 열 두 지파 중 두 지파로 격상시켜 주신 것은 하나님이 아니셨던가? 또한 하나님이 그들의 인구가 어느 정도인지 그들이 풍족하게 살려면 어느 정도의 땅이 필요한지 모르시는 분도 아니지 않은가? 요셉 지파가 하사받은 땅은 하나님이 이 모든 것을 감안하여 그의 선하신 뜻 안에서 그들에게 허락하신 선물이었다. 그들에게 필요한 것은 지파별로 땅을 분배해 주시는 하나님의 의도에 대한 이해였다. 가나안 땅은 하나님께서 선물로 하사하시는 것이었지만, 그 땅의 원주민과 싸워 그 땅을 자신들의 것으로 취해야 하는 것은 이스라엘 백성의 몫이었다. 그들이 하나님을 믿고 순종함으로 나아간다면 하나님은 약속대로 반드시 그 땅을 그들에게 주실 것이었다. 요셉 지파는 이 가나안 정복 전쟁의 원리를 깨닫지 못하고 있었다. 따라서 그들이 했어야 할 행동은 여호수아에게 가서 땅이 좁다고 불평할 것이 아니라 주신 기업 안에서 자신들이 할 수 있는 최선의 노력을 다해 자신들의 거주지를 개척해 나가는 것이 되어야 했다.

사역의 현장 속에서 지도자로 살아갈 때, 우리는 자신에게 주어진 삶의 환경에 대해 만족하지 못하고 불평하는 회중들을 만나게 된다. 그들은 도전적이고 개척적인 정신을 결여한 채, 자신이 처한 환경을 개선의 여지가 없는 어쩔 수 없는 것으로 인식하고 그것에 대해 불평만을 늘어놓는다. 하나님은 그들이 그가 주신 환경 안에서 인간 편에서의 몫을 다해 삶의 영역들을 개척하고 하나님이 주신 몫을 얻어 누리기를 원하시건만, 그들은 그러한 하나님의 의도에 대한 이해가 전혀 없는 것이다. 삶의 환경을 하나님이 주신 기업으로 볼 수 있는 눈도 없고, 그것을 개선해 나갈만한 도전적인 정신도 없기에, 삶에 풍요로움을 주지 못하는 환경들은 그들에게 하나님의 선물이 아닌 불평의 도구로 전락해 버리고 만다. 이에 사역자인 우리에게는 이 회중들을 어떻게 그러한 환경을 주신 하나님의 깊은 의도를 깨닫고 참된 하나님의 백성으로 살아가게 할 수 있을 것인지에 대한 문제가 대두된다.

2. 지도자는 회중의 불평을 수용하되, 정확한 현실 인식의 기초 하에 창조적이고도 도전적인 대안을 제시해 주어야 한다.

하나님이 주신 기업에 대해 불만을 안고 찾아 온 요셉 지파에게 여호수아가 보인 반응은 무엇인가? 그는 일견 이기심과 하나님의 뜻을 깨닫지 못하는 무지에서 비롯된 것이라 생각될 수 있는 그들의 불평을 일단 수용하고 이해해 준다. 하나님께서 모든 주권 하에 그들이 살 수 있는 땅을 분배해 주셨지만 현실적으로 그들이 살기에 좁을 수도 있음을 인정해 주는 것이다. 그러나 불평을 받아주었다는 사실이 그들의 불평 뒤에 숨어있는 미성숙한 요구까지 받아주는 것을 의미하지는 않았다. 여호수아는 그들에게 하나님이 하사하신 것 외의 땅이 더 필요하다고 생각하지 않았다. 하나님이 그들에게 주신 땅은, 하나님이 직접 주셨다는 그 사실만으로 더 이상 재론의 여지가 없는 것이었다. 그들의 편의를 위해 다른 지파에게 분배될 땅을 그들에게 더 주는 것은 하나님의 뜻과 어긋나는 일임이 분명했다. 다른 어떤 것보다 여호수아에게 다가온 문제는 아직 가나안 정복 전쟁의 원리를 깨닫지 못하고 있는 이 요셉 지파를 어떻게 다루어야 하는 것이었다. 도전적이고 개척적인 정신을 결여한 채, 그들 편에서 해야 할 몫을 다하지 못하고 있는 요셉 지파에게 어떻게 하나님의 의도를 깨닫게 하고 하나님이 원하시는 방향으로 그들을 이끌어 갈 것인가가 여호수아 자신에게 주어진 과제였던 것이다. 땅이 좁다는 그들의 현실적인 어려움도 무시할 수만은 없었다.

  이 상황에서 그는 요셉 지파에게 현실적으로 실현 가능할만한, 그러나 그들이 전혀 생각지 못한 창조적이고도 도전적인 대안을 제시한다. 바로 "브리스 족속과 르바임 족속의 땅 삼림에 올라가서 개척하라"는 것이었다. 삼림은 수풀이 우거져 있어 사람이 살 수 없는 곳이었기에 지도상의 분배 지역에서 제외된 곳이었다. 바로 그곳을 개간하여 거주지로 만들어 살라는 것이었다. 여호수아가 생각하기에, 요셉 지파는 "큰 민족"이기에 충분히 그 일을 해낼 수 있었다. 그것은 현실적으로 실현 가능하면서도 많은 수의 사람을 보유한 요셉 지파에게 걸 맞는 창조적이고도 도전적인 대안이었다. 그것은 다른 지파에게도 피해를 주지 않는 방법일 뿐더러, 무엇보다 그들에게 결여되어 있는 도전적인 개척정신을 고취시킬 수 있는 방법이기도 했다. 그들이 그 제안을 받아들인다면 인간 편에서의 노력을 통해 하나님이 선물로 주신 가나안 땅을 자신의 몫으로 누리는 기쁨을 맛보게 되고, 가나안 정복 전쟁의 원리를 조금이나마 맛보게 될 것이었다.

주어진 환경에 대해 불평하는 회중에게 지도자로서 우리가 보여야 할 첫 번째 반응은 그들의 불평을 수용해 주는 것이다. 비록 그들에게 도전적인 정신의 결여와 하나님의 뜻에 대한 무지가 보인다 하여도, 그들이 삶에서 느끼는 실제적인 부족함에 대한 공감과 이해가 필요한 것이다. 그러나 그렇다고 하여 그들이 자신들의 실제적인 노력 없이 하나님이 더 좋은 환경을 주시기만을 구하는 방향으로 나아가게 해서는 안 된다. 그러한 태도는 하나님이 기뻐하시는 것이 아니기 때문이다. 오히려 지도자는 회중의 현실에 대한 정확한 이해 아래 회중들이 생각하지 못했던, 현실적으로 실현 가능한 창조적 대안을 제시해 줄 수 있어야 한다. 인간 편에서의 아무런 노력과 수고 없이 얻게 되는 이득이 아닌 회중 스스로가 주어진 환경 안에서 도전하여 성취해 낼 수 있는 실현 가능하고도 도전적인 과제를 발견해 주어야 하는 것이다.

3. 지도자는 도전적 대안 앞에 머뭇거리는 회중을 붙들어 개척 정신을 고취시키고, 그들이 창조적 비전을 향해 달려 나갈 수 있게 해 주어야 한다. 그것은 그들 안에 잠재된 가능성과 자원에 대한 명확한 지적과 확신에 찬 격려를 통해 가능하다.

지도자 여호수아가 내놓은 창조적이고도 도전적인 대안 앞에 요셉 자손은 변명으로 일관한다. 먼저 그들은 여호수아가 말한 브리스 족속과 르바임 족속의 땅에 있는 삼림은 개간해 보아야 자신들에게 좁을 것이라는 이유로 그 대안을 받아들이기를 주저한다. 언뜻 듣기에도 엄청난 수고와 도전을 필요로 하는 일이라는 것을 알았기에 그들은 그 제안이 탐탁지 않았던 것이다. 막상 들어가 개간을 시작한다면 그들이 거주할 좋은 땅을 마련할 수도 있는 현실적이고도 좋은 제안이었건만 그들은 그 산지도 좁다는 핑계로 자신들의 소심함과 게으름을 감추고 있었다. 사실 가장 좋은 것은 자신들의 경계 안에 있는 비옥하고 넓은 땅, 벧 스안과 이스르엘 평지를 차지하는 것이었지만, 그것 역시 철병거로 무장한 강력한 군사력을 가진 원주민들로 인해 그들에게는 불가능한 일처럼 보였다. 그들은 땅 경계를 넘어서 새로운 땅을 개척할만한 도전정신도 없고, 그렇다고 경계 안에 있는 원주민들과 싸울 용기도 없어 이도 저도 하지 못한 채 여전히 머뭇거리고 있었다. 자신이 제안한 창조적 대안도 거부하고, 본인들이 생각하는 가능성 있는 대안마저도 두려움 때문에 불가능한 것으로 치부해 버리는 이 회중 앞에서 지도자 여호수아는 어떠한 행동을 하는가? 자신이 제시한 대안을 받아들이라고 무조건 밀어붙일 것인가? 아니면 이도 저도 못하겠으면 다시 돌아가라고 윽박지르며 호통을 쳐서 돌려보낼 것인가? 여호수아의 지도자적 자질이 빛을 발하는 순간이 바로 여기다. 그는 그들을 포기하지 않는다. 그는 머뭇거리며 그저 하나님이 주실 더 좋은 땅만을 바라고 있는 그들에게 말한다. "너는 큰 민족이요 큰 권능이 있은즉 한 분깃만 가질 것이 아니라." 그들은 처음 여호수아에게 왔을 때 자신들이 "큰 민족"이라고 말했지만 (14절) 실제로 자신들 안에 있는 참다운 잠재력과 자원을 인식하지 못하고 있었다. 여호수아는 그들이 '큰 민족'으로서 많은 사람들을 갖고 있을 뿐만 아니라 '큰 능력'도 갖고 있음을 상기시킴으로써 요셉 지파가 갖고 있는 잠재적 가능성과 자원을 명확히 지적해준다. 그들의 가능성과 능력에 걸맞은 삶을 살라고 권면한다. "(따라서 너는) 한 분깃만 가질 것이 아니라." 다시 말해 그는 그들에게 "하나님은 너희에게 이미 놀라운 잠재력과 여러 자원들을 주셨다. 그러니 그것들을 썩히지 말라. 너희들은 충분히 더 풍족한 삶을 살만한 능력이 있다"고 말하고 있는 것이다. 계속하여 그는 확신에 차서 그들을 격려한다. "그 산지도 네 것이 되리니 비록 삼림이라도 네가 개척하라. 그 끝까지 네 것이 되리라. 가나안 족속이 비록 철병거를 가졌고 강할지라도 네가 능히 그를 쫓아내리라." "개척하라.", "쫓아내라." 여호수아는 계속해서 그들에게 개척 정신을 고취시킨다. 그 말들 뒤에는 "머뭇거리지 마라. 주저하지 마라. 안주하지 마라. 앞으로 나아가라."고 끊임없이 그들을 권면하고 격려하는 그의 마음이 담겨 있었다. 왜 그렇게 해야 하는가? 하나님이 함께 하시면 그들은 능히 그 일을 해낼 수 있기 때문이다. "그 끝까지 네 것이 되리라.", "네가 능히 그를 쫓아내리라." 그들이 지금까지 지도자인 자신과 함께 하나님의 믿고 의지함으로 나아가 수많은 승리를 일구어냈던 것처럼, 이제 그들 스스로가 함께 하시는 하나님을 의지하여 나아간다면 그들은 '반드시' 새로운 삶의 영역을 개척해 낼 수 있을 것이라고 그는 그들에게 용기를 북돋아주고 있다. 여호수아는 도전적 대안 앞에 머뭇거리는 요셉 지파와 함께 머뭇거리지 않았다. 그들이 주저한다고 하여 자신도 주저하지 않았다. 그는 오히려 그들 스스로가 발견해내지 못하는 잠재적 가능성과 자원을 명확히 확인시켜주고, 그것을 토대로 그들이 하나님을 의지하여 도전적이고 개척적인 비전을 향하여 달려나갈 수 있도록 확신에 차서 격려하였다.

우리가 회중이 생각지 못했던 창조적 대안을 제시한다고 하여 그들이 항상 그것을 기뻐 받아들이는 것은 아니다. 그것이 자신의 큰 수고를 필요로 함을 느낄 때, 그들은 그것을 받아들이기 주저하고 머뭇거린다. 만일 그들이 그것을 바로 받아들일 만큼 도전적인 사람들이었다면 애초에 자신에게 주어진 삶의 환경에 대해 불평만을 늘어놓고 있지도 않았을 것이다. 그들의 특징 중 하나는 자신의 환경 내에서 눈앞에 보이는 가능성들에 대해서도 예상되는 여러 어려움 때문에 그것을 실현 불가능한 것으로 여긴다는 점이다. 지도자가 제시한 창조적 대안도 너무 도전적이라는 이유로 받아들이기를 머뭇거리고, 자신들이 생각하는 가능성에 대해서도 예상되는 어려움 때문에 불가능한 것으로 여기며 주저앉아 있는 회중에 대해 우리는 어떤 태도를 취해야 하는가? 지도자로서 우리의 자질을 시험하는 곳이 바로 여기다. 우리는 주저앉아 있는 회중을 붙들고 일어나 그들을 가로막고 있는 장애물을 함께 뛰어넘어야 한다. 우리는 그들 스스로가 인식하지 못하는 하나님이 그들에게 주신 잠재적 가능성과 은사, 자질들을 발견해 내고 그것을 명확히 지적해 줌으로써 그들에게 자신감을 심어 주어야 한다. 그것을 바탕으로 '앞으로 앞으로' 나아가라고 그들에게 개척 정신을 고취시켜야 한다. 이와 더불어 하나님이 함께 하시면 그들이 능히 앞에 놓인 장애물들을 뛰어넘어 새로운 삶의 영역을 개척해 낼 수 있음을 강한 확신 속에서 격려해 주어야 한다. 그 때에야 비로소 그들은 도전적이고 개척적인 비전을 향해 달려 나갈 수 있는 힘을 얻게 되는 것이다.

VI. 결론

이 시대를 살아가는 그리스도인들의 큰 문제점 중의 하나는 개척 정신의 결여이다. 그들은 자기를 부인하고 그리스도의 뜻을 위하여 살아가라는 말씀을 능동적으로 움직이는 모든 행위를 자제하라는 것으로 오해하며 살아간다. 진취적인 뜻을 품고 그것을 위해 노력하고 수고하며, 좌절 속에서도 끊임없이 다시 일어나는 행동을, 마치 하나님의 뜻에 거스르는 어떤 일을 '인간적인' 노력으로 성취해 보고자 하는 것으로 환원시켜 버리는 경향이 있는 것이다. 그래서 많은 그리스도인들이 그들에게 필요한 것은 하나님이 자신의 환경을 바꾸어 주시고 더 좋은 상황 주시기를 기도하는 것 '뿐'이라고 생각한다. 그러나 하나님은 그리스도인들이 수동적인 자리에 머무르기를 원하시지 않는다. 오늘 여호수아서의 본문을 그것을 우리에게 가르쳐 주고 있다. 가나안 땅은 하나님의 주권적인 선물이지만 그곳의 원주민들을 쫓아내고 그곳을 실제 자신들의 땅으로 만드는 것은 이스라엘 백성 편에서의 도전적인 믿음과 공세적인 행동을 통해서이다. 하나님의 주권적인 땅의 하사가 인간 편에서의 부단한 순종과 믿음, 노력과 같은 책임을 면제시켜 주는 것이 아니라는 의미이다. 이러한 원리를 이해하지 못하고, 주어진 환경에 만족하지 못하여 불평하면서 하나님이 더 좋은 것 주시기만을 원하는 회중이 우리를 찾아올 때, 우리는 그들을 어떻게 인도해야 하는가?

가장 먼저 우리가 해야 할 일은 그들의 잘못된 태도에 대해 비판하지 않고, 그들의 현실적인 불만과 어려움을 수용해주고 공감해 주는 것이다. 그 후 우리는 그들을 하나님이 원하시는 삶의 방향으로 이끌어 가야 한다. 더 좋은 환경과 상황을 하나님이 내려 주시도록 기다리게 만드는 것이 아니라 현재 환경 안에서 회중 스스로 움직여 나갈 수 있는 삶의 방향을 제시해 주어야 하는 것이다. 그들의 현실에 대한 깊고도 정확한 이해 아래, 그들의 어려움을 타개할 수 있는 창조적이고도 현실적인 대안을 제시해 주는 것이 필요하다. 그러나 회중이 우리가 제시하는 도전적 대안을 거절하거나, 받아들이기 주저할 수 있다. 타성에 젖어 있던 생활 및 사고방식이 갑작스럽게 변경되는 것은 힘든 일이기 때문이다. 우리의 대안 외에도 회중 스스로 원하는 바가 있을 수 있다. 그것을 이루기까지 예상되는 숱한 어려움 때문에 그들이 그것을 가능성의 리스트에서 지워버렸을 뿐, 자신들의 환경 속에서 본인들이 원하는 대안도 분명 존재한다는 것이다. 지도자는 회중이 원하지만 할 수 없다고 생각하는 그 대안들도 귀 기울여 들을 수 있어야 한다. 삶의 환경에 대한 불평 때문에 지도자를 찾아왔지만, 여전히 삶의 방향을 바꾸려는 의도나 의욕 없이, 우리가 제시하는 대안도 그들이 원하는 대안도 이룰 수 없다고 생각하여 주저앉아 있는 회중을 우리는 기도하는 마음으로 다시 굳게 붙잡아야 한다. 지금이 아니면, 하나님의 종인 우리가 아니면, 이들의 잘못된 삶의 방향을 바꿀 수 없다는 절박한 심정으로 우리는 주저앉은 그들을 일으켜 세워 앞을 바라보게 해야 하는 것이다. 우리는 그들 안에 숨겨진 은사와 재능, 자질들을 발견해 주어야 한다. 하나님이 그들에게 주셨건만, 스스로 인식하지 못하고 있는 그 보물들을 캐내어야 한다. 그것을 그들의 눈 앞에 보여 주어야 한다. "봐라, 너에게 이런 귀한 보물이 있느냐. 너에게는 하나님이 주신 이런 귀한 재능과 은사와 잠재력이 있지 않느냐." 라고 말해 줌으로써 그들에게 자신감을 불러일으켜야 한다. 그리고 그들이 붙잡지 않으려 했던 우리의 창조적이고 도전적인 대안과 그들이 꿈꿀 뿐 이룰 수 없다고 생각했던 그 대안을 다시 그들에게 제시하여야 한다. 그 어느 것 하나도 포기하지 말라고 말해야 한다. "하나님이 함께 하시면, 하나님을 의지하고 나아가면 너는 '능히' 그 비전을 네 것으로 만들 수 있다"고 격려해야 한다. 우리의 삶에서 흘러나온 그 확신에 찬 격려는 그들에게 분명 힘을 줄 것이다. 이제 남은 것은 그들로 앞을 보고 달려가게 하는 일이다. 눈 앞에 놓여 있는 장애물을 뛰어넘어 도전적이고도 개척적인 그 비전을 향해 나아가도록 우리는 그들의 등을 힘껏 밀어 주어야 한다. 그것이 바로 회중에게 하나님 나라의 삶의 원리를 깨닫게 해야 하는 엄중한 책무를 지닌 지도자가 가져야 할 자질이다.

(2) 보고서 평가

1) 정경해석 방법의 이론에 따라 모범적으로 글이 전개되었다. 본문의 범위, 문학적 구조, 그리고 본문의 분석적 관찰, 그리고 논지와 해석에 이르기까지 섬세하게 전개된 우수한 글이다. 제목에서 돋보이는 것은 회중의 불평과 이를 승화시키는 지도자의 자질이다. 지도자인 여호수아가 요셉 지파의 불평을 어떻게 승화시키는지가 이 본문의 관점이다.

2) 분석적 관찰은 본문의 세부적인 내용을 잘 다루고 있음을 보여준다. 요셉의 불평을 설명하기 위하여 당대의 지파들의 숫자를 비교하는 수고를 하였다. 16절에서는 이 구절이 갈렙과 대비됨을 서술하고 있다: "가장 어려운 상대였던 아낙 자손이 살고 있는 헤브론을 먼저 기업으로 달라고 요청하는 갈렙의 도전적인 개척 정신이 요셉 지파에게는 결여되어 있었다. 게으름과 소심한 그리고 비전의 부족에 시달리는 그들에게 목숨을 건 가나안인과의 전투는 물론이거니와 목숨과는 전혀 상관이 없는 산림을 개간하는 일조차 버거웠다."

3) 논지와 해석도 짜임새 있게 전개된다. 논지를 함축적으로 담았다. 세 개의 해석 명제도 논리적이다. ① 지도자는 불평하는 회중을 만나게 된다. ② 지도자는 회중의 불평을 수용하되, 창조적이고도 도전적인 대안을 제시해 주어야 한다. ③ 지도자는 머뭇거리는 회중을 격려하고, 창조적 비전을 향해 달려 나가도록 도와야 한다. 세 가지의 주제가 적절히 분리되고, 점진적으로 통일성 있는 주제로 나아간다. 전체적으로 불평하는 요셉지파를 설득하여 한

걸음 나아가도록 도우면서 창조적인 사역을 감당하도록 돕는다: "눈앞에 놓여 있는 장애물을 뛰어넘어 도전적이고도 개척적인 그 비전을 향해 나아가도록 우리는 그들의 등을 힘껏 밀어 주어야 한다. 그것이 바로 회중에게 하나님 나라의 삶의 원리를 깨닫게 해야 하는 엄중한 책무를 지닌 지도자가 가져야 할 자질이다."

결론을 다음과 비교해보자 (배정훈의 설교 중에서)

하나님은 여러분에게 이미 주신 한 분깃에 만족해하기를 원하지 않습니다. 이 땅에서 이미 주셨지만 아직 소유하지 않은 다른 분깃을 차지하기를 원하십니다. 사실상 현재의 나를 본다면 얼마나 초라해 보입니까? 아무것도 할 수 없을 것 같습니다. 어떻게 이 초라해 보이는 자리에서 한 분깃을 더 얻는 그 자리로 갈 수 있을까요? 비전으로 주신 그 한 분깃은 우리가 믿음으로 가는 길입니다. 그 길이 어떠한 길인지 여호수아가 말합니다. 18절 "그 산지도 네 것이 되리니 비록 삼림이라도 네가 개척하라 그 끝까지 네 것이 되리라 가나안 족속이 비록 철 병거를 가졌고 강할지라도 네가 능히 그를 쫓아내리라 하였더라." 요셉 지파에게 허락한 한 분깃은 저절로 얻는 곳이 아니라 삼림을 개척해야 하는 곳이고, 그곳은 또한 가나안 사람들의 막강한 철 병거 위협이 있는 곳입니다. 그 땅은 편하고 안락하게 얻을 땅이 아닙니다. 그곳은 분명히 우리에게 주어진 분깃이지만 믿음으로 철 병거를 이겨야 얻을 수 있는 곳입니다.

요셉 지파들에게도 두 갈래 길이 있었습니다. 철병거가 보이며, 아낙 자손이 보입니다. 눈에 보이는 현실을 계산하고 따지는 순간 정복의 가능성은 사라집니다. 우리 마음속에 자리 잡은 이상적인 행복은 무엇일까요? 목숨 걸고 산지를 얻으려고 하는 것보다는 편안하게 쉬고 싶습니다. 그저 누군가 완성한 자리에 무임승차하고 싶습니다. 복은 받고 싶지만 대가를 치르고 싶지는 않습니다. 열매는 매력적이지만 흙을 만지고 땀을 흘리고 싶지 않습니다. 그러나 우리를 나태하게 만들고, 대가를 치르지 않는 것은 사실상 복이 아니라 저주일 것입니다. 하나님을 향하여 나의 헌신과 땀과 정성을 바쳐서 얻은 분깃이야말로 나에게 참된 복입니다. 나의 헌신과 정성을 요구하시는 하나님을 향해 한 걸음을 내딛음으로 그 행복을 얻을 수 있습니다.

그래서 오늘 우리는 우리 주변에 있는 철 병거를 두려워하지 말라는 여호수아의 말을 듣습니다. "가나안 사람이 비록 철 병거를 가졌고 강할지라도 네가 능히 그를 쫓아내리라." 온전히 하나님을 좇지 못하게 만든 모든 세력이 가나안 철 병거입니다. 돈이 우리를 약하게 만듭니다. 죄의 유혹이 우리를 넘어지게 합니다. 세상을 향한 욕심과 염려가 우리를 사로잡습니다. 지금까지 여러분은 잘 견뎌왔습니다. 믿음으로 시작하여 여기까지 왔지만, 그 땅을 바라보며 다시금 믿음으로 일어서야 합니다. 하나님을 우리의 주인으로 초청하고 나를 다스리도록 내어드려야 합니다. 프로근성을 가지고 마음을 단단히 먹고 이 싸움에 임해야 합니다. 현재의 내가 아니고 나에게 그려진 하나님의 기대가 나의 본 모습입니다. 하나님이 나를 향해 준비하시고 내 것이라고 이미 선포하신 두 분깃을 바라봅시다. 달려갈 길이 멀고 철 병거가 두려워 보여도, 이제는 요셉지파처럼, 갈렙처럼 믿음으로 달려가야 합니다. 믿음으로 철 병거를 무찌르고, 마침내 두 분깃의 축복을 누리는 여러분이 되시기를 바랍니다.

2. 창세기 39장 1-23절

(1) 설성호의 보고서(2012년)

**하나님의 사람아, 위축된 인생이 아닌
위대한 인생으로 살자!**

(창세기 39:1-23)

Ⅰ. 서론

하나님의 사람답게 살아보려고 애쓰다가 낙심하거나 어려움을 겪었던 적이 있는가? 어느 시대에나 그러했지만 이 땅에서 하나님의 사람으로 살아간다는 것은 쉽지 않은 것 같다. 자신이 꿈꾸던 삶이 무너질 때, 예상치 못한 어려움을 만날 때, 무언가 해보기엔 열악한 상황 속에 있을 때, 자신의 연약함과 두려움을 파고들어오며 삶을 흔들어 놓는 사건을 만날 때, 하나님의 뜻대로 순종했음에도 불구하고 손해 보거나 어려움을 겪게 될 때 등 우리가 살면서 만나는 다양한 상황들은 하나님의 사람으로 살고자 하는 우리의 마음을 위축되게 만들곤 한다. 그리고 그 속에서 우리는 종종 누군가를 탓하거나 적당히 타협하거나 회의감에 빠져 기대감 없이 무력하게 사는 우리의 모습을 발견하게 되기도 한다.

과연 하나님은 이런 우리의 삶 속에서 어떻게 함께하시는 것일까? 하나님은 우리에게 무엇을 기대하시며 우리는 어떻게 살아야 하는 것일까? 오늘 살펴보게 될 '요셉'과 '요셉의 삶에 함께하시는 하나님'의 이야기는 이런 고민을 안고 이 시대를 살아가는 우리에게 귀한 깨달음을 준다. '여호와께서 함께 하시므로 형통하게 되었다'고 소개되는 요셉의 이야기를 통해 이 땅에서 하나님의 사람으로 살아가는 우리들에게 들려주시는 하나님의 음성을 들어보자.

Ⅱ. 본문의 확정

1 요셉이 이끌려 애굽에 내려가매 바로의 신하 친위대장 애굽 사람 보디발이 그를 그리로 데려간 이스마엘 사람의 손에서 요셉을 사니라
2 여호와께서 요셉과 함께 하시므로 그가 형통한 자가 되어 그의 주인 애굽 사람의 집에 있으니
3 그의 주인이 여호와께서 그와 함께 하심을 보며 또 여호와께서 그의 범사에 형통하게 하심을 보았더라
4 요셉이 그의 주인에게 은혜를 입어 섬기매 그가 요셉을 가정 총무로 삼고 자기의 소유를ª 다 그의 손에 위탁하니
5 그가 요셉에게 자기 집과 그의 모든 소유물을 주관하게 한 때부터 여호와께서 요셉을 위하여 그 애굽 사람의 집에 복을 내리시므로 여호와의 복이 그의 집과 밭에 있는 모든 소유에 미친지라
6 주인이 그의 소유를 다 요셉의 손에 위탁하고 자기가 먹는 음식 외에는 간섭하지 아니하였더라 요셉은 용모가 빼어나고 아름다웠더라
7 그 후에 그의 주인의 아내가 요셉에게 눈짓하다가 동침하기를 청하니
8 요셉이 거절하며 자기 주인의 아내에게 이르되 내 주인이 집안의ᵇ 모든 소유ª를 간섭하지 아니하고 다 내 손에 위탁하였으니

9 이 집에는 나보다 큰 이가 없으며 주인이 아무것도 내게 금하지 아니하였어도 금한 것은 당신뿐이니 당신은 그의 아내임이라 그런즉 내가 어찌 이 큰 악을 행하여 하나님께 죄를 지으리이까
10 여인이 날마다 요셉에게 청하였으나 요셉이 듣지 아니하여 동침하지 아니할 뿐더러 함께 있지도[a] 아니하니라
11 그러할 때에 요셉이 그의 일을 하러 그 집에 들어갔더니 그 집 사람들은 하나도 거기에 없었더라
12 그 여인이 그의 옷을 잡고 이르되 나와 동침하자 그러나 요셉이 자기의 옷을 그 여인의 손에 버려두고 밖으로 나가매[a]
13 그가 요셉이 그의 옷을 자기 손에 버려두고 도망하여[a] 나감을 보고
14 그 여인의 집 사람들을 불러서 그들에게 이르되 보라 주인이 히브리 사람을 우리에게 데려다가 우리를 희롱하게 하는도다 그가 나와 동침하고자 내게로 들어오므로 내가 크게 소리 질렀더니
15 그가 나의 소리 질러 부름을 듣고 그의 옷을 내게[a] 버려두고 도망하여 나갔느니라[b] 하고
16 그의 옷을 곁에 두고 자기 주인이 집으로 돌아오기를 기다려
17 이 말로 그에게 말하여 이로되 당신이 우리에게 데려온 히브리 종이 나를 희롱하려고 내게로 들어왔으므로
18 내가 소리 질러 불렀더니 그가 그의 옷을 내게 버려두고 밖으로 도망하여[a] 나갔나이다
19 그의 주인이 자기 아내가 자기에게 이르기를 당신의 종이 내게 이같이 행하였다[a] 하는 말을 듣고 심히 노한지라
20 이에 요셉의 주인이 그를 잡아 옥에 가두니 그 옥은 왕의 죄수를 가두는 곳이었더라 요셉이 옥에 갇혔으나
21 여호와께서 요셉과 함께 하시고 그에게 인자를 더하사 간수장

에게 은혜를 받게 하시매
22 간수장이 옥중 죄수ᵃ를 다 요셉의 손에 맡기므로 그 제반 사무를 요셉이 처리하고
23 간수장은 그의 손에 맡긴 것을 무엇이든지 살펴보지 아니하였으니 이는 여호와께서 요셉과 함께 하심이라 여호와께서 그를 범사에 형통하게 하셨더라

4a 아마 타르굼 몇몇의 마소라 필사본과 사마리아 오경 본문(그리스어 칠십인역, 시리아역본, 요나단 타르굼 및 팔레스타인 타르굼)에는 4절의 부분에 5절(בְּכֹל־אֲשֶׁר יֶשׁ־לֹו)처럼 אֲשֶׁר가 삽입되어 있는 것 같다. יֵשׁ를 '소유'로 해석하기 보다는 be동사처럼 보았을 때는 אֲשֶׁר를 삽입해주어야 하나, 실질명사 '소유'의 의미로 יֵשׁ를 볼 때는 마소라 본문대로 אֲשֶׁר를 삽입하지 않아도 될 것 같다.

8a 히브리어-사마리아 오경본문과 칠십인역에는 의문사인 מה 대신에 부정관사적 대명사인 מאומה로 기록되어있다. 문장의 의미로 보았을 때, 정해져 있지 않은 모든 것에 대해 주인이 간섭하지 않았다는 의미이므로, 정해져 있지 않은 어떤 것을 의미하는 מאומה를 사용하는 것이 문장의 의미를 더 명확히 해준다고 생각된다. 또한, 이 문장은 6절에서 나레이터가 설명하고 있는 것을 요셉이 말하는 문장인데, 6절과의 통일성을 위해서도 6절에서 사용한 מאומה를 사용하는 것이 좋다고 본다. BHS비평장치는 מאומה가 사용되고 있는 6절과 비교해 볼 것을 제안한다.

8b 히브리어-사마리아 오경본문과 칠십인역, 시리아역, 불가타역에는 בְּבֵיתוֹ로 기록되어있다. 마소라 본문에 기록된 것은 '그 집에'로 해석할 수 있고, בְּבֵיתוֹ는 '그의 집에'로 해석할 수 있다. 두

가지 모두 문장 내에서 의미상으로는 크게 다르지 않으나 문장의 의미를 좀 더 명확하게 하기위해서 집이 누구의 집(어떤 집)인지를 밝히고 있는 בְּבֵיתוֹ로 해석하기로 한다.

10a 10절을 직역하면 '그 후 그녀가 날마다 요셉에게 청하는 것이 일어났다. 그러나 그가 그녀와 함께 누우라는, 그녀와 함께 있어 달라는 그녀를 듣지 않았다.'가 된다. 개역개정에서는 '함께 누우라는, 함께 있어 달라는'의 중복을 피하기 위해 '듣지 아니하여 동침하지 아니함', '함께 있지도 아니함'으로 나누어 번역하였으나 본문비평장치는 '그녀와 함께 있어 달라'는 עִמָּהּ לִהְיוֹת을 그리스어 칠십인역의 콥틱어 역본에서 중복된 표현에서 온 것으로 보고 있다.

12a '나가다'란 의미의 וַיֵּצֵא가 몇몇 소수의 필사본들에서는 빠져있다. 본문의 내용을 보았을 때 וַיָּנָס(와야나스) '도망하였다'와 함께 '나가매'란 의미로 중복되는 듯이 보이나 급박한 상황을 더 잘 묘사하는 듯하여 마소라 본문을 따르도록 하겠다.

13a 히브리어-사마리아 오경 본문, 70인역의 여러 개의 필사본에는 12절이나 15절과 같이 וַיֵּצֵא가 추가로 연결되어있다. 12절과 15절과 같은 문구로 맞추기 위한 의도로 보이며, 18절 역시 13절과 같이 וַיֵּצֵא이 없는데 몇몇 사본에는 추가되어 있다. 따라서, 12절과 같은 이유로 인해 וַיֵּצֵא를 추가하도록 한다.

15a 사마리아 오경에는 עַבְדִּי로 쓰여 있다. 그리고 12절과 비교해 보았을 때 의미상 보디발의 아내가 한 말이므로 내용상 더욱 적합하다. 그러므로 마소라 본문을 따른다.

15b 12절 비평장치와 비교해 보았을 때 같은 내용의 의도로 보이며, 내용을 더욱 세심히 묘사하므로 마소라 본문을 따른다.

18a 몇몇의 마소라 사본과 칠십인역 그리고 시리아 역본에는 וַיֵּצֵא (와예체) '그리고 그가 나갔다'를 첨가하고 있다. 그리고 13절

에서도 여러 개의 필사본들 칠십인역, 사마리아 오경 본문에 12절과 15절처럼 וַיֵּצֵא를 첨가하라고 비평장치는 기록하고 있다. 따라서, 13절과 같은 이유로 18절에서도 וַיֵּצֵא를 첨가해서 해석하도록 한다.

19a 레닌그라드 사본과 케니코트, 데 로시, 긴즈버그가 편집한 많은(20개 이상의 필사본) 히브리어 본문에서는 'ה'에 다게쉬가 없는 'הָ־'를 사용하여 'עָשָׂה'로 표현한다. 의미상으로는 큰 변화가 없으므로 맛소라 본문을 따른다.

22a 히브리어-사마리아 오경본문에 따르면 הָאֲסִירִים이 האסורים로 표기되어 있다. 본문 20절 אֲסִירִים은 אסר(동여매다, 묶다, 투옥하다)의 칼동사 수동태 분사형으로 쓰인 형태와 비교하여 볼 때, 본문 22절 הָאֲסִירִים은 אסר의 남성복수명사 형태로 '죄수들, 포로들'로 번역되어 사용된다.

Ⅲ. 본문의 범위와 문학적 구조

1. 본문의 범위

구약성경을 시작하는 창세기는 창조세계의 기원과 타락, 그리고 창조세계를 향한 하나님의 구속사역이 '하나님이 택하신 사람들에게 주어진 언약과 그 언약을 이루시는 하나님'을 중심으로 어떻게 진행되어 가는지를 보여주는 책이다.

창세기는 크게 두 개의 단락으로 나뉜다. 1장부터 11장까지는 '창조세계의 기원과 타락'이라는 주제를 다루고 있고, 12장부터 50장까지는 아브라함, 이삭, 야곱, 요셉으로 이어지는 '족장들에 대한 하나님의 언약과 그 언약을 이루어가시는 하나님'이란 주제를 다루고 있다. 우리가 다룰 39장이 속한 부분은 '족장들에 대한 하나님의 언약과 그 언약을 이루어가시는 하나님'에 대한 단락으로서, 이 부분은 다시 족장들의 이야기를 따라 4개의 소단락으로 나누어진다. 족장들의 이야기가 서로 겹쳐져 있어서 정확히 나누기는 어렵지만, 대략적으로 나누어보면, 12장에서 25장 상반부까지는 아브라함의 이야기, 25장 하반부부터 26장까지는 이삭의 이야기, 27장부터 36장까지는 야곱의 이야기, 37장부터 50장까지는 요셉의 이야기로 구분할 수 있다.

이 중 본문(39:1-23)이 속한 37장부터 50장까지의 요셉 이야기를 대략적으로 살펴보면, 37장은 요셉의 어린 시절 꿈 이야기와 형들의 시기로 애굽으로 팔려간 내용이 나오고, 38장은 요셉과는 직접적으로 연관되어지지는 않지만 요셉의 형인 유다와 다말의 이야기가 나온다. 그리고, 39장부터는 애굽을 배경으로 진행되는 요셉의 이야기가 나오는데, 이는 다시 39-41장 상반부에 나오는 '13년간의 노예생활'과 41장 하반부-50장까지의 '총리가 된 요셉의 이야기'로 나눌 수 있다. '13년간의 노예생활'은 또다시 보디발 집에서의 '전반기'와 감옥에서의 '후반기'로 나눌 수 있는데, 우리가 다룰 39장은 '전반기'를, 40-41장 상반부는 '후반기'를 각각 기록하고 있다.

특별히 요셉 이야기는 '아브라함에게 주어진 언약'과 '출애굽 사건' 사이의 다리역할을 해주는데, 그 중에서도 39장은 요셉의 애굽에서의 생활이 시작되는 첫 부분으로서, 39장의 처음부분과 끝부분이 '고난 속에서도 하나님의 함께하심으로 형통했다'는 내용으로 구성되어 있고, 이것이 39장 전체의 내용을 샌드위치처럼 감싸고 있다. 이것은 하나님이 애굽에서의 요셉의 삶을 어떻게 인도해 가시는지를 가늠케 해주는 것이라 할 수 있다. 이러한 배경 속에서 우리는 이 본문을 통해 사람의 눈으로 보기에는 절망스럽고 위축될 수 있는 상황에서도 하나님이 자신의 사람들을 어떻게 보호하시며, 또한 하나님의 언약을 어떻게 진행해나가시는지에 대해 살펴보려 한다.

2. 문학적 구조

A. 고난 속에 발견하는 하나님의 은혜 (1-6절)
  1. 도입: 친위대장 보디발에게 팔리는 요셉 (1절)
  2. 하나님이 함께하심으로 요셉을 형통케 함 (2-6절)
    a. 형통의 원인: 여호와께서 요셉과 함께하심 (2절)
    b. 형통의 결과
      (1) 요셉의 범사에 형통 (3절)
      (2) 여호와께서 요셉과 함께하시는 것과 형통케 하심을 주인이 봄 (3절)
      (3) 요셉이 보디발 집 가정총무가 되고 모든 소유를 위임받음 (4절)
      (4) 요셉으로 인해 보디발 집과 모든 소유에 여호와의 복이 임함 (5절)
      (5) 주인의 신임이 더 깊어짐 (6a절)
  3. 요셉의 용모에 대한 소개 (6b절)

B. 은혜 속에 스며드는 치명적 유혹과 거룩함을 위한 결단 (7-12절)
  1. 주인의 아내가 동침하기를 청함 (7절)
  2. 요셉의 거절 (8-9절)
  3. 계속되는 주인 아내의 유혹과 요셉의 대처 (10절)
  4. 강력한 유혹과 최선의 대처 (11-12절)

C. 결단에 따르는 대가 (13-20a절)
  1. 주인 아내의 보복 (13-18절)
    a. 집안 사람들에게 거짓 증언 (13-15절)
    b. 남편에게 거짓 증언 (16-18절)
  2. 감옥에 갇히는 요셉 (19-20a절)

D. 여전히 이어지는 하나님의 은혜 (20b-23절)

1. 왕의 죄수들을 가두는 옥에 갇힌 요셉 (20b절)
2. 하나님이 함께하심으로 간수장에게 은혜받게 하심 (21절)
3. 간수장이 옥중 죄수와 그 제반 사무를 요셉에게 맡김 (22절)
4. 간수장의 신임과 하나님의 형통케 하심 (23절)

IV. 분석적 관찰

1. 고난 속에 발견하는 하나님의 은혜 (1-6절)

요셉은 형들에 의해서 죽을 뻔한 위기를 넘기고, 결국 형들에 의해 은 20에 팔려서 이스마엘 사람들을 따라 애굽으로 내려가게 된다(창 37:28). 여기서, 원문을 보면, 요셉이 애굽으로 내려간 것은 요셉 자신의 자의적인 뜻에 의한 것이 아니라 타의적인 일이었음을 알 수 있다. 형들에 의해 죽을 뻔 했던 것, 그리고 형들에 의해 '애굽'이란 타지(他地)에 노예로 팔려가게 된 것, 애굽에서 시작된 노예생활 등등 이 모든 것이 17세의 소년이었던 요셉에게 있어서는 참으로 두렵고 견디기 어려운 상황이었을 것이다.

하지만 2절을 보면, '여호와'란 단어가 2절 서두에 주어로 나옴으로써, 본 장의 주인공은 요셉이지만 그 배후에서 실제적으로 요셉의 삶을 주관하시는 분은 '여호와'란 사실을 짐작할 수 있게 해준다. 또한 2절에서는 여호와께서 요셉과 함께 하심으로 '요셉이 형통한 자가 되었다'고 말하고 있는데, 2절은 직역하면, "그러나 여호와께서 요셉과 함께 계셨다. 그래서 요셉이 형통한 사람이 되었다. 그리고, 그는 그의 주인인 애굽 사람의 집에 있었다"이다. 이처럼 2절은 사실상 세 개의 문장으로 되어 있는데, 각 문장은 모두 계속적 '와우'(ו)가 서두에 나오는 '와예히'(ויהי)로 시작하고 있다. 이처럼 '와예히'(וַיְהִי)가 한 문장 안에서 세 번 연속으로 사용되어서 '하나님이 요셉과 함께 하심', '요셉의 형통함' 그리고 '주인 집에 있게 됨'이 서로 아주 밀접하게 연결되어 있음을 알 수 있다. 즉, 본문은 요셉의 삶이 형통했던 이유를 여호와께서 요셉의 삶의 배후에 계시며 요셉과 함께 계셨기 때문인 것으로 말하며, 그로인해 요셉이 형통할 수 있었고, 주인의 집에 있게 되었다는 것을 보여주고 있다.

그리고 여기서 '형통한'으로 번역된 '마츨리아흐'(מַצְלִיחַ)는 '돌진하다', '공격하다', '번성하다'란 뜻을 지닌 '찰라흐'의 사역형 능동태 분사로서, 이는 아무 장애없이 돌진해나가는 것처럼 급속하게 상황을 나아지게 하는 상태를 가리키는데, 이는 앞에 있는 '이쉬'(אִישׁ)와 함께 해석하여 '형통하게 하는 사람'이라 해석할 수 있다. 이것은 형통하게 하는 주체는 하나님이시지만, 요셉이 혼자서만 형통하게 된 것이 아니라 하나님의 형통하게 하심으로 주위 사람들까지 형통하게 만들었다는 것을 의미한다고 볼 수 있다. 다시 말하면 하나님은 어려운 상황가운데 있던 요셉의 배후에서 요셉과 함께하시면서 요셉이 하는 모든 일에 형통케하시고, 요셉뿐만 아니라 요셉으로 인해 그 주변 사람들까지 형통케되는 은혜를 주셨던 것이다.

요셉의 주인인 보디발은 이것을 보았다(3절). 3절에서는 그의 주인이 '여호와께서 요셉과 함께하시는 것과 그의 범사에 형통하게 하심'을 보았다고 하는데, 보디발은 요셉의 삶을 보면서 시간이 지날수록 하나님이 요셉과 함께하시는 것과 하나님이 요셉이 하는 모든 것과 그 주변에까지 형통케 하시는 것을 보았던(깨달았던) 것이다. 그래서 보디발은 요셉을 자기 집 가정총무로 삼고 자기 가족들을 돌보게 한다(4절). 여기서도 2절에서와 같이 계속적 '와우'(ו)로 문장이 연결되어지는데, 이것은 여호와께서 요셉과 함께

하심을 주인이 보았고, 그래서 그가 요셉에게 은혜를 베풀었다는 것이다. 이것은 요셉이 주인의 은혜를 입어 보디발 집의 가정총무가 된 것 또한 그 궁극적 원인이 2절에서처럼 하나님께 있음을 시사해준다.

요셉은 보디발 집의 가정총무가 되어서 그의 모든 소유를 위임받아 관리하게 되는데, 보디발은 그의 소유 일부분 만이 아니라 그의 소유 모든 것을 맡겼다. 그리고 보디발이 요셉의 손에 모든 소유를 위임했다는 것은 보디발의 모든 재산이 요셉의 책임 안에 있으며, 그의 생각대로 운용할 수 있게 되었다는 것을 보여준다. 그러자, 하나님은 요셉을 위하여 보디발의 모든 소유에 복이 미치게 하셨다. 5절은 2절에서 언급한 것을 좀 더 구체적으로 보여주는데, 보디발의 소유에 여호와의 복이 미친 것이 순전히 요셉 때문임을 강조하기 위해 '그가 요셉에게 자기의 집과 그의 모든 소유물을 주관하게 한 때부터 … 요셉을 위하여'라고 기록하고 있다. 하나님이 요셉을 복의 전달자로 사용하신 것이다.

그리고 이것은 결과적으로 보디발이 요셉을 더욱 신임하게 되고, 자기 음식 외에는 무관심할 정도로 간섭하지 않게 되는 결과를 가져온다. 보디발이 자기 음식을 제외하고 맡긴데에는 보디발이 요셉을 완전히 신뢰하지 못했기 때문이 아니라, 애굽의 법이 외국인의 음식관리 및 식사 시의 합석을 금했기 때문이다(43:32). 또는 현대성경주석에 의하면, '음식'이란 말이 '성'을 완곡하게 표현한 상징어로 볼 수도 있다고 한다. 이는 9절과도 자연스럽게 이어지는 해석이라 할 수 있다. 하지만, 어떤 의미이든, 보디발은 자신이 맡길 수 있는 최대한 모든 것을 요셉에게 모두 위임했다고 볼 수 있으며, 이처럼 보디발은 요셉을 매우 신임했던 것으로 보인다.

2. 은혜 속에 스며드는 치명적 유혹과 거룩함을 위한 결단 (7-12절)

하나님은 어려움 가운데 있던 요셉의 삶에 함께하시며 형통케 하심으로 은혜를 주셨고, 그로 인해 요셉은 보디발의 집에서 보디발의 모든 소유와 가족들을 돌보는 책임을 맡게 된다. 그리고 요셉에게는 하나님께서 주신 빼어난 용모와 아름다움이 있었다. 이것들은 분명 하나님이 요셉에게 베푸신 은혜였다. 그러나 본문에서 이것은 요셉이 유혹을 받게되는 배경이 된다. 주인의 아내가 요셉에게 동침하기를 요청해왔던 것이다. 7절의 '그 후에'는 앞 부분과 원인·결과의 관계에 있음을 보여주는 계속적 '와우'(ו)로 시작한다. 이것은 하나님이 요셉에게 베푸신 은혜와 그로 인해 요셉이 행한 모든 일들에 이어 곧바로 보디발의 아내가 요셉을 유혹하는 일이 일어났음을 보여준다.

또한 7절에서 본문은 유혹하는 여인을 '그(요셉)의 주인의 아내(여인)'으로 묘사하고 있는데, 요셉은 자신의 주인이 자신에게 모든 것을 위임했으나 이 여인만은 금했음을 알고 있었다(9절). 이는 요셉을 유혹하고 있는 여인이 주인이 금한 유일한 존재임을 강조하기 위한 표현으로 보인다. 그런데 이 여인은 요셉에게 동침하기를 요청했다. 여기서 '동침하기를 청하니'로 번역된 '쉬크바 임미'(שִׁכְבָה עִמִּי)는 성관계를 완곡하게 표현할 때 사용되는 '쇠카브'(שכב)의 명령형과 '나와 함께'라는 뜻의 '임미'(עִמִּי)가 합쳐진 말로서, 이 여인의 동침 요구가 간청보다는 힘 있는 자가 취하는 횡포의 측면이 있음을 보여준다. 즉, 요셉이 이 요구를 거절할 때, 자신의 지위마저 위협받을 수 있음이 이 문장 속에 암시되어 있는 것이다.

하지만 요셉은 이 요구를 단호하게 거절한다. 8절에서는 '거절하다'는 뜻을 가지고 있는 '마엔'(מאן)의 강조형이 사용되고 있다.

이것은 요셉이 주인의 아내의 요구를 강하게 거절했음을 의미한다. 또한, 요셉은 보디발 아내의 요구를 거절할 뿐만 아니라 그것이 얼마나 큰 죄인지를 설명함으로써 그 여자를 설득하고 있다. 요셉은 8-9절에서 자신이 주인에게 받은 은혜를 상기시킴으로, 자신이 할 수 있는 일과 할 수 없는 일이 무엇인지 자기 권한의 경계를 분명히 함으로, 하나님 앞에서 죄를 지을 수 없음을 피력함으로 여자를 설득한다. 여기서, 9절의 '죄를 짓다'에 해당하는 '하타'(חטא)는 원래 '벗어나다', '빗나가다'라는 뜻인데, 이것은 '바른 길에서 벗어남으로 목적에서 빗나가는 것'을 말한다. 따라서 요셉은 주인의 아내와 동침하는 것을 하나님의 목적에서 빗나가는 것으로 보았음을 알 수 있다.

하지만 요셉의 강한 거절과 설득에도 불구하고 주인의 아내의 유혹은 '날마다'(10절) 이어졌다. 그리고 이에 대해 요셉은 여인과 함께 있지도 않음으로써 유혹에 대처했다. 그런데, '유혹'과 '거절'의 긴장 상태가 지속되던 중에 새로운 사건이 발생한다. 어느 날 요셉이 자신의 일을 처리하기 위해 보디발 집에 들어갔는데, 마침 집에 아무도 없었고, 그 여인이 요셉의 옷을 잡고 동침을 요구해 온 것이다. 여기서 '잡았다'로 번역된 단어의 원형은 '타파스'(תפש)라는 단어인데, 이 단어는 기본적으로 '손으로 물체나 사람을 잡다'라는 뜻이다. 하지만, 성경의 다른 곳에서는 '전쟁에서 포로를 사로잡다'(수 8:23), '성을 취하다'(왕하 14:3)는 뜻을 나타내기도 하는 단어로써, 아주 완강하게 부여잡는 것, 그래서 자신의 소유로 만드는 것을 나타내기도 한다. 보디발의 아내는 지금 매우 강한 집념을 보이고 있는 것이다.

그러자 요셉은 '옷을 버리고 밖으로 나갔다'고 기록되어있는데, 여기서 '버리고'를 뜻하는 '와야아조브'는 요셉의 행위가 즉각적이었음을 보여준다. 그리고 '도망하여'의 원형 '누쓰'(נוס)는 보통 전쟁에서 적군에게 패하여 달아나는 장면을 묘사할 때 사용되는 단어인데, BHS 비평장치에 의하면 본문에서 이 단어를 사용할 때, 많은 사본들이 12, 13, 15, 18절에서 '도망갔다'란 뜻의 '와야나스'(וַיָּנָס)와 '나갔다'란 뜻의 '와예체'(וַיֵּצֵא)를 연결해서 기록하고 있음을 알려준다. 이것은 비슷한 의미의 단어를 연결해서 기록함으로써 상황의 급박함을 전해주는 것이라 볼 수 있다. 따라서 이를 통해 알 수 있는 사실은 요셉이 보디발 아내의 집요한 유혹에서 벗어나기 위해 즉각적으로 반응했으며, 전쟁터에서 쫓기는 병사처럼 급박하고 필사적인 태도로 도망하였다는 것을 보여준다. 또한, 12절은 '밖으로 나갔다'고 기록함으로써 요셉이 집안 어디 다른 곳에 피한 것이 아니라 아예 그 집을 떠나 바깥으로 나갔다는 것을 보여주는데, 요셉은 죄를 범할 요인이 있는 곳으로부터 자신을 철저하게 분리시킴으로써 자신의 거룩함을 지키려했다는 것을 보여준다.

3. 결단에 따르는 대가 (13-20a절)

13절은 요셉의 강력한 거부반응으로 인해 보디발 아내의 강한 욕정이 이제 강한 분노와 수치심으로 변했음을 시사해주는 구절이다. 14-15절은 요셉을 궁지에 빠뜨리려는 보디발 아내의 사건 조작이다. 즉 보디발 아내는 거짓으로 사건을 설명함으로써 집안 사람들이 선입관을 갖고 사건을 보도록 조작하고 있는 것이다. 또한 14절은 '희롱하게 하다'라는 구절을 '~하기 위하여'란 의미를 가진 전치사 '레'(לְ)와 결합하여 기록하고 있는데, 이는 보디발의 아내가 사람들에게 보디발이 '희롱하게 하기 위하여' 요셉을 데려왔다고 말함으로써 요셉을 주요직에 채용한 보디발의 의도를 왜곡시키고 있음을 알려준다. 그리고 '그녀는' '우리에게', '우리를'이라는 말을 연속 사용함으로써 자신뿐만 아니라 집안사람들 모두가 주인의 결정으로 인한 피해자로 생각하게 만들고 있으며, 요셉이 히브리 사람임을 언급함으로써 민족적 대립구도를 만들고 있다. 보디발의 아내는 요셉과 자신 사이의 일을 요셉과 집안사람들 모두의 문제로 확대시키고 있는 것이다.

그리고 보디발의 아내는 남편에게 대해서도 요셉에 대해 거짓 증언으로 모함을 하면서, 자신의 죄를 요셉에게 전가시키고 있다. 또한, 그 증거로 '요셉의 옷'을 제시하고 있다. 그러면서 오히려 이 사건의 책임이 요셉을 오게 했던 보디발에게 있음을 언급함으로써, 보디발이 이 문제를 책임지고 해결하도록 요구하고 있다. 결국, 보디발은 아내의 말을 듣고 심히 분노하게 되었고, 요셉을 감옥에 가두고 말았다.

4. 여전히 이어지는 하나님의 은혜 (20b절-23절)

당시 간음죄에 해당하는 형벌은 사형이었다. 게다가 종이 주인의 아내를 겁탈하려 했다면 사형을 면하기는 어려웠을 것이다. 하지만, 보디발은 요셉을 감옥에 가두는 정도로만 조취를 취했다. 이를 두고 여러 가지 추측을 할 수 있지만, 본문의 흐름을 볼 때, 하나님께서는 보디발이 요셉과 함께하시며 형통케 하시는 하나님을 보고 요셉을 가정총무로 삼게 하셨던 것처럼, 이번에도 보디발의 마음을 움직이셔서 요셉을 보호하셨다고 할 수도 있다.

게다가 보디발이 요셉을 가둔 곳은 왕의 죄수들을 가두는 곳이었다. 40장을 보면 요셉은 여기서 왕의 두 관원을 만나게 되고, 이는 후에 요셉이 바로의 앞에 서게되는 징검다리의 역할을 하게 된다. 하나님께서 어려움을 통하여 오히려 복이 되게 하시고, 자신의 언약을 이루어가시는 일에 사용하시는 것을 볼 수 있는 것이다.

21-23절의 내용은 장소는 감옥으로 바뀌었지만, 2-6절에 기록된 보디발 집에서 있었던 일과 동일한 내용을 반복해서 기록하고 있다. 비록 요셉이 누명을 쓰고 감옥에 갇히게 되었지만, 여전히 하나님은 요셉과 함께 계시면서, 요셉에게 은혜를 더하시고, 상관에게 은혜를 입게 하시고, 상관에게 신임을 얻어 모든 것을 위임받게 하시며, 범사에 형통하게 하신다. 본문은 21, 23절 두 번에 걸쳐 감옥에서도 여호와께서 요셉과 함께하셨음을 강조하면서, 23절에 '이는(because) ~이라'는 표현을 통해 보디발 집에서와 같이 요셉에게 반복되는 형통함의 결과가 여호와께서 함께하셨기 때문이라는 것을 더욱 부각시켜주고 있다. 이것은 여전히 요셉의 삶이 요셉의 삶 배후에 계신 하나님의 목적 안에 있으며, 하나님이 요셉의 삶을 지지해 주시는 것이라 볼 수 있다. 또한, 본문은 39장 전반부와 후반부에 이해할 수 없는 어려움 속에서도 여호와께서 요셉과 함께하심으로 요셉의 삶이 형통한(형통하게 하는) 삶이 되었음을 보여주는 내용을 배치함으로써 요셉이 겪는 상황이나 장소의 변경에 상관없이 요셉의 삶 자체가 계속해서 하나님의 보살핌에 의해 둘러싸여 있음을 암시해준다.

V. 통전적 해석

【논지】본문은 '요셉'과 '요셉의 삶에 함께하시는 하나님'의 모습을 통해, 하나님의 사람은 어려운 상황 속에서도 하나님의 함께하심을 힘입어 축복의 통로가 되는 삶을 살 수가 있으며, 계속되는 유혹 속에서도 거룩함을 잃지 않고, 또 그에 따른 대가가 따르더라도 그것을 넘어서는 하나님의 은혜 속에 보호받으며 살아가는

존재인 것을 보여준다.

1. 하나님의 사람은 고난 속에서도 하나님의 함께하심을 힘입어 축복의 통로가 되는 삶을 살 수 있다.

요셉은 아버지에게 총애를 받던 자였지만, 형들의 시기에 의해 죽을 뻔한 위기를 넘기고 애굽 땅, 타지(他地)로 노예로 팔려가게 된다(창 37장). 그리고 그곳에서 시작된 노예로서의 생활은 요셉에겐 낯설은 것이었으며, 자유가 제한되고 수많은 일거리가 끊임없이 주어지는 등 여러 가지로 열악한 상황이었을 것이다. 이 모든 것은 17세의 소년이었던 요셉이 감당하기에는 벅찬 것이었을 수도 있다. 어쩌면 요셉은 이러한 열악한 상황과 고통의 자리에서 버려진 느낌에 고통스러워하며, 자신의 억울함과 비참함을 호소하고 자신의 처지를 비관하면서, 불만과 불평으로 얼룩진 삶을 살 수도 있었을 것이다.

하지만 하나님은 요셉의 삶을 내버려두지 않으셨다. 하나님은 열악하고 어려움 가운데 있는 요셉의 삶에 함께하셨고 요셉을 형통하게 하셨다. 그리고 이러한 하나님의 형통케 하심이 요셉이 관여하는 모든 것에 미침으로써 요셉은 자신뿐 아니라 자신이 속한 주변까지도 형통하게 하는 사람이 되었다. 이러한 사실은 요셉이 보디발의 가정총무를 하면서 더욱 구체적으로 드러나게 되었는데, 요셉이 자신의 맡은 일을 섬기는 중에 하나님은 요셉을 위하여서 보디발의 집에 복을 내리셨고 그로인해 그의 집과 밭에 있는 모든 소유에 여호와의 복이 임하게 되었다. 하나님은 요셉과 함께하심으로 보잘 것 없는 어린 히브리 노예가 애굽 제국 고위관리의 집을 복되게 하는 복의 전달자가 되게 하셨던 것이다. 그리고 하나님의 함께하심을 힘입었던 요셉의 삶은 보디발에게 이러한 사실을 깨닫게 하였고, 보디발에게서 깊은 신뢰를 받을 수 있었다.

우리는 인생을 살면서 자신이 처한 상황과 조건을 탓하며 사는 사람들을 종종 만나곤 한다. 그들은 '가진 것이 없어서', '시간이 없어서', '스펙이 없어서', '내면에 상처가 많아서', '가정에 문제가 많아서', '도와주는 사람이 없어서' 등등 자신의 상황과 조건을 탓하고 주변을 탓하면서 살아간다. 그러면서 자신이 지금 그렇게 살 수 밖에 없는 이유를 정당화시키면서 현실의 벽에 갇힌 채 위축된 삶을 살고는 한다. 하지만 하나님의 사람은 그와 다르게 살 수 있다. 요셉이 자신이 처한 어려운 상황에서도 원망하거나 위축되지 않고 오히려 하나님의 함께하심을 힘입어서 축복의 통로가 되는 삶을 살았던 것처럼, 우리 역시 우리의 삶에 함께하시면서 우리를 축복해주시고, 지지해주시고, 도와주시는 하나님을 신뢰하면서, 주어진 자리에서 최선을 다해 섬기며 살아갈 때, 우리의 삶과 우릴 통해 우리의 주변을 복되게 하시는 하나님을 경험하게 되는 것이다. 우리가 형통함의 주체가 되시는 하나님을 의지하면서 그러한 삶을 살게 될 때, 우리 주변 사람들과 더 나아가 세상은 우릴 통해 우리와 함께하시는 하나님을 보게 될 것이며, 우리는 그들에게서 신뢰받을 수 있는 삶을 살게 된다는 것을 우리는 기억해야한다.

2. 하나님의 사람은 계속되는 유혹과 위협에 대하여 거룩함을 위한 결단으로 대처해야 한다.

요셉은 하나님의 은혜를 힘입어서 보디발 집의 가정총무가 되었고, 그의 주인에게서 무한한 신뢰를 받게 되었지만, 그곳에는 요셉을 기다리는 유혹이 있었다. 요셉이 하는 일은 무슨 일이든 형통케 되는 것과 요셉의 빼어난 외모에 관심을 갖게 된 보디발의 아내가 요셉에게 강하고 집요하게 자신과 동침할 것을 요구해오기 시작한 것이다. 이 요구는 혈기 왕성한 나이의 요셉에게 있어서 거부하기 쉽지 않은 치명적인 유혹인 동시에 여주인의 명령으로써 반응여부에 따라 자신의 지위와 목숨까지도 위태롭게 할 수 있는 위협이기도 했다. 어쨌든 요셉의 입장에선 거절하기 어려운 제안이었을 것이라 생각된다. 이러한 유혹과 위협은 요셉에게 매일같이 찾아왔고 끈질기고 집요하게 그리고 매우 강력하게 다가와서 요셉을 삼키려했다.

요셉은 이에 대해 단호한 자세로 임한다. 요셉은 자신이 할 수 있는 것과 할 수 없는 것을 구분할 줄 알았고, 주인의 호의와 신임을 저버리지 않았으며 또한 하나님을 의식하면서 죄를 짓지 않으려는 자세를 취함으로 유혹과 위협을 단호히 거절했던 것이다. 그리고 요셉은 유혹과 위협에 대항하여서 아예 유혹을 접할 환경에 자신을 노출시키지 않았고, 유혹의 순간에 즉각적이면서도 필사적으로 죄를 범할 요인이 있는 곳으로부터 자신을 분리시켰다. 이러한 요셉의 대처들을 통해 요셉이 죄를 짓지 않기 위해서 매우 애쓰고 있음을 느낄 수 있다. 요셉은 이 유혹과 위협에 응하는 것을 하나님의 목적에서 벗어나는 것으로 보았던 것이다.

하나님의 사람으로 살다보면 하나님의 은혜가 있지만 그와 함께 유혹이 찾아올 때도 있다. 때론 그것이 우리의 연약한 부분을 통해 유혹으로 다가올 수도 있고, 우리를 두렵게 하는 위협으로 찾아올 수도 있다. 사회생활을 하다보면 컨닝이나 편법 등 부당한 방법으로 손쉽게 좋은 결과를 얻을 수 있는 기회가 생길 때, 술 문화나 이중장부, 영업접대 등 신앙양심을 거스르게 하는 직장상사의 요구를 받을 때, 뇌물을 요구받거나 뇌물을 청탁해오는 상황을 만날 때 등 그 외에도 여러 가지로 우리의 연약함과 두려움을 파고들어 오는 유혹과 위협들을 만나게 될 때가 있다. 그 속에서 우리는 흔들리기도 하고 위축되기도 하면서 어떤 것을 선택해야할지 고민하게 되고는 한다. 사단은 보디발의 아내와 같이 수시로, 끈질기면서도 집요하게 그리고 매우 강력하게 우리를 찾아와서 때로는 달콤한 유혹으로 때로는 두려운 위협으로 우리를 넘어뜨리려한다. 그래서 우리로 하여금 우리를 향한 하나님의 목적에서 벗어나게 만들려는 것이다. 하지만 그럴 때마다 하나님의 사람들은 요셉과 같이 단호하고도 분명하게 유혹을 거절하고 하나님 앞에서 거룩함을 위한 결단으로 유혹과 위협에 대처해야한다. 그리고 죄를 범할 수 있는 환경에 자신을 노출시키지 않으며 혹 그런 상황에 처하게 되더라도 즉각적이면서도 필사적으로 죄를 범할 요인이 있는 환경으로부터 자신을 분리시키려는 적극적인 자세가 필요하다. 또한 자신의 삶이 하나님의 목적과 계획 속에 있음을 기억하고 그 하나님의 목적에서 벗어나지 않으려는 자세는 거룩함을 위한 우리의 결단에 힘을 더하여 줄 수 있음을 우리는 기억해야 한다.

3. 하나님의 사람에게는 거룩함에 따르는 대가가 있지만, 하나님의 보호와 지지하심이 있다.

요셉을 유혹하던 보디발의 아내의 욕망은 요셉의 완강한 거부와 함께 증오로 바뀌게 된다. 그로인해 보디발의 아내는 거짓증언과 모함으로 사건을 조작하면서 요셉을 궁지에 빠뜨리게 되고 결국 요셉은 유혹과 위협에 대항하여 거룩함은 지켰지만, 그로 인해 누명을 쓰고 감옥에 갇히게 된다. 이는 거룩함을 위한 결단의 대가라 할 수 있다. 요셉의 입장에서는 참으로 억울하고 받아들이기 어려운 결과였을 수도 있을 것이다.

하지만 하나님은 이러한 상황에서도 변함없이 요셉과 함께하시면서 요셉에게 은혜를 더하시고, 요셉을 형통케 하심으로 요셉의 삶을 격려하시면서 지지해주셨다. 요셉의 삶에 변함없이 형통케 하시는 은혜를 베푸심으로 하나님이 요셉과 함께하고 계시다는 것을 확인시켜 주셨던 것이다. 그리고 하나님께서는 요셉이 왕의 죄수들을 가두는 옥에 갇히게 함으로써 후에 이 시간을 하나님의 더 큰 뜻을 이루시는 과정으로 사용하신다. 지금 당장은 인간의 눈으로 보기에 억울한 고난으로 보일 수 있지만 하나님은 아브라함이나 이삭, 야곱 등 조상들의 삶 속에서도 그러하셨듯이 우리의 짧은 안목을 넘어서 요셉과 요셉의 가족공동체를 향한 하나님의 언약을 이루어 가시며 하나님의 섭리를 보여주는 통로로 사용하시는 것이다. 또한 하나님은 본문의 전반부와 후반부에 배치된 '여호와께서 함께하심으로 요셉의 삶이 형통했다'는 내용의 반복배치를 통해서 요셉의 삶이 하나님의 보호하심 안에 있으며, 요셉의 삶의 배후에 하나님이 계심을 보여주신다. 이처럼 거룩함에 따르는 대가가 있을지라도 하나님을 신뢰함으로 하나님을 따르는 자들에게는 하나님의 보호하심과 형통케 하심이 끊이지 않으며 오히려 그 시간을 통해 더 큰 하나님의 섭리로 나아가게 되는 은혜가 있음을 알 수 있다.

 하나님의 사람으로 순결하고 바르게 살아가려다 보면, 때로는 손해보고 어려움을 겪게 될 때가 있다. 그런 일을 만나게 될 때 우리는 회의에 빠지기도 하며, 혼란스러움을 겪기도 한다. 그리고 이 땅에서 하나님의 사람으로 살아가려는 우리의 마음이 위축되기도 한다. 하지만 그러한 상황속에서도 우리는 하나님이 자신의 백성들에게 함께하시면서 그들의 삶을 보호해주시고 격려하시고 위로해주시는 분이심을 기억해야 한다. 그리고 또한 하나님은 그런 하나님의 사람들을 통하여 자신의 언약과 구속사역을 이루어 가시는 분이심을 기억해야 한다. 하나님께서 이러한 분이심을 기억하는 것은 이 땅에서 하나님의 사람으로 살아가는 우리로 하여금 낙심하지 않게 하며 하나님의 뜻에 순종함에 따른 어려움 속에서도 위축되지 않고 계속해서 힘있게 하나님을 의지하게 하는 효력이 있다. 따라서 우리는 하나님의 뜻을 순종하다가 어려움이 따르더라도 거룩함을 지키는 데 따르는 대가가 있더라도 위축될 것이 아니라 더욱 하나님을 신뢰하며 믿음으로 나아가는 하나님의 사람들이 되어야 할 것이다.

VI. 결론

요셉 이야기는 '아브라함을 비롯한 족장들에게 주어진 하나님의 언약'과 '이스라엘 백성들의 출애굽 사건'이라는 두 가지 큰 주제를 이어주는 다리와 같은 역할을 한다. 그리고 우리는 요셉의 이야기를 통해서 하나님이 어떻게 자신의 백성에게 함께하시면서 자신의 백성을 보호하시고 축복하시며 자신의 섭리가운데 자신의 언약을 이루어 가시는지를 보게 된다. 요셉의 인생은 자칫 사람의 눈으로 보기에는 절망스럽고 위축될 수 있는 상황들로 가득했다. 형들에 의해 죽을 뻔한 위기와 형들에게 버림받은 상처, 낯선 땅에 노예로 팔려 와서 자유를 제한받고 열악한 조건에 처하게 된 상황, 억울한 누명을 쓰고 감옥에 갇히게 되는 등 요셉의 삶 자체만을 보자면 어려움의 연속이라 할 수 있다.

하지만 요셉 이야기의 핵심어구라 할 수 있는 '요셉과 함께 하시는 하나님'은 스스로를 비관하며 원망과 현실의 벽에 갇혀 살 수도 있었던 요셉의 삶을 고난 속에서도 축복의 통로가 되는 삶으로 이끄셨고, 유혹과 위협에 굴하지 않으며 어떤 어려움이 따르더라도 하나님의 목적 안에서 살아가는 하나님의 사람으로 살게 하셨다. 그리고 요셉이 위축되고 흔들릴 수 있는 상황 속에서도 요셉의 삶을 축복하시고 형통하게 하심으로 하나님이 요셉과 함께하고 계시는 것을 확인시켜 주었고 요셉을 격려하셨다. 요셉이 이런 하나님을 의지하여서 자신의 삶의 자리에서 최선을 다하며 나아갔을 때, 요셉의 삶은 요셉과 함께하시는 하나님을 주변 사람들로 하여금 보게 하였고 그들로부터 신뢰를 얻을 수 있었다.

우리도 삶을 살다가 보면, 생각지 못한 어려움을 만날 때가 있다. 갖추어지지 않은 자신의 상황과 조건을 보며 누군가를 탓하고 싶은 원망의 마음이 들 때가 있다. 그리고 우리의 삶에 파고들어 오는 유혹과 위협은 우리를 흔들어 놓곤 한다. 또 하나님의 뜻에 순종하였고 거룩함을 지키려 애썼지만 오히려 더 어려움에 처하는 상황들을 겪게 될 때면 신앙에 회의감이 찾아오기도 한다. 하지만 그때에 우리는 낙심하고 흔들리며 위축될 것이 아니라 요셉의 삶에 함께하셨던 하나님이 우리의 삶에도 여전히 함께하시는 분이심을 기억해야 한다. 하나님이 우리의 삶에 함께하시며 우리를 격려하시고 보호하시며 하나님의 더 큰 구원의 뜻 가운데로 우리를 이끌어 가시는 분이심을 기억해야 한다. 어떠한 상황 속에서도 우리로 하여금 축복의 통로가 되게 하시며 어떠한 유혹과 위협 앞에서도 굴하지 않는 하나님의 사람으로 살게 하실 하나님이심을, 우리의 삶으로 하나님을 증거하고 하나님의 이름을 영화롭게 하는 존재로 살아가게 하실 수 있는 하나님이심을 기억해야 한다는 것이다.

우리가 우리의 삶에 함께하시는 하나님을 바라보며 그분을 의지할 때, 그분의 위대하심이 우리의 삶에 흘러들어오게 되며 우리의 삶은 위대한 인생으로 나아가게 될 것이다. 요셉의 이야기는 우리가 하나님이 이 땅을 살아가는 우리의 인생으로 하여금 위축된 인생이 아니라 위대한 인생으로 이끌어 주시는 분이시란 것을 기억하도록 요셉의 온 삶을 통해서 우리에게 말하고 있는 것이다. 하나님의 함께하심을 붙드는 것이 이 땅에서 하나님의 사람으로 승리하고 열매 맺으며 살아가는 삶의 비결이다. 부디, 이 땅을 살아가는 모든 하나님의 사람들이 요셉의 삶에 함께하신 하나님을 자신의 하나님으로 붙들며 하나님의 언약 속에 살아가는 진정한 하나님의 사람들이 되길 소망해본다.

"여호와께서 요셉과 함께 하시므로 그가 형통한 자가 되어 …"
(창 39:2)

(2) 보고서 평가

1) 제목에서 위축된 인생과 위대한 인생을 대비하면서 위대한 인생으로 산 것을 촉구한다. 위대한 인생은 곧 고난가운데 하나님과 동행함으로 승리한 삶임을 보여준다.

2) 전체적으로 글이 짜임새 있게 전개됐다. 분석적 관찰에서 히브리어의 문맥을 파악하려는 노력이 보인다. 보디발의 아내의 음모를 잘 드러낸다: "보디발의 아내가 사람들에게 보디발이 '희롱하게 하기 위하여' 요셉을 데려왔다고 말함으로써 요셉을 주요직에 채용한 보디발의 의도를 왜곡시키고 있음을 알려준다. 그리고 '그녀는', '우리에게', '우리를'이라는 말을 연속 사용함으로써 자신뿐만 아니라 집안사람들 모두가 주인의 결정으로 인한 피해자로 생각하게 만들고 있으며, 요셉이 히브리 사람임을 언급함으로써 민족적 대립구도를 만들고 있다. 보디발의 아내는 요셉과 자신 사이의 일

을 요셉과 집안사람들 모두의 문제로 확대시키고 있는 것이다."

3) 논지 안에 모든 내용이 포함되지만, 더 함축적으로 자신의 생각을 담을 필요가 있다.

4) 세 개의 해석은 주제, 본문집중, 심화묵상의 형식을 무난하게 갖추고 있다. 세 개의 해석은 다음과 같다: ① 하나님의 사람은 고난 속에서도 하나님의 함께하심을 힘입어 축복의 통로가 되는 삶을 살 수 있다. ② 하나님의 사람은 계속되는 유혹과 위협에 대하여 거룩함을 위한 결단으로 대처해야 한다. ③ 하나님의 사람에게는 거룩함에 따르는 대가가 있지만, 하나님의 보호와 지지하심이 있다.

5) 첫 번째 해석에서 하나님이 함께 하심의 결과로서 축복의 통로가 되는 것을 보여준다. 노예로부터 총무가 되고, 곁에 있는 사람들에게 하나님의 복이 임하는 것을 모두 축복의 통로로 해석한 것이다. 두 번째 해석은 유혹과 위협의 상황에서 거룩함을 위한 결단으로 나아가기를 요청한다. "거룩함을 위한 결단"이라는 말은 저자의 해석으로 볼 수 있다. 세 번째 해석은 두 번째 해석의 다음 상황이다. 거룩함을 위한 결단이 멋있지만, 그것은 견디기 어려운 대가를 치르게 한다. 그리하여 다시 감옥으로 간 이후의 상황을 "하나님의 보호하심과 지지하심"으로 이해한다. 해석 1과 해석 3은 유사한 상황으로 "하나님이 요셉과 함께 하셨더니 형통하였더라"라고 서술하고 있다. 해석 1과 해석 3의 차이는 무엇일까? 세번째 명제는 "거듭되는 고난가운데"라는 상황이 첨가될 때 해석 1에서의 발전으로 이해될 수 있다. 세 번째 해석에서 하나님의 보호와 지지함이 있지만, 여전히 감옥에 있는 요셉이 기다림으로 극복해야 할 현실과 하나님으로부터 오는 평안이 대비되어야 할 듯하다.

6) 이 글을 다음의 설교와 비교해보자. (2014년 4월 장신대 채플 설교문)

끝없는 터널을 지나갈 때

(창 39:1-6)

배정훈

저에게도 부푼 꿈을 가진 대학교 1학년 시절이 있었습니다. 선배들의 사랑을 한 몸에 받았습니다. 대학에 들어가니 남들이 부러워하며 돈 많이 벌어서 집안을 일으킬 것이라고 부러워했습니다. 그런데 막상 전공을 접하고 보니 그 전공에 나의 혼을 담기에는 너무나 힘들었습니다. 그렇지만 전공을 버리지는 않으려고 애를 쓰면서 신앙과 인생에 대하여 많은 생각을 하면서 부지런히 대학 생활을 하였습니다. 그러다가 덜컥 4학년이 되어버렸습니다. 동기들이 더 공부하겠다고 대학원을 간다지만 나는 어디로 갈까? 방황이 시작되었습니다. 길을 잃어버렸습니다. 꿈 많던 시절을 벗어나 길을 잃어버리고 나니 내일이 무서워졌습니다. 어느 날, 잠을 자려고 누웠는데 불현 듯 내일이 오면 어떻게 하나 두려움이 엄습하였습니다. 아침이 오기 전에 이대로 사라졌으면 좋겠다는 생각이 들었습니다. 그렇지만 여지없이 아침은 찾아왔고, 미래에 대한 두려운 마음으로 끝없는 터널 속으로 길을 걸어갔습니다. 아마도 오늘 날 미래가 불확실한 시대에 이 시대의 젊은이들의 마음이 이와 같을까요? 어쩌면 한국 교회를 비관적으로 보는 현실에 졸업을 앞둔 우리 학생들의 마음이 이와 같을까요?

오늘 읽은 본문에 등장하는 요셉이 이들보다 못하지는 않았을 것입니다. 든든한 아버지 밑에서 사랑만 받던 요셉. 모두 나를 사랑한다고 생각했는데, 그것이 착각임이 판명되었고, 잔인한 형들을 통하여 애굽으로 팔려가 하루 아침에 종살이를 하는 신세가 되고 말았습니다. 이제는 사랑받는 아들이기는 커녕 팔려 다니는 노예 신분으로 하루도 기약할 수 없는 신세가 되었습니다. 그렇게 암울한 시절에 요셉이 행한 일들은 우리 신앙인들에게 어떠한 교훈을 주고 있습니까?

1. 앞이 보이지 않는 막막한 때에도 신앙인들에게는 형통의 비결이 있습니다.

애굽으로 가는 그의 발길은 여행가는 사람처럼 가벼운 것이 아니었습니다. 도살장에 끌려가는 소처럼 가기 싫지만, 이끌려 가고 있었습니다. 노예 신분으로 시장에 팔려나와 보디발의 집으로 갔습니다. 그렇게 비참한 환경은 시작되었지만 이상하게도 본문에서 전달되는 것은 노예의 비참함이 아니라 평온함이었습니다. 그 이유는 노예 신분임에도 불구하고 그가 형통하는 비결을 배웠기 때문입니다.

고난가운데 요셉이 보여주는 형통의 비결은 정결과 순종입니다. 형통의 시작은 여호와가 그와 함께 거하는 것입니다. 2절에 "여호와께서 요셉과 함께 하시므로 그가 형통한 자가되어." 형통이라는 단어가 나와서 요셉이 총리가 된 줄 알았습니다. 그러나 형통하는 와중에 요셉은 여전히 노예였습니다. 불안한 노예 상태인데 형통할 수 있는 이유는 하나님이 함께 하시기 때문입니다. 하나님이 요셉과 함께 하신다는 말은 그가 어려움 가운데에도 하나님과 동행할만한 정결함을 유지했다는 말입니다. 우리가 정결하다는 것에 대한 최고의 보증은 하나님께서 우리와 함께 하신다는 선언입니다. 이미 형통은 시작되었지만 아직은 노예상태입니다.

형통의 과정은 그의 청지기 직을 통하여 나타납니다. 노예인 요셉이 충성하니까 주인은 그를 집안 총무로 맡겼습니다. 주인은 그렇게 신실한 요셉에게 자신의 모든 것을 맡깁니다. 요셉은 자신에게 맡겨진 직책을 충실히 수행합니다. 그리고 그로 말미암아 애굽 사람의 집에 복이 임합니다. 아브라함에게 준 복, 모든 족속이 너로 말미암아 복을 얻으리라 라는 말씀이 실현되는 시간입니다. 정결로 시작된 형통이 이제 맡겨진 일에 대한 순종을 통하여 점점 무르익습니다. 정결과 순종의 법칙은 나중에 감옥에 들어가서도 마찬가지입니다. 깊은 고난의 시간에도 요셉의 절망은 보이지 않고 성실하게 순종함으로 청지기 직을 잘 수행한 요셉만 보입니다. 그것은 나중에 총리가 되어서도 마찬가지입니다. 바로가 맡긴 일을 열심히 함으로 그가 바로의 마음을 만족시키고 애굽이 기근에서 구원을 받는 것입니다.

요셉의 형통 비결은 정결과 순종이었습니다. 청지기직을 잘 수행하려는 그의 순종은 그의 지경을 넓혔습니다. 총무에서 총리로. 같은 총자이지만 하늘과 땅의 차이입니다. 총무에서 총리로 바뀌기 위해서는 가진 일에 철저히 순종해야 합니다. 순종은 나의 그릇을 크게 하고 나의 지경을 넓혀줍니다. 주어진 것을 불평하지 않고 성실하게 일할 때, 나의 조건이 어떠하든지 현재 나에게 기름 부으신 일을 열심히 할 때, 그것이 나의 위기를 극복하고 미래로 가는 실마리가 되는 것입니다.

정결은 하나님과 동행하게 함으로 형통을 시작하게 하고 순종은 형통을 완성합니다. 현재를 무시하고는 갑자기 성공이 오지 않습니다. 우리의 미래는 현재에 그 실마리가 있습니다. 현재 교사나 전도사를 잘할 때, 현재 수업을 충실하게 할 때, 현재 함께 신학하는 학우들을 소중히 여길 때, 그것이 바탕이 되어 나의 미래가 주어지는 것입니다. 하찮은 일처럼 보이더라도 바로 하나님이 충성을 기대하며 나를 이 자리에 두셨습니다. 현재 내가 하고 있는 일은 우연이 아닙니다. 장차 더 큰 하나님의 일을 하기 위해 준비하는 자리입니다. 그렇기에 하나님이 어떤 일을 맡기시면 불독과 같이 꽉 물고 정결과 순종으로 최선을 다 해야 합니다.

2. 신앙인은 어떠한 상황이 온다할지라도 유혹에 굴하지 않습니다.

형통이 시작되었다고 바로 절정에 이르지 않습니다. 더 큰 하나님의 사람이 되기 위하여 거쳐야 할 과정이 있었습니다. 그것은 유혹에 굴하지 않는 것입니다.

진나라 재상이었던 여불위가 인재를 뽑을 때 기준으로 삼았던 여섯 가지 기준이 있습니다. 즐거움, 기쁨, 괴로움, 두려움, 슬픔, 분노입니다. 이러한 상황을 잘 극복한 자를 인재로 등용하였다고 합니다. 장차 큰 일을 할 사람은 유혹을 이기고 마음을 지켜야 하는 것입니다. 요셉도 성공하기 위하여 이 관문을 거쳤습니다.

이제 요셉은 성공 가도에 들어섰습니다. 종들 중에 잘 보여서 총무가 되고 하는 일 마다 성공해서 주인의 마음을 흡족하게 합니다. 그런데 문제는 예기치 않는 곳에서 시작됩니다. 주인은 잘하는데 주인의 부인이라는 사람이 유혹을 하기 시작합니다. 주인의 아내는 남편 몰래 유혹하는 습성이 있는 사람으로 보입니다. 자신의 직위를 이용하여 요셉과 잠자기를 요구합니다. 요구를 듣지 않으면 총무에서 잘라버릴 기세로 위협과 회유를 합니다. 보디발의 아내에게는 권력이 있습니다. 보디발의 아내의 말을 듣지 않으면 자리가 위험하고 보디발의 집에서 쫓겨날지 모르기 때문입니다.

그러나 요셉은 젊은 나이에도 불구하고 이 유혹을 거절합니다. 그가 39장 9절에서 이렇게 말합니다. "이 집에는 나보다 큰 이가 없으며 주인이 아무것도 내게 금하지 아니하였어도 금한 것은 당신뿐이니 당신은 그의 아내임이라 그런즉 내가 어찌 이 큰 악을 행하여 하나님께 죄를 지으리이까." 그가 유혹을 이긴 이유는 두 가지입니다. 주인에 대한 신뢰를 저버릴 수 없습니다. 또 하나는 하나님이 어디에서나 보고 계시다는 것입니다. 요셉의 행위는 유혹에 빠져 있는 모든 사람에게 귀감이 됩니다. 유혹으로부터 요셉이 승리한 일은 유혹에 빠져버린 아담과 하와의 역전이기에 우리에게 소망을 줍니다. 요셉을 통하여 인간은 반드시 유혹에 패하기만 하지 않고 승리할 수 있음을 아는 것입니다. 하와가 넘어진 자리에서 요셉이 승리하였습니다.

유혹을 받을 때 그것이 죄가 되기 위해서는 두 가지 요소가 중요합니다. 외적인 환경 때문에 죄를 짓습니다. 그러나 더 중요한 것은 내적인 결단입니다. 아무리 강력한 유혹이라 할지라도 마음을 먹고 결단하면 이깁니다. 하와는 뱀의 유혹에 대하여 마음을 빼앗기고 넘어갑니다. 그러나 요셉은 마음을 지킵니다.

왜 마음을 지키기 어려울까요? 바로 욕심 때문입니다. 욕심이 우리를 넘어지게 합니다. 우리는 유혹에 대하여 착각을 합니다. 우리는 평소에 이성을 밝히고 다혈질이고 사고를 치는 사람에게만 유혹이 찾아온다고 생각합니다. 그러나 겸손하고 거룩해 보이는 우리들 안에 숨겨진 욕심 때문에 유혹에 넘어갑니다. 유혹은 외적인 환경 때문에 저절로 찾아오는 것이 아니라 내적인 나의 욕심에서부터 옵니다. 욕심이 만족을 구하지만 얻지 못할 때 나를 지배하게 됩니다. 유혹이 지속되고 내면화되면 죄 지으려는 시도를 그치지 않습니다. 결국 욕심의 포로가 되어 내면은 죄로 넘침니다. 어제 미국 CIA 국장인 데이비드 퍼트레이어서가 혼외정사로 말미암아 국장에서 물러나고 치욕을 겪었습니다. 완전범죄로 여겼지만 만천하에 드러난 욕망의 결과입니다.

저 역시 선하고 깨끗하게 살았다고 자부하는 내 안에 이러한 욕심이 넘친다는 것에 놀랐습니다. 제가 살던 곳은 경기도 평택 미군부대가 있는 기지촌입니다. 미군들과 양공주들 때문에 도처에서 우리는 남녀가 애정을 표현하는 것을 쉽게 보고 자랐고 고등학교만 졸업해도 동거하는 아이들이 많았습니다. 고등학교를 졸업한 후에는 아이들이 모이면 의례히 거치는 코스가 있습니다. 밥먹고 술먹고 춤추고 여자를 찾아 나섭니다. 동네 친구들이니까 안 만날 수는 없고 그들을 만나면 밥먹고 적당히 일어서야 합니다. 나는 깨끗하고 착하니까. 저 아이들은 불량하니까 쫓아가면 안되고, 그들을 쫓아가지 않으면서 나는 스스로 깨끗하다고 생각하였습니다. 그런데 나중에 목사가 되어서 내 속에 해결되지 않은 욕망이 있는 것을 알게 되었습니다. 그 때 거절하였지만, 속으로는 나도 죄를 짓고 싶은데 하는 강력한 욕망이 잠자고 있는 것입니다. 겉보기에는 누구보다 깨끗하고 기독교인이라는 형식 때문에 죄를 외면한 것 같은데 사실은 죄에 대한 부러움으로 가득 차 있었습니다. 유혹을 달관하지 못하고 채우지 못한 부러움으로 내 무의식에 잠재웠던 것입니다. 아무도 나를 알아차리지 않는 곳에 가면 터질 수 있는 유혹의 끈이 여전히 남아 있었던 것입니다. 이 유혹을 불러서 승화시키기 전까지 우리는 끊임없는 유혹의 덫에 넘어가기 쉽습니다.

서울에서 만난 한 교회 친구 역시 고등학교때 놀던 친구입니다. 여자들이 모이면 다 그 친구를 좋아합니다. 그렇게 방탕한 고등학교 대학 시절을 보내다가 늦게 회심하고 결국은 목사가 되었습니다. 그가 담임하는 교회로 나를 초청하여 제가 삼일동안 교사

수련회를 인도하다보니 함께 있는 시간이 있었습니다. 놀던 놈이 목회해봤자 하고 생각했는데, 그를 만나서 너무 놀랐습니다. 너무 사람이 변해 있는 것입니다. 노회정치는 안하고 목회만 합니다. 다른 교회 기웃거리지 않았습니다. 자기는 너무 사례비를 많이 받는다고 말합니다. "뭐 돈이 안 부족해? 너 그런 아이 아니잖아?" 그 옛날의 여자 밝히고 향락을 좋아하는 습성은 다 사라지고. 내가 너무 충격을 받아 말했습니다. "너 정말 성화되었구나." 젊어서 욕망을 다 써버려서 그럴까요? 그런데 그를 보면서 마음이 씁쓸했습니다. '죄 짓던 친구는 회심하여 성화되어 하나님이 기뻐하시는 목회를 하는데, 깨끗하게 산다고 자부하던 나는 여전히 유혹에 허덕이는구나.' 그렇게 회개하였습니다. 겉보기에 착하고 거룩해 보이는 분들, 언젠가 묻어온 마음에 숨어있는 부러움을 해결해야 합니다. 겨우 차단한 유혹, 역할에 만족하는 분들, 마음을 빼앗기면 터집니다. 언제 무너질지 모릅니다. 하나님 앞에 자신을 비추어 보고 자신과의 충분한 대화를 통하여 피 흘리기까지 죄에 저항하고 자신을 지키고 치유해야 합니다.

그래서 요셉이 위대한 것입니다. 오늘 요셉은 내면의 마음을 지키고 죄에 저항하여 승리하였습니다. 마음 깊숙한 곳에 있는 죄를 떨쳐 버리고 죄가 가져올 비극적인 결과를 주목하고 극복한 것입니다. 유혹을 거절함으로 인하여 손해를 본다 할지라도 저항해야 합니다. 힘든 터널을 지나갈 때 우리에게 필요한 것은 유혹에 굴하지 않고 언제나 하나님이 보신다는 확신으로 나의 정결을 마지막까지 지키는 것입니다.

3. 참된 신앙인은 거듭된 실패에도 불구하고 하나님을 향한 정결과 순종을 포기하지 않습니다.

우리와 성정이 같은 요셉이 이렇게 죄에 저항한 것은 놀랍습니다. 그러나 우리는 그 결과에 실망할 수 밖에 없습니다. 죄를 이긴 직후에 천군천사가 노래하고 환영하고 개선장군을 삼아야 하는 것 아닙니까? 적을 이겼는데 이긴 결과가 무엇입니까? 오히려 죄 지은 보디발의 아내가 판을 칩니다. 악이 선을 누릅니다. 의인이 손해를 봅니다. 어떻게 이러한 일이 일어날 수 있습니까? 요셉이 죄에 대해 저항했다면 대가를 받아야 하는데 그 결과는 참담합니다. 요셉은 종의 위치보다 더 비참한 감옥에 들어가게 되었습니다. 자신은 하나도 잘못한 것이 없이 무고합니다. 그러나 보디발은 아내의 말을 듣고 자기를 감옥에 넣고 맙니다. 이것을 엎친데 덮친격이라고 말합니다. 여기까지만 놓고 본다면 요셉이야말로 불행하기 이를데 없습니다. 1차적인 불행으로 요셉은 애굽에 종으로 끌려왔습니다. 그리고 이제 빛을 보고 다시 일어서려고 하는데 다시 무너졌습니다. 우리는 그를 재수없는 인생, 해도 안되는 인생, 실패할 수밖에 없는 인생이라고 부를지도 모릅니다.

여러분 여기까지 이른 사람이 있습니까? 고난이 한번에 오는 것이 아니라 겹쳐오고 무더기로 옵니까? 누가 보아도 불행한 사람의 길을 걷는 것처럼 보입니까? 노력하고 성실하게 사는데 결과는 암담합니까? 그러나 아직 게임은 끝나지 않았습니다. 요셉이 어떻게 했는지를 보십시오. 감옥에 끌려가서도 그가 낙담하였다는 기록이 없습니다. 절망에 빠질법한데 그런 표현이 없습니다. 고난이 마음을 넘어뜨리는 침울한 분위기가 없습니다. 이미 요셉은 고난과 절망을 이기는 법을 아는 사람으로 보입니다. 그의 성공 비결은 정결훈련과 순종훈련입니다. 그가 정결하기 때문에 하나님은 그와 동행하심으로 형통이 시작됩니다. 그의 성실함을 보고 간수장이 요셉의 손에 모든 것을 맡깁니다. 요셉은 불평하지 않습니다. "내가 어떤 존재인데 이것을 해. 큰 일을 맡을 때까지 아무것도 안할래."라고 하지 않습니다. 총무일을 볼 때처럼 다시 시작합니다. 그 일이 반드시 나에게 유익이 되어서가 아니라 하나님이 세우셨기에 기름부음으로 하는 것입니다. 애굽으로 끌려가 총무로 세우시고 감옥에 내려가 간수장의 총무로 세우셨다는 확신이 있습니다. 어쩌면 이렇게 간수장을 돕는 총무로 인생을 마감할지도 모릅니다. 그러나 요셉은 신실하신 하나님을 의지합니다. 기적은 그분으로부터 나옵니다. 나는 그저 그분의 인자하심위에 서 있을 수 밖에 없는 것입니다.

여러분, 내 인생은 너무나 소망이 없는 인생, 고난으로 점철된 인생으로 보입니까? 내가 품은 꿈에 비하여 너무 초라하기에 하루도 내가 서 있는 땅에 거하고 싶지 않습니까? 아직 승부가 끝나지 않았습니다. 하나님은 나를 연단하고 있는 중입니다. 당신을 향한 하나님의 꿈을 포기하지 말아야 합니다. 성공적인 미래를 위하여 눈물로 씨를 뿌려야 합니다. 다시금 정결과 순종이라는 신앙의 출발점으로 돌아가야 합니다. 요셉처럼. 하나님과 동행하기 위하여 더러움을 예수의 피로 씻어야 합니다. 그리고 그분이 맡기신 일들에 철저하게 순종해야 합니다. 이것이 칠흙같이 어두운 밤, 끝나지 않는 터널을 지나갈 때 우리가 미래를 준비하기 위하여 해야 할 일입니다.

3. 열왕기상 3장 1-15절

(1) 고승표의 보고서(2010년)

출발선에 선 지도자에게 필요한 것
(열왕기상 3장 1-15절)

Ⅰ. 서론

우리는 지금 리더십 홍수시대에 살고 있다. 서점의 베스트셀러 코너에는 리더십 관련 서적들이 앞 다투어 자리차지를 하고 있다. 곳곳에서 리더십 세미나가 쉴 새 없이 이어지며, 거액의 참가비를 내면서까지 리더십 훈련을 받겠다는 사람들로 북새통인 리더십센터들은 즐거운 비명을 지르고 있다. 그러나 홍수에 마실 물이 없는 법이다. 리더십이 범람하고 있지만 정작 따를만한 지도자를 찾기가 어렵다고 사람들은 호소한다. 이런 형국에 최근 청년목회로 유명한 S교회의 J목사의 성추행 사건으로 기독교 리더십이 추락하는 부끄러운 사태가 벌어졌다. 이런 배경에서 우리는 신대원에 들어왔고, 대상이 누구든 간에 누군가를 이끌어야 하는 리더의 자리에 서게 되었다. 기독교 리더십의 신뢰도가 실추되고 있는 이 시점에 막 리더의 책임을 맡게 된 우리의 내면에는 '내가 과연 좋은 지도자가 될 수 있을까? 나는 어떤 사역자가 되어야 할까?' 등과 같은 고민과 두려움이 있다. 이에 대해 인스턴트식 해결책을 제시하는 처세술 서적이나 기업의 CEO보다는, 2천년 이상 수많은 리더들을 양산해 온 성경과 성경 속 인물들에 귀를 기울이는 것은 지혜로운 일이다. 우리 신대원 1학년들은 아버지 세대들이 헌신적인 노력으로 일구어온 한국 교회를 이어 받아 이끌어갈 차세대 영적 지도자들이다. 우리와 비슷하게 이제 막 아버지 다윗의 뒤를 이어 이스라엘의 차세대 지도자로 서게 된 솔로몬에게 주목해 보자. 우리와 유사한 상황에 있는 솔로몬으로부터 우리가 어떤 지도자로 첫 단추를 꿰어가야 할지 함께 배워보도록 하자.

II. 본문 및 본문비평 (왕상 3:1-15)

1 ᵇ솔로몬이 애굽의 왕 바로와 더불어 혼인 관계를 맺어ᵃᵇ 그의 딸 ᵈ을 맞이하고 다윗 성에 데려다가 두고 자기의 왕궁과 여호와의 성전과 예루살렘 주위의 성의 공사가 끝나기를 기다리니라ᶜ

2 (다만)ᵃ 그 때까지ᵇ 여호와의 이름을 위하여 성전을 아직 건축하지 이니히였으므로 백성들이 산당에서 제사하며

3 솔로몬이 여호와를 사랑하고 그의 아버지 다윗의 법도를 행하였으나 산당에서 제사하며 분향하더라

4 ᵃ이에 왕이ᵇ 제사하러 기브온으로 가니 거기는 산당이 큼이라 솔로몬이 그 제단에 일천 번제를 드렸더니

5 기브온에서ᵃ 밤에 여호와께서 솔로몬의 꿈에 나타나시니라ᵇ 하나님이 이르시되 내가ᶜ 네게 무엇을 줄꼬 너는 구하라

6 솔로몬이 이르되 주의 종 내 아버지 다윗이 성실과 공의와 정직한 마음으로 주와 함께 주 앞에서 행하므로 주께서 그에게 큰 은혜를 베푸셨고 주께서 또 그를 위하여 이 큰 은혜를 항상 주사 오늘과 같이 그의 자리에 앉을ᵃ 아들을 그에게 주셨나이다

7 나의 하나님 여호와여 주께서 종으로 종의 아버지 다윗을 대신

하여 왕이 되게 하셨사오나 종은 작은 아이라 출입할 줄을 알지 못하고ᵃ
8 주께서 택하신 백성 가운데 있나이다 그들은 큰 백성이라 수효가 많아서 셀 수도 없고 기록할 수도 없사오니ᵃ
9 누가 주의 이 많은 백성을 재판할 수 있사오리이까 <u>듣는 마음</u>ᵃ을 종에게 주사 <u>주의 백성</u>ᵇ을 재판하여 선악을 분별하게 하옵소서
10 솔로몬이 이것을 구하매 그 말씀이 <u>주의</u>ᵃ 마음에 든지라
11 이에 <u>하나님이</u>ᵃ 그에게 이르시되 네가 이것을 구하도다 <u>자기를 위하여</u>ᵇ 장수하기를 구하지 아니하며 부도 구하지 아니하며 자기 원수의 생명을 멸하기도 구하지 아니하고 오직 송사를 듣고 분별하는 지혜를 구하였으니
12 내가 <u>네 말대로</u>ᵃ 하여 네게 지혜롭고 총명한 마음을 주노니 네 앞에도 너와 같은 자가 없었거니와 네 뒤에도 너와 같은 자가 일어남이 없으리라
13 내가 또 네가 구하지 아니한 부귀와 영광도 네게 주노니 네 <u>평생</u>ᵃ에 왕들 중에 너와 같은 자가 없을 것이라
14 네가 만일 네 아버지 다윗이 행함 같이 내 길로 행하며 내 법도와 명령을 지키면 내가 또 <u>네 날을</u>ᵃ 길게 하리라
15 솔로몬이 <u>깨어보니</u>ᵃ <u>꿈</u>ᵇ이더라 이에 예루살렘에 이르러 여호와의 <u>언약궤</u>ᶜ 앞에 <u>서서</u>ᵈ 번제와 감사의 제물을 드리고 모든 신하들을 위하여 큰 <u>잔치</u>ᵉ하였더라

1a BHS의 "וַיִּתְחַתֵּן"는 '그가 사위가 되었다'라고 직역할 수 있지만 9:16과 비교해보면, 바로의 딸을 '솔로몬의 아내'로 표기하고 있기 때문에 혼인관계를 맺었다는 번역을 그대로 사용해도 문제가 없다고 판단된다.

1b-b "그리고 솔로몬이 애굽 왕 바로의 사위가 되었다"라는 문장이 그리스어 본문에 빠져 있지만 BHS의 내용의 전개가 더 자연스럽다고 판단되어 BHS를 따르도록 한다.

1c 그리스어 본문에는 이 부분을 5:14절 이후로 옮겨놓았다. 이는 솔로몬에 대한 부정적인 인상을 줄 수 있는 여지를 줄이기 위한 노력으로 보이지만 이 본문에서는 BHS를 따르기로 한다.

1d 70인역에는 "그의 아내로"(εαυτω εισ γυναιχα)가 추가되어있지만, 해석에 큰 영향을 주지 않기 때문에 BHS 본문을 택하기로 한다.

2a 개역개정판에는 번역되지 않은 BHS의 רק(다만)는 루키아노스의 비평에 따른 그리스어 본문에는 και(그리고)라고 되어 있으나 BHS 본문을 따르기로 한다.

2b BHS의 "הַיָּמִים הָהֵם"(그때까지)가 그리스어 본문에서는 νῦν(지금, 이제)로 나타나있다. 큰 차이는 없으나 과거를 나타내는 "그때까지"라는 표현이 더 자연스럽기 때문에 BHS를 택한다.

4a 그리스어 본문에는 앞에 και ανεστη란 표현이 추가되어 있다. BHS에서는 생략을 하였는데, 이는 "그리고 그가 갔다"라는 표현 안에 포함되기 때문인 것으로 보인다. 본문만으로도 뜻이 통하기 때문에 해석상 크게 문제될 것이 없다.

4b 그리스어 본문에는 이 단어가 생략되어 있다. 하지만 제사하러 기브온에 가는 사람이 누구인지 주어가 불명확할 우려가 있기 때문에 "그 왕"이라고 정확하게 지칭해 주는 것이 더 적절하다.

5a בְּגִבְעוֹן(베기브온)이란 말이 칠십인역, 시리아역은 4절로 끝에 표기되어 있다. 그러나 어느 절에 연결되어도 문맥상 큰 의미 변화가 없으므로 BHS를 따르도록 한다.

5b 칠십인역 앞에 연결사를 시리아역과 비교하라. נִרְאָה(니르아)를 비교해 볼 때, 칠십인역은 접속사 '그리고'가 있지만 시리아역

은 없다. 문맥상 큰 차이가 없으므로 BHS를 따른다.

5c 칠십인역은 '퀴리오스'(주)라고 번역하였으며, 라틴어 역본 불가타역에는 빠져있다. אֱלֹהִים이라는 주어가 없을지라도 큰 의미 차이가 없으므로 BHS를 따르도록 한다.

6a 칠십인역에는 빠져있다. יֹשֵׁב(요쉐브)는 '앉을'이라는 의미로 왕권을 강조한다. 이 단어가 있거나 없어도 무의미하나 왕권을 강조한 BHS를 따르도록 한다.

7a 몇 개의 히브리어 필사본, 칠십인 역본, 시리아 역본, 라틴어 역본 불가타에는 וְלֹא(그리고 아니다)로 기록되었다. 접속사 ו를 사용할 경우 '나는 작은 아이입니다. 그리고 나는 출입할 줄을 알지 못합니다'와 같이 앞 문장과 연결되는 부분이 매끄럽지 못하다. 하지만 접속사 ו를 삭제하여 어린아이이기 때문에 나는 출입을 할 수 없다는 인과적 관계로 해석될 수 있다.

8a 칠십인역에는 삭제되어있다. 이 문장은 백성이 많음을 강조하는 수식구로 사용된 점에서 의미를 찾을 수 있다. 하지만 칠십인 역본에서는 반복어구를 생략한 것으로 판단된다.

9a BHS는 שֹׁמֵעַ라고 표현한다. 원형은 שָׁמַע(샤마)로서, '듣다', '순종하다', '이해하다' 등의 뜻을 지니고 있으며, 개역개정은 "듣는 마음"이라고 직역했다. 그리스 사본을 보면 앞에 전치사 ל가 놓여서 לִשְׁמֹעַ라고 기록되어 있다. 이럴 경우, ל가 세 개의 동사와 동등한 위치에서 마음(לֵב)을 꾸며주며, 문장의 구조가 전혀 달라진다. 즉 '듣기 위한'(לִשְׁמֹעַ) 마음, '~재판하기 위한'(לִשְׁפֹּט) 마음, '~분별하기 위한'(לְהָבִין) 마음이 되는 것이다. 그러나 BHS 본문에 더 큰 권위가 있음을 고려하여 여기서는 그대로 '듣는 마음'으로 번역하기로 한다.

9b BHS는 אֶת־עַמְּךָ라고 표현하며, 직역하면 "당신의 백성을"이다. 그리스 사본은 여기에 ἐν δικαιοσύνῃ(엔 디카이오쉬네)를 추가하

여 "당신의 정의로운 백성을"이라고 표현한다. 이는 같은 절의 '이 많은 백성'과 평형을 이루는 히브리 대구법으로 볼 수도 있고, 자신을 '출입할 줄 모르는 작은 아이'라는 비천한 평가와 극적인 대비효과를 위한 의도적 표현으로도 볼 수 있겠으나, 여기에서는 BHS의 본문에 충실히 따르기로 한다.

10a BHS는 אֲדֹנָי(아도나이)라고 표현되어 있으나, 20여개 그리스 사본들은 יהוה(야훼)로 표현한다. BHS 원문을 그대로 사용해도 의미 파악에는 차이가 없어 אֲדֹנָי를 쓰기로 한다.

11a BHS에서는 אֱלֹהִים(엘로힘)이지만, 70인역(LXX)에서는 "주"라는 의미의 κύριος로 기록되어 있다. 그리스어 역본은 하나님의 이름을 일반적으로 κύριος로 번역하였다.

11b BHS에서는 "너를 위하여"라는 뜻의 לְךָ(레카)가 기록되어 있지만 그리스어 본문에는 이 단어가 빠져있다. 개역개정에서는 "자기를 위하여"라는 뜻으로 해석했는데, 본문의 정황상 솔로몬을 지칭하는 것이므로 이 단어가 없어도 이해하는 데 문제가 없으나, 구체적인 대상을 향한 단어로 לְךָ(레카)가 추가되어도 좋을 듯하다.

12a BHS에서 כִּדְבָרֶיךָ(키드바레카)로 기록되어 있는 이 단어는 "너의 말들대로"라는 의미이다. 하지만 20여 개의 필사본들과 케니코트, 데 로시, 긴즈버그가 편집한 히브리어 본문과 70인역과 시리아역, 타르굼에서는 모음이 약간 다르게 되어 있다(כִּדְבָרְךָ). 의미상 차이가 없기에 BHS의 본문에 따르기로 한다.

13a 칠십인역에는 '사람'이라는 뜻의 히브리어 단어 אִישׁ(이쉬)가 생략되어 있다. 하지만 BHS에서는 이것을 기록함으로써 "열왕 중에 너와 같은 자가 없을 것이라"라는 의미가 되어 하나님께서 솔로몬에게 주신 복이 더욱 강조되기에 BHS의 본문을 따르도록 한다.

14a 많은 히브리어 필사본에는 וְהַאֲרַכְתִּי(웨하아라케티)에 וְהָא(웨하아)가 첨가되어 있다. "내가길게 하리라"는 의미는 וְהָא(웨하아)가 첨가됨으로써 솔로몬을 강조하는 의미가 되지기 때문에 BHS를 따르는 것이 무방하다.

15a 20개 이상의 필사본에는 וַיִּיקַץ모음이 빠져있다. 마소라 본문에는 모음이 생겨 וַיִּיקַץ(와이카츠)로서 '그리고 그가 깨어났다'로 해석이 되면서 번역상 큰 차이가 없으므로 BHS를 따르기로 한다.

15b 칠십인역에는 '떠오르다'가 추가되어있다. '꿈이 떠올랐다'는 해석에 큰 변화를 주지 않으므로 마소라 본문 그대로 읽기로 한다.

15c 칠십인역에는 와야아모드에 '얼굴로부터'라고 추가되어 있으나 해석상 부자연스러우므로 마소라 본문 그대로 읽기로 한다.

15d BHS에는 אֲדֹנָי(아도나이)라고 표현되어 있는 것이 사본들에는 יהוה(야훼)로 표현되고 있다. BHS 원문을 그대로 이용하여도 의미상 큰 차이점이 없으므로 אֲדֹנָי(아도나이)를 사용하기로 한다. 또한 칠십인역에 '시온에 있는'이란 단어가 추가되어 있는데 의미상 큰 차이가 없으므로 마소라 본문 그대로 읽기로 한다.

15e 칠십인역에 보면 מִשְׁתֶּה라는 단어에 '자신을 위해 큰 (잔치)'이란 문구가 삽입되었다. 솔로몬의 행적을 강조하기 위해 큰 잔치의 의미를 살렸다.

Ⅲ. 본문의 범위와 문학적 구조

1. 본문의 범위

열왕기서는 상하를 통틀어 47장으로 구성되어 있다. 열왕기에서 다루는 왕은 사울과 다윗을 제외하고 남북왕국을 합쳐 모두 41명이다. 41명의 왕을 47장에서 모두 다루려면 왕 1인당 평균 1.2장을 할애해야 공평한데, 솔로몬에게 할애한 장은 무려 11장에 이른다. 그만큼 솔로몬은 열왕기서에서 중대한 역할을 하며, 긍정적으로 시작해서 부정적으로 끝나는 열왕들의 모습을 대표적으로 보여주는 '원형적 인물'[1]이다. 솔로몬 이야기(1-11장)에서 1-2장은 왕위계승문제를 다루고, 3-8장은 하나님을 사랑하고 다윗의 법도대로 행하는 지혜로운 왕으로서의 솔로몬의 모습을 보여준다. 반면 9-11장은 솔로몬이 하나님 대신 이방여인들을 사랑하고(11:1) 다윗의 법도를 떠나고 여호와에게서 마음을 돌리는 부정적 모습을 그리고 있다.

2장에서는 솔로몬이 아버지 다윗의 유언에 따라 반대파 일당을 숙청해 없애버리는 무서운 모습으로 비춰진다. 그러나 3장 16절부터는 지혜와 부와 영광을 지닌 경건한 통치자의 모습으로 180도 전환한다. 본문 3장 1-15절은 이처럼 솔로몬 이야기에서 대조적인 2장과 3장의 문맥을 연결시켜주는 가교역할을 해준다. 또한 본문은 곧바로 이어지는 지혜로운 재판(3:16-28), 조직화된 관료제도와 행정(4:1-34) 등이 가능할 수 있었던 원인과 이유를 밝혀주는 구실을 하고 있다. 1-3절을 별도로 볼 수도 있겠으나, 이어지는 4-15절의 서론적 배경에 해당하므로 1-15절까지를 하나의 독립적 단락으로 묶는 것이 적당하다.

---

1) 김지찬, 『요단강에서 바벨론 물가까지』(서울: 생명의 말씀사, 2000), 382.

2. 문학적 구조

A. 일반적 배경: 솔로몬의 혼인과 산당제사(1-3절)
  1. 정치영역: 애굽 왕의 딸과 혼인관계를 맺음(1절)
  2. 종교영역: 산당제사(2-3절)
    a. 백성들의 산당제사(2절)
      (1) 이유: 여호와의 성전이 건축되지 않음(2a)
      (2) 다만 산당에서 제사드림(2b)
      (3) 솔로몬의 산당제사(3절)
        ① 하나님을 사랑하고 다윗의 법도를 행함(3a)
        ② 다만 산당에서 제사드림(3b)

B. 하나님의 질문과 솔로몬의 대답(4-9절)
  1. 구체적 배경: 솔로몬이 기브온 산당에서의 일천번제를 드림(4절)
  2. 하나님의 질문: 하나님께서 꿈에 나타나서 질문하심(5절)
  3. 솔로몬의 대답(6-9절)
    a. 회상: 아버지 다윗에게 베푸신 은혜를 회상함(6절)
    b. 고백: 자신의 미숙함을 고백함(7절)
      (1) 작은 아이임(7b)
      (2) 출입할 줄을 모름(7c)
    c. 호소: 자신이 책임져야 할 백성이 셀 수 없이 많음을 호소함(8절)
    d. 간구: 듣는 마음을 구함(9절)
      (1) 동기: 백성 재판(통치)의 책임과 부담(9a)
      (2) 목적: 백성 재판(통치)과 선악 분별(9b)

C. 솔로몬의 대답에 대한 하나님의 반응(10-14절)
  1. 저자의 평가: 하나님께서 만족스러워 하심(10절)
  2. 하나님의 흡족한 약속(11-12절)
    a. 부정적 이유: 장수, 부, 원수의 생명을 구하지 않음(11a)
    b. 긍정적 이유: 송사를 듣고 분별하는 지혜를 구함(11b)
    c. 약속(1): 지혜롭고 총명한 마음을 주시겠다고 약속하심(12a)
    d. 약속(2): 솔로몬이 전무후무할 것을 약속하심(12b)

3. 하나님의 보너스 약속: 부와 영광(13절)
   4. 하나님의 조건부 약속(14절)
      a. 조건: 다윗처럼 여호와의 법도와 명령을 지키라(14a)
      b. 약속: 장수(14b)

D. 하나님의 약속에 대한 솔로몬의 반응(15절)
   1. 꿈을 계시로 받아들임(15a)
   2. 예루살렘 언약궤 앞에서 번제와 감사제물을 드림(15b)
   3. 신하들을 위해 잔치를 베풂(15c)

Ⅳ. 분석적 관찰

1. 서론적 배경 설정: 솔로몬의 혼인과 산당제사 (1-3절)

솔로몬은 성공적으로 왕권을 이어 받고, 아버지 다윗의 유언(왕상 2:1 9)에 따라 정적들을 제거한 후 나라를 견고하게 세운다(2:12; 2:46). 이어서 그는 애굽 왕 바로의 딸을 아내로 맞아들임으로써 애굽과 일종의 외교동맹관계를 형성한다. '혼인관계'에 해당하는 동사 '하탄'(חתן)을 NSAB와 NRSV는 "formed[made] a marriage alliance"라고 번역했는데, 이는 결혼을 통해 두 나라 간에 정치적 동맹이 이뤄졌음을 암시한다. 왕상 9:16에 따르면, 애굽 왕이 게셀을 가나안으로부터 탈취하여 자신의 딸의 결혼지참금 형태로 솔로몬에게 바친 것을 알 수 있는데, 초강대국과 결혼동맹을 맺은 것으로 미루어 볼 때 솔로몬의 지위가 고대근동 일대에서 매우 높아졌음을 알 수 있다. 앞서 언급했듯이 왕상 2:12과 46에서 저자는 '나라가 솔로몬에 의해 견고해졌다'고 기록함으로써 솔로몬의 초기 통치가 성공리에 자리매김하고 있음을 보여준다. 이방인과의 혼인을 금하는 신명기 7:3에 의하면 솔로몬의 결혼동맹은 엄연히 범죄행위에 해당한다. 그런데 특이하게도 저자는 이에 대해 부정적인 평가를 내리고 있지 않다. 다만 그녀를 다윗 성에 데려다가 왕궁과 성전 공사가 끝날 때까지 두었다고 담담하게 기술할 뿐이다.

1절에서 정치·외교적 측면을 다뤘다면, 2-3절은 솔로몬의 종교적 열성이 어땠는지를 보여준다. 저자는 정치 영역의 '결혼동맹'에서처럼, 종교영역에서의 '산당제사'에 대해서도 옹호적이다. 당시에 백성들은 산당[בָּמָה, high places(NRSV)]에서 제사를 지냈다. 신명기 12:2-3과 왕상 22:43은 백성의 산당제사를 부정적으로 평가한다. 하지만 본문 2절에서 저자는 그 때까지 성전이 건축되지 않았다는 사실을 언급함으로써 백성의 산당제사를 변호해 주는 뉘앙스를 풍긴다. 더 나아가 솔로몬 왕도 산당에서 제사를 드렸는데, 이에 대해 저자는 그가 여호와를 사랑하고 아버지 다윗의 법도를 지켰다는 사실을 옹호적으로 기술하고 있다. BHS에는 산당제사가 언급될 때마다 '다만, 오직, 다만 ~뿐'이라는 의미의 부사 라크(רַק)가 함께 쓰인다(2, 3절). 개역개정의 서술방식은 솔로몬의 산당제사를 부정적으로 느껴지게 하지만, 원문을 보면 "솔로몬이 여호와를 사랑하고 그의 아버지 다윗의 법도를 따라 살았다. '다만 한 가지', 그는 산당에서 제사하고 분향했다"라는 식으로 표현하고 있다. 또한 대상 16:39-40에 의하면, 아버지 다윗이 기브온 산당에서 항상 아침저녁으로 여호와께 번제를 드렸다고 기록하고 있는데, 솔로몬은 아버지의 영향을 받아 산당에서 제사를 드린 것이다.

비록 나중에는 솔로몬의 '하나님 사랑'(1:3)이 '이방여인 사랑'(11:1)으로 바뀌고, 애굽과의 결혼동맹이 이방여인들과의 무분별한 결혼과 우상숭배(11:1-8)로 변질되지만, 본문은 솔로몬의 정치적·종교적 행위에 대해 옹호적이며 변호적이다. 이런 일반적 배경(setting)이 설정된 후에 곧바로 기브온 산당에서의 꿈 이야기가 구체적으로 시작된다.

2. 하나님의 질문과 솔로몬의 대답 (4-9절)

여느 때처럼 솔로몬은 제사를 드리기 위해 기브온에 있는 큰 산당에 갔다(4a). 기브온은 예루살렘 북서쪽 10km 지점에 위치해 있는데 솔로몬은 아버지 다윗이 늘 행하던 대로(대상 16:39-40) 하나님께 제사 드리기 위해 일부러 이 먼 곳까지 찾아간 것이다. 그는 기브온에서 단 한 번 일천 번제를 거창하게 드리고 만 것이 아니라, 일상적인 습관으로 여러 차례 드렸다. 이 때 사용된 '드리다'라는 의미의 동사 야알레(יַעֲלֶה)는 반복과 계속을 나타내는 미완료 동사로서, NRSV는 이를 "used to offer"(드리곤 했다)라고 번역하여 솔로몬의 지속적이고 반복적인 예배행위를 지지해 준다. 이처럼 솔로몬이 지극한 정성으로 일천번제를 하나님께 반복적으로 드린 것은 3절의 '솔로몬이 여호와를 사랑했다'는 설명에 대한 구체적인 실례가 된다. 하나님께서는 이런 솔로몬에게 감복하고 기뻐하셨음에 틀림없다. 그래서 그분은 솔로몬의 꿈에 나타나 소원은 무엇이든 들어주시겠다고 말씀하신다(5절).

이런 하나님의 급작스런 등장과 질문에 대해 솔로몬은 마치 준비된 레퍼토리처럼 능숙하게, 기다렸다는 듯이 즉각적으로 대답하는 인상을 준다. 그는 먼저 하나님께서 아버지 다윗에게 베푸신 은혜를 회상한다(6절). 그리고 자신의 미숙함과 부족함을 겸허하게 고백한 후(7절), 이처럼 약한 자신이 아버지를 대신해서 왕이 되어 주께서 택하신 무수한 백성의 한 가운데에 서게 되었노라고 자신의 처지를 호소한다(8절). 솔로몬은 자신의 '작음'(7b)을 백성의 '큼'과 '많음'(8b)에 극적으로 대비시키면서, 자신이 백성을 통치하고 재판할 수 없음을 의문문으로 강조한다(9b). 솔로몬은 이처럼 회상, 고백, 호소를 거쳐 결론적으로 '듣는 마음'을 요청한다(9절).

원문을 직역한 '듣는 마음'(לֵב שֹׁמֵעַ)은 '지혜로운 마음'[discerning heart (NIV)] 또는 '이해하는 마음'[understanding mind (NRSV), understanding heart (NASB)]으로도 번역할 수 있다. BHS에 보면 솔로몬이 듣는 마음을 요청한 이유가 전치사 ל(~하기 위하여)를 사용하여 두 가지로 나온다. 곧 '당신의 백성을 재판하기 위해서' 그리고 '선악을 분별하기 위해서'다. 여기에서 선악분별 즉 옳고 그름을 판단하는 일은 백성을 재판할 때 주로 일어나는 일이므로, 백성재판과 선악분별은 결국 같은 내용으로도 볼 수 있다. 그런데 9절에 두 번 나오는 동사 שָׁפַט는 '재판하다'(judge: NASB)는 뜻뿐만 아니라 '다스리다'(govern: NIV, NRSV)는 의미도 지니고 있다. 이로 볼 때 솔로몬이 구한 것은 재판장으로서 선악을 분별하는 판단력임과 동시에 백성들을 통치하고 국정을 운영하는 데에 필요한 지혜와 총명함으로 이해할 수 있다. 그렇다면 '듣는 마음'이라 할 때 구체적으로 무엇을 듣는다는 것일까? 목적어로 하나님이 될 수도, 백성이 될 수도 있다. 솔로몬은 한 나라의 왕으로서 백성을 재판하고 통치하기 위해 '백성들의 소리'를 듣는 마음이 필요했고, 선과 악 또는 옳고 그름을 분별해 내기 위해서 '하나님의 뜻'을 듣는 마음이 필요했던 것이다.

솔로몬의 대답에서 특징적인 것은 자신을 세 차례에 걸쳐서 '주의 종'(עַבְדְּךָ; Your servant; 7, 8, 9절; 개역개정에는 분명하게 표현되어 있지 않다)이라고 표현한 점과, 백성도 자신의 백성이 아니라 '주의 백성'(עַמְּךָ, 8-9절에 3회)이라고 부른다는 점이다. 솔로몬은 자신의 현 위치(하나님의 백성을 대리하여 통치하는 종)와 하나님의 주권(자신의 주인이자 백성의 주인)에 대해 명확하게 인식하고 있었던 것이다. 주께서 '주의 종'을 왕이 되게 하셨고(7절), 자신은 셀 수 없이 많은 '주의 백성' 한가운데 있으며(8절), 그 백성들을 통치할 수도 재판할 수도 없고(9절), 작은 아이에 불과해서 왕의 직무를 수행할 수 없기 때문에('출입할 줄 모른다'는 것을 NIV는 "do not know how to carry out my duties"라고 번역하고 있다) 주님께 '듣는 마음'을 구했다. 아버지 다윗으로부터 지혜롭다는 칭찬을 두 차례나 들은 바 있는 솔로몬이(2:6, 9) 자신의 지혜로는 이 막중한 책임을 감당할 수 없음을 인식하고 하나님께 듣는 마음 즉, 지혜로운 마음을 구한 것이다. 이처럼 솔로몬은 왕권과 주권이 하나님께 있고, 백성을 다스리고 재판하는 지혜도 하나님으로부터 말미암는다는 것을 알았다.

3. 솔로몬의 대답에 대한 하나님의 반응 (10-14절)

저자는 솔로몬의 대답이 하나님을 만족시켰다는 것을 직접 설명해 준다(10절). 이어서 하나님께서 어떻게 만족하셨는지를 보여준다. 하나님께서는 흡족한 마음으로 솔로몬에게 약속을 주시는데, 이에 대한 이유를 그가 '구한 것'(שָׁאַלְתָּ)과 '구하지 않은 것'(וְלֹא שָׁאַלְתָּ)을 명료하게 대조하면서 표현하신다(11절). 본문에는 솔로몬이 장수도, 부도, 원수의 생명도 구하지 않았다고 세 번에 걸쳐 וְלֹא שָׁאַלְתָּ 를 반복하며 강하게 표현되어 있다. 하나님께서는 솔로몬이 오직 송사를 듣고 분별하는 지혜를 구했기 때문에 그에게 지혜롭고 총명한 마음을 주시겠다고 약속하신다. 12절은 특히 '보라'[הִנֵּה; behold(NASB)]라는 감탄사를 두 번이나 사용하면서 하나님의 흡족함과 기쁨이 격상된 듯한 느낌을 보여 준다. 하나님께서는 더 나아가 덤으로 부와 영광(13절)을 주시기로 '보너스 약속'[2]을 하시고,

아버지 다윗처럼 여호와의 법도와 명령을 지키면 장수까지도 주시겠다고 '조건부 약속'을 하셨다(14절).

그렇다면 하나님은 왜 솔로몬의 대답에 이처럼 기뻐하며 흥분된 반응을 보이신 걸까? 첫째는 부정적 이유로 솔로몬이 '구하지 않은 것' 때문이다. 그는 내용 면에서 장수나 부 혹은 원수의 생명을 구하지 않았고, 동기 면에서 '자기를 위하여' 구하지도 않았다(al를 써서 강한 부정을 보여준다). 둘째는 긍정적인 이유로 솔로몬이 '구한 것' 때문이다. 그는 '듣는 마음'을 구했는데, 이 말이 하나님에 의해 '송사를 듣고 분별하는 지혜'(11절)와 '지혜롭고 총명한 마음'(12절)으로 각각 재해석되고 있다. 즉, 솔로몬은 자신에게 주어진 왕의 직분이 하나님의 종으로서 하나님의 백성들을 하나님의 뜻대로 다스려야 한다는 것을 잘 알고 있었기 때문에 그 직분을 수행하기 위해서 하나님께 듣는 마음을 구했던 것이다. 이런 솔로몬의 주권사상과 이타적인 간구가 하나님의 마음을 흡족하게 했다. 하지만 14절에 기록된 하나님의 '조건부 약속'은, 일평생 긴장하며 하나님의 법도를 따라야 한다는 암시적 경고이자, 동시에 솔로몬이 아버지 다윗의 길을 떠나고 여호와를 배반할지도 모른다는 복선(伏線)의 역할을 하고 있다.

4. 하나님의 약속에 대한 솔로몬의 반응 (15절)

솔로몬이 깨어보니 꿈이었다. 원문은 '그런데 보라, 꿈(이었다)!'(וְהִנֵּה חֲלוֹם)라고 표현하고 있다. 이는 '허망한 비현실'의 의미보다는 '꿈을 통한 하나님의 계시'로서의 의미가 강하다. 그래서 솔로몬은 여호와의 회막이 있는 기브온을 즉시 떠나 언약궤가 있는 예

---

2) 유진 피터슨은 에서 13절의 부귀와 영광을 덤으로 준다는 의미를 살려 'as a bonus'라고 표현하고 있다. 유진 피터슨, The Message (서울: 복 있는 사람, 2015). 591.

루살렘으로 돌아가 하나님께 번제와 감사제물을 드린다. 솔로몬은 번제(עֹלוֹת)로써 하나님께 자신의 헌신을 드러냈고, 감사제물(שְׁלָמִים)로써 하나님께서 주신 풍성한 복에 감사를 표했다. 솔로몬은 꿈꾸기 전에 기브온 산당에서 제사를 드렸듯이, 꿈꾼 직후에도 예루살렘에서 번제와 감사제를 드린 것이다. 곧이어 신하들을 위하여 잔치를 베풂으로써 헌신과 감사를 함께 나눈다. 15절에만 무려 6개의 동사가 사용되었으며 모두 와우연속미완료로 연결되는데, 솔로몬이 신속하고도 조속하게 움직였다는 느낌을 주고 있다.

V. 통전적 해석

【논지】 이 본문은 솔로몬이 통치 초기에 이스라엘의 새로운 지도자로서 여호와를 사랑하여 온전한 마음과 헌신으로 예배를 드리고, 하나님의 뜻에 따라 주의 백성들을 통치하고 재판하기 위해 가장 필수적이고, 핵심적인 듣는 마음을 구함으로써 하나님으로부터 풍성한 복을 약속받았다는 이야기를 들려준다.

1. 지도자는 여호와를 사랑하고 온전하게 예배한다.

사건이 벌어진 곳은 기브온 산당, 곧 예배처소다. 본문에는 유독 제사 즉 오늘날의 예배와 관련된 용어들이 많이 나온다. 성전(1, 2절), 산당(2, 3, 4절), 제사(2, 3, 4절), 분향(3절), 일천 번제(4절), 여호와의 언약궤(15절), 번제(15절), 감사의 제물(15절) 등은 모두 하나님께 예배를 드린 것과 연관된 용어들이다. 솔로몬은 기브온에서 일천 번제를 드렸다. 여기에서 '드리다'에 해당하는 동사 야알레(יַעֲלֶה)는 반복과 계속을 나타내는 미완료 동사로서, NRSV는 이를 "used to offer"(드리곤 했다)라고 번역했다. 이는 솔로몬이 지속적이고 반복적으로 일천 번제를 드렸다는 것을 말해준다. 또한 솔로몬은 꿈꾸기 전에 기브온 산당에서 제사를 드렸듯이, 꿈에서 깬 직후에도 예루살렘으로 곧바로 돌아와 번제와 감사제를 드렸다. 솔로몬이 예배드린 기브온의 위치는 예루살렘 북서쪽으로 약 10km 지점에 있다. 큰 산당이 있다는 이유로 반나절이나 되는 거리를 마다않고 찾아가 지속적으로 반복해서 일천 번제를 드릴 수 있었던 내적 동기는 무엇이겠는가? 그것은 다름 아닌 사랑이다. 저자는 3절에서 말한다. "솔로몬이 여호와를 사랑하고." 예배처소가 기브온이냐 예루살렘이냐보다 중요한 것은 예배자의 마음과 동기다. 솔로몬은 여호와를 사랑했기에 이처럼 지극한 정성으로 하나님께 극진한 예배를 온전히 드린 것이다.

예배는 사랑의 표현이다. 진정한 사랑은 예배로 이어진다. 솔로몬은 하나님을 사랑했기 때문에 기브온까지 찾아가 예배드렸고, 예루살렘으로 돌아와 또 예배를 드렸다. 일천 번제를 한두 번도 아니고 지속적인 습관으로 정착시켜 드렸다. 번제라는 복잡하고 까다로운 제사를 일천 마리씩 지속적으로 드리는 것은 대단한 헌신과 정성을 필요로 한다. 왕권 초기에 해야 할 무수한 직무들을 보류하고 어찌 이런 시간낭비를 할 수 있을까? 그것은 하나님을 사랑했기에 가능했던 '거룩한 시간낭비'였다. 차세대 한국 교회의 지도자들이 될 우리 신대원생들 역시 솔로몬처럼 여호와를 온전한 마음으로 사랑하고 올바른 예배자로 서야 한다. 우리가 학업의 현장에서 매일 예배드리는 한경직기념예배당이 우리의 기브온이요, 예루살렘이 되어야 한다. 하나님을 향한 사랑을 표현하는 자리요, 하나님과의 만남의 자리요, 하나님의 임재와 현존의 자리가 바로 예배의 자리다. 솔로몬이 꿈을 통해 하나님의 계시를 받은 곳은 다름 아닌 예배의 자리였다. 예배처소가 기브온이든 예루살렘이든 중요한 것은 마음을 다하여 하나님을 사랑하고 전심으로 예배해야 한다는 것이다. 솔로몬이 왕권초기에 내적 기반을 다지고 외교동맹을 맺는 분주한 삶의 한복판에서 만사를 제쳐두고 예배를 드렸다는 것을 잊어서는 안 된다. 한 가지 더 기억할 것은, 솔로몬의 배반과 타락과정을 다룬 9-11장 어디에도 솔로몬이 하나님을 사랑했다거나 예배했다는 기록이 없다는 점이다. 참 예배가 사라진 틈으로 죄가 들어온다는 점을 명심해야 한다.

2. 지도자는 자신의 부족함을 인정하고 하나님의 도우심에 의지한다.

솔로몬의 사랑과 예배에 하나님께서 기뻐하셨는지, 꿈속에 나타나 "내가 네게 무엇을 줄꼬 너는 구하라"고 다정하게 말씀하신다(5절). 솔로몬의 대답에는 하나님의 주권과 통치에 대한 놀라운 인식이 스며있다. 솔로몬은 세 차례에 걸쳐서 자신을 '주의 종'(עַבְדְּךָ; Your servant)이라고 표현한다(7 9절). 자신이 다스려야 할 백성도 '나의 백성'이 아니라 '주의 백성'(עַמְּךָ)이라고 세 번이나 말한다(8-9절). 솔로몬은, 자신을 왕으로 삼으신 이가 다윗이나 나단이 아니라 주님임을 알았고(7절), 무수한 주님의 백성들을 다스릴 수 있는 능력이 오직 하나님으로부터 온다는 것도 알았다(8-9절). 솔로몬은 하나님께서 진짜 왕으로서 이스라엘을 통치하시고, 자신은 단지 하나님께서 주시는 지혜와 총명과 분별력을 듣고 적용하는 통로요, 청지기에 불과하다는 것을 제대로 인식했던 것이다. 자신의 능력이나 지혜로는 하나님의 백성을 다스리고 재판하는 것이 불가능함을 알았기에, 솔로몬은 하나님께서 주시는 각양 지혜를 알아듣고 분별할 수 있는 듣는 마음을 구한 것이다. 이처럼 하나님의 주권과 깊은 속뜻을 제대로 간파한 솔로몬의 100점짜리 대답을 듣고 하나님께서는 기쁨을 감추지 못하시고 흥분하며 지혜뿐 아니라 부귀와 영광도 덤으로 주시겠노라고 말씀하신다.

솔로몬이 신참내기 왕으로서 지도자의 위치에 선 지 얼마 되지 않은 것처럼, 우리 신대원 1학년생들도 목회로의 부르심에 응답하여 하나님께서 맡기신 양들을 이끄는 새내기 지도자의 자리에 서게 되었다. 솔로몬이 신참리더로서 자신의 부족함을 인식하고 하나님 앞에서 호소했던 것처럼, 우리도 우리가 지닌 지혜나 재능으로 하나님의 양들을 돌보기에 얼마나 부족한지 깊이 깨닫고 한계를 인정해야 한다. 우리도 솔로몬처럼 자신은 하나님의 종이라고 날마다 고백해야 한다. 종은 자신의 뜻이 아닌 주인의 뜻을 듣고 순종한다. 우리의 리더십을 따르는 양들은 '내 양'이 아니라 '하나님의 양'이다. 소유권이 하나님께 있기에 결코 내 것이라고 주장할 수 없다. 리더십의 타락은 하나님의 주권과 소유권을 망각하고 내가 내 지혜로 내 양들을 변화시켜보겠다는 자기중심적 착각에서 비롯된다. 목회자로서의 첫 출발점에서 자신의 부족함과 무능을 인정하고 하나님의 주권에 매달리는 이 첫 마음을 평생 잃지 말아야 한다. 솔로몬이 집권 후기에 타락한 것은 이 첫 마음을 상실했기 때문일 것이다. 주의 종에게 자기 소유는 없다. 모든 것이 주님의 것이다. 우리는 단지 하나님께서 한시적으로 맡기신 양들을 하나님의 뜻대로 돌보고 양육하는 종이요, 청지기라는 사실을 기억해야 한다.

3. 지도자는 본질과 핵심을 구한다.

솔로몬은 지금 왕권을 이어받고 나라를 견고히 다져가는 상황 한 가운데에 서 있다. 왕권을 다지기 위해 정치적 반대 세력을 제거하고(2장), 강대국과의 결혼동맹을 통해 외교정책을 다져가고 있다(3:1). 백성들을 재판하기도 하고(3:16-28), 행정관료 시스템을 정비하고 구축하기도 한다(4장). 한 나라를 통치하고 백성들을 다스리는 복잡다단한 직무수행의 한 복판에서 자칫 자신의 정체성이나 역할에 혼동이 올 수도 있다. 그러나 솔로몬은 자신의 지금 어디에 서 있는지 그 위치를 바로 인식하고 있었다: "주께서 택하신 백성 가운데 있나이다"(8절). 자신에게 맡겨진 사명의 본질이 무엇인지도 알고 있었다: "백성을 재판[통치]하여 선악을 분별하게 하옵소서"(9절). 자신이 누구인지 정체성도 명확히 알았다: "종은 작은 아이라"(7절). 자신이 무엇을 못하는지도 알고 있었다: "출입할 줄을 알지 못하고"(7절). 통치 초기에 국정운영을 위해 필요한 수많은 자질과 역량 중에 자신에게 핵심적으로 필요한 것이 무엇인지도 그는 알고 있었다: "듣는 마음을 종에게 주사"(9절).

　　솔로몬처럼 우리도 영적 지도자로서 다양한 직무와 역할, 주변의 요구와 요청들에 휩싸이게 될 것이다. 사회는 더욱 빠르게 변화할 것이고, 가정, 자녀, 교회, 학교에서 도와달라는 손짓이 끊임없을 것이며, 목회자를 향한 성도들의 눈높이나 요구도 점점 더 커져갈 것이다. 우리는 더 다양한 능력과 재능을 가진 멀티 플레이어형 목회자가 되라는 암묵적인 요구에 맞닥뜨리고 있다. 이런 상황에서 우리에게 필요한 것은 다양한 요구들 속에서 본질과 핵심을 보는 안목이다. 솔로몬은 국정운영의 수많은 요구와 필요 속에서 통치자로서의 핵심 역할이 무엇인지 정확히 알았고, 그에 걸맞게 자신에게 무엇이 가장 중요하고 필요한지를 분명히 인식했다. 우리 역시 복잡다단한 사역현장에서 하나님께서 자신에게 맡기신 핵심 사명이 무엇인지 알고, 그에 필요한 핵심적인 자질을 구하고 개발해야 한다. 솔로몬이 자신이 처한 삶의 자리에서 백성 통치와 선악분별을 위해 듣는 마음을 구했고, 그것이 어떻게 한 나라의 지도자로서 리더십을 발휘하는 데에 쓰임 받았는지는 후 문맥이 잘 보여준다. 마찬가지로 우리도 자신이 처한 삶의 정황을 바르게 통찰하고, 저마다 필요한 자기 고유의 '듣는 마음'들을 찾아 구하고 개발해야 할 것이다.

VI. 결론

솔로몬이 아버지를 뒤이어 이스라엘의 지도자가 되었다. 통치 초기에 그는 내적으로는 반대세력들을 제거하고, 외적으로 애굽과 혼인동맹을 맺는 등 왕권구축에 힘쓴다. 그러나 무엇보다도 솔로몬은 기브온 산당을 찾아가 일천 번제를 드림으로써 하나님을 향한 사랑과 헌신을 표현한다. 하나님께서 그의 온전한 예배에 기뻐하시며 무엇을 원하는지 묻자, 솔로몬은 자신의 부족함과 하나님의 위대함을 깊이 인정하며, 청지기로서 주의 백성들을 대리하여 통치하는 데에 필요한 지혜를 구한다. 솔로몬이 자신의 역할과 사명을 바로 인식하고, 이를 수행하는 데에 필요한 핵심자질이 무엇인지 알았을 뿐만 아니라 하나님의 주권과 통치를 깊이 인정한 겸손을 보인 것에 대해 하나님께서는 대단히 기뻐하시며 그에게 지혜는 물론 부귀와 영광까지도 주겠노라고 약속하신다. 이에 솔로몬은 곧바로 예루살렘에 돌아가 번제와 감사제물을 드림으로써 감사와 헌신을 또 다시 표현하고, 신하들을 위해 잔치를 벌이며 기쁨을 나눈다.

솔로몬과 신대원 1학년생인 우리는 비슷한 상황에 놓여 있다. 솔로몬이 이스라엘의 정치적 지도자로서 출발을 하는 상황이라면, 우리는 한국 교회의 영적 지도자로서 첫 발을 내딛는 상황이다. 본문은 차세대 한국 교회의 리더로서 출발선에 들어선 우리에게 소중한 교훈을 준다. 첫째, 우리는 지도자로서 분주한 일상 속에서 간절한 사랑으로 하나님을 예배하는 습관을 들여야 한다. 솔로몬은 정치적인 정적을 숙청하고, 외교적인 결혼동맹을 맺는 분주한 상황에서 모든 일들을 중단하고 하나님께 헌신과 감사의 예배를 드렸다. 자칫 불필요한 시간낭비처럼 보이는 이러한 예배가 가능했던 것은 하나님을 향한 솔로몬의 사랑 때문이었다. 영적 지도자로서 예배가 무너지면 삶이 무어진다는 것을 솔로몬의 말년이 잘 보여준다. 둘째, 우리는 지도자로서 하나님의 주권 아래 있음을 기억하고 그분의 뜻을 구하고 순종해야 한다. 솔로몬이 시종일관 자신의 부족함을 고백하고, 자신을 주님께서 다스리시는 나라의 청지기임을 인정하고, 백성을 재판하기 위해서는 하나님의 뜻을 듣는 마음이 필요했음을 정확히 인지했다. 우리에게도 주님의 양을 주님의 뜻에 따라 이끌어야 하는 청지기적 사명이 있다. 셋째, 우리는 복잡한 삶의 요구들 속에서 참 본질과 핵심을 꼭 붙들어야 한다. 사역자로서 주변의 수많은 요구들과 할 일들에 압도당하지 않으려면, 자신에게 맡겨진 사역의 본질이 무엇이며 그 일을 감당하기 위해 필요한 핵심자질이 무엇인지를 수고하고 알아내야 한다.

지도자로서 솔로몬의 인생은 화려하게 출발했으나 비참하게 끝났다. 주변에서 화려하게 등장했다가 초라한 퇴장을 맞은 지도자들의 소식이 종종 들려온다. 사실 등장보다 퇴장이 아름다운 리더가 진정한 리더다. 하지만 지도자로서 첫 단추를 바로 꿰어야 마지막 단추도 제대로 꿸 수 있는 법이다. 수영이든 탁구든 간에 모든 운동은 처음에 배울 때에 바른 자세와 기본기를 탄탄히 익히는 것이 중요하다. 초창기 때 익힌 기본기가 탄탄하지 않으면 오래 가지 못한다. 리더십도 마찬가지다. 한국 교회를 책임질 영적 리더들로서 우리는 솔로몬의 초기 리더십에서 배운 세 가지 기본기를—하나님을 사랑하고 예배하는 삶, 하나님의 주권을 인정하고 뜻을 구하는 삶, 본질과 핵심을 붙드는 삶—탄탄하게 익히고 숙달하도록 하자. 그래야 멀리가고 오래간다. 그래야 등장보다 퇴장이 더욱 아름다운 리더가 된다.

(2) 보고서 평가

1) 정경해석 방법의 이론을 충실하게 적용한 모범적인 글이다. 왕으로서의 첫 사역을 시작하는 솔로몬과 목회자의 길을 출발하는 신학생의 정황을 적절하게 연결하였다.

2) 논지가 본문의 핵심을 잘 드러내고 있으며, 세 개의 해석이 주제, 관찰집중, 그리고 심화묵상의 형식대로 전개하였다. 세 개의 해석 주제는 다음과 같다. ① 지도자는 여호와를 사랑하고 온전하게 예배한다. ② 지도자는 자신의 부족함을 인정하고 하나님의 도우심에 의지한다. ③ 지도자는 본질과 핵심을 구한다. 전체적으로 형식을 잘 갖추었기 때문에 이제 해석의 내용에 대하여 이야기해보자.

3) 첫 번째 해석은 소원을 간구하기 전에 솔로몬이 여호와를 온전히 사랑함을 보여준다. 사랑과 예배가 같은 것으로 이해되고 일천번제도 그러한 맥락에서 이해되지만, 해석 1에서 전체적으로 사랑보다 예배가 더 강조된 느낌이 든다. 3절에서 솔로몬은 여호와를 사랑하고 다윗의 법도를 행하였다. 일천번제에는 단순한 예배만이 아니라 하나님을 최고의 자리에 두는 결단이 포함된 것으로 보인다.

4) 두 번째와 세 번째 해석은 솔로몬의 기도 중에서 자신의 부족을 느끼는 겸손함(6-7절)을 해석 2에, 그리고 지혜를 구하는 부분(8-9절)을 해석 3에 나누어서 전개하였다. 해석 2는 적절하게 전개된 것으로 보인다.

5) 해석 3에서 본질과 핵심을 구하는 것이 무엇인지 더 설명이 필요하다. "솔로몬이 자신이 처한 삶의 자리에서 백성통치와 선악분별을 위해 듣는 마음을 구했고 그것이 어떻게 한 나라의 지도자로서 리더십을 발휘하는 데에 쓰임 받았는지는 후문맥이 잘 보여준다."라고 서술하였다. 그런데 이것의 적용은 "마찬가지로 우리도 자신이 처한 삶의 정황을 바르게 통찰하고, 저마다 필요한 자기 고유의 '듣는 마음'들을 찾아 구하고 개발해야 할 것이다."이다. 적용이 약간 피상적으로 보이고 더 깊은 묵상이 필요하다. 선악을 분별함이 무엇인지 더 연구가 필요하다.

6) 해석 3이 끝나고 나서 본문에 아직 남은 것이 있다. 기도에 대한 하나님의 평가(11절)와 토라 순종에 대한 요구(14절)가 아직 남아 있다. 솔로몬의 선택에 대한 하나님의 반응은 무엇을 의미하는가? "내 법도와 명령을 지키면"이라는 말씀은 본문에서 어떤 위치에 있을까? 이 내용들이 빠져 있다. 이러한 고찰이 중요한 이유는 청중들은 솔로몬의 실패를 알고 있기 때문이다. 현재까지는 왕으로서 잘 하고 있지만, 어느 선에서 실패로 갔다는 것을 알고 있다. 그래서 "내 법도와 명령을 지키면"을 염두에 두어야 솔로몬은 딴 길로 갔는데 하는 청중의 염려를 불식시킬 수 있다. 솔로몬에게 주어진 지혜는 언제까지 일까? 그것은 여호와를 경외함으로 토라를 지키는 자리에 서 있는 동안이라는 지혜의 한계이다. 지혜의 한계는

토라의 순종이다. 그러면 토라를 지키니 않은 솔로몬의 실패까지 염두에 둘 수 있는 글이 된다.

7) 다음 배정훈의 설교와 비교해보자

솔로몬의 지혜
(왕상 3:1-15)

새해가 되어 사람들이 가슴이 설렙니다. 지난 한 해 동안 이루지 못한 것을 이루고 싶은 소망이 있습니다, 여러분은 새해에 무엇을 하고 싶습니까? "하나님 알아서 해 주세요." 그러고 싶습니까? 아니면 "이것 좀 해 주세요."라고 말합니까? 하나님은 소원을 두고 일하시는 분입니다. 우리가 하나님이 기뻐하시는 것을 소망하고 애쓰기를 원하십니다. 솔로몬은 지혜의 소원을 성취한 사람으로 유명합니다. 자신에게 정말 필요한 것이 지혜임을 알고 그것을 추구하였더니 하나님이 기뻐하시고 소원을 들어주셨습니다. 그런데 처음부터 솔로몬이 지혜를 얻으려고 계획적으로 노력한 사람은 아닙니다. 어느 날, 하나님께서 솔로몬을 찾아오셨습니다. 5절에서 하나님이 솔로몬에게 "내가 네게 무엇을 줄꼬?"라고 말씀하십니다. 마치 할아버지가 손자에게 줄 용돈을 잔뜩 가지고 무엇이든지 말해 내가 다 줄 테니까 하는 분위기입니다. 그러한 하나님이 우리에게 다가오신다면 얼마나 좋을까요? 오늘은 하나님께서 우리의 소원을 어떻게 이루어주시는지 살펴보려고 합니다.

1. 하나님은 평소에 하나님을 사랑하고 감사하는 사람들의 소

원을 이루어주시려고 합니다.

하나님이 솔로몬에게 지혜를 주신다고 한 이유는 솔로몬이 너무나 하나님을 사랑하는 사람이었기 때문입니다. 솔로몬이 하나님을 사랑하는지 무엇으로 알 수 있을까요? 꿈에 하나님이 솔로몬에게 말씀하시기 전날 솔로몬이 하나님께 제사를 드렸습니다. 솔로몬은 그 제사를 어떻게 드렸습니까? 원래 이스라엘 백성들이 하나님께 예배를 드린 장소는 성전이었습니다. 그런데 솔로몬이 아직 성전을 짓기 전에는 어디에서 제사를 드렸을까요? 본문에 나오는 산당입니다.

왕상 3:2 "그 때까지 여호와의 이름을 위하여 성전을 아직 건축하지 아니하였으므로 백성들이 산당에서 제사하며"

나중에 이 산당은 여호와를 잘못 예배드리거나, 우상을 숭배하는 장소로 변질합니다만, 솔로몬 시절에는 하나님께 예배드리는 중요한 장소였습니다. 아직 성전이 건축되기 전이었기 때문에 산당에서 예배드리는 것이 일반적이었습니다. 그래서 솔로몬을 비롯한 백성들이 산당에서 예배를 드린 것입니다. 그곳이 어디입니까? 바로 기브온입니다. 기브온에서 솔로몬이 일천 번제를 드린 것입니다.

그런데 솔로몬이 어떻게 일천 번제를 드립니까? 일천 번제라는 말은 일천 번 드렸다는 말이 아니라 일천 마리의 번제물을 드렸다는 말입니다. 왕이 일천 번을 산당에 와서 예물을 드렸다는 말은 아닙니다. 그러려면 왕이 국사를 제쳐두고 삼년 가까이 매일같이 제사만 드려야 한다는 말입니다. 왕은 한 번에 이 제사를 드린 것입니다. 왕은 나라의 통치자로서 가장 부자입니다. 보통 평민은 일천 번제를 한꺼번에 드릴만한 능력이 없지만, 솔로몬은 왕이기에 일천 번제를 드릴 수 있었습니다.

그런데 솔로몬이 일천 번제를 드리는 과정에서, 하나님이 며칠이 지나면 내가 네 소원을 들어줄 테니까 너는 앞으로 일천 번제를 드려라. 이렇게 했을까요? 아니면 솔로몬이 계획적으로 일천 번제를 드리고 하나님에게 요청하여 하나님이 어쩔 수 없이 들어주었을까요? 사실 솔로몬은 하나님이 언제 자신에게 나타나서 소원을 들어주실지 알지 못했습니다. 그저 솔로몬은 부족한 자신을 왕이 되게 해주신 하나님께 감사해서 일천 번제를 통해서 그 마음을 표현한 것입니다. 정상적인 제사가 아니라, 일천 번제를 드림으로 솔로몬의 마음을 표현한 것입니다. 그냥 하나님을 사랑하는 마음으로 일천 번제를 드렸습니다.

그런데 솔로몬이 일천 번제를 한번만 드린 것이 아닙니다. 4절을 좀 더 잘 이해하려면 이렇게 번역해야 합니다. 영어 번역에는 이렇게 나옵니다. 이에 왕이 제사하러 기브온으로 가니 거기는 산당이 큼이라. 솔로몬이 그 단에 일천 번제를 드리곤 하였더라. 솔로몬이 이 단에서 한번만 일천 번제를 드린 것이 아니라, 수시로 기브온을 찾아가서 일천 번제를 드렸다는 말입니다. 아마 꿈에 하나님이 나타나시던 날 저녁에도 솔로몬은 일천 번제를 드렸을 것입니다. 왕이 백성을 대표해서 이러한 큰 제사를 정성껏 하나님께 드렸습니다. 왕이기는 하지만 정성이 없으면 이러한 제사를 드릴 수 없습니다. 솔로몬이 그러한 정성을 보여 드릴 때 하나님이 기쁘셔서 솔로몬에게 소원을 물으신 것입니다. 솔로몬은 일천 번제를 꾸준하게 드린 사람입니다. 왕의 자리에서 최고의 것을 드렸다는 것이 중요합니다.

그러면 이제 걱정이 됩니다. 지금 일천 번제를 한번만 드리라고 해도 힘든데 꾸준하게 일천 번제를 드리라니요? 일천 번제는 양으로 측정하는 것이 아니라 각자의 최고의 것을 드린다는 의미이기에 누구나 마음만 있으면 가능합니다. 당대에 솔로몬이 아닌 솔로몬의 백성이라면 어떻게 제사를 드릴 수 있었을까요? 일천 번제를 한꺼번에 드릴 수는 없습니다. 일천 번제를 여러 번에 나누어서 드릴 수도 있습니다. 기쁜 마음으로 제사를 드리는 것은 하나님이 기뻐하십니다. 그러나 무엇인가 큰 기대를 하고 번제를 드리는 것은 좋아하지 않으십니다. 하나님을 마치 가나안 신처럼 일천 번제를 미끼로 내가 원하는 것을 얻어내려고 하는 것은 문제입니다. 우리의 신앙이 약할 때 일천 번제를 드리는 것은 힘에 벅찰 것입니다. 하나님이 보시려는 것은 한결같이 하나님을 사랑하는 마음으로 드리는가 하는 것을 보고 계신다는 것입니다. 제사를 드린다고 하나님이 반드시 응답해야 할 의무가 있는 것은 아닙니다. 우리는 오직 하나님을 사랑하기에 그분에게 나의 최고의 것을 드리는 것이 나의 할 일입니다. 때가 되면 하나님이 응답하실 것을 믿고, 한결같은 믿음을 보이는 것이 중요한 것입니다. 우리의 제사가 어떤 조건을 요구하는 것이 아니라, 우리의 한결같은 신앙을 표현하는 것이 되어야 한다는 것입니다. 결론적으로 말하면 일천 번제를 한번 거창하게 드렸기 때문이 아니라, 일천 번제를 생활화하였기 때문에 하나님이 솔로몬을 기뻐하신 것입니다. 이처럼 솔로몬은 하나님을 너무도 사랑한 사람이기에 하나님이 소원을 들어주시려고 한 것입니다.

2. 하나님은 다른 어떠한 것보다 자신의 삶의 자리에서 가장 필요한 것을 요청하는 사람들의 소원을 들어주십니다.

솔로몬은 지혜를 달라는 기도제목을 가졌습니다. 구할 것도 많은데 왜 지혜입니까? 이제 때가 되어서 하나님이 솔로몬에게 나타나십니다. 그런데 만나자 마자 "너 이것을 원하지?" 하고 원하는 것을 이루어주시지 않습니다. 하나님께서 잘 몰라서 물으실까요?

우리가 원하는 것이 무엇인지 알면서도 우리의 선택을 기다리십니다. "내가 네게 무엇을 줄꼬. 너는 구하라." 하나님이 불쑥 필요한 것을 주시지 않고 솔로몬에게 선택하라고 하십니다. 하나님은 전능하신 분이지만 저절로 주시지 않습니다. 무엇을 구할지 우리가 선택해야 합니다. 이상하지요. 우리에게 무엇이 필요한지 우리가 선택해야 합니다. 이것이 기도입니다. 하나님은 무엇이든지 주실 수 있지만 정말 필요한 것을 알지 못하는 사람은 기도의 응답 때문에 불행해질 수 있습니다. 생각 없이 원하는 것을 얻으면 그것이 나를 죽일 수 있습니다. 정말 행복하려면 어떻게 구해야 합니까? 하나님이 기뻐하시는 것을 구해야 합니다. 내가 어떻게 사는 것을 하나님이 기뻐하실까 생각하며 필요한 것을 감사함으로 아뢰어야 합니다. 그저 욕심만 많아 가지고 자기 마음대로 구하면 어떻게 됩니까? 그 기도가 이루어지면 오히려 위험합니다. 하나님을 찾지 않을테니깐요. 세상 사람들은 돈 많고, 지위가 높고, 명예가 있으면 행복하다고 생각합니다. 기독교인들도 예수를 믿으면서도 똑같은 생각을 합니다. 신앙인이면서도 세상사람 들과 똑같은 가치관을 가지고 있습니다.

솔로몬이 어떤 기도를 드렸는지 살피는 것은 바로 우리의 기도 제목과 관련이 있습니다. 솔로몬의 기도는 막연하지 않습니다. 기도를 드리는 솔로몬의 철학이 확실합니다. 그의 우선순위는 확실합니다. 그의 기도를 살펴봅시다. 그의 기도는 감사함으로 시작합니다.

왕상 3장 6-7절 솔로몬이 이르되 주의 종 내 아버지 다윗이 성실과 공의와 정직한 마음으로 주와 함께 주 앞에서 행하므로 주께서 그에게 큰 은혜를 베푸셨고 주께서 또 그를 위하여 이 큰 은혜를 항상 주사 오늘과 같이 그의 자리에 앉을 아들을 그에게 주셨나이다 그가 강조하는 것은 "하나님 제가 이 자리에 와보니 하나님의 은혜가 없이는 왕이 될 수 없었습니다. 너무 감사합니다." 자신의 현 위치에 대하여 하나님께 감사하는 것입니다. "하나님이 다윗을 선택하시고 아들을 주셔서 이와 같이 내가 왕이 되었습니다. 오랫동안 저를 준비시키셔서 이런 귀한 자리에서 일하게 하시니 감사합니다." 자신의 현 위치를 불만스럽게 생각하지 않습니다. 감사해합니다. 가장 불행한 사람은 자신의 현 위치가 내 자리가 아니라고 생각하는 사람입니다. 설사 그렇다 할지라도, 새로운 자리에 가기까지 이 자리는 나의 자리입니다. 나의 노력과 운과 하나님의 인도가 모두 합하여 내가 여기에 이르렀는데 그 자리를 불평하면 안됩니다. 행복의 비결은 현재를 하나님의 눈으로 받아들이는 것입니다. 나의 평생이 바로 이 자리를 향하여 왔다고 받는 것입니다. 나의 달란트, 나의 부모, 그리고 가정, 나의 직장을 하나님의 은혜로 감사함으로 받는 것입니다. 새로운 출발은 현재를 은혜로 받는데서 부터 시작합니다.

지혜를 받기 전에 솔로몬은 하나님의 은혜 없이 아무것도 할 수 없을 정도로 나는 부족하다고 생각하였습니다.

왕상 3장 7-9절 나의 하나님 여호와여 주께서 종으로 종의 아버지 다윗을 대신하여 왕이 되게 하셨사오나 종은 작은 아이라 출입할 줄을 알지 못하고 누가 주의 이 많은 백성을 재판할 수 있사오리이까 주께서 택하신 백성 가운데 있나이다 그들은 큰 백성이라 수효가 많아서 셀 수도 없고 기록할 수도 없사오니 누가 주의 이 많은 백성을 재판할 수 있사오리이까?

솔로몬은 하나님께 간구합니다. "나는 아무것도 못합니다. 하나님의 은혜가 없이는 할 수 없습니다. 백성의 수가 이렇게 많은데 내가 어떻게 이 일을 할 수 있습니까? 나는 능력이 없습니다." 이 말은 아무것도 못하겠다는 포기가 아닙니다. 일을 잘하기 위해 더욱 더 하나님을 의지하겠다는 결심입니다. 겸손이 능사는 아닙니다. 사람은 겸손과 자신감을 모두 겸비하여야 합니다. 겸손이란 나는 질그릇과 같은 존재이기에 부족합니다 라고 말하는 것입니다. 그러나 거기에 머물지 않고, 하나님의 능력을 의지하여 이 일을 수행해야 합니다. 나는 초라하지만 하나님의 일이기에 하나님이 세우셨으므로 은혜 주실 것을 믿고 최선을 다해야 합니다. 하나님의 일이기에 자신감을 가져야 합니다. 내가 이 자리에 있는 것이 우연이 아닌데, 어떻게 이 일을 완수할 수 있을까?

이렇게 자신이 부족함을 충분히 인식한 후에 솔로몬은 지혜를 간청합니다.

왕상 3장 9절 누가 주의 이 많은 백성을 재판할 수 있사오리이까 듣는 마음을 종에게 주사 주의 백성을 재판하여 선악을 분별하게 하옵소서 솔로몬이 구하는 지혜란 세상의 모든 정보를 필요로 하는 것이 아닙니다. 그중에서 솔로몬에게 필요한 것은 솔로몬의 삶의 자리와 관련이 있습니다. 솔로몬의 삶의 자리는 무엇입니까? 그것은 왕입니다. 솔로몬의 고민은 바로 자기가 왕으로서 직책을 어떻게 잘 수행할 수 있을까 하는 것입니다. 당시에 왕의 가장 큰 직책은 재판을 잘 하는 것입니다. 오늘날에는 사법 제도가 잘 되어 있으니까 문제가 없지만, 당시에는 왕은 재판업무를 가장 큰 일로 알았습니다. 그것이 바로 선악을 분별하는 것입니다. 무엇이 선인지 무엇이 악인지 분별하는 일을 왕이 담당한 것입니다. 그 일을 잘 수행하기 위하여 솔로몬에게 필요한 것은 무엇일까요? 본문 9절에는 지혜로운 마음이라고 말합니다마는 실제로 이 단어는 "듣는 마음"이라는 뜻입니다. 듣는 마음이 무엇일까요? 그것이 어째서 지혜로운 마음일까요? 솔로몬이 왕으로서 지혜로운 왕이 되려고 할 때 무엇이 중요합니까? 선악을 분별하는 지혜를 하나님에게 구하는 것입니다. 내 힘으로 선악을 분별할 수 있습니까? 그 힘을 하나님으로부터 구하는 것입니다. 하나님의 음성을 잘 듣고 분별하는 것입니다.

솔로몬은 왕으로서 왕직을 잘 수행하기 위하여 지혜를 구했는데 우리는 어떤 지혜를 구해야 합니까? 막연한 것이 아니라, 나의 삶의 자리에 맞는 지혜를 구해야 합니다. 8시간씩, 10시간씩 일하는 삶의 현장은 가장 중요한 지혜를 구할 대상입니다. 학생이라면 공부하는 지혜, 정치가라면 정치하는 지혜, 연구원이라면 연구하는 지혜, 의사는 진료하는 지혜가 필요합니다. 내가 전문가로서 가장 능력을 잘 발휘할 수 있도록 기도해야 합니다. 신학생들의 삶의 자리는 한편으로 학생으로 공부하는 것이며, 한편으로 교회에서 기름 부으신 사역자의 자리에서 역할을 잘 하는 것입니다. 그 일을 위해서 지혜를 구해야 합니다. 최선을 다하는 사람에게 하나님은 더 큰 지혜를 주십니다. 나를 왕으로 세우신 영역이 있습니다. 가정의 부모로서, 배우자로서, 또한 나를 만나는 사람들 앞에서 나의 역할을 잘 수행하기 위해서 내가 지혜를 구해야 합니다. 내 힘으로 잘 할 수 있다는 교만은 나를 넘어지게 합니다. 가장 중요한 것은 듣는 마음입니다. 하나님으로부터 들려오는 음성입니다. 세상의 사탄의 음성이 아닌 하나님의 음성을 분별하여 적용하여야 합니다. 여호와를 경외하는 사람이야말로 이 지혜를 들을 수 있습니다.

우리가 정말 지혜로운 사람이 되기 위해서 하나님으로부터 지혜를 구해야 합니다. 여호와를 경외함으로 지혜를 얻는 것입니다. 여호와를 경외한다면 그분으로부터 오는 지혜를 얻습니다. 세상에 수많은 정보들이 있습니다. 인터넷에 들어가면 얼마든지 얻을 수 있겠지요. 그러나 필요 없는 정보가 얼마나 많습니까? 우리에게 필요한 것은 필요 없는 쓰레기 같은 정보가 아닙니다. 나의 이기심을 버리고, 하나님의 뜻을 가장 잘 드러내도록 지혜를 구해야 합니다. 솔로몬에게는 왕으로서 탐욕을 부리고, 사람을 임의로 억압하는 못된 왕이 아니고, 고통 받는 사람들의 마음을 읽고, 하나님의 뜻대로 잘 다스릴 수 있는 그러한 지혜가 필요합니다. 그 지혜는 인간으로부터 나오는 것이 아닙니다. 하나님으로부터 오는 것입니다. 하나님으로부터 오는 지혜를 잘 들어야 하나님이 기뻐하시는 왕이 될 수 있는 것입니다.

3. 하나님께서 우리의 소원을 이루시는 것은 토라에 순종하는 것을 전제로 합니다.

하나님의 마음이 시원합니다. 하나님이 주신 권력을 자기 마음대로 사용하지 않고 하나님의 나라를 위하여 사용하는 솔로몬이 기특합니다. 하나님이 은혜를 주셨는데, 그 은혜를 자신의 욕심을 위해 사용하지 않으니 얼마나 기쁩니까? 솔로몬이 오래 살겠다는 소원도 하지 않고, 재물을 구하지도 않고, 원수의 생명 멸하는 것도 구하지 않고, 오직 송사를 듣고 분별하는 지혜만을 구한 것을 너무도 기쁘게 생각하십니다. 그래서 그가 구하지 않은 것까지 주십니다. 왕의 직분만 잘 감당한다면 나머지를 다 주시겠다고 말합니다. 역사상 전무후무하게 이 재물과 영광을 주시겠다고 말합니다.

그런데 마지막으로 말씀하신 것은 언제까지 이러한 하나님의 은혜가 임할 것인가 하는 한계를 지정하시는 것입니다. 14절에 "네가 만일 네 아버지 다윗이 행함 같이 내 길로 행하며 내 법도와 명령을 지키면 내가 또 네 날을 길게 하리라" 이 말이 무슨 말입니까? 하나님의 은혜의 한계입니다. 그 은혜가 무조건적이기는 하지만 그 한계가 있습니다. 솔로몬이 토라를 잘 지키는 한 그의 지혜는 끝이 없습니다. 토라를 잘 지킨다고 하니까 율법주의를 연상하는 사람이 있을 것입니다. 그것이 아니라, 하나님을 자신의 중심에 모시는 사람입니다. 여호와를 경외하는 것이 확인된다면 은혜는 계속 됩니다. 하나님만을 사랑하는 것이 확인된다면 은혜를 줍니다. 그러나 하나님을 가볍게 여기는 사람이라면 가차 없이 은혜를 빼앗겠다는 말입니다. 이 본문을 다시 말하면 먼저 그의 나라와 의를 구하라 그리하면 이 모든 것을 너희에게 더하시리라는 말과 같습니다. 하나님을 가장 사랑하는 사람들에게 말할 수 없는 은혜를 더하신다는 것입니다. 우리들은 솔로몬의 미래를 알고 있습니다. 지금 그가 전성기를 맞이하고 있지만, 11장에 넘어가면 우상 숭배함으로 지혜를 상실하고 위기를 맞는 것을 알고 있습니다. 하나님은 경고하고 있습니다. 우리에게 마음껏 지혜를 주어서 우리가 서 있는 땅에서 잘 섬기기를 원하지만, 우리가 여호와를 경외하지 않는 순간 이 능력이 상실된다는 것입니다.

    하나님의 사역을 감당하려는 우리들은 하나님이 주시는 지혜가 필요한 자들입니다. 하나님 나라를 위해 살려는 우리들은 더 열심히 공부하고 일해야 합니다. 더 열심히 영혼을 사랑하는 마음으로 지혜를 구하며 최선을 다해야 합니다. 열심히 하면서 항상 하나님으로부터 오는 지혜를 구하십시오. 늘 주님을 주인으로 모시면서 내 생애 다하는 날까지 내가 가장 효과적으로 하나님의 일을 할 수 있도록 기도하면서 풍성한 하나님 나라의 즐거움을 누리시기 바랍니다.

제 V 부

구약석의 방법의 다양한 해석 연구
(사사기 16:22-31)

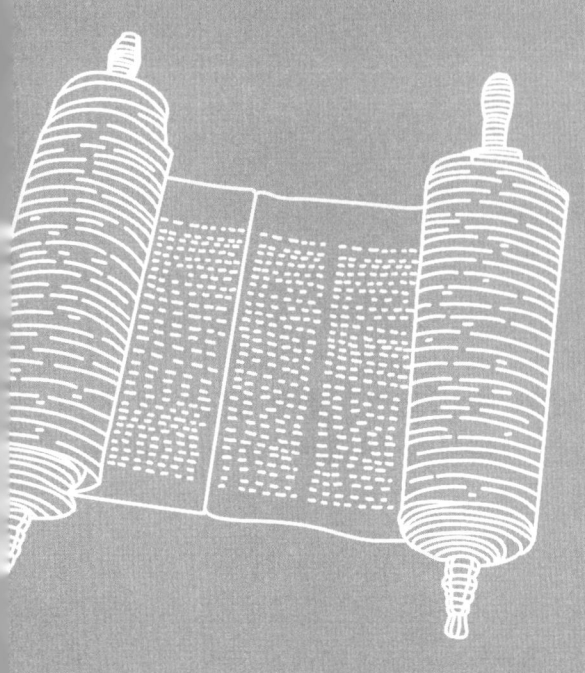

다음은 2010년도 장신대 신대원 구약석의 방법론 수업에서 실제로 학생들이 제출한 보고서와 이에 대한 담당 교수의 평가입니다. 학생들은 똑같은 본문인 사사기 16장 22-27절에 대하여 다양한 해석을 시도했습니다. 이 보고서들을 보면 같은 본문에 대하여 다양한 해석이 가능하다는 것을 알게 될 것입니다. 보고서 뒤에는 담당 교수의 간단한 평가가 있으므로 각자 보고서를 읽고 판단한 후에 평가를 읽으면 좋은 비교가 될 것입니다. 같은 본문에 대한 여러 개의 보고서를 읽어보기로 합시다.

1. 실패의 늪을 통과하는 법

(1) 고승표의 보고서(2010년)

실패의 늪을 통과하는 법
(사사기 16:22-31)

Ⅰ. 서론

사람은 누구나 실수하고 실패한다. 작게는 말실수로 사랑하는 사람을 상처 입히는 것에서부터 크게는 사업실패나 파탄된 가정,

부적절한 관계, 심지어 살인에 이르기까지 우리는 죄짓고 넘어지고 실패한다. 어떤 교역자들은 주일 설교를 죽 쑤고 허한 마음을 음식이나 음란물로 달래고는 괴로워한다. 어떤 엄마들은 칭얼거리는 아기를 참지 못해 호되게 나무라며 화를 폭발시키는 자신에게 놀란다. 어떤 직장인들은 '주일은 근무할 수 없습니다', '저는 술을 마시지 않습니다'라는 말조차 용기 있게 하지 못하는 자신의 초라함에 실망하며 자괴감에 빠진다. 어떤 입시생은 번호를 밀려 써서 재수의 고배를 마시고는 좌절한다. 실패로부터 자유로운 사람은 없다. 우리는 날마다 실패하는 죄인들이다.

가슴 아픈 실패 소식이 들려왔다. 청년목회로 유명한 S교회 J목사의 성추행 사건이다. 이 사건은 비단 목사 한 사람만의 문제에 그치지 않는다. 그 한 사람의 실패로 인해 한국 교회가 또 한 번 세상의 조롱거리가 되었고, 교회의 수많은 청년들은 혼란과 절망에 빠졌다. 언론은 교회가 그에게 '3개월 설교 중지와 6개월 수찬 정지' 징계 처분을 내린 것이 솜방망이 처벌이라고 비판한다. 더러는 그를 변호하고, 더러는 그를 비난한다. J목사는 과연 어떻게 될까?

하나님은 실패한 사람을 어떻게 다루실까? 실패가 인생의 끝일까? 더 이상 기회는 없는 것일까? 들릴라의 꾐에 빠져 실패의 자리에 추락한 삼손의 이야기가 우리에게 그 답을 말해줄 것이다. 하나님은 과연 실패의 자리에 어떻게 찾아오시는지, 찾아오셔서 무슨 기회를 주시는지, 그리고 우리는 그 고통의 자리에서 어떤 태도와 자세를 지녀야 하는지 삼손에게 배워보도록 하자. 자, 이제 함께 타임머신을 타고 구약의 팔레스타인으로 날아가 보자.

II. 본문 및 본문비평 (삿 16:22-31)

22 그의 머리털이 밀린 후에 다시 자라기 시작하니라ᵃ
23 블레셋 사람의 방백들이 이르되 우리의 신이 우리 원수 삼손을 우리 손에 넘겨 주었다 하고 다 모여 그들의 신 다곤ᵇ에게 큰 제사를 드리고 즐거워하고
24 백성들도 삼손을 보았으므로 이르되ᵇ 우리의 땅을 망쳐 놓고 우리의 많은 사람을 죽인 원수를ᶜᵈ 우리의 신이 우리 손에 넘겨 주었다 하고 자기들의 신을 찬양하며ᵃ
25 그들의 마음이 ᵃ즐거울 때에ᵃ 이르되 삼손을 불러다가 우리를 위하여 ᶜ재주를 부리게 하자ᶜ 하고 옥ᵇ에서 삼손을 불러내매 삼손이 그들을 위하여 재주를 부리니라 그들이 삼손을 두 기둥 사이에 세웠더니
26 삼손이 자기 손을 붙든 소년에게 이르되 나에게 이 집을 버틴 기둥을 찾아 그것을ᵃ 의지하게 하라 하니라ᵇ
27 그 집에는 남녀가 가득하니 ᵃ블레셋 모든 방백들도 거기에 있고 지붕에 있는 남녀도 삼천 명 가량이라ᵃ 다 삼손이 재주 부리는 것을 보더라
28 삼손이 여호와께 부르짖어 이르되 주 여호와여 구하옵나니 나를 생각하옵소서 하나님이여 구하옵나니 이번만ᵃ 나를 강하게 하사 나의 두 눈을 위하여 블레셋 사람에게 원수를 단번에 갚게 하옵소서 하고
29 삼손이 집을 버틴 두 기둥 가운데 하나는 왼손으로 하나는 오른손으로 껴 의지하고
30 삼손이 이르되 블레셋 사람과 함께 죽기ᵃᵇ를 원하노라 하고 힘을 다하여 몸을 굽히매 그 집이 곧 무너져 그 안에 있는 모든 방백들과 온 백성에게 덮이니 삼손이 죽을 때에 죽인 자가 살았

을 때에 죽인 자보다 더욱 많았더라

31 그의 형제와 아버지의 온 집ᵃ이 다 내려가서 그의 시체를 가지고 올라가서 소라와 에스다올 사이 그의 아버지 마노아의 장지에 장사하니라 삼손이 이스라엘의 사사로 이십 년 동안 지냈더라

22a 히브리어 'צמח'는 '식물이 자라나는 것 또는 피부에서 털이 돋아난다'는 뜻으로, 본문에서는 피엘로 쓰였다. 피엘형 'צמח'는 '솟아나다'라는 뜻으로 삼손의 머리털이 자라나는 것을 표현하고 있다. 개역개정에서는 접속사를 생략하고 '그의 머리털이 밀린 후에 다시 자라기 시작하니라'고 기록되어있어, 상황을 명확하게 이해하는데 한계가 있어 보인다.

22b דגון라는 단어가 '물고기'를 뜻하는 דג에서 왔다고 보고, דגון을 바다의 신으로 보는 견해와 '곡물'을 나타내는 דגן에서 유래된 말로 곡물의 신으로 보는 견해가 있다.

24a MT에 따르면 24절을 25절 뒤에 놓는다. 25절은 블레셋 사람들이 삼손을 불러낸 뒤, 24절에서 블레셋 사람들이 삼손을 보고 자신의 신을 찬양하는 것이 시간 흐름상 타당하다고 보았다. 그러나 25절과 26절의 문맥적 흐름이 자연스럽기 때문에 BHS의 구조를 그대로 따르기로 한다.

24b 바티칸 사본에는 아마도 "אָמְרוּ"(이르되)가 삭제되었을 것으로 추정하였다. 삭제를 하려면 충분한 근거가 필요한데, '이르되'가 있으면 본문이해에 용이하므로 그대로 두었다.

24c 많은 소마소라에는 'אוֹיְבֵנוּ'(우리의 원수를)'를 '삼손'이라고 쓰기도 하고, '우리의 원수 삼손'(שִׁמְשׁוֹן אוֹיְבֵנוּ)이라고도 쓰기도 한다. 아마도 소마소라에 '삼손'이라는 내용이 삽입됐을 것으로 여겨진다. 후에 삽입한 내용보다 원문에 가깝다고 여겨 "אוֹיְבֵנוּ"라

고 쓴다.

24d MT에서 우리의 원수(אוֹיְבֵנוּ)라고 기록되어 있는데 반해, 레닌그라드 사본의 원본과 많은 소마소라에는 'אוֹיְבֵינוּ'(우리의 원수들; our enemies)의 복수형태로 쓰고 있다. 그러나 원수들이라는 복수의 형태보다 문맥상 삼손, 한 사람을 지칭하는 단수 형태인 원수라고 쓰는 것이 더 타당하다고 본다. 그리고 24c의 본문비평장치 내용을 보면 אוֹיְבֵנוּ가 지칭하는 사람은 여러 사람이 아니라 한 사람, 삼손이었다는 것을 지지하는 내용으로 볼 수 있다. 따라서, 24c의 내용과 개역개정과 MT의 권위에 근거하여 복수가 아닌 단수의 의미를 지닌 '우리의 원수'(אוֹיְבֵנוּ)라고 하는 것이 적합하다.

25a-a 레닌그라드 사본처럼 많은 MT 사본과 히브리어 본문에서는 "כִיטוֹב"라고 적혀 있는 반면, 많은 필사본에는 "כִּי־טוֹב"로 적혀 있다. 그러나 소수의 필사본에는 "כְּטוֹב"로 읽는다.

25b 25절에서 삼손을 감옥에서 불러내는데, 21절에서 이미 언급되어 있는 감옥이다.

25c-c 그리스어 원본 텍스트에는 'καὶ ἐκάλεσαν τὸν'으로 '그리고 그들은 그를 조롱했다'의 의미로 적혀있다. 이는 삼손의 사사로서의 권위를 존중하기 위해 삼손이 재주를 부렸다는 비참한 기록을 빼고, '그들이 삼손을 조롱했다'라고만 기록한 것으로 여겨진다. 그러나 MT는 '삼손이 그들을 위하여 재주를 부린다'라는 의미의 "וַיְצַחֵק לִפְנֵיהֶם"을 사용하였다. "וַיְצַחֵק"는 삼손이 자발적으로 재주를 부린 것이 아닌, 다른 이에 의해 삼손이 재주를 부릴 수밖에 없는 상황을 동사 צחק의 히필형으로 나타내고 있다. 이는 삼손이 조롱당하는 비참한 상황을 더 구체적으로 표현하기 위해 기록하였다고 여겨진다. 우리는 삼손이 처한 상황을 더 구체적으로 표현할 수 있는 MT의 내용과 개

역개정의 권위에 근거하여 '삼손이 그들을 위하여 재주를 부린다'는 본문의 번역을 따른다.

25d 24a와 비교해보면, 24a는 24절 전체 의미하고, 25d는 두 기둥을 의미하는 단어이다. 24절이 25절 뒤에 들어가면 두 기둥 사이에 서 있는 삼손을 블레셋 사람들이 보고 자기의 신을 찬양했다는 내용으로 이해할 수 있다.

26a 70인경에는 "ὁ δὲ παῖς ἐποίησεν οὕτως"가 추가 되어 있는데 그 의미는 '그리고 그 소년이 이와같이 하였다'이다. 보다 구체적으로 상황을 서술하려는 의도로 후대에 추가된 것으로 보인다. 의미의 큰 차이가 없으므로 마소라 본문과 상통하는 번역인 개정개역을 그대로 따르기로 한다.

26b 'וַהֲמִשֵׁנִי'는 접속사 와우(ו)와 '만지다'라는 뜻을 가진 동사 מוש, 혹은 מוש의 사역 명령형 הֲמֵשׁ와 1인칭 단수 목적격 접미어 נִי가 결합된 형태로 '너는 나로 하여금 만지게 하라'이다. 개역개정에는 이 단어의 뜻을 제외하고 해석하였는데 의미의 전달에서 제외하여도 문제가 전혀 없기 때문에 개역개정을 따르기로 한다.

27a-a 마소라 비평장치에 의하면 27절 본문에서 삽입되었다고 보는 견해가 있으나 확실하지는 않으며 전체적인 본문의 흐름과 내용적인 면에서 잘못된 이해를 만들어 낼 부분이 없기 때문에 개정개역 본문을 그대로 따르기로 한다.

28a 그리스 원본이나 고대 라틴어 역본에는 הָאֱלֹהִים이 빠져 있는 경우들이 더 많다. 그러므로 הַפַּעַם를 יהוה로 보는 것을 제안한다. 이렇게 놓고 본다면 해석이 '이번 한 번만'이 아니라 '한 번만'이 되어야 하지만, 의미상 큰 차이가 없기에 개역개정의 번역을 따르기로 한다.

30a 한글 개역 성경에서 번역되지 않은 단어 '나프쉬'는 '생명', '목

숨'이라는 뜻을 가진 명사 'נֶפֶשׁ'에 1인칭 단수 소유격 접미어 '이'(י)가 결합한 '나의 목숨'이란 뜻이다(영어번역본인 NIV, KJV 에서는 "Let me die with the Philistines!").

30b 원어 성경 상 본문에는 '죽다'(to die, מות)란 표현이 세 번이나 나오며, 본 절 전체적으로는 모두 다섯 번이나 나오고 있다. 한 절에 'מות'라는 단어가 이와 같이 여러 번 쓰이는 것은 죽음을 강조하고자 하는 저자의 의도 때문이다. 한편 'הַמֵּתִים'은 '죽다'라는 뜻을 가진 동사 'מות'의 능동 분사 복수형 'מֵתִים'에 정관사 'הַ'가 접두 된 '그 죽은 자들'이란 뜻이다. 삼손의 생애 대부분은 부끄러운 행적의 연속이었는데 스스로 목숨을 내어 놓은 마지막 죽음의 순간에서 그 허물을 가리고도 남을 만한 업적을 남겼던 것이다.

31a 'אֶחָיו'는 형제를 의미하는 명사 'אָח'의 복수 연계형에 남성 3인칭 단수 소유격 접미어가 결합된 형태로서 '그의 형제들'이다. 그러므로 '그의 형제들'은 삼손의 친척들 혹은 동족 사람들을 지칭한다. 'אָח'는 친형제 뿐만 아니라 이웃, 동족 그리고 이스라엘 전체를 가리키는 데에도 쓰이는 단어이기 때문이다. 이상과 같은 이유로 해서 '그의 형제와 아비의 온 집'이라 함은 삼손이 속한 부족들은 물론 다른 부족의 이스라엘 동포를 가리킨다고 볼 수 있다.

Ⅲ. 본문의 범위와 문학적 구조

1. 본문의 범위

사사기는 크게 세 부분으로 나뉜다.[1] 서론은 1:1-3:6절까지로

서, 이스라엘의 가나안 정복 실패와 우상숭배를 개괄적으로 다룬다. 본론은 3:7-16:31절로서, 이스라엘의 거듭되는 고난과 해방이라는 주제 아래 열두 명의 사사 이야기가 <평화 → 타락 → 징계 → 부르짖음 → 구원 → 다시 평화>라는 반복적인 하강을 보여주며 하향나선형 패턴을 지닌다. 끝으로 결론은 17:1-21:25절로서, 이스라엘의 종교적 혼란과 도덕적 부패를 보여 주는 두 가지 이야기를 들려준다. 그 중에 본문은 본론의 맨 마지막에 위치한 삼손 이야기(13-16장) 중에서도 그의 최후를 다룬 마지막 단락이다. 본문 바로 앞에는 삼손이 들릴라의 꾀임에 빠져 자신의 힘의 비밀을 밝힘으로써 비참한 감옥생활을 시작했다는 것을 보여주고(16:4-21), 본문 바로 뒤에는 사사 이야기가 끝나고, 결론의 첫 번째 이야기인 미가의 제사장 이야기가 새롭게 시작된다(17-18장).

본문은 방종을 일삼던 삼손의 최후를 비장하고 드라마틱하게 그려주고 있다. 본문의 범위를 확정하는 데 있어서 관건은 22절의 위치다. 22절은 삼손의 머리털이 다시 자라기 시작한다는 내용이다. 이 구절은 일반적으로 삼손이 붙들리고 투옥되는 장면을 다룬 앞 단락의 끝에 놓인다(18-22절). 그렇게 될 때 삼손이 비극적으로 몰락한 것으로 이야기가 끝나지 않고 새로운 이야기가 하나 더 남았음을 암시해주는 역할을 한다. 그런데 22절이 23-31절의 앞에 붙을 때에는 삼손의 마지막 이야기가 '삼손의 머리털이 다시 자란다'는 묘한 암시를 통해 뭔가 반전을 일으킬 것이라는 기대와 희망을 불러일으키는 서곡(overture)이 된다. 그러므로 22절을 23-31절과 한 단락으로 묶는 것은 본문의 문학적 구조에서 일종의 프롤로그(prolog) 역할과 동시에 28절의 기도를 가능케 해주는 견인차 역할을 해준다.

---

1) 김지찬, 『요단강에서 바벨론 물가까지』(서울: 생명의 말씀사, 2000), 150.

2. 문학적 구조

A. 발단 - 구원의 징조: 삼손의 머리털이 자라기 시작함(22절)

B. 전개 - 사건의 배경: 블레셋의 제사와 잔치(23-24절)
  1. 블레셋 방백들의 노래(23절)
  2. 블레셋 백성들의 노래(24절)

C. 위기 - 삼손의 수치: 삼손이 재주 부리고 기둥 사이에 섬(25-27절)
  1. 블레셋의 실수: 흥에 취해 삼손을 불러내어 재주 부리게 함(25a)
  2. 비참한 삼손의 모습: 삼손이 재주를 부리고 기둥 사이에 섬(25b)
  3. 삼손의 숨은 계획: 삼손이 집을 버틴 기둥으로 갈 것을 요청함(26절)
  4. 비참해질 블레셋의 모습: 신전에 블레셋 방백과 남녀들이 많음을 설명함(27절)

D. 절정 - 삼손의 간구: 삼손이 하나님께 간절히 복수의 기도를 드림(28-29절)
  1. 삼손의 간구(28절)
    a. 나를 생각(기억)하옵소서.
    b. 이번만 나를 강하게 하소서.
    c. 두 눈을 뺀 원수를 단번에 갚게 하소서.
  2. 삼손의 행동(29절): 두 기둥을 비틀어잡음

E. 결말 - 삼손의 최후: 삼손이 집을 무너뜨림(30절)
  1. 외침: "블레셋 사람과 함께 죽기를 원하노라."
  2. 행동: 힘을 다해 몸을 굽힘
  3. 결과: 집이 무너져 블레셋 위에 덮힘
  4. 저자의 평가: 삼손이 죽인 자의 수효가 많음

F. Epilogue - 삼손의 장사와 사역기간: 삼손이 장사됨 & 사사로 20년을 지냄(31절)
  1. 장사: 소라와 에스다올 사이 아버지 장지에 장사됨(31a)
  2. 임기: 20년간 사사로 일했음(31b)

Ⅳ. 분석적 관찰

1. 발단 - 구원의 징조: 삼손의 머리털이 자라기 시작함 (22절)

삼손은 자신의 정욕을 절제하지 못하고 들릴라의 꾐에 빠져 결국 자신의 힘의 근원이 어디인지를 가르쳐 주고 만다. 그 결과 그는 두 눈이 뽑히고 놋줄에 감겨 감옥에서 맷돌을 돌리는 비참한 신세로 전락한다. 삼손의 인생이 이렇게 막을 내릴 것인가? 삼손은 실패자로 끝나는 것인가? 적어도 21절까지는 그렇다. 그러나 22절에서 저자는 삼손의 머리털이 자라기 시작한다는 의미심장한 설명을 해줌으로써, 블레셋의 캄캄한 감옥 안에, 그리고 삼손의 막막한 미래 앞에 하나님의 은혜의 빛이 비추고 있음을 넌지시 암시한다.

삼손은 자신이 지닌 힘의 출처가 머리털이라고 여겼다(16:17). 그러나 그의 능력의 원천은 머리털이 아니라 하나님이시다. 삼손의 힘이 사라진 것은 머리털이 밀렸기 때문이 아니라 하나님께서 떠나셨기 때문이다. "내가 전과 같이 나가서 몸을 떨치리라 하였으나 여호와께서 이미 자기를 떠나신 줄을 깨닫지 못하였더라"(16:20b). 머리털을 밀지 않은 것은 삼손이 나실인 서약을 기억하고 지켰음을 의미한다. 그런데 삼손은 머리털의 비밀을 밝힘으로써 하나님께 대한 나실인 서약을 어기고 말았다. 하나님께서는 삼손의 머리털이 밀렸기 때문에 떠나신 것이 아니라 삼손이 서약을 어긴 결과로 떠나신 것이다.

그러나 하나님은 약속에 신실하신 분이시다. 삿 13:5절의 약속이 아직 이행되지 못했다. 하나님의 컴백 무대는 삼손에게 가장 비참하고 참혹한 자리 곧 감옥이다. 하나님은 삼손이 인지할 수 있는 방식으로 삼손에게 찾아오셨다. 하나님께서 회복의 징조로

선택한 것은 다름 아닌 당신의 마음을 아프게 했던 그 '머리카락'
이었다. 머리털이 밀린 사건으로 깨진 하나님과 삼손의 관계가 머
리털이 다시 자란다는 암시를 통해 회복의 조짐을 내비친다. 나실
인 법을 어긴 삼손의 머리털이 강제로 밀렸고, 그 머리털이 다시
자라기 시작했다는 것은 나실인 서약이 갱신될 것을 예측케 해준
다(민 6:1-21 참조). 이것은 외롭고 비참한 감옥에 찾아온 하나님의
은혜의 빛이요, 구원의 징조다. 저자는 '~하자마자'라는 의미의
כַּאֲשֶׁר(카아쉐르)라는 전치사를 사용하여 삼손의 머리털이 삭발되
자마자 곧바로 자라났음을 표현함으로써 하나님의 구원의 징조가
삼손의 실패와 동시에 시작되었음을 보여준다. 하나님께서는 아
직 삼손을 통해 뭔가 하실 일이 남았다. 머리카락 덕분에 본격적
으로 어떤 일이 벌어질지 궁금해진다!

2. 전개 – 사건의 배경: 블레셋의 제사와 잔치 (23-24절)

이제 캄캄한 감옥에서 휘황찬란한 파티장으로 장면이 이동된
다. 블레셋 방백들이 삼손을 잡은 기념으로 즐거워하며 다곤 신에
게 큰 제사를 드리고 찬양한다. 다곤 신이 바다의 신이든 곡물의
신이든 간에 블레셋의 주신(主神)임에는 틀림없다. 방백들은 블레
셋의 다섯 성읍을 대표하는 통치자들이었다. 히브리원문에는 일
반적으로 동사가 문장 맨 앞에 나오는데, 23절은 '모였다'라는 동
사보다 '블레셋 사람의 방백들'이라는 주어가 첫머리에 나온다. 이
들은 흥에 겨워 노래하는데, 소유격 '우리의'(נוּ)라는 각운이 세 번
씩이나 사용된다. "'우리의' 신(אֱלֹהֵינוּ)이 '우리의' 손(בְּיָדֵנוּ)에 '우리
의' 원수(אוֹיְבֵינוּ) 삼손을 넘겨주셨다." 블레셋 백성들도 삼손을 보
고는 비슷한 노래를 부른다. 백성들의 노래에는 복수 소유 접미사
(נוּ)가 네 번이나 나온다(אַרְצֵנוּ אוֹיְבֵינוּ בְּיָדֵנוּ אֱלֹהֵינוּ). 시간적 순서와 논

리적 흐름에 따르면 24절과 25절의 순서가 바뀌는 것이 더 자연스럽다. 그러나 저자는 방백과 백성들이 신나고 들뜬 분위기의 잔치석상에서 술에 잔뜩 취해 우렁찬 승전가를 부르는 장면을 보다 강화하기 위해 두 구절을 연달아 배치한 듯 보인다.

그 동안은 여호와 하나님께서 이스라엘 백성의 타락을 보고 그들을 이방 족속의 '손에 넘겼'는데, 여기에서는 정 반대로 다곤 신이 하나님의 사사 삼손을 '우리의 손'에 넘겼다고 표현된다. 상황이 역전된 것이다. 다곤 신이 여호와를 이겼다는 듯한 뉘앙스의 노래가 울려 퍼진다. 과연 다곤이 승리한 것일까?

3. 위기 – 삼손의 수치: 삼손이 재주 부리고 기둥 사이에 섬 (25-27절)

흥에 겨운 블레셋은 자신들이 삼손에게 무슨 빌미를 제공하는지 전혀 상상하지 못하고 삼손을 감옥에서 호출해 재주를 부리게 한다. 다른 번역본에는 재주 부리는 것이 조롱하는 것으로도 표현되며, 삼손이 춤을 추었다고도 기록한다. 삼손이 눈먼 것을 이용하여 장애물을 놓고 그를 때리거나 넘어지게 하는 잔인한 방법으로 조롱했을 수도 있다.[2] 어떤 형태든 간에 삼손은 두 눈이 뽑힌 채 어릿광대처럼 수많은 블레셋 사람들이 지켜보는 앞에서 치욕스럽고 모욕적인 재주를 부리며 조롱당했다. 다곤 신전 한복판에서 다곤을 찬양하는 소리와 수많은 군중들의 비웃음과 야유를 들으며 삼손은 재주를 부린다. 화려한 다곤 신전의 시끌벅적한 잔치와 그 중앙에서 앞도 못본 채 조롱당하는 삼손의 초라한 모습이 극적으로 대비된다. 그러나 이런 삼손의 모습은 나실인 언약을 함

---

2) 존 월튼 외, 정옥배 역, 『IVP 성경배경주석』(서울: IVP, 2008), 385.

부로 어기고, 하나님을 경히 여긴 형벌로써 이미 예고된 말로요, 마땅한 보응이다. 삼손의 최후는 이처럼 비참하게 막을 내릴 것인가? 여호와께서 다곤에게 진 것인가? 그러나 우리는 재주부리는 삼손의 머리에 머리카락이 까맣게 자라있다는 것을 상상의 눈으로 봐야 한다.

재주를 부린 후에 삼손은 두 기둥 사이에 세워진다. 이 때 블레셋의 신전건축 양식을 이미 알고 있던 삼손은 자신의 길잡이 소년에게 이 어마어마한 성전을 버티고 있는 핵심 기둥을 찾아 그 곁으로 자신을 데려다 달라고 부탁한다. 삼손은 머리털을 자라게 하신 하나님의 신호를 기억하고 있었다. 그가 기둥 사이에 섰을 때 즉흥적으로 힌트를 얻었든, 감옥에서부터 주도면밀하게 계획을 세웠든 간에 삼손은 뭔가 계획을 세우고 조심스럽게 행동으로 착수하고 있다. 아무것도 모르는 길잡이 소년은 순진하게도 모르의 계획에 동참하는 꼴이 된다. 역시 아무것도 모르는 블레셋의 곁으로 남녀는 삼손의 재주에 흥에 겹기만 하다. 삼손의 계획부터 기둥과 밀접하게 연결되었다는 것을 보여준 성경기자는, 그 계획부터 또한 다곤 신전 간에 가득한 남녀 3,000명과 곁으로도 분명히 연관된다는 것을 구체는 수치를 들어 표현해주고 있다. 이제 이야기는 점점 흥미 있게 진전된다. 삼손은 왜 중앙기둥으로 간 것일까? 성경저자는 무슨 이유로 3,000명의 남녀 숫자를 밝혀주는 것일까?

4. 절정 – 삼손의 간구: 삼손이 하나님께 간절히 복수의 기도를 드림 (28–29절)

블레셋 족속은 모두들 신이 나 있다. 흥에 겨워 있다. 술에 취해 있다. 삼손을 놀리며 그의 광대짓을 보고 있는 바로 그 때, 두 기둥 사이에 선 눈 뽑힌 삼손이 생애 두 번째 기도를 드린다(15:18 참조). 그는 세 가지 호칭(주, 여호와, 하나님)을 사용하여 하나님께 간구한다. '주'에 해당하는 '아도나이'(אֲדֹנָי)는 하나님이나 주인을 가리키는 '아돈'에 1인칭 단수 접미어가 결합된 형태인데, '나의 주'와 같이 접미어가 번역된 경우는 매우 드물다. 삼손이 하나님을 '나의 주'라고 부른 것은 이번이 처음으로 그가 죽음을 앞두고서야 비로소 하나님을 자신의 주인으로 인정하며 고백하고 있음을 보여준다.[3] 또한 '주'라는 호칭과 더불어 '이번만 나를 강하게 하사'라는 간구내용은, 삼손이 자신의 초월적인 힘의 출처가 머리카락이 아니라 하나님이라는 것을 인정했다는 사실을 암시해준다. 눈을 잃고서야 하나님을 본 것이다. '이번만'(אַךְ הַפַּעַם הַזֶּה)이라는 표현은 마지막 기회를 달라는 것으로 이해할 수 있는데, 이를 통해 삼손이 그 간의 행적에 대해 후회나 회개를 했을 가능성도 추측해볼 수 있다. 그의 간구기도를 묘사하는 말로 '큰 소리로 부르짖었다'는 의미의 동사(וַיִּקְרָא)가 사용되었고, '간청'의 의미를 지닌 불변화사 '나'(נָא)가 두번 나오며, '실로, 정말로'라는 의미의 부사 '아크'(אַךְ)도 쓰여 삼손이 매우 간절하고도 절실하게 하나님께 간구한다는 것을 강력히 표현한다.

그렇다면 삼손은 대체 무엇을 그토록 간곡하게 간구한 것일까? 삼손의 기도를 동사를 중심으로 살펴보면 크게 세 가지다. '나를 기억하소서', '이번만 나를 강하게 하소서', 그리고 '내 두 눈을 뺀 블레셋 사람에게 원수를 단번에 갚게 하소서.' 이 중에 세 번째 간구가 삼손이 간구한 핵심이라 할 수 있다. 삼손이 갈급함과 간절함으로 간구한 기도의 핵심은 다름 아닌 '복수'였다. 여기에서 사용된 히브리어는 복수를 의미하는 재귀동사(니팔)와 명사가 함께 쓰여 '복수를 복수할 것이다'(וְאִנָּקְמָה נְקַם)라는 중복적 의미로, 강력

---

[3] 강병도 편, 『카리스 종합주석』 v. 24 (서울: 기독지혜사, 2003), 201.

한 복수를 강조하는 매우 강한 표현이다.[4]

그러면 이 복수는 무엇에 대한 복수이며 누구를 위한 복수인가? 단서가 하나 보인다. 'מִשְּׁתֵי עֵינָי'[내 두 눈에 대해: for my two eyes(NASB)]. 뜻밖에도 삼손은 지금 이스라엘 민족의 원수를 갚겠다거나, 40년씩이나(13:1) 민족을 박해하고 압제해온 블레셋에게 복수하겠다는 것이 아니다. 다곤을 찬양하는 노래에 분노한 것도 아니고, 하나님의 명예가 실추된 것에 화가 난 것도 아니다. 삼손의 기도는 자신의 두 눈을 뽑은 자들을 향한 복수의 기도였다. 애석하게도 삼손의 절박한 부르짖음은 개인적인 원한을 폭발하는 것이었다. 물론 삼손의 기도를 도매금으로 처리할 수만은 없다. 분명히 삼손은 하나님을 '나의 주'라고 부를 정도로 변화되었고, 힘의 원천이 자신의 머리털이 아닌 하나님임도 깨달았다. 기도 자세에도 간절함과 진정성이 듬뿍 담겨 있기는 하다. 하지만 다른 한편으로 삼손의 기도 내용이 매우 개인적이고 미성숙하다는 평가를 면하기는 어렵다. 한평생을 이기적인 정욕을 충족하며 살아온 삼손이 생애 마지막에 드린 기도마저도 이처럼 자신의 눈을 뽑아 버린 원수를 향한 개인적인 복수의 기도였던 것이다. 삼손은 마지막 순간까지 '자기 소견에 옳은 대로' 기도한 것인가? 삼손은 압박 받는 이스라엘 공동체도, 다곤 신전에서 모욕당하는 하나님의 영광도 보지 못한 것일까?

이처럼 '절박하지만 불완전한 기도'가 끝나고 삼손은 중앙에 있는 두 기둥을 왼손과 오른손에 하나씩 비틀어 잡는다. 힘을 요청했으니, 이제 그 힘을 쓸 요량이다. 자신의 간구에 하나님이 응답해 주시리라고 믿었음에 틀림없다. 이제 하나님 차례다. 하나님은 과연 이 '절박하지만 불완전한 기도'를 들어주실까?

---

[4] 강병도 편, 『카리스 종합주석』 v. 24 (서울: 기독지혜사, 2003).

5. 결말 – 삼손의 최후: 삼손이 집을 무너뜨리고 블레셋을 죽임 (30절)

"블레셋 놈들과 함께 죽게 해주십시오"(공동번역). 삼손이 죽기 전에 남긴 마지막 말이다. 이 표현은 또 다른 삼손의 기도인 15:19절과 비교된다. 그때에는 삼손이 목이 말라 블레셋의 손에 죽기 싫어 기도했지만, 16:30절에서는 블레셋과 함께 죽게 해 달라고 소리친다. 그리고는 삼손은 곧바로 있는 힘을 다해 몸을 굽힌다. 이 마지막 순간에 삼손은 하나뿐인 자신의 목숨을 아낌없이 투신한다. 특이하게도 삼손이 초인적인 능력을 발휘한 모든 장면마다 등장한 여호와의 영(14:6, 19; 15:14)이 여기에는 나타나지 않는다.

삼손이 힘을 쓰자, 다곤 신전이 무너져서 그 안에 있던 모든 방백들과 백성들을 뒤덮는다. 삼손을 조롱하고 그 배후에 계신 하나님을 우습게 여기며, 다곤을 찬양하던 수천의 블레셋 사람들이 다곤과 함께 몰살한다. 화려했던 신전이 삽시간에 초토화되고 파티장은 아수라장으로 뒤바뀐다. 삼손 이야기의 초두에 "그[삼손]가 블레셋 사람의 손에서 이스라엘을 구원하기 시작하리라"(13:5)고 약속하셨던 하나님께서 본문의 발단에서 "그[삼손]의 머리털이 … 다시 자라기 시작하"도록 하시고는(16:22), 이제 그 구체적인 결과가 어떤지를 펼쳐 보여주고 있다. 하나님께서 삼손의 기도를 들어주신 것이다. 하나님께서는 삼손이 보지 못한 것까지 보신 것이다. 삼손의 개인적인 원한의 기도가 하나님의 주권적인 뜻을 이루는 통로가 되었다. 여호와께서 다곤 신보다 더 강하다는 것을 입증하신 것이다. 역전의 명수 하나님께서 대반전을 일으켜 다곤 일당을 모두 일망타진해버리신 것이다.

하나님의 대역전극이 극적으로 끝나고, 성경기자는 의미심장한 평가로 삼손의 최후 이야기를 일단락 짓는다. "삼손이 죽으면서 죽인 사람이, 그가 살았을 때에 죽인 사람보다도 더 많았다"(새번역). 삼손은 비참한 자리에서, 자신이 최정상의 위치에 있을 때 했던 일보다 더 큰 일을 이루어 냈다.

6. Epilogue – 삼손의 장사와 사역기간: 삼손이 장사됨 & 삼손이 사사로 20년 지냄 (31절)

다행히도 그의 죽음은 비장했지만, 비참하지는 않았다. 삼손은 비록 자신의 정욕과 소견에 옳은 대로 평생을 살아왔지만, 인생 최후의 장면에서 그는 이스라엘을 40년 동안 압제해온 블레셋을 죽이고 다곤 신전을 무너뜨렸다. 성경저자는 '그의 형제5)와 아버지의 온 집'이 삼손을 장사지내 주었다는 것을 기록함으로써 삼손이 사사로서의 경력과 활동이 동포들에게 인정받았고, 그의 지위와 권한이 승인되었음을 암시해준다. 삼손은 외아들이었을 가능성이 크므로(13:2-3) '그의 형제와 아버지의 온 집'은 삼손이 속한 부족이나 단지파일 가능성이 높다. 삼손은 죽은 후에 이스라엘 동포들에 의해 그가 처음 여호와의 영에 감동된 바로 그 곳(13:25) '소라와 에스다올 사이'에 있는 아버지의 장지에 장사된다.

마지막 엔딩 장면은 다른 사사들 스토리와 같은 형식이다. 삼손은 20년 동안 사사로서의 삶을 비장하게 마무리하고 아버지 곁에 잠든다. 이스라엘의 마지막 사사 삼손의 최후 이야기는 이렇게 종결된다.

---

5) '그의 형제'는 히브리어로 복수형 '에하이우'(אחיו)로서 정확히는 '그의 형제들'(his brothers; NASB,NIV)을 의미한다.

V. 통전적 해석

【논지】 본문은 삼손의 최후장면을 다룬 것으로서, 비참한 자리에 떨어진 삼손이 다곤 신전에서 개인적 복수심으로 여호와께 기도하여 마지막으로 블레셋 족속들을 무찌르며 죽는 장면을 보여주며, 이를 통해 하나님께서 불완전한 삼손을 통해 약속하신 이스라엘 구원을 주도적으로 성취하신 사실을 가르쳐준다.

1. 하나님은 실패한 자에게 새로운 기회를 주신다.

삼손은 일생에서 가장 비참하고 참혹한 상태에 치달았다. 생눈을 잔혹하게 뽑힌 채 감옥에서 거대한 맷돌을 돌리는 짐승 같은 신세로 전락했다. 더군다나 다곤 신전에서 열린 '삼손생포 기념축제'에서 유력한 블레셋 지도자들이 지켜보는 앞에서 희롱과 놀림을 당하는 어릿광대가 되기에 이른다. 다곤을 찬양하는 우렁찬 노래가 울려 퍼지는 그 자리에서 한때 블레셋을 벌벌 떨게 했던 삼손은 희롱거리가 되었다. 이스라엘의 대표자가 블레셋 앞에서 치욕적인 수모를 당하고 있다. 야웨가 다곤에게 패한 것 같은 비극의 자리다. 그런데 삼손은 그 수치스러운 순간에도 처량하게 신세한탄을 하는 대신 주도면밀하게 복수를 계획한다. 그는 길잡이 소년에게 성전을 버티고 있는 중앙 기둥으로 자신을 인도해 달라고 요청하고는 하나님께 부르짖으며 기도한다. 하나님께서 자신의 기도를 들어주리라는 확신이 그의 기도와 행동 속에 묻어 있다 (28-29). 대체 무엇이 삼손으로 하여금 처참한 절망의 늪에 빠지지 않고 복수를 계획할 수 있는 원동력으로 작용했을까? 해답은 22절에 있다. "그의 머리털이 밀린 후에 다시 자라기 시작하니라." 나실인에게 머리털은 하나님과의 서약이다(민 6:7). 서약을 무시한 결과 머리카락을 밀린 삼손의 머리에서 다시 머리털이 자라나기 시작했다는 것은 파기된 나실인 서약이 갱신되었다는 뜻이요, 떠났던 하나님께서 다시 오셨다는 의미다. 눈을 잃고 절망 중에서 참혹한 감옥살이를 하던 삼손이 어느 날 다시 자란 머리털을 만져보는 장면을 상상해 보라. 하나님께서 자신을 영원히 저버리지 않고, 다시 찾아오셨다는 것을 알고는 얼마나 감격하고 감사했을까. 다시 자란 머리카락은 캄캄한 암흑세계를 밝히는 한 줄기 빛이었고, 절망의 늪에 핀 한 떨기 희망의 꽃이었다. 삼손은 그 희망을 붙들었던 것이다. 그것이 삼손이 수치스러운 어릿광대짓을 하면서도 희망을 잃지 않고 복수를 위해 주도면밀하게 행동할 수 있었던 이유였다.

삼손은 나실인 서약을 깡그리 무시하고 하나님의 가슴을 후벼팔 정도로 미운 짓들을 일삼아 왔다. 급기야는 하나님과의 관계의 마지노선인 머리털의 비밀마저 공개해버렸다. 그런 삼손을 하나님은 일시적으로 떠나셨다. 그 떠남은 누가 보더라도 정당했다. 그러나 하나님은 실패자 삼손에게 다시 오셨다. 가슴을 멍들도록 아프게 한 몹쓸 녀석에게 또 한 번의 기회를 주시기 위해서다. 게다가 '머리카락' 즉 삼손이 만방에 폭로해서 하나님의 가슴을 찔렀던 바로 그 비밀의 방법을 다시 택하셔서 구원의 빛줄기를 비추셨다. 하나님께서는 우리에게도 동일하게 찾아오신다. 우리가 아무리 큰 범죄를 저질렀다 할지라도 하나님은 우리를 버리지 않으신다. 우리가 실패하여 더 이상 쳐다보기도 싫은 그 자리로, 우리의 눈높이에 맞춰서 감동적으로 찾아오신다. 부디 자신의 죄를 과대평가한 나머지 하나님의 성품을 과소평가하지 말라. 하나님은 발정 난 망아지처럼 날뛰던 삼손에게 기회를 주셨고, 여비서와 간통한 고든 맥도날드 목사에게도 기회를 주셨고, 잔인한 살인마 그룹이었던 지존파에게조차 기회를 주신 분이다. 신실하신 하나님께서는 우리에게도 동일한 기회를 주신다. 비참한 상황에 몰두하다가 하나님의 구원의 손길을 보지 못하는 우를 범하지 말라. 우리가 처한 상황이 어떻든 간에, 아무리 깊은 절망의 늪이라도, 헤어나올 수 없는 실패의 골짜기라도, 하나님께서는 삼손에게 그랬듯이 우리에게도 다가오신다. 당신의 삶 속 어디에서 당신의 머리카락이 다시 자라고 있는지 찾아보라. 그리고 그 은혜의 빛줄기를 붙들라.

2. 하나님께서 주시는 기회를 선용해야 한다.

머리털이 밀리고 눈을 뽑히고서야 삼손은 새로운 눈을 뜬다. 조롱 받는 삶의 현장에서 하나님을 찾는다. 다곤을 찬양하는 자리에서 여호와의 이름을 부르짖고 절규한다. 그는 하나님을 '나의 주'(אֲדֹנָי)라고 불렀다. 절박한 심정으로 하나님께 힘을 달라고 간구했다. 자신의 초인적인 힘의 근원이 머리카락의 주술적인 마력 때문이 아니라 살아계신 하나님이라는 것을 깨달은 것이다. 밑바닥에 나뒹굴고야 비로소 하나님을 새롭게 본 것이다. 삼손의 기도는 절박했고, 간절했고, 진심을 가득 담고 있었다. 그렇다면 삼손이 그 중차대한 마지막 순간에 드렸던 절박한 간구는 무엇이었을까? "나의 두 눈을 뺀' 블레셋 사람에게 원수를 … 갚게 하옵소서"(28b). 이것은 고통 중에 있는 삼손에게는 지극히 자연스러운 기도다. 그 상황에서 어찌 블레셋을 향한 분노와 증오가 차오르지 않을 수 있겠는가? 그러나 삼손이 드릴 수 있는 기도가 이게 전부였을까? 그의 기도에서는 아쉽게도 억압 받는 공동체를 향한 긍휼을 찾아볼 수가 없다. 다곤 신전의 시끄러운 우상찬양소리를 향한 분개도, 모독당한 하나님의 영광 때문에 북받쳐 오르는 울분의 흔적도 보이지 않는다. 삼손이 복수의 근거로 삼은 것은 두 눈을 뽑은 원수를 향한 개인적 복수심이었다. 그는 마지막 순간까지 이스라엘 공동체를 향한 하나님의 구원 계획을 보지 못한 채 온 몸을 던져 자신을 희생했다. 삼손은 눈이 뽑히고서야 새로운 눈을 떴지만, 아쉽게도 온전히 뜨지는 못했다. 삼손은 압박 받는 이스라엘 공동체의 고통도, 다곤 신전에서 모욕당하는 하나님의 영광도 보지 못했다. 삼손의 기도 자세는 절박하고 진술했지만, 기도 내용은 미숙하고 불완전했다. 그것이 삼손의 신앙수준이요, 영적 레벨이었다.

우리는 삼손을 비난할 수 없다. 삼손의 기도를 수준미달의 유치한 기도로 폄하할 수도 없다. 실패의 자리에 서면 우리도 삼손처럼 반응하기 때문이다. 바닥에 떨어지면 사람들은 '나의' 억울함, '나의' 슬픔, '나의' 분노에 집중한다. '어떻게 나한테 이럴 수가! 나를 이렇게까지 대하다니! 복수하고 말거야!' 이것은 실패와 고통에 직면한 인간의 자연스러운 반응이다. 하지만 시간이 지나면서 우리는 개인적인 억울함에서 한 걸음 나아가 자신이 속한 가정과 교회, 공동체를 돌아보는 마음의 여유를 가질 수 있다. '이 사건으로 고통당한 사람이 비단 나 한 사람뿐일까? 내 친구도, 공동체도, 우리 가족도 나와 동일하게 아파하고 있지는 않을까? 나야 뭐 내 실수로 이런 고통을 겪는다고 하지만, 하나님의 마음은 어떠실까?' 고통의 자리에서 우리에게도 한 번쯤은 이처럼 시야를 확장할 기회가 주어질 것이다. 이것이 성숙한 신앙인의 모습이 아닐까? 안타깝게도 삼손은 자신의 한풀이와 원한에 갇혀 내적 성숙으로까지 나아가지 못했다. 결과적으로 본다면 삼손은 블레셋을 무찌르고 이스라엘을 구원하여 사사로서의 사명을 성공적으로 수행한 사람이다. 하지만 신앙인으로서 내면의 성숙이나 인격의 변화에는 실패한 사람이다. 삼손은 블레셋 징계의 기회는 잡았지만, 내면이 성장할 기회는 놓쳤다. 고난과 실패 속에서 우리는 자아에 함몰될 수도 있고, 반대로 성숙한 인격과 영적 성장의 길을 택할 수도 있다. 실패를 통해 하나님은 우리를 성숙한 신앙으로 초청하며, 좁은 시야를 확장시켜 주신다. 당신이 서 있는 실패의 자리가 내적 성장과 영적 성숙을 일으키기 위한 하나님의 초청의 자리라는 점을 기억하라. 부디 일(doing)만 하다가 존재(being)의 변화를 놓치는 일이 없게 하라. 사명은 훌륭하게 성취했지만, 내면은 처참하게 무너진 사람이 되지 말라. 삼손이 좋은 반면교사가 되어 줄 것이다.

3. 하나님께서는 우리의 실패를 통해서도 당신의 일을 이루신다.

삼손은 한평생을 자기 소견에 옳은 대로 살아왔다. 삼손이 비참한 상황으로까지 곤두박질친 것은 그의 막가는 인생에 대한 하나님의 '경고등'이자, 사사로서의 사명 성취와 신앙인으로서의 영적 성숙으로의 '초청장'이라고 볼 수 있다. 삼손은 그 경고등에 반응했고, 사사의 사명은 성취했지만 신앙인으로서의 영적 성숙에는 실패했다. 인생 최후의 비극의 현장에서도 삼손은 간절하지만 불완전하고 미성숙하고 개인적인 기도를 드렸다. 하나님의 온전하신 뜻을 수행하기에는 아쉬움이 남는 기도였다. 그러나 하나님은 삼손의 기도를 들어주셨다. 삼손이 드린 기도의 간절함 때문이라기보다는 하나님의 신실한 성품 때문이다. 하나님은 삼손의 개인적인 원한의 기도를 통해 애초에 약속하셨던 이스라엘 구원을 이루셨다(13:5). 다시 자란 머리카락으로 암시해준 약속을 이행하신 것이다. 삼손의 차원에서는 개인적 원한의 기도였지만, 하나님의 차원에서 보면 삼손 개인의 기도에 대한 응답일 뿐만 아니라, 이스라엘 공동체를 구원하신 것이요, 다곤 신전에서 모욕당한 하나님의 영광스러운 이름에 대한 보복과 징계를 실행하신 것이다. 하나님께서는 미성숙한 삼손의 불완전한 기도를 통해 당신의 완전한 구원사역을 수행하신 것이다. 삼손의 불완전함이 하나님의 구원계획에 흠을 가할 수 없었다.

하나님은 우리의 성공을 통해서 일하신다. 놀라운 것은 우리의 실패와 실수 심지어는 죄조차도 하나님께서 일하시는 통로가 된다는 것이다(롬 8:28 참조). 우리는 종종 우리가 계획을 철저히 세우고, 일을 잘하고, 무엇이든 완벽하게 수행해야지 하나님의 사역이 잘 되고, 흥할 것이라고 생각한다. 행사를 치르더라도, 꼼꼼하게 준비하고 철저하게 기도해야 하나님의 사역을 제대로 수행했다고 여긴다. 우리가 실패한 이유를 더 온전하게 준비하지 못해서, 최선을 다하지 못해서, 실수했기 때문에, 기도를 많이 못해서라고 생각한다. 그러나 삼손의 이야기를 통해 꼭 기억할 것이 있다. 우리가 아무리 완벽을 추구한다고 할지라도 하나님 앞에서 우리의 헌신과, 우리의 기도와, 우리의 열심은 항상 불완전할 수밖에 없다는 것을. 하나님의 일을 이끌어가고 완성시키는 것은 우리의 열심이 아니라, 하나님의 열심이다! 우리의 완벽한 준비가 아니라, 언약에 대한 하나님의 신실함이다! 우리의 풍성한 기도가 아니라, 우리의 빈약한 기도까지 들어서 완전함으로 채워주시는 하나님의 무한하신 성품이다! 비록 삼손의 기도가 완벽하지 않고 모든 것을 포함하지 못했을지라도, 하나님께서는 그 수준 낮고 지극히 개인적이며 복수심에 가득 찬 기도를 사용하셔서 당신의 약속을 이루시고, 당신의 백성을 위로하시고, 당신의 영광을 되찾아 오셨다. 기억하라. 우리의 잘남이든 못남이든, 우리의 성공이든 실패든, 심지어 선이든 악이든 그 무엇이든 간에 하나님은 당신의 나라를 이루어가는 소중한 재료로 변환시킬 수 있다. 무엇이든 연금술사이신 하나님 손에 붙들리면 하나님 나라의 요긴한 부품이 된다.

VI. 결론

　삼손과 같은 비극의 상황을 극복한 인물을 한 명 소개하고자 한다. 클린턴 대통령이 백악관 인턴직원인 르윈스키와의 섹스 스캔들로 곤경에 처했을 때, 그의 상담자로서 그와 그의 가정의 회복을 도와준 결정적인 인물이 있었다. 바로 『내면세계의 질서와 영적 성장』이라는 베스트셀러로 한국에도 널리 알려진 고든 맥도날드(Gordon Mcdonald) 목사다. 맥도날드 목사가 클린턴의 카운슬러가 된 데에는 특별한 이유가 있다. 그가 그레이스채플 교회의 담임목사와 미국의 대표적인 대학생선교단체(IVF)의 총재를 맡으며 잘나가던 시절, 정확히 1987년에 자신의 여비서와 혼외 성관계를 가졌던 것이다. 그는 자신의 죄를 인정하고 교인들에게 고백한 후 모든 공직에서 물러나, 실패의 늪에서 자책과 죄책감으로 어두운 시절을 견뎌야 했다. 3년이나 두문불출하며 파탄되어 가는 가정과 무너져가는 내면을 회복하느라 고군분투했다. 다행히도 하나님께서는 그의 실패의 현장에 '삼손의 머리카락'과 같은 도움의 손길을 보내셨다. 빌 하이벨스, 찰스 스윈돌 등 맥도날드를 아끼던 사람들이 회복 공동체를 만들어 그와 그의 가족을 도왔다. 그 '자라난 머리카락'들의 긴 도움 끝에 맥도날드 목사는 온전히 회복될 수 있었다. 결국 동료들은 그의 회복을 확인했고, 회복식을 베풀어 주었다. 여전히 죄지을 가능성과 부족함을 지닌 연약한 그에게 어느 날 그레이스채플 교인들이 찾아가 다시 교회로 돌아와 달라고 요청했다. 그는 자신의 절제력이나 의지력을 믿는 대신 부족한 자신을 들어 쓰시는 하나님의 신실하신 성품을 의지해 요청을 수락한다. 이렇게 하여 맥도날드 목사는 목회의 자리로 복귀하여 지금까지 실패의 자리에서 절망한 사람들을 위한 회복의 목회자로 영향력 있는 삶을 살고 있다. 긴 회개와 반성의 시간을 지나 실패의 자리를 박차고 일어난 맥도날드 목사는 상처 입은 치유자가 되어 고통의 늪에 빠진 이들에게 회복의 빛을 선사해주고 있다.

하나님이 용서하지 못할 죄인은 없다. 재기하지 못할 실패자도 없다. 하나님은 삼손에게도 기회를 주셨고, 맥도날드 목사에게도 기회를 주셨고, 당신에게도 기회를 주신다. 하나님께서는 우리를 포기하지 않으신다. 그러므로 실패 앞에서 너무 좌절한 나머지 우리 앞에 깃드는 한 줄기 회복의 빛(자라난 머리카락)을 놓치지 말라. 쓰라린 감정에 사로잡혀 자아에 몰입하지 말고, 하나님을 깊이 닮아가고 공동체를 널리 내다보는 성숙의 기회로 삼으라. 때로는 자신이 회복한 모습에도 실망할 수 있다. 우리가 더 나아지고 더 성숙해진다 하더라도 여전히 우리는 부족하고, 여전히 우리는 미성숙하고, 여전히 우리는 죄를 지을 것이다! 하지만 좌절하지 말라. 우리의 일을 이루는 것은 우리의 완전함이 아니다. 우리의 성숙함이 아니다. 그것은 하나님의 열심이다. 우리를 향한 그분의 신실한 성품이다. 하나님께서는 우리의 불완전함, 우리의 부족함, 우리의 실패, 심지어 우리의 죄를 통해서 일하시는 분이시다. 무엇이든지 위대한 연금술사이신 하나님 손에 붙들리기만 하면 하나님 나라의 요긴한 부품으로 변화된다. 그 주님께 당신의 실패를 올려드려 보지 않겠는가?

(2) 보고서 평가

1) 이 글의 해석 세 가지는 다음과 같다. ① 하나님은 실패한 자에게 새로운 기회를 주신다. ② 하나님께서 주시는 기회를 선용해야 한다. ③ 하나님께서는 우리의 실패를 통해서도 당신의 일을 이루신다.

2) 이 해석의 특징은 삼손의 비극적인 삶에서 긍정적인 메시지를 뽑아내려고 한다는 것이다. 그러나 삼손의 실수는 그리 간단하지 않다. 우리의 연약함으로만 간주하기에는 빈약하다. 삼손은 자신의 은사를 탕진하였고 그로 인하여 조롱을 당하였다. 이 본문의 문맥을 충분히 사용하기 위해서는 사실 1번과 같이 낙관적인 부분에서 시작하면 안 된다. 왜냐하면 머리카락이 자라고 있다고 해서 당장 희망이 찾아오지 않았기 때문이다. 머리가 자라는 것으로 인한 낙관적인 결과는 직후에 오지 않고 나중에 비극과 더불어 찾아온다. 오히려 조롱받는 장면이 더 한참 진행된다. 그러므로 이 본문에서는 삼손이 조롱받는 현장에서 치룰 회개와 참회를 한 번 더 부각해야 한다. 그래서 해석 1번에서는 은사를 탕진한 자가 겪는 아픔과 회한을 서술해야 한다. 그리고 해석 1번에 드리운 낙관적인 빛은 해석 2와 합하여 하나님의 사역이 완성됨을 강조하는 쪽으로 가야 한다. 그렇게 하지 않으면 낙관이 반복되어 느슨해진다. 해석 1에서는 삼손의 실수로 인하여 맷돌을 돌리는 비극적인 장면을 충분히 음미하고 희망을 말하는 것이 좋다.

3) 또한 이 글의 약점은 하나님이 인간의 약점에도 불구하고 당신의 일을 이루시는 것이라고 강조하는 것이다. 이는 까딱하면 삼손의 실수를 너무 쉽게 넘어갈 위험을 초래하여 본문을 왜곡할 수 있다. 그러므로 해석 2는 삼손의 마지막 기도를 들으사 강할 때보다 더 많은 일을 이루시는 하나님의 위대하심에 초점을 맞출 수 있다. 그러나 마지막에 하나님은 당신의 일을 이루시지만 삼손은 여전히 이기적인 기도를 드리고 변화되지 못하는 모습을 보여주면서 오히려 우리가 그의 삶을 반면교사로 삼아 일만 행하지 않고 성품 변화를 노력해야 하는 촉구로 마감하는 것이 좋다.

4) 맥도날드 목사와 삼손이 만나는 점은 모두 치명적인 실수를 행한 것이다. 둘 다 해석 1에서는 실수로 인하여 하나님이 조롱받고 자신과 가정과 교회가 겪는 아픔을 상기하면서 보내며 실수 자체를 음미하는 것이다. 해석 2에서 그러한 삼손과 맥도날드의 삶을 사용하시는 하나님의 위대하심을 부각할 수 있다. 그러나 삼손과 맥도날드 목사가 갈라지는 부분은 삼손의 기도의 부족함 때문이다. 관찰에서 이 기도를 문제없는 것으로 평가한다면 맥도날드 목사처럼 둘이 함께 가도 되지만 만약 관찰에서 삼손의 이기심이 보이는 것으로 평가한다면 불연속을 설명해야 한다. 삼손의 이기적인 기도로 보이는 구절을 어떻게 평가하는가에 따라 전개가 달라질 수 있다.

5) 삼손이 하나님의 일을 위대하게 수행하였음에도 불구하고 이기적인 자아를 버리지 못했고, 맥도날드 목사는 나름대로 변화를 겪었다면 오늘날 우리들은 삼손의 변화를 반면교사로 삼아 마지막 주어진 기회를 하나님의 일을 수행하는 기회만이 아니라 이기적인 욕심을 버리고 이기심을 승화하는 기회로 삼자는 촉구로 이어질 수 있을 것이다.

6) 이 보고서는 위기를 당한 삼손의 삶의 자리를 강조하면서 본문을 잘 해석하고 있지만, 회개의 과정이 너무 형식적이고 깊은 돌이킴이 없어 보인다는 점을 생각해 보아야 한다. 만약 삼손의 기도를 완전하지 못한 것으로 본다면, 변화가 필요한 삶의 자리에 있는 사람과 삼손을 비교해가면서 어떻게 코드를 맞추어 매끄러운 해석을 할 수 있는가 하는 것을 고려해야 할 것이다.

2. 밑바닥에 선 목회자의 희망

(1) 강준호의 보고서(2010년)

밑바닥에 선 목회자의 희망
(사사기 16:22-31)

Ⅰ. 서론

교회가 대형화가 되고 목회자가 사회에 영향을 미치면서 대중매체의 집중적인 관심을 받고 있다. 실제로 PD수첩이나 추적 60분 같은 시사 프로그램에서 대형 교회의 문제점과 목회자들의 타락상을 보도했다. 이것은 교회 안과 교회 밖에서 큰 충격을 줬고, 교회의 신뢰도를 떨어뜨리는데 큰 역할을 했다. 이런 문제의식 때문에 교회 내부에서도 발 맞춰 대안들을 제시하고 있다. 하지만 이런 대책들이 큰 효과를 보지 못하는 것이 사실이다. 교회 내부에서 여러 가지 고심 끝에 좋은 대책들을 마련하면, S교회 J목사의 성추행 사건과 강남에 위치한 S교회의 3000억 대형 건축물 시공 같은 대형 이슈로 또 한 번 사회를 시끄럽게 한다. 이런 사건은 목회자들에 대한 희망을 저버리게 만든다. 이런 시대 속에서 진정한 목회자를 어떻게 찾을 수 있을까? 지금의 시대만큼 영적 리더에 대한 신뢰가 떨어진 사사시대의 삼손을 조명해 보자. 그는 사사기의 마지막 사사로서 백성들이 더 이상 영적 지도자에 대한 희망을 가지지 않을 때, 사사의 역할을 맡는다. 그리고 그의 연약함은 현대를 살아가고 있는 목회자의 연약함과 비슷하다. 삼손의 이야기를 통해서 이 시대의 목회자는 어디에서 희망을 찾을 수 있는지 살펴보도록 하자.

II. 본문 및 본문비평

22 <u>그러나</u>ᵃ 깎였던 그의 머리의 머리털이 자라기 시작했다.
23 블레셋 그들의 방백들이 그들의 신 다곤에게 큰 희생제사를 드리기 위해 모였다. 그리고 기쁨으로 우리의 신이 우리의 손에 우리의 대적 삼손을 주었다고 그들이 말했다.
24 그리고 그 백성이 삼손을 <u>보고</u>ᵃ 백성들이 신을 찬양했다. 우리의 신이 우리의 영토를 황폐하게 하고 수많은 사람을 죽였던 <u>우리의 대적</u>ᵇ <u>삼손</u>ᶜ을 우리의 손에게 주셨다고 말했기 때문이다.ᵈ
25 그들의 마음이 ᵃ즐거울 때에ᵃ 이르되 삼손을 불러다가 우리를 위하여 재주를 부리게 하자 하고 옥에서 삼손을 불러내매 삼손이 그들을 위하여 재주를 부렸다 ᶜ그리고 그들은 그를 조롱하고 손으로 뺨을 때렸다ᶜ 그들이 삼손을 두 기둥 사이에 세웠더니
26 삼손이 자기 손을 붙든 소년에게 이르되 나에게 이 집을 버틴 기둥을 <u>찾아</u>ᵃ 그것을 의지하게 하라 하니라ᵇ
27 그 집에는 남녀가 가득하니 블레셋 모든 방백들도 거기에 있고 지붕에 있는 남녀도 삼천 명 가량이라ᵃ 다 삼손이 재주 부리는 것을 보더라
28 그리고 삼손이 여호와께 부르짖었다. 그리고 그가 마했다 주 여호와여, 청컨대, 당신께서는 나를 기억하십시오. 그리고 청

컨대 당신ᵃ께서는 이번만 나를 강하게 하십시오. 하나님ᵇ 그리하면 내가 블레셋 족속에게 나의 두 눈들로 인해 한 번에 복수하겠습니다.

29 그리고 삼손이 그 집에 있는, 그것들 위에 버티고 있는 중앙의 기둥 두 개를 틀어 잡았다. 그리고 그가 그것들에게 기댔다. 하나에 그의 오른손을 그리고 하나에 그의 왼손을

30 그리고 삼손이 말했다. 나의 생명이 블레셋 족속과 함께 죽을 것이다. 그리고 그가 힘껏 굽혔다. 그리고 그 집이 그 방백들 위와 거기 있는 모든 백성 위에 무너졌다. 그리고 그들이 죽었다. 그의 죽을 때에 그가 죽인 자들이 그의 살아있을 때 그가 죽였던 자들보다 더 많았다.

31 그의 형제와 아버지의 온 집이 다 내려가서 그의 시체를 가지고 올라가서 소라와 에스다올 사이 그의 아버지 마노아의 장지에 장사하니라 삼손이 이스라엘의 사사로 이십 년 동안 지냈더라

22a 개역개정에서는 접속사인 "ו"를 특별히 해석하지 않았지만, 삼손이 잡혀서 더 이상 소망이 없는 상황의 21절을 22절에서 '그러나'로 해석하여 삼손에서 새로운 희망의 싹이 다시금 돋아나고 있음을 표현하는 문맥으로 이해하여 해석한다.

24a 마소라텍스트는 24절을 25절 다음 절로 해석할 것을 제안한다. 24절 상반부에서 '백성들도 삼손을 보았으므로'라고 되어 있는 것으로 봐서 이미 사람들 앞에 삼손이 서 있는 것을 알 수 있다. 그러나 25절 상반절에는 '삼손을 부르라'라고 언급한다. 24절에 이미 백성들은 삼손을 보고 있는데 25절에 가서 다시 삼손을 불러내는 것은 글의 전개에 적합하지 않다. 그래

서 마소라 학자들은 24절을 25절 뒤로 보낼 것을 제안 한 것 같다. 하지만, 24절을 26절 앞에 둘 경우에 25절과 26절의 전개가 부자연스러워진다. 25절 후반부에 삼손이 기둥 사이에 서 있는 모습이 나오는데, 이것은 26절에 삼손이 기둥을 붙잡고 있는 장면과 자연스럽게 연결된다. 따라서 마소라 학자들의 제안을 고려하여 논리적 모순을 인지하며 텍스트를 읽되, 25절과 26절의 자연스러운 전개를 생각하여 본문은 순서를 바꾸지 않도록 한다.

24b 레닌그라드 사본 원본과 20개 이상의 마소라 사본에는 'בינו-' 라는 복수 명사의 대명접미사가 붙어 있다. 하지만 본문은 블레셋 민족의 원수인 삼손에 대해서 이야기 하고 있기 때문에 대적은 삼손이라는 것이 분명하다. 따라서 단수명사로 해석하는 것이 복수명사의 대명접미사보다는 대상을 명확하게 한다고 판단되어 마소라본문을 따른다.

24c 어떤 히브리어 필사본들에는 그 사이에 'שמשון'(삼손)이 포함되어 있다. 이 단어는 아마도 삽입된 것으로 보인다. 우리의 대적 'שמשון'(삼손)이라는 단어는 본문이 말하고 있는 자신들의 대적이 누구인지를 명확하게 해주는 단어라고 생각되어지고 자신들의 대적인 삼손을 잡았다는 것을 강조하기 위해 삽입되었다고 생각되며 본문의 흐름과 상통하여 삽입하여 해석하였다.

24d 칠십인역 바티칸 사본에는 "אָמְרוּ"(그들이 말했다)가 아마 삭제 삭제된 것 같다. "אָמְרוּ"(그들이 말했다)을 삭제함으로써 본문의 의미는 자신들의 영토를 황폐화 시키고 동족을 살해한 민족의 대적인 삼손을 블레셋 민족의 신인 다곤이 삼손을 잡게 해주었다는 현재적 사실에 대한 감사라고 해석된다. 자신들의 신이 행했던 일에 대한 과거적 의미의 고백을 하는 "אָמְרוּ"(그들

이 말했다)의 삽입 보다는 삼손이 잡힌 현재의 모습에 대한 감사가 블레셋 민족의 기쁨의 마음을 정확하게 전달한다고 보아 칠십인역 바티칸 사본을 따라 해석하였다.

25a-a 20개 이상의 마소라 필사본에서 כְּתִיב(케토브)로 되어 있고 20개 이상의 마소라 본문에서 쓰여진 케이트(כ)는 כִּי־טוֹב(키토브)로 썼다. 그리고 몇몇 사본에서는 Q를 כְּתִיב(케토브) 읽을 것을 권한다. 이것은 마소라 학자들이 발음상 모음의 변화를 준 것일 뿐 의미적 차이를 둔 것은 아니다. 따라서 해석의 변화는 없다.

25c-c 70인경에서는 'καὶ ἐνέπαιζον αὐτῷ' 추가되었다. 직역하면 '그리고 그를 조롱하였다' 이다. 70인경으로 추가 된 것으로 해석하면 '그들을 위하여 재주를 부렸고 그를 조롱하였다.'로 된다. 70인역은 마소라 본문의 상황을 좀 더 자세히 설명한다. 그리고 비평 장치에는 포함 되진 않았지만 다른 그리스 사본에는 'καὶ ἐρράπιζον αὐτὸν'라는 어구가 첨가 되어 있다. 이것을 번역한 LXE에서는 'and they smote him with the palms of their hands'고 번역한다. 이것을 직역하면 '그리고 그들은 그를 조롱하고 손으로 뺨을 때렸다'이다. LXE는 그리스원문 보다 다른 필사본을 따른다. 아마도 다른 필사본에서는 모멸감을 준 상황을 좀 더 자세히 표현하는 것 같다. 원문을 정하는 원칙에 따라서 마소라 학자들은 이 부분을 추가 된 본문으로 여긴 것 같다. 하지만 여기에서는 삼손이 블레셋 사람들과 백성들 앞에 조롱당했던 상황을 고려하여 70인역(LXE)을 따르는 것이 상황을 사실감 있게 전달 할 수 있다고 판단된다. 그래서 '그들은 그를 조롱하고 손으로 뺨을 때렸다'라는 70인역(LXE)을 따르도록 하겠다.

26a 20개 이상의 필사본에서는 마소라 학자들이 읽을 것(Q)을 제안

한 것처럼 וַהֲמִשֵּׁנִי(바하미쉐니)로 나타난다. 하지만 본래 마소라 본문에 쓰여진 것(K)과 소수의 필사본들에는 וַהֵימִשֵׁנִי(바헤미쉐니)로, 그리고 또 소수의 필사본들에는 וַהֵימִשֵׁנִי(바헤미쉐니)로 쓰여 있다. 이것은 아마도 마소라 본문에 쓰여진 וַהֵימִשֵׁנִי(바헤미쉐니)를 וַהֲמִשֵּׁנִי(바하미쉐니)로 만진 것 같다. 이것은 발음상의 문제일 뿐 해석상에 변화를 주지는 않는다.

26b 그리스어 원본 텍스트에는 '그러므로 그 소년이 그렇게 했다.' 란 말이 추가되어 있다. 이 말을 추가하여 해석하면 '나에게 이 집을 버틴 기둥을 찾아 그것을 의지하게 하라 하니라. 그러므로 그 소년이 그렇게 했다.'이다. 이 말을 추가하므로 삼손이 말한 것처럼 소년이 행동을 취해줬음이 명확해졌다. 즉, 삼손이 소년의 도움으로 기둥을 잡을 수 있었음을 정확하게 알 수 있게 된 것이다. 따라서 이러한 사실을 명확하게 알게 해주는 '그러므로 그 소년이 그렇게 했다.'라는 문장을 그리스어 원본 텍스트처럼 추가하여 해석하도록 하겠다.

27a 마소리 학자들은 이미도 '그리고 거기에 블레셋 족속의 모든 통치자들, 그리고 그 지붕 위에 약 삼천의 남자와 여자'라는 문장이 부가된 것으로 추측된다. 마소라 학자들이 추측한 것처럼 이 문장을 첨가된 것으로 보고, 빼서 해석 한다면 '그리고 그 집이 삼손이 재주부리는 것을 구경하는 남자들과 여자들로 가득 차 있었다.'와 같이 해석된다. 마소라 본문에 '그리고 거기에 블레셋 족속의 모든 통치자들, 그리고 그 지붕 위에 약 삼천의 남자와 여자'라는 문장이 추가 된 것은 '가득 차 있었다.'에 대한 부연설명으로, 굉장히 많은 사람들이 삼손의 모습을 구경하고 있었음을 강조하는 것으로 보인다. 추측하기로는 삼손이 한 때 자신을 두려워하던 블레셋 사람들 앞에서 재주 부리는 것은 수치스러운 일이었는데, 많은 사람들 앞에서 재

주 부리는 것은 삼손이 느끼는 수치심을 더하게 한 것으로 보인다. 즉, 추가된 문장을 통해 우리는 삼손이 느끼는 수치심이 컸을 것으로 예상할 수 있다. 이처럼 삼손의 상황을 더 잘 이해할 수 있도록 '그리고 거기에 블레셋 족속의 모든 통치자들, 그리고 그 지붕 위에 약 삼천의 남자와 여자'라는 문장을 추가한 것은 본문을 이해하는 데 도움을 주는 것으로 보이므로 마소라 본문처럼 문장을 추가해서 해석한다.

28a 마소라에는 הָתָּה '당신'이라고 언급되어 있다. 그러나 대마소라는 '여호와'로 개정제안을 요구하고 있다. 이 본문에서는 이미 여호와라는 이름이 나와 있으므로 우리는 그냥 '당신'이라는 표현을 사용하고 있다(335쪽의 28a와 28b 본문비평과 비교해 보시오).

28b 그리스어 원본 텍스트와 레닌그라드 사본에서는 이 단어를 아마도 삭제했을 것이다. 앞에서 계속 '여호와'가 등장하고 있는데 '하나님'이라는 표현이 구절의 통일성을 헤치는 느낌이 들었기 때문이었을 것이다. 하지만 원문에 더 가까운 '하나님'이라는 표현을 써도 의미를 전달하는 것에는 큰 지장이 없으므로 '하나님'으로 한다.

III. 본문의 범위

사사기는 총 21장으로 구성된다. 1장과 2장은 사사시대의 배경을 요약하고 있고 3장부터 16장까지는 사사기의 중심부로서 12명의 사사들의 이야기 거론되며 17장부터 21장은 2개의 에피소드를 첨가해서 사사 시대의 전반적인 분위기를 설명하고 있다. 그 중에서 6명의 사사의 사역이 주를 이루는데, 그 중에서 삼손의 이야기가 가장 많은 장을 차지한다. (13장-16장: 4장) 삼손이 통치한 기간은 20년밖에 안되지만, 그에 출생부터 사망까지 매우 상세히 적고 있다. 이것은 삼손이 사사시대에서 매우 중요한 위치를 차지하고 있음을 알 수 있다.

사사기의 핵심 주제를 드러내는 말씀인 '그 때에는 이스라엘에 왕이 없으므로 사람마다 자기 눈에 좋은 대로(야사르) 행하였다'(삿 17:6, 21:25)라는 말씀이 언급된다. 이것은 사사시대의 전형적인 인물이 바로 삼손이라는 것을 알 수 있다.6)

13장에서는 나실인으로서 출생이 언급된다. 출생이 언급되어 있는 사사는 삼손밖에 없다. 이것은 다른 사사에 비해 하나님의 관심이 더 집중되고 있는 듯한 느낌을 준다. 그리고 14장부터 16장 21절까지는 삼손이 사사로서 활약과 3명의 여자에게 속아 넘어가는 장면이 나온다. 딤나와 아내, 들릴라의 관계 속에서 삼손의 모습은 여자에게 매우 약하며, 잔치를 좋아하고, 충동적인 모습으로 그려진다. 하지만, 그 속에서도 하나님은 매 순간 그에게 주신 은사를 사용하신다. 하지만 16장 20절의 언급처럼 여호와께서 그를 떠나시므로 삼손은 블레셋에게 잡혀서 옥에 갇힌다.

본문은 16장 22절부터 새로운 반전의 시작을 암시하며, 삼손의 굴욕과 회복의 장면을 동시에 보여주고 있다. 사사기의 마지막 사사인 삼손의 모습을 그렸다는 점에서 본문은 사사기의 마지막 장면이라고 해도 좋을 듯하다. 22절부터 27절까지는 사사시대가 이방인과 이방신의 싸움에서 철저히 패배하는 모습을 보여주며, 28절부터 31절까지는 그럼에도 불구하고 그를 버리지 않으시고, 하나님의 사사로서 사용하시는 것을 볼 수 있다. 이런 의미에서 22절부터 31절까지는 사사시대의 전체를 보여주는 요약본이라고 할 수 있겠다.

---

6) 김지찬, 「요단강에서 바벨론 물가까지」(서울: 생명의 말씀사, 2000), 212.

Ⅳ. 문학적 구조

A. 도입: 삼손의 머리털이 자라기 시작함(22)
 1. 새로운 반전의 암시: 머리털이 자리기 시작함(22)

B. 다곤 제의현장 속에 삼손(23-27)
 1. 블레셋 리더들과 백성들의 제의
  a. 리더들이 제의(23)
   (1) 제의를 드리는 이유: 우리의 신이 삼손을 넘겨져서(23a)
   (2) 리더들의 감정 상태: 즐거움(23b)
  b. 백성들의 반응(24)
   (1) 삼손을 저주: 우리 땅 망치고 많은 사람을 죽인 원수(24a)
   (2) 자기의 신 찬양(24b)
 2. 조롱당하는 삼손(25)
  a. 분위기: 참석한 사람들이 즐거워 함(25a)
  b. 삼손을 부른 이유: 재주 부리기 위해서(25b)
  c. 삼손의 조롱: 재주부리게 하고 뺨 때림(25c)
 3. 기둥에 선 삼손과 모인 사람의 수(25-27)
  a. 블레셋 사람들이 삼손을 기둥에 세움(25d)
  b. 소년에게 부탁하여 기둥에 의지 함(26)
  c. 지붕에 모인 사람의 수: 3,000명(27), 삼손의 재주를 봄

C. 삼손의 부르짖음과 하나님의 응답(28-30)
 1. 여호와께 부르짖음(28)
  a. 여러 번의 간청: 나를 생각하여 강하게 해 달라고 구함(28a)
  b. 내용: 눈을 뺀 원수를 단번에 갚을 수 있도록(28b)
 2. 두 기둥 사이에 선 삼손(29)
  a. 상태: 양손으로 두 기둥을 의지함(29a)
 3. 삼손의 간구에 대한 하나님의 응답과 평가(30)
  a. 간구: 블레셋 사람과 함께 죽기를 간구(30a)
  b. 응답: 집이 무너져 모인 사람들이 다 죽음(30b)
  c. 평가: 살아 있을 때보다 더 많은 사람을 죽임(30c)

D. 삼손의 장사와 끝맺음(31)
  1. 장사한 사람: 형제와 아버지의 온 집
  2. 장사한 곳: 소라와 에스다올 사이 마노아의 장지
  3. 사사로 활동한 기간: 20년

V. 분석적 관찰

1. 도입: 삼손의 머리털이 자라기 시작함 (22절)

삿 14장 6절에 여호와의 사자가 출생하지 못했던 마노아의 아내에게 와서 아들을 낳을 것이라고 말한 뒤, 그에게 삭도를 대지 말라고 한다. 그는 나실인이 될 거이고, 이스라엘을 구원할 자라고 말한다. 이 사실을 마노아에게 말해 주자 삿 14장 7절에서 '이 아이는 태어나서부터 그가 죽는 날까지 하나님께 바쳐진 나실인이 됨이라'고 고백한다. 마노아의 고백 속에는 여호와의 사자가 말한 것에 '죽는 날까지'라는 말이 더 첨가 된다. 이것은 하나님의 직접적인 명령에 의한 서원인 동시에 마노아의 서원이 된다. 그는 민수기 6장에 근거해서 포도주와 독주를 마시지 말 것과 부정한 것을 먹지 않을 것에 대해서 서원한다. 하지만, 삼손의 삶은 나실인 서원과 거리가 멀었다. 그는 술을 맘껏 마 쉴 수 있는 자리에 자주 갔으며(14:10절-잔치 베풂), 기분에 따라서 사자의 시체를 만졌다(14:8). 나실인의 3가지 서원중에 2가지는 이미 어긴 것이다. 하지만, 마지막 서원만은 끝까지 지키려고 한다. 들릴라의 유혹을 끝까지 이기려는 모습을 보였다. 이것은 삼손이 나실인 서약을 완전히 잊은 것이 아니라는 것을 알 수 있다. 그렇지만, 그것도 잠시, 곧, 자신의 마지막 비밀을 가르쳐 준다. 그 결과 삼손은 비참하게 블레셋 사람들에게 끌려간다.

　22절은 비참하게 끌려가는 삼손에게 새로운 반전이 일어날 것을 암시한다. 개역개정에는 접속사가 등장하지 않지만, 마소라 텍스트에서는 와야헬(וַיָּחֶל)로 시작한다. 즉, 'ו'가 언급 되는데, NIV나 NASB에서 역접 접속사인 But과 However로 해석하고 LXE에서는 등위 접속사인 'And'로 해석한다. 문맥적인 의미를 생각했을 때, 역접으로 해석하는 것이 적합하다. 왜냐하면, 21절에 맷돌을 돌리는 삼손의 모습 속에 한 줄기 희망처럼 22절을 언급하고 있기 때문이다. 저자는 삼손의 인생이 여기에서 끝나지 않았다는 것을 보여준다. 비록 삼손이 잘못해서 끌려왔지만, '머리털이 다시 자라기 시작했다'고 언급하며 새로운 희망을 던진다. 메튜헨리 주석에서는 이 부분을 나실인의 표지가 회복되는 것으로 설명하고 있다. 민수기 6장에 나실인 법도을 어겼을 때 자기의 몸을 구별한 날이 차면 제사를 드리고 머리를 민 후에 제의를 드리면 서원이 끝이 난다. 이 장을 근거로 본문을 봤을 때, 삼손은 자신의 의지와 상관없이 머리가 밀리고 자숙의 기간을 가졌다. 메튜헨리 주석에서는 언급되지 않았지만, 나실인의 회복은 삼손의 행위가 아니라 하나님의 섭리이다. 「구약으로 듣는 하나님의 말씀」에서는 머리털을 자라는 것을 자연 현상이라고 말하는데, 이것은 적절하지 못하다. 민수기 6장의 규례를 하나님께서 채우시는 섭리가 22절에 드러난 것으로 보는 것이 합당하다.

　따라서 22절의 기능은 23절 이후에 나오는 새로운 사건의 반전 암시와 나실인의 법도를 하나님의 섭리로 만족시킨 것으로 보는 것이 합당하다. 16장에서 삼손은 머리털이 잘리는 것으로 힘을 잃었다. 머리털이 자라는 것을 언급함으로 독자에게 새로운 기대와 민수기 6장을 떠오르게 한다. 즉, 22절의 기능은 23절 이후에 전개되는 이야기를 위한 도입부분이다.

2. 다곤 제의현장 속에 삼손 (23-27절)

23절과 24절은 비슷한 구조를 띤다. 23절, 24절에서는 방백(리더)들과 백성들이 삼손을 잡았다는 이유로 즐거워하며 자기들의 신인 다곤에게 제사 드리는 장면이다. 여기에서 주의해서 바야 할 것은 '우리'라는 말이 23절에 3번, 24절에는 4번 나온다. 23절에서 '우리의 신', '우리 원수', '우리 손'이고 24절에는 '우리의 땅', '우리의 많은 사람', '우리의 신', '우리의 손'이다. 23절과 24절에서 확실히 알 수 있는 것은 블레셋 전체가 삼손을 공동의 적으로 알고 있었다는 것이다. 방백과 백성이 삼손을 적으로 본 것은 그가 블레셋에게 두려운 존재였고, 이스라엘의 대표하는 사사로서 인식하고 있었다는 것이다. 실제로 삼손이 보여줬던 놀라운 힘은 블레셋을 두려움에 떨게 만들기에 충분했다(삿 15-16장). 이것이 그들을 하나로 묶었을 것이다. 그리고 삼손이 사사라는 신분 또한 '우리'로 뭉치게 만드는 원인이 되었다. 방백과 백성은 삼손을 잡고서 그들의 신이 승리한 것이라고 여기고 있다. 이스라엘을 정복한 것도 아닌데, 3,000명이나 되는 사람들이 모여서 승리의 도취감에 빠진 것은 이해가 되지 않는다. 하지만, 삼손이 보여줬던 사건(아스글론에서 30명을 쳐 죽인 것, 블레셋 사람들의 밭을 여우 꼬리로 불 지른 것, 나귀 턱뼈로 천명을 죽인 것)들은 삼손을 하나님의 사람으로 인식하기에 충분했다. 그들에게 삼손이 나실인이었고, 하나님께 범죄하여 힘을 잃었다는 것은 중요하지 않다. 그들의 인식에서는 여호와의 영이 임한(삿 14:19) 사사를 붙잡았다는 것이 중요하다. 그래서 블레셋 방백과 백성들은 '우리의 신'의 표현을 써서, 그들의 신의 승리를 자축한다. 삼손을 붙잡은 것은 자기들의 힘으로 한 것이 아님을 그들도 알고 있었다(23 - 우리의 신이 넘겨줌). 그래서 삼손을 붙잡은 것이 한 개인의 일이 아니라 블레셋 전체의 일이 될 수 있었다.

그들의 행동은 거기서 멈추지 않는다. וַיְהִי כִּי טוֹב(25) NIV에서는 이 번역을 'they were in high spirits'로 했다. 즉, 그들의 감정이 최고조에 올라갔음을 보여준다. 삼손을 잡은 그들의 감정이 어떠했는지 상상이 된다. 이 때에 삼손을 부른다. 재주를 부리게 하기 위해서 기둥에 세우고 재주를 부리게 한다. וִישַׂחֶק־לָנוּ(위사헤크)라는 말을 쓰는 것을 보아서 운동경기에서 보여주는 묘기가 아닐까 추측해 본다. 어째든, 이것은 대단히 모욕적인 모습이다. 한 나라에 지도자를 모든 사람 앞에서 조롱거리로 만든 것이다. 그 뿐 아니라, 그리스 원문에서는 "καὶ ἐνέπαιζον αὐτῷ, καὶ ἐρράπιζον αὐτὸ" 말이 추가된다. 즉, 그들 조롱하고 뺨까지 때린다. 아마도 이건은 사사 시대에 사사가 가장 치욕스러운 장면이 아닐까 생각한다. 이스라엘을 대표하는 사사가 이방의 신전에서 가장 치욕스러운 모습으로 조롱을 당하고 있는 것이다.

그에 비해 삼손은 아무것도 할 수 없었다. 두 눈이 보이지 않는 상태였기 때문에 거동하기도 불편 했을 것이다. 그래서 자기를 붙든 소년에게 기둥을 찾는 것을 도와 달라고 한다. 삼손이 지금까지 행했던 수많은 행적들을 생각 했을 때, 소년에게 의지하는 삼손의 모습은 너무나 작아 보인다. וְאֶשָּׁעֵן עֲלֵיהֶם(웨어샤엔 알레헴-그 것으로 나를 지지하게 하라), 즉, 의지 할 곳이 없어서 기둥에 의지하고 있는 삼손의 모습을 묘사한다. 26절에서 소년과 기둥에 의지하는 모습은 삿 14:19, 삿 15:14에 여호와의 영이 임하여 놀라운 행적을 보여주는 사건과 극적으로 대비되는 장면이다.

하지만, 삼손은 집을 버티고 있는 기둥을 찾아 달라고 부탁한다. (26) NIV와 KJV 에서는 ', so that I may lean against them'이라고 인과 관계로 번역하고 있다. 원문에서는 'וְאֶשָּׁעֵן עֲלֵיהֶם'라고 언급하며 등위 접속사로 연결했다. 하지만 이 번역은 전체적 문맥으로 봤을 때 무리가 없다. 즉, 삼손은 의지 할 곳을 찾기 위해 집의 버팀목이 되는 기둥을 찾았다. 그런데, 집의 버팀목은 왜 찾았을까? 이것은 28절 이후에 전개되는 내용을 암시하는 것이다. 그것은 조롱 속에서 삼손이 취할 수 있는 마지막 선택이었다. 3,000명 속에서 당하고 있는 수치와 조롱 속에 자신이 취한 마지막 선택이었다. 그 선택 속에는 그 동안 경험 했던 'אֲדֹנָי יְהוִה'(28절)가 담겨 있다. 아도나이 여호와는 이스라엘 민족이 그분을 기억할 때 부르던 호칭이다. 그래서 23-27절은 삼손이 조롱받는 현장 속에서 지금까지 경험 했던 하나님을 기억하며 28절 이후의 반전의 계기를 마련해 준다.

3. 삼손의 부르짖음과 하나님의 응답 (28-30절)

22절(머리가 자라남)과 26절(기둥)에서 던져준 암시대로 드디어 반전이 시작된다. ㄱ 시작은 삼손의 부르짖음(וַיִּקְרָא)으로 막을 연다. 「메튜헨리 주석」에서는 '삼손은 회개하면서 이 모든 슬픔을 참아 내었고, 모든 수치를 자신의 죄에 대한 징벌로 받아들였다'고 언급한다. 그리고 더 나아가, 28절의 기도가 진정한 회개였으며, 그 힘이 자신이 아닌 하나님으로부터 온 것임을 인정한 것이라고 주석한다. 이런 해석은 몇 가지 의문을 남긴다.

우선, 28절의 기도와 유사한 부분을 떠오르게 하는 본문이 있다. 바로 삿 15:18이다. 그곳에서 자신이 목이 말라 여호와께 부르짖는다. 그 때 사용된 동사가 와이크라(וַיִּקְרָא)이다. 이 동사가 성경에서 '부르짖다'라는 의미로 사용되는 경우는 드물다. 실제로 사사기에서도 삼손이 15장과 16장에 두 번만 '부르짖다'로 쓰인다. 그리고 사사기에서 죄를 짓고, 백성들이 부르짖고, 사사를 세우는 규칙적인 패턴에서 쓰이는 부르짖음은 זָעַק이다. 즉, 사사기에서 삼손의 '부르짖다'에 쓰인 와이크라(וַיִּקְרָא)라는 삼손에게만 쓰이는 특이한 경우이다. 이것은 삼손의 부르짖음은 사사기에서 보이는 죄를 지었을 때, 회개의 시발점의 부르짖음과 차이가 나는 것을 알 수 있다. 삿 15:18, 16:28절의 공통점은 자신의 욕구를 만족시키기 위해서 부르짖는 것을 알 수 있다. 삿 15:18절은 단순히 목이 말라서 부르짖은 것이다. 그리고 16:28절도 비슷한 점을 살펴 볼 수 있다. 간구의 내용을 보면 '나를'이라는 말이 3번 나온다. ('나를 생각하옵소서', '나를 강하게 하사', '나의 두 눈을 뺀') 기도의 핵심이 자신의 욕구를 위한 것임을 알 수 있다. 그리고 28절 하반절에는 원수를 단번에 갚게 해 달라고 간구한다. 이런 측면을 고려했을 때, 맨튜헨리주석에서 언급한 것처럼 단순히 참회의 기도라고 언급하기는 힘들다. 분명, 삼손은 기도의 형태를 띠었고 자신의 모습에 대한 후회의 부르짖음이라고 볼 수 있지만 회개의 참 모습은 아니다. 이것은 삿 15장에서와 비슷하게 조롱과 고통 속에 부르짖는 절규라고 보는 것이 더 적절하다. 성경에 나타난 회개의 공통적인 특징은 지난날의 후회가 아니라 자신의 죄를 자복하고 공동체의 죄를 위해서 통곡하는 기도의 형태를 띤다. 하지만 본문에서는 '우리'의 신이 이겼다고 즐거워하는 블레셋을 향한 증오가 아니라 자신에게 고통을 준 블레셋 사람들의 적의로 가득 찬 기도이다. 그래서 자연스럽게 본문의 초점은 이기심과 자기 고통으로 가득 찬 부르짖음에 응답하시는 하나님의 은혜로 넘어간다.

왜 하나님께서 삼손의 기도를 들으셨을까? 본문에서 삼손은 블레셋 사람과 함께 죽기를 원했다. 'נֶפֶשׁ'는 목숨을 나타내기도 하고 영혼을 나타내기도 한다. 개역개정에서는 'נֶפֶשׁ'을 설명하지 않았다. 하지만 '나의 생명이 블레셋 족속과 함께 죽을 것이다.'(NIV, KJV Let me die with the Philistines.)라고 번역하는 것이 더 적절하다. 삼손은 자기 자신을 던져 블레셋 사람들의 목숨과 바꿨다. 이것 때문에 하나님이 그의 기도를 들어 준 것일까? 사실, 이것만으로 기도 응답의 이유를 찾는 것은 좀 부족해 보인다. 또 다른 근거는 30절에서 찾을 수 있다. 저자는 30절 후반부에 'רַבִּים מֵאֲשֶׁר'(라빔 메아쉐르)를 언급하며 삼손 살아있을 때 죽인 수와 죽었을 때 죽인 수를 비교한다. 그리고 רַבִּים(great)라는 부사를 써서 많은 사람을 죽였다고 강조한다. 이것은 저자가 본문의 사건이이 삼손의 인생 전체에서 그의 가장 큰 업적으로 설명하는 것을 알 수 있다. 하지만 가장 큰 업적 속에 삼손이 한 것은 마지막 남은 목숨을 담보로 한 기도뿐이다. 결국, 본문에서 나타내고자 하는 것은 이 일 뒤에 일하고 계신 하나님이다. 삼손이 조롱당했을 때, 그들의 신의 승리로 축제를 즐긴다. 삼손이 조롱당하고 있을 때 하나님의 이름도 같이 조롱당했던 것이다. 삼손은 그것을 정확하게 인지하지 못했지만, 하나님께서는 그 상황 속에서 삼손을 사용하셨다. 삼손의 비참한 상황 속에서도 더 큰 일을 할 수 있었던 것은 하나님의 은혜라고 말하는 것 외에는 설명 할 방법이 없다. 결론적으로, 본문은 삼손의 부르짖음이 개인적인 감정에 의한 것이라고 할지라도 하나님께서 비참한 상황 속에 부르짖는 그의 기도를 외면하지 않으시고 블레셋과 다곤 신을 진멸하는데 삼손을 사용하시는 것을 나타낸다. 이 모든 것은 삼손에서부터 시작한 것이 아니라 하나님으로부터 시작하는 것임을 알 수 있다.

4. 삼손의 장사와 끝맺음 (31절)

삼손의 마지막 업적은 이스라엘 전체에게 큰 충격을 안겨 주었을 것이다. 31절에 보면 온 집이 내려와서 그의 시체를 가져 왔다고 설명한다. 아마도, 삼손이 블레셋에게 잡혀 간 것은 이스라엘 전체에게 큰 화제였을 것이다. 삼손의 이야기 속에서 이스라엘의 지도자로 활동하는 모습은 거의 나타나지 않는다. 유다족속과 갈등하는 장면을 제외하고는 지도자의 모습은 사사기에 등장하지 않는다. 31절이 사사기 속에 마지막 역사라는 것을 생각한다면, 다곤 신전이 무너진 것은 백성들에게 이스라엘 하나님을 떠올리기에는 충분했을 것이다. 그래서 삼손의 마지막 평가는 사사로서 20년을 활동 한 것으로 마무리 짓는다.

VI. 통전적 해석

【논지】이 본문은, 삼손의 불순종으로 인해서 블레셋에게 멸시와 조롱을 당할 뿐만 아니라 하나님의 이름까지도 모독을 당하지만, 그의 부르짖음을 외면하지 않으시고 들으시는 하나님께서 그의 연약함을 사용하여 살아 있을 때보다 더 큰 하나님의 일을 감당하는 모습을 그리고 있다.

1. 목회자의 불순종의 결과는 하나님의 이름이 모독당한다.

삼손이 보여준 충동적인 행동과 이기적인 욕망은 하나님의 종으로 실패한 지도자의 모습을 보여준다. 삼손의 뜻은 태양이다. 이 이름은 부모님의 기대뿐만 아니라 하나님의 기대가 담겨져 있다. 그를 나실인으로 부른 것도 구속하기 위한 것이 아니라 그에 대한 기대의 증표이다. 계속 악해져 가는 시대 속에 하나님의 사람으로 더욱 귀하게 사용하시기 위함이다. 그래서 다른 어떤 사사보다 큰 은사를 주신다. 하지만 삼손은 그 기대에 부응하지 못하고 블레셋 사람 앞으로 처참히 끌려온다. 그때 블레셋 사람 모두가 하나가 되어서 기뻐한다. '우리'라는 말이 23절과 24절에 걸쳐서 7번이 사용된다. 그들이 '큰 제사'를 드렸고 3,000명이나 되는 사람들이 모였던 것으로 보아서 인근 블레셋 사람들은 모두 모였다. 공동체 전체가 하나가 되어서 삼손을 잡은 것을 기뻐한다. 왜 그들이 기뻐했겠는가? 이스라엘의 사사를 잡은 기쁨도 있었겠지만, 그들의 신이 여호와를 이겼다는 생각 때문이 아니겠는가! 삼손의 이름의 의미인 태양이 떨어지고 자신들의 신이 높여진 것을 찬양한다. (24절)

삼손이 태어나는 순간, 하나님의 사람으로 성장한다. 또한, 자신의 의지와 상관없이 나실인이 된다. 태어나서 처음부터, 하나님의 종으로 살아가는 것이 부담스러웠을 것이다. 그의 삶은 부모님에게도 실망을 주고, 자기가 사랑받는 여인에게도 버림받고, 심지어 동족(유다)에게도 버림 받는다. 이런 상황 속에서 삼손은 자신의 만족을 채우려고 하는 모습과 하나님의 종으로서 갈등을 하는 모습이 나온다. 들릴라와 대화 속에서 그것이 잘 나타난다. 그렇다 해서 삼손의 모습이 정당화 될 수 있을까? 절대 그럴 수 없다. 만약, 삼손 개인의 이름으로 살았다면 혹시라도 정당화 될 수도 있었을 것이다. 하지만 그는 하나님의 종으로 살아야 했다. 그렇기 때문에 그가 죄악을 범하면 하나님의 이름이 같이 모독을 받는 것이다. 한국 교회의 사역을 이끌어 가는 사역자로 부름을 받은 우리는 삼손을 반면교사로 생각해야 한다. 대중매체에서 '개독교'라고 불리는 이유가 무엇인가? 그것은 하나님의 종으로 살면서 그에 합당한 삶을 살지 않기 때문이다. 세상 사람들처럼 남들이 욕할 때 욕하고 자신들의 이익만을 챙기는 모습이 삼손의 모습과 닮지 않았는가! 마지막 순간까지 자신을 위해 기도하는 모습이 지금 신학교를 다니고 있는 우리의 모습과 비슷하다. 당장 구해야 할 사역지와 결혼, 장래의 일을 걱정하고 있는 모습이 삼손이 사랑했던 것과 닮아 있다. 만약, 우리가 계속 이런 삶을 살아 갈 때 하나님의 이름은 높이 올라간 십자가만큼 밑으로 추락 할 것이다. 세상 사람들은 우리 이름 뒤에 있는 하나님을 본다는 것을 명심해야 할 것이다.

2. 목회자의 부르짖음을 하나님께서 들으신다.

본문에 나타난 삼손은 본인의 일생 중에 가장 비참한 조롱을 당한다. 그는 수많은 사람들 앞에서 두 눈이 빠진 상태로 서 있다. 하지만 삼손은 마지막 순간까지 자신이 이스라엘의 사사로 서 있는 것을 알지 못한다. 23절과 24절에서 삼손은 블레셋의 신이 이겼음을 자축하는 소리를 듣고도 하나님의 이름이 모독당한다고 생각하지 않는다. 28절에 '부르짖다'라는 표현을 와이크라(ויקרא)로 설명한다. NIV에서는 'prayed'로 해석 했지만 LXE에서는 'wept'로 해석한다. 와이크라(ויקרא)가 삿 15:18절에도 동일하게 사용하는 것으로 보았을 때, LXE 번역이 더 옳다. 부르짖음의 성격에는 기도의 요소보다 감정적인 요소가 더 담겨져 있다. 이것은 삼손의 기도에 '나는'(3번 반복)이라는 단어의 반복에서 알 수 있다. 그의 기도는 개인적인 차원의 요소가 강하게 드러난다. 즉, 그의 기도는 자신의 상황에 대한 절망적 외침이었고 원수를 향한 부르짖음 이었다. 만약, 그가 진정으로 하나님 앞에 회개를 했다면 자신으로 인해서 하나님의 이름이 떨어진 것을 슬퍼했을 것이다. 하지만 삼손은 자신의 두 눈을 빼고 온갖 수치를 준 그들에게 복수하는 마음으로 부르짖는다. 이것이 15장 14절 후반부에 나귀 턱뼈를 들고 자신을 결박한 블레셋 사람들을 죽이겠다고 달려 나간 삼손과 무엇이 다른가! 그는 변하지 않았다. 여전히 자신을 위해 기도하고 개인의 상황 속에서 판단한다.

하지만 하나님은 그를 사용하신다. 이것을 무엇으로 설명하겠는가? 삼손의 회심으로 해석하기에는 큰 무리가 있다. 만약, 그의 부르짖음이 지난날에 대한 회개와 여호와의 이름이 땅에 떨어진 것에 대한 아픔이라면 회심을 통한 역사라고 보아야 할 것이다. 하지만, 본문 어디에도 그런 근거를 찾을 만한 곳이 없다. 따라서 이 역사의 주체를 삼손으로 봐서는 안 된다. 이 일을 하신 것은 하나님이시다. 삼손을 기둥 옆에 세우 신 것, 소년을 통해서 그 기둥을 붙잡게 하신 것, 마지막으로 그의 이기적인 외침을 외면하지 않으신 것, 모두가 하나님의 긍휼이다. 한국 교회의 역사 100년 동안 교회가 지금처럼 욕을 많이 먹고 있는 시대도 드물다. 그렇다고 해서 한국 교회가 희망이 없는가? 기독교인들이 점점 개인주의로 변해가고 사회의 악에 대해서 눈감아 버리고 자신의 이익에 맞춰서 신앙 생활하는 그들의 모습 속에서 한국 교회의 희망을 찾겠는가? 목회자를 준비하는 우리에게 더 큰 고민으로 다가 온다. 하지만 본문의 이야기는 우리에게 큰 희망을 던져 준다. 하나님은 우리의 삶의 자리에서 개인의 부르짖음을 외면하지 않으신다. 비록 하나님의 뜻에 완전히 부합되지 않더라도 하나님은 목회자의 소리를 들으신다. 절망적인 상황 속에서 삼손의 부르짖는 외침이 하나님의 귀에 닿았던 것처럼 우리의 외침도 잊지 않으신다. 결국, 본문은 하나님의 사역이 우리의 은사에 달려 있는 것이 아니라 하나님의 긍휼하신 성품으로 결정 되는 것을 보여준다. 그렇기 때문에 목회자에게 희망이 있다. 삼손처럼 언제든지 넘어 질 수 있는 목회자는 그분의 긍휼하심을 의지 할 필요가 있다. 그리고 그분의 성품을 기억하며 부르짖는 것이 목회자의 자리임을 명심해야 할 것이다.

3. 목회자의 연약함을 하나님께서는 강점으로 사용하신다.

하나님의 주권적인 은혜를 통해서 신당에 있었던 모든 사람들이 죽는다. 다곤신은 곡신의 신으로 바알의 아버지로 알려져 있다. 고대 근동의 제의적 모습은 지금 현대의 제의보다 화려 할뿐만 아니라 성적인 문란함의 극치를 보여준다. '큰 제사를 드리고 즐거워하고(23), 자기들의 신을 찬양하며(24), 그들의 마음이 즐거울 때에(25)'라는 본문의 내용을 봤을 때, 그들의 제의적 축제의 극을 보여준다. 이것은 하나님이 가장 혐오하는 일이다. 그것도 이스라엘을 대표하는 사사가 잡혀 와서 그분의 이름이 그 제의와 어울려 모독을 당했다는 것은 상상도 할 수 없는 일이다. 이 때, 삼손의 모습은 가장 초라하다. 그는 블레셋 사람들의 높아진 마음만큼(they were in high spirits, 25절) 가장 밑바닥으로 추락한다. 가장 강했던 그가 가장 약했던 소년을 의지하여 기둥에 서 있다. 여호와의 영에 충만하여 가장 큰 행적을 행했던 그가 자신의 힘으로 기둥도 잡지 못한다. 하지만, 그는 하나님께서 그에게 행하신 일들을 잊지 않고 있었다. 그는 집을 버티고 있는 기둥으로 데려 달라고 부탁한다. 그에게는 더 이상 힘이 없다. 만약, 그 상황 속에서 아무런 희망을 가지고 있지 않았다면 그렇게 부탁하지 않았을 것이다. 그리고 그는 자기에게 남아 있는 유일한 것을 써 달라고 간청한다. 그것은 바로 'נֶפֶשׁ'(목숨)이다. (30절) 하나님께서는 이것을 외면하지 않으신다. 삼손은 살아 있을 때보다 더욱 많은 사람들을 죽였다. (30) KJV에서는 'more than'을 사용해서 두 구문을 비교한다. 즉, 그의 전체 인생보다 지금 이 순간의 역사하심이 더 크다는 것을 보여준다.

삼손의 인생처럼 목회자도 가장 밑바닥을 경험하는 순간이 있다. 그 때, 절망 속에서 신전의 맷돌만 돌리고 있다면 평생 조롱거리만 될 것이다. 하지만 그 순간에 지금까지 인도하셨던 하나님을 기억해야 한다. 비록, 자신의 잘못으로 밑바닥에 와 있지만 우리의 소망은 신실하심으로 인도하셨던 하나님을 기억하는 것이다. 그 때 자신의 모습을 보면 아무것도 없을 것이다. 삼손도 그랬다. 사실, 그의 목숨은 시간이 지나면 자연스럽게 죽게 될 것이다. 장님인 그가 할 수 있었던 것은 집의 기둥을 찾는 것뿐이었다. 하지만 하나님께서는 그가 가진 전부를 사용하신다. 그것이 아무리 보잘 것 없고 비천해 보여도 하나님께서는 사용하신다. 세상 사람들은 목회자를 보며 부도덕한 인간이라고 손가락질을 하고 성도들은 설교를 잘하지 못하는 사역자라고 미워할지라도 우리의 연약함을 그분은 사용하신다. 그 때, 하나님께서는 사람들이 생각한 것보다 더 큰 일을 행하신다. 하나님의 사역은 인간의 기준에 달려 있는 것이 아니다. 바로, 우리의 연약함을 사용하시는 하나님의 손에 달려 있다는 것을 명심해야 할 것이다.

Ⅶ. 결론

삼손은 사사기의 마지막 사사로서 가장 암울한 시대에 나실인으로 태어난다. 그는 이름의 뜻처럼 태양같이 어두운 시대를 밝혀주는 사사가 되지 못한다. 그는 머리카락이 잘림으로 비참하게 다곤 신전으로 끌려온다. 그리고 그곳에서 비참한 시간을 보낸다. 심지어 많은 사람들이 모인 곳에서 조롱당하고 모독당한다. 더욱 분한 것은 삼손을 잡은 것을 블레셋의 승리로 치부하는 그들의 태도이다. 하지만 삼손은 조롱의 현장 속에서 하나님의 역사하심을 기억 한다. 그는 신전의 중심축이 되는 기둥 중간에 선다. 그리고 부르짖는다. 그의 부르짖음은 원수에 대한 적의였지만 하나님은 그 기도를 들으신다. 그 상황 속에서 삼손의 기도를 외면하지 않으시고 그에게 다시 한 번 큰 힘을 허락하신다. 그것뿐만 아니라 그가 살아서 행했던 것보다 더 큰 일을 하게 하신다. 다곤 신을 섬기기 위해 신전에 있던 사람들은 삼손이 기둥을 쓰러뜨림으로 모두 죽게 된다. 그리고 그의 시신을 그의 가족과 친척들이 와서 장사하고 사사의 일생을 마친다.

　삼손의 일생의 결미는 사역을 준비하는 목회자 후보생들에게 큰 교훈을 준다. 인생의 끝맺음은 첫 출발선에 있는 우리에게는 좋은 교육 자료가 되는 것이다. 끝을 어떻게 매듭짓는지를 알면 첫 매듭도 잘 지을 수 있다. 이런 의미에서 삼손의 이야기는 3가지 권면을 준다. 첫 번째는 목회자의 불순종으로 인해 삶의 밑바닥을 경험 할 때, 하나님의 이름도 같이 더럽힘을 당한다는 것이다. 삼손은 이스라엘을 대표하는 사람이었다. 그가 보여줬던 수많은 능력은 주변 사람들에게 하나님의 종으로서 더 각인 시켰을 것이다. 그래서 그가 다곤 신전 바닥에 질질 끌리며 비참하게 잡혀 왔을 때, 하나님의 이름도 짓밟혔다. 삼손의 인생은 개인의 차원을 넘어서 하나님의 종이라는 이름표를 달고 사는 것을 명심 했어야 했다. 이런 삼손의 모습은 우리에게 좋은 반면교사가 된다. 두 번째는 어떠한 상황 속에서도 목회자의 부르짖음을 하나님께서 들이신다는 것이다. 삼손의 일생을 보면 우리는 희망을 찾을 수 없다. 매사에 감정적이고 개인적인 이기심으로 가득 찬 그의 행동에서는 아무런 소망이 없어 보인다. 하지만 하나님께서는 그의 부르짖음에 응답하셨다. 이와 마찬 가지로, 우리도 어떠한 상황 속에서도 무릎을 꿇고 부르짖는 목회자가 되어야 한다. 세 번째는 자신의 연약함을 깊이 깨닫는 순간에 하나님은 더 크게 그를 사용하신다는 사실이다. 삼손에게 아무런 소망이 없었다. 눈이 먼 장애인이었고 원수 국가에 끌려 온 포로였다. 블레셋을 떨게 했던 삼손의 모습은 찾아 볼 수 없다. 하지만 하나님은 그의 연약하심을 사용하여 과거보다 더 큰 일을 하셨다. 우리의 삶의 자리에서 처절한 연약함을 깨닫는 순간 하나님의 손이 우리를 놓지 않았다는 것을 경험하게 될 것이다.

 삼손의 인생은 부모님의 기대와 하나님의 기대 속에 시작했다. 목회자 후보생으로 서 있는 우리도 사람들의 칭찬의 말을 자주 듣는다. 그 말에는 좋은 것들도 있지만 독이 되는 것도 있다. 때때로 자신의 사역에 열매 맺는 경험이나 기적 같은 일이 일어 날 때, 이런 칭찬은 더 큰 독으로 다가온다. 목회자는 항상 사역을 잘 감당하고 있다고 생각해서는 안 된다. 일이 잘 되고 있는 것과 하나님의 뜻 가운데 사역을 감당하고 있는 것은 분명히 다르기 때문이다. 그리고 일이 잘 되어 질 때에 자신이 무엇을 잘 못하고 있는지 잘 깨닫지 못할 때도 있고 그것을 제어하지 못하는 순간들도 많다. 하지만, 이럴 때 우리는 삼손의 이야기 속에서 배운 3가지 교훈을 기억해야 한다. 우리가 목회 현장 속에 주님의 종으로 살아가는 것을 잊지 않고 그분의 이름을 부르짖었을 때, 하나님은 외면히 않으시고 우리의 손을 들어 주신다는 것을 경험해야 한다. 그러면 하나님께서는 우리의 편이 되서 온전한 사역을 완성 하실 것이다. 비록 우리가 바울처럼 '이 사망에 몸에서 누가 나를 건져 내랴!'고 탄식 할지라도 하나님의 긍휼은 더 큰 위로와 찬송으로 사역을 완성해 나갈 것이다. 그것이 지금 목회를 준비하고 있는 모든 후보생들이 가져야 할 희망이다.

(2) 보고서 평가

1) 논지는 간략하면서도 나름대로 본인의 관점을 보여준다. 세 가지 해석은 다음과 같다:

① 목회자의 불순종의 결과는 하나님의 이름이 모독 당한다.
② 목회자의 부르짖음을 하나님께서 들으신다.
③ 목회자의 연약함을 하나님께서는 강점으로 사용하신다.

이 글은 삼손을 목회자의 삶의 자리로 보고 있다. 내용은 좋은데 해석 세 가지는 조금 더 매끄럽게 표현해야 한다. 세 가지 해석의 명제들은 이해하기가 어렵기 때문에 다음과 같이 더 다듬으면 좋다.

① 목회자가 불순종을 통하여 자신의 은사를 남용하고 세상의 조롱을 받을 때 하나님의 이름이 모독을 당한다.
② 길이 없는 것처럼 보이는 절망가운데 부르짖는 목회자의 부르짖음에 대하여 하나님은 응답하신다.
③ 하나님이 목회자의 연약함을 통하여 더 크게 역사하신다.

2) 해석 1은 삼손을 하나님의 사람으로 보고, 목회자를 하나님을 보여주는 자라는 정체성을 잘 보여준다. 인간의 불순종과 하나님의 이름의 모독에 대한 서술로 잘 시작하였다.

3) 해석 2에서 삼손과 목회자의 정체성이 일치하지는 않는다. 이기적인 기도를 드림에도 불구하고 하나님은 그 삼손의 기도를 들

으신다. 그렇다고 우리가 여전히 이기적인 기도를 드리자고 해석할 것인가? 이 부분을 위해서는 관찰에서 삼손을 더 설명해 주어야 한다. 이기적인 기도를 들어주신다는 것은 이기적인 기도를 합리화하는 말이 아니라 삼손을 반면교사로 삼아 최선을 다해 외치면 하나님은 이기적인 삼손의 부르심에도 응답하신다는 것이다.

4) 해석 2에서 이기적인 기도가 강조점이라면 해석 3에서는 하나님이 사용하시는 도구에 초점을 맞추었다. 강한 삼손의 힘이 아니라 삼손의 연약함이 하나님의 도구가 된 것이다. 연약함을 사용하시는 하나님의 능력을 강조한다.

5) 해석 세 개는 부분적으로 맞지만, 전체적으로 삼손의 삶의 자리와 목회자 후보라는 삶의 자리가 완전히 들어맞지는 않는다. 특히 결론의 마지막 부분은 삶의 자리가 적절해 보이지 않는다. 왜냐하면 이 본문의 삶의 자리는 삼손처럼 큰 기회를 놓치고 다시 시작하려는 사람을 향한 것인데, 이제 목회자로 발을 디디는 자의 사람의 자리에 적용하려고 하므로 설득력이 떨어지기 때문이다. 결론에서 하나로 정리가 되지 않는 이유는 이렇게 삶의 자리가 덜 명확하기 때문이다. 이러한 디테일한 부분을 잘 극복할 때 청중들에게 감동을 줄 수 있다.

3. 너는 나로 하여금

(1) 도화영의 보고서(2010년)

너는 나로 하여금: 교회의 현실 가운데 서 있는 이 시대의 신학생들을 향하여

(사사기 16:22-31)

I. 서론

오늘날의 교회는 위기 앞에 부르짖고 있다. 많은 교회들이 세상의 가치관과 적당히 타협하거나 결탁하는 것은 물론이고, 그들의 이권과 영역 확보를 위해 세상 사람들이 고개를 절레절레 흔들 정도의 일들을 마다하지 않고 있다. 곧 많은 교회들이 교회, 기독인이라는 말이 무색할 만큼 교회 공동체의 그 본질과 사명을 많이 잃어버린 것이다. 세상은 이제 이러한 교회를 향하여 개독교라는 말을 서슴지 않는다. 이러한 캄캄한 현실 앞에서 교회는 다시 새롭게 일어나기 위해, 새로운 회복을 위해 부르짖고 있다. 교회로의 사명으로 부르심을 입은 우리 신학생들은 이제 이 교회의 부르짖음 앞에 어떠한 자세로 서야하는가. 여기 이스라엘 사사시대의 마지막 사사 삼손의 이야기가 있다. 그의 인생의 최후 순간을 통해, 소망을 잃은 듯한 이 시대의 교회의 현실로 나아가야하는 우리를 향한 가르침이 무엇인지 살펴보기로 하자.

II. 본문 및 본문비평

22 그의 머리털이 밀린 후에 다시 자라기 시작하니라
23 블레셋 사람의 방백들이 이르되 우리의 신이 우리 원수 삼손을 우리 손에 넘겨 주었다 하고 다 모여 그들의 신 다곤에게 큰 제사를 드리고 즐거워하고
24 [a]백성들도 삼손을 보았으므로 이르되[b] 우리의 땅을 망쳐 놓고 우리의 많은 사람을 죽인 [c]원수[d]를 우리의 신이 우리 손에 넘겨 주었다 하고 자기들의 신을 찬양하며
25 그들의 마음이 [a]즐거울 때에[a] 이르되 삼손을 불러다가 우리를 위하여 재주를 부리게 하자 하고 옥[b]에서 삼손을 불러내매 [c]그들이 그를 모욕하니라[c] 그들이 삼손을 두 기둥 사이에 세웠더니[d]
26 삼손이 자기 손을 붙든 소년에게 이르되 나에게 이 집을 버틴 기둥을 찾아 너는 나로 하여금 만지게 하라[a] 그것을[b] 의지하게 하라 하니라
27 그 집에는 남녀가 가득하니 [a]블레셋 모든 방백들도 거기에 있고 지붕에 있는 남녀도 삼천 명 가량이라[a] 다 삼손이 재주 부리는 것을 보더라
28 삼손이 여호와께 부르짖어 이르되 주 여호와여 구하옵나니 나를 생각하옵소서 하나님이여[a] 구하옵나니 이[b]번만 나를 강하게 하사 나의 두 눈을 뺀 블레셋 사람에게 원수를 단번에 갚게 하옵소서 하고
29 삼손이 집을 버틴 두 기둥 가운데 하나는 왼손으로 하나는 오른손으로 껴 의지하고
30 삼손이 이르되 블레셋 사람과 함께 죽기를 원하노라 하고 힘을 다하여 몸을 굽히매 그 집이 곧 무너져 그 안에 있는 모든 방백

들과 온 백성에게 덮이니 삼손이 죽을 때에 죽인 자가 살았을 때에 죽인 자보다 더욱 많았더라
31 그의 형제와 아버지의 온 집이 다 내려가서 그의 시체를 가지고 올라가서 소라와 에스다올 사이 그의 아버지 마노아의 장지에 장사하니라 삼손이 이스라엘의 사사로 이십 년 동안 지냈더라

24a BHS는 본 절 전체를 25절 뒤로 옮겨놓으라고 제안한다. 독일어성경공회도 이 구절의 설명에 "사건의 논리로 보면 24절과 25절의 순서를 바꾸어볼 만하다"고 이야기한다. 문맥상 흐름을 살펴볼 때 블레셋 방백들이 삼손을 불러오게 한 뒤에 그들의 신을 찬양한 것으로 생각해볼 수도 있겠다. 그러나 전체적으로 이 두 구절의 순서를 바꾸는 것이 큰 의미가 없어 보이고 26절과의 연관성도 고려해야하므로 마소라 본문 그대로를 채택하기로 한다.

24b BHS 비평장치는 바티칸 사본에서는 본절의 'אָמְרוּ'를 아마도 제거한 듯하며 비교해볼 것을 권한다. 'אָמְרוּ'는 번역하면 '그들이 말하다'인데, 이것은 뒤에 나오는 백성들의 말을 인용하기 위하여 필요한 것으로 판단되므로 마소라 본문을 그대로 취하기로 한다.

24c 어떤 히브리어 필사본에서는 'אוֹיְבֵנוּ'(우리의 원수)을 'שִׁמְשׁוֹן'(삼손)이라고 썼다. 또 다른 히브리어 필사본에서는 'שִׁמְשׁוֹן'(삼손)을 삽입하여 'אוֹיְבֵנוּ'와 함께 병기하여 기록하였다. 이는 아마도 삽입한 것으로 보인다. 그러나 '우리의 원수'가 이미 삼손을 포함하여 의미하고 있고. 또한 그가 이스라엘의 사사였기에 블레셋 사람들이 의미하는 '원수'라는 단어가 삼손 뿐만 아니

라 '이스라엘' 전체를 포함한다고 볼 경우 '삼손'이라고만 표기하는 것이 무리가 있다고 판단된다. 그러므로 마소라의 본문을 그대로 쓰기로 한다.

24d 레닌그라드 사본 원본에서는 'אוֹיְבֵנוּ'가 'בינו-'로 많이 기록되어 있다. 이 두 가지의 쓰임에서 의미상의 차이는 별로 없다고 판단되므로 마소라 본문대로 취하여 읽도록 한다.

25a-a 'כִּי טוֹב'가 레닌그라드 사본에서처럼; 히브리어 구약의 몇 개 사본들에서는 'כִּטוֹב'로, 또 다른 많은 히브리어 구약 필사본에서는 'כִּי-טוֹב'로 쓰였다. 몇몇의 히브리어 필사본에서는 'כְּטוֹב'로 읽혀진다. 본래 히브리 MS전통에서는 자음 문서를 여러 가지 방식으로 나누거나 읽는다. MT는 이것은 시간부사절로 보기도 하고 그대로 두기도 하는데, 읽기의 다양한 방법에도 본문을 해석함에 있어서 큰 차이를 보이지 않는다고 생각되므로 마소라 본문대로 취하여 읽도록 한다.

25b 'הָאֲסִירִים'을 21a와 비교해보면 이는 같은 형태인데, 21a의 BHS 비평장치는 'הָאֲסִירִים'가 많은 히브리어 필사본에는 'סִי-'라고 쓰였으나 'הָאֲסִירִים'대로 읽는다고 말하고 있다. 이에 우리도 마소라 학자들이 복원한대로 이 본문을 취하기로 한다.

25c-c 'וַיְצַחֵק לִפְנֵיהֶם'가 그리스어 원본 텍스트에서는 'καὶ ἐνέπαιζον αὐτῷ'로 기록되어 있다. 이는 '그리고 그들이 그를 모욕했다'라고 번역되는데 기존의 본문 '삼손이 그들을 위하여 재주를 부리니라'는 상황에 대한 사실 자체만을 기록한 반면, 블레셋의 방백들이 그를 모욕했다고 하는 표현은 그의 심중을 좀 더 구체적으로 묘사한, 본문으로 하여금 삼손에게 더 집중할 것을 의도한 번역이라고 할 수 있겠다. 그러므로 BHS의 제안대로 '그들이 그를 모욕하니라'라는 사역으로 본문을 확정하기로 한다.

25d 본절을 24a와 비교하라는 BHS의 제안에 대하여서는 앞서 말한 24a 비평장치에 관한 글을 참고하면 된다. 이에 대하여도 마소라 본문 그대로를 취하여 읽는다.

26a 26절의 'וַהֲמִשֵׁ(י)נִי'는 몇몇의 히브리어 필사본에서는 'שֵׁנִי(י)'라고 쓰였으며, 어떤 히브리어 필사본에는 והשׁמני의 형태로 쓰였지만, 대다수의 히브리어 필사본에 쓰인대로 'וַהֲמִשֵׁנִי'로 읽는다; 'וַהֲמִשֵׁנִי'은 משׁשׁ로부터 제안되었다. 'וַהֲמִשֵׁנִי'을 번역하면 '너는 나로 하여금 만지게 하라'라는 의미인데 개역개정에서는 생략하였다. 이것은 이 구절에서 등장하는 소년에 대한 행동을 좀 더 직접적으로 설명하는 것이므로 소년의 역할에 대하여 무게를 실어준다고 생각할 수 있다. 그러므로 BHS의 제안대로 '너는 나로 하여금 만지게 하라'라는 구절은 삽입하기로 한다.

26b 'עֲלֵיהֶם'에 그리스어 원본문에는 'ὁ δὲ παῖς ἐποίησεν οὕτως'가 추가되어 있고, 이것은 'וַיַּעַשׂ הַנַּעַר כֵּן'와 같은 의미이다. 이를 번역하면 '지금 그 아이가 이것을 하고 있다'라는 의미인데, 전체 본문을 통해서 삼손이 아이에게 부탁한 대로 그 기둥사이를 의지하고 서 있고 굳이 추가되지 않아도 아이가 삼손의 부탁을 들어준 것을 알 수 있으므로 마소라 본문대로 읽어도 무방하다고 판단된다.

27a BHS는 'כֹּל סַרְנֵי פְלִשְׁתִּים וְעַל־הַגָּג כִּשְׁלֹשֶׁת אֲלָפִים, אִישׁ וְאִשָּׁה וְשָׁמָּה' 구절은 아마도 추가되었을 것이라고 말한다. 이는 삼손이 최후에 죽인 블레셋 사람들이 얼마나 되는지를 구체적으로 말해주고 있고, 30절에 '삼손이 죽을 때에 죽인 자가 살았을 때에 죽인 자보다 더욱 많았더라'라고 하는 구절을 지지한다. 때문에 마소라의 본문대로 삽입된 구절을 인정하여 쓰기로 하겠다.

28a 'הָאֱלֹהִים'는 그리스어 원 본문과 고대 라틴어 역본에는 빠져있다. 아마도 지워진 듯하다. 여기서 'אֱלֹהִים'에 'ה'가 붙은 형태는 이스라엘의 하나님이 모든 신들 중의 신임을 나타내기 위함이다. 이것은 죽기 직전 여호와 하나님을 향한 삼손의 굳은 확신과 믿음, 그리고 간곡함을 더 잘 표현한 단어라고 할 수 있겠다. 그러므로 마소라 본문 그대로를 채택하여 읽기로 한다.

28b 'הֱזֶה'은 아마 'יהוה'일 것이다. 그러나 'יהוה'은 신성문자 '야훼'라는 뜻으로 BHS 비평장치의 제안대로 생각하기에는 너무 비약적일 수 있다고 판단되며, 'הֱזֶה'가 여성형으로 쓰인 것은 다소 의문스러운 점이 있으나 문맥상 해석에는 큰 지장이 없으므로 마소라의 본문대로 취하여 읽기로 한다.

III. 본문의 범위와 문학적 구조

1. 본문의 범위

사사기는 사사들과 그들의 시대에 관한 책으로써 이스라엘이 가나안 땅으로 이주한 때부터 왕정을 도입하여 국가 형태로 존재하기 시작한 때까지 살았던 삶의 다채로운 모습을 보여준다. 여호수아가 죽고 여호수아의 세대가 사라지자 이스라엘 백성은 하나님이 자기 백성에게 베푸신 은혜를 잊어버린다. 사사기 1-2장은 여호수아가 죽은 후 이스라엘이 사사 시대로 넘어가는 과정을 말해주는 배경으로써, 가나안 땅의 소유를 둘러싼 계속적인 전쟁과 이스라엘의 불순종이 거듭되는 상황을 설명하여 준다. 이어지는 3-16장은 이에 따라 하나님께서 이 혼란한 시대에 백성을 다스릴 구원자, 곧 사사들을 세우셔서 백성들을 다스리고 억압자로부터 해방하게 하는 일들을 하시는 것에 관한 기록이다. 17-21장까지는 이러한 사사시대 때 백성의 두 가지 내부 상황에 대한 에피소드로 이스라엘 민족의 극심한 타락상이 나타나있다. 사사기에 등장하는 사사는 모두 12명인데 그 중 사사시대의 마지막 사사인 삼손의 이야기는 13장부터 16장까지를 차지한다. 본문 16장 22-31절은 이 삼손의 최후 사건에 관한 기록으로써 사사로서의 그의 삶과 이스라엘의 사사시대가 어떻게 종결되었는지를 서술하고 있다. 22절은 블레셋으로 끌려간 이후의 삼손의 삶이 이전과는 달리 새롭게 조명되고 있는 23~31절의 도입부로 해석할 수 있으며, 또한 본문 전체는 이어 나오는 17장의 지파들의 사건과도 분명하게 구분되므로 하나의 독립적 단락으로 볼 수 있다.

2. 문학적 구조

A. 하나님의 개입 : 삼손의 머리털이 다시 자람(22절)

B. 현실 : 블레셋 사람들의 조롱(23-27절)
  1. 삼손을 모욕함
    a. 블레셋 방백들과 백성들의 다곤 신 제사(23-24절)
    b. 삼손을 희롱하는 블레셋 사람들(25절)
  2. 삼손이 소년에게 부탁함(26절)
  3. 삼손의 재주를 구경하는 사람들(27절)

C. 회복 : 삼손의 최후(28-30절)
  1. 삼손의 기도(28절)
    a. 나를 바라보실 것과 힘주시기를 구함(28a절)
    b. 원수 갚기를 구함(28b절)
  2. 마지막 힘을 쏟기 위한 준비(29절)
  3. 삼손의 죽음(30절)

a. 삼손의 절규(30a절)
   b. 집을 무너뜨림(30b절)
   c. 삼손이 죽인 사람들(30c절)

D 완성 : 삼손의 장례(31절)
   1. 삼손의 시체를 장사지냄(31a절)
   2. 삼손의 통치 기간(31b절)

---

3. 분석적 관찰

1) 하나님의 개입 : 삼손의 머리털이 다시 자람 (22절)

삼손의 머리털이 다시 자라기 시작했다. 이는 그 전의 상황이 어떠했는지에 관한 간접적인 설명이며, 앞으로 그의 상황이 어떻게 진행될 것인가에 대하여 사건을 전개하기 위한 도입의 시작이다. 그는 이전에 들릴라의 유혹에 넘어가 그의 육체적 힘의 근원인 머리털을 밀리고 말았다. 이것은 그가 사사로 인정받을 수 있었고, 사사로서 일할 수 있었던 조건을 잃어버린 것과 동시에 날 때부터 하나님께 드려진 나실인으로서 지켜야할 규례(민 6:5)를 어긴 것이었다. 결국 삼손이 자신의 비밀을 지킬 줄 모른 것은 자신의 사명에 대한 배신이라고 할 수 있다. 힘을 잃은 삼손은 들릴라의 손에 의하여 그의 원수, 블레셋에게 넘겨졌고, 두 눈까지 뽑힘을 당했다. 그런데 그 후 얼마간의 시간이 흐른 뒤에 그의 머리털은 자연스럽게 다시 자라기 시작한 것이다. 본 절에서 '자라기'로 번역된 히브리어 'צמח'은 피부에서 털이 돋아나는 것 뿐 만 아니라, 땅에서 풀이나 나무, 싹 등이 돋아나는 것(to sprout forth)의 의미도 포함한다. 즉, 이것은 겨우내 생명이 없어 죽은 것 같았던 마른 땅에서 봄이 와 또다시 새 생명이 돋아나는 것처럼, 현재 소망이 없고 생명과 사명이 다한 것만 같은 삼손의 절망적인 상황에도 불구하고 그의 안에는 여전히 하나님의 일하심과 생명의 운동력이 유효하다는 것이다. 곧 지금 이 순간, 그의 삶 안에 하나님의 개입하심이 다시 시작되고 있음을 의미하며, 삼손이 이스라엘을 대표하는 인물, 사사였음을 생각해 볼 때 개인적 차원을 넘어 이스라엘 공동체 전체의 역사 속에 하나님의 개입하심이 새롭게 역사하고 있는 것으로 해석할 수 있다.

2) 현실 : 블레셋 사람들의 조롱 (23-27절)

그러나 블레셋 사람들은 삼손의 머리털이 다시 자란 것에 관하여 큰 관심이 없다. 다만 그늘은 자신들의 손에 삼손이 있다는 사실을 기뻐하며 그들의 신인 다곤 앞에서 큰 제사를 드리고 찬양하며 잔치를 벌인다. 이 단락에서 이러한 상황이 블레셋 사람들에게 얼마나 큰 경사였는가를 짐작하여 볼 수 있는데, 블레셋 사람들의 '방백들'이 모였다는 것은 당시 블레셋의 다섯 도시인 아스돗, 아스글론, 에글론, 가드, 가사의 다섯 군주가 모두 모였다는 것을 의미하며, 또한 방백들 뿐 아니라 삼천여명 이상의 사람들이 그곳에 있었다(27절)는 것에서 이 모임의 규모와 의미가 매우 컸다는 것을 알 수 있다. 한편 삼손이 끌려 나오는 것을 보면서 백성이 부른 24절의 노래는 잘 알려진 노래였을 것으로 추측할 수 있는데, 이것은 히브리어 본문에 '우리'라는 뜻의 1인칭 복수 접미어 'ינוּ'가 다섯 번 반복해서 나오는 5중 각운의 노래이다. 이러한 노래는 그들의 연합성을 강조하는 표현인 동시에 블레셋 감옥에 홀로 외롭게 있던 이상인 삼손을 철저히 소외시키는 함성이기도 했을 것이다. 또한 BHS 비평장치에 의하면 24절의 '우리의 원수'로 번역된 'אֹיְבֵנוּ'

가 레닌그라드 사본 원본에 'בינו'로 기록되어 있다고 설명되어 있는데, 이것을 당시 거대한 존재에 대하여 복수형으로 표현하던 전승에 따른 기록으로 이해할 때 이는 블레셋 사람들에게 삼손의 존재가 상당히 위협적이었으며, 삼손이 이스라엘 공동체 전체를 상징하는 큰 인물이었다는 것과, 또한 그가 블레셋 손에 잡힌 것이 얼마나 큰 사건이었는가를 다시 한 번 확인할 수 있다. 이러한 정황 속에서 삼손은 두 눈이 뽑혀 앞도 볼 수 없는 채로 그들 앞에서 광대처럼 춤추고 재주를 부리며 철저히 조롱당하게 된다. 그때에 삼손은 자신의 손을 잡고 있던 소년에게 그 집의 두 기둥 사이에 자기를 두어 그 기둥에 기대어 쉬게 하도록 해달라고 부탁한다. 개역개정에는 생략된 26절의 앞부분을 살려서 직역해보면 "너는 나로 하여금 그 기둥을 만지게 하라, 나로 하여금 그 기둥을 의지하게 하라."이다. 이 구절은 그 뒤로 소년에 대한 다른 부연 설명을 하고 있지는 않다. 그러나 이어져 나오는 삼손의 행동에 대한 기록(29절)을 통해 소년이 삼손의 요청대로 앞이 안 보이는 삼손을 기둥으로 인도하였고 그 기둥을 만질 수 있도록 도와주었다는 사실을 알 수 있다. 이러한 와 중에도 수천 명에 달하는 블레셋의 사람들은 그 축제와 같은 분위기 속에서 삼손을 조롱하며 구경하고 있었다. 이 모든 상황은 삼손이 처한 명백한 현실이었다.

3) 회복 : 삼손의 최후 (28-30절)

이제 두 기둥 사이에 선 삼손은 그의 심경을 하나님 앞에 울부짖으며(קרא) 토로한다. 여기서 이 삼손의 울부짖음의 기도는 하나님께 자신을 바라보기를 간청하는 것으로 시작한다고 볼 수 있다 (28a절). 원문으로 살펴보면, "나의 주 여호와께 말하기를 당신은 지금 나를 기억하소서. 그리고 나를 이번 한 번만 강하게 해주소서!"이다. 여기서 그가 여호와를 부를 때, 'אֲדֹנָי'(아도나이)로 표현했다는 것에 주목할 필요가 있는데, 이것은 그가 여호와를 '나의 주'로, 그리고 자신을 '하나님의 소유'로 새롭게 인식하여 나실인의 정체성으로 다시금 하나님 앞에 선다는 것을 선언하는 것이라고 할 수 있다. 그리고 그가 이제 강하여지기를 여호와 앞에 구하는 첫 대목이 나온다. 그에게는 이전에도 강한 힘으로 상대를 제압하고 승리한 경험이 수없이 많이 있었으나, 그것이 '여호와의 영'이 자신에게 임하여 일어난 일이라는 것을 전혀 깨닫지 못했었다 (14:6, 19; 15:14). 그러나 이제는 그의 힘이 자신 스스로에게나 그의 머리털로부터 주어지는 것이 아니고, 그 힘의 모든 원천이 오직 하나님이었음을 자각하게 된 것이다. 그러나 그럼에도 불구하고 이어지는 그의 기도 "하나님이여, 나로 하여금 내 두 눈에 관하여 블레셋 사람의 원수를 단번에 갚게 하소서!"(28b절)에서 그는 여전히 인간적 연약함과 한계를 가진 존재라는 것을 확인할 수 있다. 원문의 'נָקַם'는 '원수를 갚다'라는 의미인데, 본디 '원수를 갚는 것'은 합법성과 정의, 그리고 구원이라는 개념과 그 의미가 통한다 (렘 15:15; 나 1:2; 민 31:2). 그런데 여기서 삼손의 원수 갚기를 구하는 기도는 '나의 두 눈'(이 구절을 NASB 등의 많은 영어 번역에서는 'for my two eyes'라고 표현한다)을 뺀 블레셋 사람에게로 향하여 있다. 원수에 대하여 복수를 행하시는 궁극적인 주체는 오직 하나님 뿐이신데(신 32:35, 41), 그의 의도는 다분히 개인적 분노와 보복심에 의한 것이었음을 알 수 있다. 신명기 역사서가 전제하는 것이 자신의 현재에서 벗어날 수 없는 인간이 피조물로서 지니는 한계[7])라는 점을 생각해 볼 때, 삼손이 그의 상황 속에서 하나님을 새롭게 인식하고 깨달아 그의 사명을 다하기를 구하였을지라도, 그는

---

7) 독일성서공회해설, 『관주·해설 성경전서 개역개정판』(서울: 대한성서공회, 2004), 309, '신명기역사서안내.'

여전히 그의 내면의 한계를 극복하지 못한 연약한 인간으로 그려진다는 것을 알 수 있다. 그는 이제 두 기둥 사이에 서서 마지막 힘을 다할 준비를 한다. 서서 말하기를 "블레셋 사람과 함께 죽기를 원하노라"라고 하고 온 힘을 다하여 그 집의 기둥을 밀었다. 그런데 놀랍게도 삼손이 기도한 것처럼 집은 무너졌고, 그 안의 모든 사람들과 함께 삼손도 장렬히 최후를 맞이하였다. 게다가 이 사건으로 인하여 죽은 자는 삼손이 살았을 때 죽인자 보다 더 많았다고 성경은 기록한다. 이는 마치 하나님께서 그의 마지막 기도에 응답하신 것처럼 보인다. 그러나 이것은 삼손이 여전히 불완전한 인간이었음에도 불구하고 하나님께서 그와 이스라엘 백성의 삶 안에 열어놓으신 계획과 약속에 대한 끈을 끝까지 놓지 않으심의 결과, 곧 하나님의 신실하심에 대한 증거로 해석함이 옳다. 하나님은 하나님의 방법과 계획대로 이 사건을 통해 불순종과 경솔함으로 무너졌던 '사사로서'의 삼손의 삶과 이스라엘 공동체의 현실을 회복하신 것이다.

4) 완성 : 삼손의 장례 (31절)

삼손이 죽고, 그의 형제와 아버지의 온 집, 곧 삼손의 부족들과 이스라엘의 백성들은 블레셋으로 내려가 그의 시체를 소라와 에스다올 사이 그의 아버지 마노아의 장지에 장사하였다. 당시 이스라엘에서는 장례의 방법이나 태도에 따라서 그의 생전의 업적이 어떠하였는가를 짐작하여 볼 수 있는데, 많은 사람들이 그의 시신을 가지러 블레셋까지 간 것으로 보아 그의 죽음은 이스라엘 민족이 그를 당대의 지도자로 인정하고 그를 애도한 의미 있는 죽음으로 해석할 수 있겠다. 결국 삼손은 살아있을 동안이 아닌, 죽음 이후에 비로소 영광을 누리게 된 것이다. 삼손의 일대기의 마지막

31b절엔 '삼손이 이스라엘 사사로 이십 년 동안 지냈더라'는 기록이 있는데, 이는 이미 15장 20절에도 언급하고 있는 내용으로써 이것은 삼손이 비록 어리석고 유한한 존재로써의 삶을 살았지만 하나님께서는 그럼에도 불구하고 그의 사사로서의 인생을 사용하셨다는 것에 대한 분명함을 드러내고자 함이다. 민족의 운명을 짊어지고 살았던 사사로서의 그의 인생의 끝은 그의 의로나 공적으로써가 아니라 하나님의 개입하심과 일하심으로써만 절망과 실패로 점철되지 않았을 수 있었다. 또한 이를 통해 이스라엘 공동체의 운명이 하나님의 계획과 섭리의 완성을 향하여 나아갈 수 있게 되었다.

4. 통전적 해석

【논지】본문은 이스라엘 사사시대의 마지막 사사인 삼손의 최후 사건에 관한 기록이다. 버려지고 실패한 것 같기만 하였던 사사로서의 그의 인생과 이스라엘 공동체의 운명이 마지막 한 소년의 도움과 하나님의 개입하심을 통해 다시 회복되고 완성 되어 감을 보여준다.

첫째로 본질과 사명을 잃은 듯한 이 시대의 교회의 모습에도 불구하고 하나님은 그러한 교회의 현실 안에 생명력을 불어넣으시며 새로운 개입을 시작하신다.

이제 삼손에게 사사로서의 삶이 끝났다고 해도 과언이 아니었다. 과거 그의 경솔함과 불순종이 낳은 결과가 너무나 참혹했기 때문이다. 그는 블레셋으로 끌려가 두 눈이 뽑히는 고문을 당하고 온 몸에 놋줄을 메고 옥에 갇혀 맷돌을 돌리는 신세가 되었다. 과거 맨손으로 사자를 찢고, 혼자서 서른 명이나 되는 사람들을 쳐 죽이고, 여우 삼백 마리를 붙들어 꼬리를 묶고, 나귀 턱뼈로 천명을 쳐 죽이고 턱뼈의 산(라맛 레히)을 쌓던, 블레셋 사람들이 두려워 벌벌 떨던 엄청난 괴력과 카리스마의 사나이 사사 삼손의 모습은 이제 더 이상 그에게서 찾아볼 수 없게 되었다. 실제로 삼손의 힘의 근원이 머리털에 있었는지는 정확하게 확인할 수 없으나 그는 들릴라의 유혹에 넘어가 나실인으로서 머리털을 밀면 안 된다는 규정을 어기게 되면서 맥없이 블레셋 사람들에게 잡힘을 당하고, 하나님을 찾지 않는 빈번한 불순종의 행위와 정욕을 이기지 못한 경솔함으로 자신의 사명에 대한 배신을 범하였다. 그리하여 마침내 여호와께서 그를 떠나(15:20b) 모든 힘을 잃고만 것이다. 이제 머리털과 두 눈까지 다 뽑힌 채 블레셋 사람들의 조롱거리가 된 그는, 그의 개인적인 인생 뿐만 아니라 이스라엘의 운명까지 짊어진 채 죄책감과 좌절 속에서 하루 하루의 긴 시간들을 보내야만 했다. 그런데 얼마간의 시간이 흐른 뒤 자연스럽게 그의 머리털이 다시 자라기 시작했다. 삼손은 여전히 그의 죄로 인해 포로 상황 가운데 있었고 그가 스스로 새로이 한 것이 아무 것도 없었지만, 그의 머리털은 기어이 다시 자라기 시작했다. 그것은 마치 겨우내 말랐던 땅에서 봄이 되어 새 순이 돋고 풀과 나무가 자라나는 것과 같이 새로운 생명력을 낳는 일이었다. 즉, 끝이 난 것 같았던 삼손의 삶과 이스라엘 공동체의 운명 안에 하나님의 일하심이 새롭게 개입되고 있었던 것이다.

삼손의 모습은 오늘날의 교회의 현실을 닮아있다. 과거, 시대를 주도하고 사회를 개혁해 가던 교회의 모습은 오늘날 힘을 많이 잃었다. 하나님 나라에의 소망을 꿈꾸고 부흥을 노래하던 과거 교회의 모습은 이제 시대의 가치관과 적당히 타협하거나 결탁하기를 일삼고, 시대를 비추는 말씀에의 계시와 하나님의 의도를 열어

선포하기보다는 그들의 덩치를 키워가고 자신들의 영역을 구축하는데 더 많은 힘을 쏟는다. 게다가 세상은 이러한 교회를 향해 '개독교'라는 말을 서슴지 않는다. 교회가 본질을 잃을 위기에 처해있는 것이다. 나실인으로서의 정체성과 사사로서의 본질을 모두 잃고 머리털이 밀리고 포로가 되어 두 눈이 뽑힌 삼손의 모습처럼 이 시대의 교회는 시대의 사명을 배신함으로써 영적인 눈과 힘을 잃었고, 부르심 앞에 교회의 사명을 함께 짊어진 우리 또한 그러한 현실 한 가운데 서있다. 그런데 그러한 현실 속에서 하나님께서 이 시대의 교회 안에 다시금 생명력을 불어넣고 계신다는 것이다. 우리의 눈에는 교회의 모습은 여전하고 힘을 잃어 소망 없어 보일지라도, 하나님께서는 이 시대의 교회를 향하여 다시 사명으로의 자리로 나아오도록 그 안에 깊은 생명력과 운동력으로 역사하고 계신 것이다. 우리는 이제 이 시대, 절망의 자리에 선 우리의 교회 공동체 안으로 새롭게 역사하시는 하나님의 그 개입하심을 다시 눈여겨 바라보아야 한다.

둘째로 이제 이 시대의 교회는 교회를 다시 일으켜 세워 사명의 자리로 인도하여줄 한 사람, 바로 우리들을 필요로 한다.

블레셋 사람들은 삼손의 머리털이 다시 자라기 시작한 것을 알지 못했던 듯하다. 그들은 삼손이 그들의 손에 넘겨진 것에 대하여 크게 기뻐하였고, 이에 모여 그들의 신 다곤에게 찬양하며 제사하는 잔치를 벌였다. 블레셋 사람들에게 삼손의 존재는 큰 의미를 가졌다. 그는 블레셋의 원수 이스라엘을 대표하는 인물이었고, 이전에 블레셋 사람들을 쳐 죽이고 능멸하는 일을 일삼았던, 그들에게는 감히 범접할 수 없는 두려운 존재였다. 때문에 삼손이 잡히자 블레셋의 다섯 방백들이 모두 모였고, 수 천 여명에 달하는 블레셋 사람들이 모여 제사하였던 것이다. 그리고 곧 그들은 만신창이가 된 삼손을 그들 앞에 불러내어 재주를 부리게 하여 그에게 말할 수 없는 모욕과 수치를 당하게 하였다. 이것은 삼손 개인에 대한 것을 넘어 이스라엘의 수치이고, 이스라엘의 하나님 여호와의 이름을 모독하는 일이었다. 그 때 삼손의 손을 붙들고 있던 한 소년이 있었다. 삼손은 그 소년을 향해 이렇게 말한다. "소년아, '너는 나로 하여금' 이 집의 기둥을 만질 수 있게 해다오. 그 기둥에 가서 기대어야겠다." 그 소년은 묵묵히 삼손의 청을 들어주었다. 삼손을 그 기둥 사이로 데리고 가서 그를 세워주었고 그로 하여금 그 기둥을 만질 수 있도록 도와주었다. 그리고 그 자리에 선 삼손의 기도는 그가 지금까지 하나님 앞에 섰던 모습과는 분명히 많은 대조를 이룬다. "나의 주 여호와여, 지금 나를 기억하소서. 그리고 나를 이번 한 번만 강하게 해주소서!" 여기서 '나의 주'라는 삼손의 고백은 자신이 하나님의 소유인 것을, 곧 그가 나실인이며 사사라는 정체성 인식의 회복이며, '강하게 해주소서'라는 간구는 그의 힘의 근원이 더 이상 그 자신도, 머리털도 아니며 오직 여호와 하나님이라는 깨달음이었다. 그의 이러한 깨달음은 그가 기둥 가운데 섰을 때, 바로 그 소년이 삼손의 손을 잡고 그를 데려다가 그를 두 기둥 사이에 세워준 이후에 일어난 일이었다.

　하나님은 절망 가운데 있는 교회를 향하여 새로운 생명력과 소망을 불어넣으시며 개입하시지만, 그 교회가 처한 현실 자체에서 떠나게 하시거나 현실을 외면하게 하지는 않으신다. 삼손이 블레셋이 조롱하는 상황 가운데 있어야 했던 것처럼, 하나님은 여전히 교회를 그 시대의 그 현실 가운데 두신다. 왜냐하면 그것은 교회를 향하여 시대의 분명한 사명을 주셨기 때문이다. 그런데 우리는 여기서 잠시 삼손의 손을 잡은 소년, 이 한 젊은이를 주목하여 바라볼 필요가 있다. 삼손의 손을 잡고 있었던 그 소년은 이 시대, 오늘날의 교회의 현실을 붙들고 있는 어떤 한 사람과 같다. 소년은 누구인가. 그는 앞도 보이지 않은 채 사람들의 조롱을 받고 있던 삼손의 손을 묵묵히 잡고 함께 있던 자였다. 곧 그는 바로 이 땅의 교회의 현실에 교회와 함께, 교회를 붙들고 서 있는 자이다. 그렇다면 그 뒤 소년은 무엇을 하였는가. 소년은 보이지 않는 삼손의 눈이 되어 그를 인도하여 두 기둥 곁에 서도록 도와주었다. 그렇다. 이 시대의 교회를 향해 우리가 해야 할 일도 바로 이것이다. 우리는 교회에의 부르심 앞에 서 있는 예비 목회자, 신학생들이다. 이 시대의 교회는 우리를 간절히 필요로 한다. 비난 받아 마땅했고 허물과 죄가 가득했으며 두 눈이 뽑혀 앞을 보지 못했던 삼손을 떠나지 않고, 곧 이스라엘 공동체의 운명을 떠나지 않고 그 현실에서 삼손과 손을 잡고 서 있던 그 소년과 같이, 영적인 눈과 힘을 잃어 이 시대 속 절망의 자리에 외로이 서 있는 교회를 붙들어줄 이 땅의 젊은이를, 교회로 부르심을 입은 우리 한 사람 한 사람을 교회는 간절히 필요로 한다. 우리는 이 시대의 교회의 현실 안으로 우리는 들어가야 한다. 비난 받고 실패한 자리에 서 있는 교회의 현실 안으로 들어가 '너는 나로 하여금' 그것을 만지게 하고 일어서게 해달라고 하는, 다시 사명의 자리로 나아가도록 도와달라고 하는 교회의 그 간곡한 요청을, 그 부르짖음을 들어야한다.

셋째로 교회는 여전히 불완전하다. 그러나 그럼에도 불구하고 하나님께서는 이 땅의 교회를 통하여 당신의 약속과 계획을 완성하신다.

그러나 뒤 이어 나오는 구절에서 우리는 여전히도 불완전한 인간, 삼손을 확인할 수 있는데, 그것은 그가 블레셋 사람에게 원수를 갚는 것을 두고 그 원수 갚음을 '나의 두 눈을 뺀 것'에 대하여 그렇게 하겠다고 하는 것이다. 사사로서 자신의 민족과 하나님의 이름을 모욕한 것에 대하여서가 아니라, 그는 여전히 두 눈이 뽑힌 것으로 당한 포로로서의 치욕과 수치, 개인적 보복심에만 둘러싸여있었던 것이다. 공의와 정의로 원수를 갚는 주체는 오직 하나님 한 분 뿐이심을 기억할 때 이 기도는 여전히 그의 한계 안에 갇혀있다. 삼손에게 새로운 정체성과 사명에의 인식과 깨달음이 있었을지는 모르지만 결국 그것이 그의 중심과 삶의 전부를 바꾸어 놓지는 못한 것이다. 그런데 놀라운 것은 그럼에도 불구하고 삼손이 기도한 것처럼 집은 무너졌고, 그 안의 모든 사람들과 함께 삼손도 장렬히 최후를 맞이하였다는 것이다. 게다가 이 사건으로 인하여 죽은 자는 삼손이 살았을 때 죽인자 보다 더 많았다고까지 성경은 기록한다. 이는 마치 하나님께서 그의 마지막 기도대로 응답하신 것처럼 보인다. 그러나 이것은 하나님께서 삼손의 한계를 통하여서까지 사사로서의 삼손의 삶과 이스라엘 공동체를 향한 계획과 약속에 신실하게 임하시기 위함이었다. 결국 수천 명의 블레셋 사람들을 멸한 그의 죽음은 이스라엘 민족에게 큰 귀감이 되었고, 그가 사사로서 이십년 이스라엘을 통치했다는 기록 역시 그의 불완전함과 연약함에도 불구하고 하나님께서 그를 당대의 사사로 사용하셨다는 분명한 증거가 된 것이다.

    이 땅을 디디고 살아가는 교회는 여전히 불완전한 모습을 갖고 있다. 교회는 이미 그들의 주인이 하나님이신 것을 알고, 그들의 고백을 하나님께 드리며, 하나님 나라에의 소망과 사명을 품고 이 땅에 치열하게 서 있다. 그러나 오늘날의 많은 교회의 사역은 때로 교회 자체의 이권과 뜻을 향해 있기도 한다. 이스라엘 공동체의 운명을 짊어지고 다시 하나님 앞에 섰으나, 그의 최후의 순간에 다시 한 번 인간적인 나약함을 드러낸 삼손의 모습처럼 말이다. 그렇다. 교회는 결코 완전할 수 없다. 과거 교회의 역사를 거슬러 올라가보아도, 교회가 온전했던 적은 단 한 순간도 없었다. 내부적이든 외부적이든 교회는 언제나 그 시대와 치열하게 싸우며 성장하였고, 때로 타락했으며 개혁을 통해 다시 일어나기도 하였다. 그러한 수 없이 많은 과정들을 통해 교회는 지금에 이르렀다. 그리고 이 시대의 교회 역시 여전히 수많은 문제와 불완전함을 갖고 존재한다. 그런데 놀라운 것은 하나님은 여전히도 불완전하고 미약한 교회 공동체를 통하여 당신의 일을 이루어 가신다는 것이다. 그 긴 역사의 시간 동안 하나님은 단 한 번도 교회를 버리시거나 외면하지 않으셨다. 교회가 절망의 자리에 서 있을 때, 본질을 잃고 타락하여갔을 때에도 하나님은 그 시대의 누군가를 통하여 다시 교회를 일으키셨다. 시대마다 교회를 다시 세우시며, 다시 당신의 교회를 통해 일하셨다. 우리는 이러한 하나님의 신실하시며 완전하신 섭리를 붙들어야한다. 우리의 사역은 때로 이러한 교회의 불완전함과 한계에 낙심할 수도 있다. 그러나 우리가 바라봐야할 것은 교회 자체가 아니라 교회를 완성하여 가시는, 교회의 참 주인 되신 하나님이다. 하나님의 섭리는 이 땅의 모든 것을 아우르고 이 땅, 이 시대의 교회 공동체와 그리스도인들을 통하여 그 약속과 계획을 완성하여 가신다. 때문에 우리는 어둡고 어려운 현실 가운데에서도 우리에게 맡겨주신 교회로의 사명과 부르심에 믿음으로 응답할 수 있다. 그리고 여전히 불완전하며 나약한 교회 공동체일지라도, 이스라엘의 마지막 사사 삼손이 죽음 이후에 그의 영광을 회복하였던 것처럼, 교회는 그 사명이 끝나는 자리에서 교회 영광, 곧 교회 공동체의 진정한 주인이신 여호와 하나님의 영광을 마침내 완성하고 드러낼 것이다.

5. 결론

　이 시대의 교회로 부르심을 받은 예비 목회자들인 우리 신학생들은 다소 어둡고 참담한 교회의 현실 앞에 서 있다. 오늘날의 많은 교회가 본질과 사명을 잃고 세상의 가치관과 적당히 타협하거나 결탁하기를 주저하지 않고 스스로의 덩치를 키우고 그들의 영역을 확보하는 일에 많은 힘을 기울인다. 때문에 결국 교회는 세상의 손가락질과 비방을 더 이상 피할 수 없게 되었다. 이 시대의 교회는 어쩌면 과거의 영광을 잃어버린 채 세상 앞에 다소 위축되고 소외되어 절망의 자리에 서 있는지도 모른다. 이러한 현실 앞에 선 우리에게 하나님께서는 삼손의 삶을 보여주신다. 오늘의 본문인 그의 최후 기록은 사명자로서 인생의 끝에 서 있던 삼손의 삶과 이스라엘 공동체의 현실 속에서 일하시는 하나님의 놀라운 섭리의 이야기이다. 우리는 이 본문을 통해 오늘날 교회로의 사명 앞에 선 우리들이 잊지말아야 할 것이 무엇이며, 그 사명 앞에 임해야할 자세가 무엇인지를 배울 수 있다. 첫째, 하나님은 본질과 사명을 잃은 듯한 이 시대의 교회의 모습에도 불구하고 그러한 교회의 현실 안에 생명력을 불어넣으시며 새로운 개입을 시작하신다는 것이다. 죄로 얼룩지고 사명을 배반하여 절망의 자리에 선 삼손의 머리털이 다시 자라기 시작한 것처럼, 이 시대의 교회가 본질을 잃고 세상으로부터 질타 당하는 실패와 절망의 자리에 있을지라도 하나님은 그 교회 안에 새롭게 개입하신다는 것이다. 하나님의 섭리는 우리의 생각과 사고를 뛰어넘는다. 도저히 일어날 수 없을 것 같은 절망의 순간에도, 도저히 씻을 수 없을 것 같은 죄악의 문제에도 불구하고 하나님은 그 놀랍고 깊은 섭리하심으로 우리의 삶에, 우리의 사역에, 우리의 교회 안에 그렇게 새로운 개입하심을 시작하신다. 둘째로 이제 위기의 자리에 선 교회는 다시 교회를 붙들고 새로운 사명의 자리로 인도하여 일으켜 세워줄 한 사람, 바로 우리들을 절실히 필요로 한다는 것이다. 하나님의 개입은 이제 교회로 하여금 이 시대의 사명을 입은 자들, 곧 우리를 향해 부르짖게 한다. 우리는 이 교회가 맞닥뜨린 현실 안으로 들어가야 한다. 그리고 그 교회를 붙들고 교회로 하여금 다시 일어서도록, 다시 그 사명에의 자리에 교회가 설 수 있도록 도와야 한다. 셋째로, 그러나 교회는 여전히 불완전한 모습을 갖고 있으며, 하나님은 그럼에도 불구하고 그 교회를 통하여 당신의 약속과 계획을 완성하신다는 것이다. 시대를 돌아보면 교회는 언제나 불완전하였으며, 지금도 여전히 불완전하며, 앞으로도 결코 완전한 모습을 가질 수 없을 것이다. 이것은 이 땅을 디디고 살아가는 피조물의 한계이며, 교회의 한계이다. 우리는 먼저 우리와 우리의 교회의 이 유한한 한계성을 인정하고 서야한다. 우리가 붙들어야 할 것은 이 교회를 통하여 일하시는 하나님의 완전하심이다. 하나님은 교회와 교회 공동체의 불완전함에도 불구하고, 결코 온전하여질 수 없는 우리의 한계에도 불구하고 이 모든 것을 통해 당신의 약속과 계획을 완성하여 가신다. 이것은 곧 하나님의 사역에의 완전성은 오직 하나님에게서만 비롯되며, 이 땅의 교회와 교회 공동체의 영광이 오직 하나님께만 있음을 의미한다.

이와 같이 이제 교회로의 부르심 앞에선 우리가 하나님의 섭리를 깨닫고 교회의 요청 안으로 들어갈 때, 교회는 잃어버렸던 교회의 영광, 곧 교회의 참 주인이 되시며, 주관자가 되시는 하나님의 영광을 회복할 것이다. 우리가 바라봐야하는 것은 이 땅의 교회가 처한 현실 자체가 아니라, 오늘날 이 시대의 교회의 현실을 통하여 일하시고 당신의 약속과 계획을 완성하여 가시는 하나님의 신실하시고 완전하신 섭리이다. '너는 나로 하여금'. - 예비 목회자인 우리 신학생들이여, 이제 교회가 처한 이 시대의 현실 가운데로 나아가 교회로 하여금 참 교회됨을 새롭게 회복하게 하자.

(2) 보고서 평가

1) 다른 보고서와 달리 독특하고 창의적이면서도 본문의 문맥을 그런대로 잘 살린 보고서이다. 이 보고서에서의 초점은 약해진 교회에 대하여 기대하시고, 교회를 사용하시는 하나님의 사역으로 삼손을 비유하고, 삼손의 사역을 위하여 한 아이와 신학생의 정체성을 동일화하여 교회를 새롭게 하는 신학생들의 사역을 강조하는 것이다.

2) 저자는 이를 위하여 세 개의 해석을 사용한다. 해석 1: 본질과 사명을 잃은 듯 한 이 시대의 교회의 모습에도 불구하고 하나님은 그러한 교회의 헌신 안에 생명력을 불어넣으시며 새로운 개입을 시작하신다. 해석 2: 이제 이 시대의 교회는 교회를 다시 일으켜 세워 사명의 자리로 인도하여줄 한 사람, 바로 우리들을 필요로 한다. 해석 3: 교회는 여전히 불완전하다. 그러나 그럼에도 불구하고 하나님께서는 이 땅의 교회를 통하여 당신의 약속과 계획을 완성하신다.

3) 해석 1에는 정체성 잃은 교회를 향하여 머리칼을 자라게 하시며 회복을 기대하시는 하나님의 모습이 담겨 있다. 해석 3은 불완전한 교회를 사용하셔서 하나님의 계획을 완성하시는 모습이 담겨 있다. 그리고 해석 1과 해석 3을 연결해 주는 것은 해석 2로서 삼손의 도우미인 아이의 사역이다. 이 보고서의 포인트는 아이를

신학생으로 동일화시키는 해석방법에 대한 평가가 될 것이다.

4) 사실 이러한 해석은 조금 아슬아슬하고 위험해 보이기도 한다. 그러나 때때로 이러한 유추를 통하여 과감하게 해석할 때를 염두에 두고 이러한 방법을 생각해 보자. 즉, 아이의 모습에서 신학생의 모습이 그려질 때 단순히 아이와 신학생만을 일치시키려면 문맥 없는 자의적인 알레고리가 될 수도 있다. 이때는 본문에서 아이의 문맥과 현실에서 신학생의 문맥을 충분히 확대하여 본문의 세계와 현실의 세계를 가능한 한 일치하려고 노력해야 한다. 어설픈 일치를 통한 무리한 해석이 전체적인 흐름을 막고 있지 않은지 살펴야 한다. 본문에서 아이와 신학생을 일치하는 것이 약간 어색해 보이기도 하지만, 삼손의 도우미 역할을 신학생으로 가져감으로써 신학생의 정체성을 강조하는 것도 어느 정도는 가능하다고 본다. 이러한 창의적인 설교는 본문에서 더 많은 객관적인 기초 사실(reference)위에 든든히 서 있을수록 설득력이 있는 것이다. 어색해 보이는 조합은 전체적인 흐름을 자연스럽게 연결하여 마지막 날 교회를 사용하시는 하나님 앞에서 신학생이 아이처럼 순종하여 교회를 위한 각자의 사역을 촉구할 때 강화된다.

5) 이러한 접근을 더 설명해 보자. 아이가 삼손을 데리고 기둥으로 향하는 본문의 장면을 묘사하기 위하여 더 깊이 있는 상상력을 동원해야 한다. 즉, 힘을 자랑하던 삼손이 연약해진 모습으로 마지막 자신의 죽음을 무릅쓰고 하나님의 사역을 이루는 기둥으로 향할 때, 기꺼이 그 길을 인도하며 삼손이 하나님의 더 큰 사역을 이루도록 돕는 완벽한 도구가 되는 자리로 이동하는 벅찬 자리에서 아이와 신학생의 사역을 만나게 할 수 있을 것이다.

4. 절망에 빠진 자를 향한 하나님의 메시지

(1) 김지영의 보고서(2010년)

절망에 빠진 자를 향한 하나님의 메시지

(사사기 16:22-31)

I. 서론

삼손 이야기는 교회 내에서 뿐 아니라 교회 밖에서도 유명한 신화와 같은 이야기이다. 특히 삼손을 주제로 한 예술작품도 미술과 오페라, 영화에 이르기까지 다양하며 거기에 그려진 삼손은 들릴라와의 치명적인 유혹과 그의 머리털과 힘의 관계에 대해서 말해주고 있다. 정말 삼손의 이야기는 초인적인 힘을 가진 인물의 영웅적인 이야기일까? 아니면 자고로 남자는 여인을 잘 만나야 한다는 식의 교훈을 전해주는 이야기로 전해져도 좋은 것일까? 교회 내에서도 밖에서도 유명한 삼손은 그의 유명세 만큼이나 위대한 인물도 영웅적인 최후를 맞이한 인물도 아니다. 타락, 압제, 간구, 구원의 반복적인 죄악의 패턴을 보이던 사사시대의 마지막 사사로서 삼손은 그 시대를 대표하는 전형적인 인물이며, 사사기의 주인공은 사사가 아닌 그 사사를 일으키시고 사용하신 하나님이심을 보게 된다. 특별히 삼손 본문의 마지막 사시대의 막은 인간의 실패를 극명하게 보여주는 본문이다. 하나님의 계속되는 구원역사에도 인간은 하나님께로 돌이키지 않았고 죄의 늪에서 헤어 나오지 못한다. 그것은 나실인이라고 해서 사사라고 해서 예외가 될 수 없다. 모든 인간의 보편적인 연약함과 유혹 앞에서 감히 이겨낼 수 없었던 뱀의 유혹처럼 사사기의 상황은 지금 우리에게 엄습해 있다. 그 누구도, 목회자도 지도자도 피해갈 수 없는 유혹에 대처하는 자세를 반면교사인 삼손을 통해 보게 될 것이며, 설사 유혹에 넘어져 실수와 실패를 경험하고 있는 절망에 빠져 있는 사람일지라도 그런 모습을 보여준 대표적 인물인 삼손에게 임한 하나님의 구원의 손길을 통해 희망의 메시지를 발견할 수 있을 것이다.

II. 본문 및 본문비평

22 그의 머리털이 밀린 후에 다시 자라기 시작하니라[a]

23 블레셋 사람의 방백들이 이르되 우리의 신이 우리 원수 삼손을 우리 손에 넘겨 주었다 하고 다 모여 그들의 신 다곤[b]에게 큰 제사를 드리고 즐거워하고

24 백성들도 삼손을 보았으므로 이르되[b] 우리의 땅을 망쳐 놓고 우리의 많은 사람을 죽인 원수를[cd] 우리의 신이 우리 손에 넘겨 주었다 하고 자기들의 신을 찬양하며[a]

25 그들의 마음이 [a]즐거울 때에[a] 이르되 삼손을 불러다가 우리를 위하여 [c]재주를 부리게 하자[c] 하고 옥[b]에서 삼손을 불러내매 삼손이 그들을 위하여 재주를 부리니라 그들이 삼손을 두 기둥 사이에 세웠더니

26 삼손이 자기 손을 붙든 소년에게 이르되 나에게 이 집을 버틴 기둥을 찾아 그것을[a] 의지하게 하라 하니라[b]

27 그 집에는 남녀가 가득하니 [a]블레셋 모든 방백들도 거기에 있고 지붕에 있는 남녀도 삼천 명 가량이라[a] 다 삼손이 재주 부리

는 것을 보더라
28 삼손이 여호와께 부르짖어 이르되 주 여호와여 구하옵나니 나를 생각하옵소서 하나님이여 구하옵나니 이번만ᵃ 나를 강하게 하사 나의 두 눈을 뺀 블레셋 사람에게 원수를 단번에 갚게 하옵소서 하고
29 삼손이 집을 버틴 두 기둥 가운데 하나는 왼손으로 하나는 오른손으로 껴 의지하고
30 삼손이 이르되 블레셋 사람과 함께 죽기ᵃᵇ를 원하노라 하고 힘을 다하여 몸을 굽히매 그 집이 곧 무너져 그 안에 있는 모든 방백들과 온 백성에게 덮이니 삼손이 죽을 때에 죽인 자가 살았을 때에 죽인 자보다 더욱 많았더라
31 그의 형제와 아버지의 온 집ᵃ이 다 내려가서 그의 시체를 가지고 올라가서 소라와 에스다올 사이 그의 아버지 마노아의 장지에 장사하니라 삼손이 이스라엘의 사사로 이십 년 동안 지냈더라

22a 히브리어 'צמח'는 '식물이 자라나는 것 또는 피부에서 털이 돋아난다.'는 뜻으로, 본문에서는 피엘형으로 쓰였다. 피엘형 'צמח'는 '솟아난다.'라는 뜻으로 삼손의 머리털이 자라나는 것을 표현하고 있다. 개역개정에서는 접속사를 생략하고 '그의 머리털이 밀린 후에 다시 자라기 시작하니라.'고 기록되어있어, 상황을 명확하게 이해하는데 한계가 있어 보인다.
22b דגון이라는 단어가 물고기를 뜻하는 דג에서 왔다고 보고, דגון을 바다의 신으로 보는 견해와 '곡물'을 나타내는 דגן에서 유래된 말로 곡물의 신으로 보는 견해가 있다.
24a MT에 따르면 24절을 25절 뒤에 놓는다. 25절은 블레셋 사람

들이 삼손을 불러낸 뒤, 24절에서 블레셋 사람들이 삼손을 보고 자신의 신을 찬양하는 것이 시간 흐름상 타당하다고 보았다. 비평장치에 따라서 24절을 25절 뒤에 놓기로 한다.

24b 바티칸 사본에는 아마도 'אָמַר'(이르되)가 삭제되었을 것으로 추정하였다. 삭제를 하려면 충분한 근거가 필요한데, '이르되'가 있으면 본문이해에 용이하므로 그대로 두었다.

24c 많은 소마소라에는 'אוֹיְבֵנוּ'(우리의 원수를)를 '삼손'이라고 쓰기도 하고, '우리의 원수 삼손'(שִׁמְשׁוֹן אוֹיְבֵנוּ)이라고도 쓰기도 한다. 아마도 소마소라에 '삼손'이라는 내용이 삽입됐을 것으로 여겨진다. 후에 삽입한 내용보다 원문에 가깝다고 여겨 'אוֹיְבֵנוּ'라고 쓴다.

24d MT에서 우리의 원수(אוֹיְבֵנוּ)라고 기록되어 있는데 반해, 레닌그라드 사본의 원본과 많은 소마소라에는 'אוֹיְבֵינוּ'(우리의 원수들; our enemies)의 복수형태로 쓰고 있다. 그러나 원수들이라는 복수의 형태보다 문맥상 삼손, 한 사람을 지칭하는 단수 형태인 원수라고 쓰는 것이 더 타당하다고 본다. 그리고 24c의 본문비평장치 내용을 보면 אוֹיְבֵנוּ가 지칭하는 사람은 여러 사람이 아니라 한 사람, 삼손이었다는 것을 지지하는 내용으로 볼 수 있다. 따라서, 24c의 내용과 개역개정과 MT의 권위에 근거하여 복수가 아닌 단수의 의미를 지닌 '우리의 원수'(אוֹיְבֵנוּ)라고 하는 것이 적합하다.

25a-a 레닌그라드 사본처럼 많은 MT 사본과 히브리어 본문에서는 'כִּיטוֹב'라고 적혀 있는 반면, 많은 필사본에는 'כִּי־טוֹב'로 적혀 있다. 그러나 소수의 필사본에는 'כְּטוֹב'로 읽는다.

25b 25절에서 삼손을 감옥에서 불러내는데, 21절에서 이미 언급되어 있는 감옥이다.

25c-c 그리스어 원본 텍스트에는 'καὶ ἐκάλεσαν τὸν'으로 '그리고 그

들은 그를 조롱했다'의 의미로 적혀있다. 이는 삼손의 사사로서의 권위를 존중하기 위해 삼손이 재주를 부렸다는 비참한 기록을 빼고, '그들이 삼손을 조롱했다'라고만 기록한 것으로 여겨진다. 그러나 MT는 '삼손이 그들을 위하여 재주를 부린다.'라는 의미의 'וַיְצַחֵק לִפְנֵיהֶם'을 사용하였다. 'וַיְצַחֵק'는 삼손이 자발적으로 재주를 부린 것이 아닌, 다른 이에 의해 삼손이 재주를 부릴 수밖에 없는 상황을 동사 צחק의 히필형으로 나타내고 있다. 이는 삼손이 조롱당하는 비참한 상황을 더 구체적으로 표현하기 위해 기록하였다고 여겨진다. 우리는 삼손이 처한 상황을 더 구체적으로 표현할 수 있는 MT의 내용과 개역개정의 권위에 근거하여 '삼손이 그들을 위하여 재주를 부린다.'는 본문의 번역을 따른다.

25d 24a와 비교해보면, 24a는 24절 전체 의미하고, 25d는 두 기둥을 의미하는 단어이다. 24절이 25절 뒤에 들어가면 두 기둥 사이에 서 있는 삼손을 블레셋 사람들이 보고 자기의 신을 찬양했다는 내용으로 이해할 수 있다.

26a 70인경에는 'ὁ δὲ παῖς ἐποίησεν οὕτως'가 추가 되어 있는데 그 의미는 '그리고 그 소년이 이와 같이 하였다'이다. 보다 구체적으로 상황을 서술하려는 의도로 후대에 추가된 것으로 보인다. 의미의 큰 차이가 없으므로 마소라 본문과 상통하는 번역인 개정개역을 그대로 따르기로 한다.

26b 'וַהֲימִשֵׁנִי'는 접속사 와우(ו)와 '만지다'라는 뜻을 가진 동사 ימש, 혹은 מוש의 사역 명령형 הימיש와 1인칭 단수 목적격 접미어 ני가 결합된 형태로 '너는 나로 하여금 만지게 하라'이다. 개역개정에는 이 단어의 뜻을 제외하고 해석하였는데 의미의 전달에서 제외하여도 문제가 전혀 없기 때문에 개역개정을 따르기로 한다.

27a-a 마소라 비평장치에 의하면 27절 본문에서 삽입되었다고 보는 견해가 있으나 확실하지는 않으며 전체적인 본문의 흐름과 내용적인 면에서 잘못된 이해를 만들어 낼 부분이 없기 때문에 개정개역 본문을 그대로 따르기로 한다.

28a 그리스 원본이나 고대 라틴어 역본에는 הָאֱלֹהִים이 빠져 있는 경우들이 더 많다. 그러므로 הַזֶּה를 יהוה로 보는 것을 제안한다. 이렇게 놓고 본다면 해석이 '이번 한번만'이 아니라 '한 번만'이 되어야 하지만, 의미상 큰 차이가 없기에 개역개정의 번역을 따르기로 한다.

30a 한글 개역 성경에서 번역되지 않은 단어 '나프쉬'는 '생명', '목숨'이라는 뜻을 가진 명사 'נֶפֶשׁ'에 1인칭 단수 소유격 접미어 '니'(י)가 결합한 '나의 목숨'이란 뜻이다. (영어 성경 NIV, KJV에서는 "Let me die with the Philistines!").

30b 원어 성경 상 본문에는 '죽다'(to die, מות)란 표현이 세 번이나 나오며, 본 절 전체적으로는 모두 다섯 번이나 나오고 있다. 한 절에 'מות'라는 단어가 이와 같이 여러 번 쓰이는 것은 죽음을 강조하고자 하는 저자의 의도 때문이다. 한편 'הַמֵּתִים'은 '죽다'라는 뜻을 가진 동사 'מות'의 능동 분사 복수형 'מֵתִים'에 정관사 'ה'가 접두 된 '그 죽은 자들'이란 뜻이다. 삼손의 생애 대부분은 부끄러운 행적의 연속이었는데 스스로 목숨을 내어 놓은 마지막 죽음의 순간에서 그 허물을 가리고도 남을 만한 업적을 남겼던 것이다.

31a 'אֶחָיו'는 형제를 의미하는 명사 'אָח'의 복수 연계형에 남성 3인칭 단수 소유격 접미어가 결합된 형태로서 '그의 형제들'이다. 그러므로 '그의 형제들'은 삼손의 친척들 혹은 동족 사람들을 지칭한다. 'אָח'는 친형제뿐만 아니라 이웃, 동족 그리고 이스라엘 전체를 가리키는 데에도 쓰이는 단어이기 때문이다. 이

상과 같은 이유로 해서 '그의 형제와 아비의 온 집'이라 함은 삼손이 속한 부족들은 물론 다른 부족의 이스라엘 동포를 가리킨다고 볼 수 있다.

III. 본문의 범위와 문학적 구조

1. 본문의 범위

사사기는 21장으로 구성되어 있으며 이는 크게 세 부분으로 나눌 수 있다. 첫째 사사시대의 배경을 설명해 주는 부분으로 1장에서 3장 6절까지 이며 여호수아가 죽은 후 가나안 상황을 소개하고 있다. 둘째는 이스라엘을 구원한 대사사 들과 소사사들의 행적에 대한 묘사로 3장 7절에서 16장까지 이어진다. 마지막 17장에서 21장은 제멋대로 행하던 사사시대의 백미를 장식하는 우상숭배와 지파간의 분열과 다툼 을 다루고 있다.

3장에서 16장으로 이어지는 사사들 이야기의 마지막을 장식하는 삼손 이야기는 13장에서 시작한다. 잉태하지 못한 자에게 주도적으로 나타나셔서 나실인으로서 삼손의 출생이 가능하게 한 내용이 기술된 13장과 여호와의 영이 그를 움직여 영웅적인 일을 하는 14-15장, 가사로 내려가 들릴라를 만나 블레셋인의 손에 넘겨져 최후의 죽음을 맞기까지의 일을 다룬 16장으로 구성되어 있다. 특히 16장은 15장 20절에서 이미 삼손이 이스라엘의 사사로 이십 년 동안 지냈다는 결론에 이어 마치 부록처럼 이야기가 진행되고 있어 주목되는데 16장은 여호와의 영이 삼손에게 임했다는 기록이 존재하지 않는다. 16장 31절로 삼손이야기와 더불어 사사들의 이야기가 마무리 되며 다시한번 삼손의 치리에 대한 결론이 언급되는데 이것은 16장을 어떻게 볼 것인가가 삼손에 대한 평가를 판가름 하는 역할을 한다. 마지막 사사인 삼손의 죽음을 끝으로 17장부터 21장까지의 사사기는 타락할 대로 타락한 이스라엘의 모습과 지파간의 분열을 다루며 이스라엘의 우상숭배와 자기 옳은 대로 행했던 모습으로 또 왕정제도의 불가피성을 암시하며 사사기는 끝을 맺는다.

본문이 속한 16장을 더 살펴보면 초반부에서 가사로 내려간 솔로몬은 가사에서 죽음을 맞이한다. 들릴라라는 여인은 삼손의 하강에 결정적인 영향을 미치는데, 그 여인에 의해 삼손의 힘이 비밀이 밝혀지고 그녀에 의해 머리털이 밀린 삼손은 블레셋인들의 손에 넘겨지게 된다. 블레셋인의 손에 넘겨져 눈이 뽑힌 솔로몬이 옥에서 맷돌을 돌리는 비참한 상황에 대한 묘사가 끝난 후 삼손의 마지막 죽음 이야기의 시작은 마치 한 조각의 희망을 암시하는 22절부터 보는 것이 타당한데, 이는 삼손이 다시 힘을 회복하여 많은 블레셋인을 죽음으로 몰아넣고 함께 죽음을 택하는 이야기의 근거가 되기 때문에, 삼손의 최후의 모습 다루는 본 본문은 16장 22절에서 시작하여 31절까지로 한다.

2. 문학적 구조

A. 발단: 새로운 반전의 암시 - 머리털이 다시 자라기 시작(22)

B. 전개: 블레셋의 자축과 삼손의 굴욕(23-27)
 1. 블레셋의 자축(23-24)
  a. 블레셋 방백 : 다곤 신께 큰 제사로 즐거워 함(23)
  b. 블레셋 백성 : 자기들의 신을 찬양(24)
 2. 삼손의 굴욕(25-27)

    a. 재주부리는 삼손(25)
    b. 기둥을 찾아 의지하는 삼손(26)
    c. 삼손의 재주를 보러 모인 사람의 수(27)

C. 절정 : 삼손의 기도와 그 응답(28-31a)
 1. 삼손의 기도
    a. 나를 강하게 하사 원수를 갚게 하소서(28)
    b. 블레셋 사람과 함께 죽기를 원하노라(30a)
 2. 삼손의 기도에 대한 응답
    a. 집 안에 있는 모든 사람의 죽음(30b)
    b. 죽음의 의의 : 죽을 때에 죽인 자가 살았을 때에 죽인자보다 많음(30c)

D. 결말 : 삼손을 장사지냄(31a)

E. 에필로그 : 이스라엘 사사 삼손(31b)

IV. 분석적 관찰

1. 새로운 반전의 시작

머리털이 밀리고 여호와의 영이 떠난 삼손은 블레셋 사람들에게 끌려가 눈을 뽑히고 놋줄에 매어 옥에서 맷돌을 돌리고 있다. "머리털인 밀린 후"와 "다시 자라기 시작하니라." 사이에는 우리가 아직은 알 수 없는 엄청난 간극이 있음을 볼 수 있다. 머리털이 밀린 것은 삼손의 암울한 최후와 연결되고 있으며 다시 자라기 시작하니라는 다시와 시작하다는 단어를 통해 새로운 도약을 예측해 볼 수 있기 때문이다. 시작과 끝의 엄청난 대비를 보여주고 있는 22절을 우리는 어떻게 볼 수 있을까? 그것의 희망의 빛이다. 21절과 22절 사이에 시간이 얼마나 흘렀는지 알 수 없지만 그러한 삼손에게 희망이 빛이 비쳤으니 머리털은 누구에게나 그러하듯 다시 자라기 시작한다는 것이다. 여기에 히브리어 חמצ는 식물이 자라거나 털이 돋아나가는 뜻으로 생명이 있는 것의 자람은 창조의 질서이며, 생명이 있는 곳에 여전히 생동함이 있는 것은 하나님의 원리이다. 그것이 자라기 시작했으니 … 여기에서 사용된 '시작하니라'는 삼손이야기의 키워드로 13장 5절에서 삼손이 그의 어머니 뱃속에서부터 나실인이 되어 '그가 블레셋 사람의 손에서 이스라엘을 구원하기 시작하리라'라는 사명을 받은 것을 생각나게 한다. 또 하나 13장 25절에서 '마하네단에서 여호와의 영이 그를 움직이기 시작하셨더라'는 언급에서도 그것을 알 수 있는데 삼손의 출생과 활약에 앞서서 나레이터는 새로운 시작을 알리며 분위기를 전환시킨다. 이 책에서 22절 만큼 간단하게 그리고 함축적으로 새로운 시작을 알리는 구절은 없을 정도로 비극적 결말을 맞은 것 같은 삼손의 이야기는 '머리털이 자라기 시작하니라'라는 구절로 어두움으로 떨어진 삼손의 인생에 반전을 암시해주고 있다. 머리털이 자라듯 삼손에게도 희망의 빛이 자라고 있는 것을 예측할 수 있다.

2. 블레셋의 자축과 삼손의 굴욕 (23-25절)

이제 장면이 바뀌어 옥에 갇혀 쓸쓸하고 깨어진 삼손의 모습과 대비되게 22절을 사이에 두고 23절은 느닷없이 축제의 현장이 벌어지고 있다. 여호와께서 이미 떠나 힘을 잃을 삼손은 힘뿐만 아니라 눈과 용맹도 잃고 그들의 축제의 한 가운데로 전리품과도 같이 불려 나온다. 그 전리품을 구경하기 위해 블레셋 사람들은 그들의 신을 위한 제사를 드리는 곳인 신전으로 모여든다. 그들의 목적은 그들의 신에게 제사하기 위함이며 즐거워하기 위함이다.

여기에서는 블레셋과 삼손, 블레셋의 신 다곤과 하나님, 그리고 블레셋 백성과 이스라엘 백성간의 대조를 볼 수 있다.

첫 번째 블레셋과 삼손이다. 그들의 원수인 삼손을 붙잡고 승리를 자축하는 블레셋과 스스로 용맹을 떨치던 모습은 완전히 사라지고 비참한 상황가운데 있는 삼손의 모습을 볼 수 있다. 도리어 그는 눈이 뽑힌 채, 놋줄에 매인 채, 조롱을 당하며 소년(young boy)에게 의지하고 있다. 그리고 그들을 위하여 재주를 부리기까지 한다. 두 번째는 블레셋의 다곤 신과 이스라엘의 하나님의 대조이다. 삼손의 이야기에서 삼손과 이스라엘은 한번도 그의 승리에 대해, 이스라엘을 압제하던 블레셋 사람의 죽음에 대해 여호와께 영광을 돌리거나 감사를 드리거나 찬양한 언급이 없다. 도리어 삼손 자신조차도 자신의 힘이 자기에게서 나는 머리털에 있다고 생각하며(17), 스스로 나가서 몸을 떨치리라(20)라고 하며 그 힘이 마치 자기에게서 나오듯 여긴다. 그러나 여기에서 이스라엘 백성 중 단 한 사람 삼손을 붙잡고 이다지도 즐거워하며 다곤신을 찬양하는 블레셋의 모습은 매우 극명하게 대조된다. 그리고 마치 그들은 삼손을 넘겨준 것이 다곤 신이라고 확신하며 그들의 신에게 큰 제사를 드리고, 자기들의 신을 찬양한다. 블레셋 사람들의 신에 대한 충성과 사랑이 유일하신 하나님에 대한 이스라엘 백성의 높임보다 더욱 헌신적인 모습이다. 세 번째는 블레셋 백성과 이스라엘 백성간의 대조이다. 블레셋 사람들이 원수로 여긴 삼손을 붙잡고 그들은 공동체로 모여 이를 축하하며 노래한다. 그들은 그들 자신을 지칭하면서 23-25절까지 8번이나 '우리'(נו)라는 표현을 사용하고 있다. 홀로 외롭게 싸우고 아무도 곁에 있어 주지 않은 가족과 지파, 이스라엘 백성들의 모습과는 분명 크게 대조를 이루고 있다. 15장에서는 오히려 블레셋을 물리친 삼손을 유다사람 삼천

명이 연합하여 결박하여 넘겨주기까지 한다. 그러나 여기 삼손을 붙잡고 모인 사람의 수는 지붕에 있는 수만 삼천명 가량이다. 어느 누가 보더라도 당시 블레셋은 종교적, 공동체적, 군사적인 모습에서 이스라엘 백성보다 뛰어난 것이 사실이다. 그들에게 있어 삼손은 눈에 가시같은 존재인 것은 분명해 보인다. 눈에 가시가 빠졌으니 그들이 즐거워하지 않을 이유가 없으며 민족의 신들의 전쟁인 것 마냥 여겨지던 당시 사회에서 삼손의 패배는 하나님의 패배였고 다곤신의 승리임을 그들은 확신했다.

그러나 이제 재주 부리던 삼손은 그 집을 버틴 기둥을 찾아 기대어 섰다. 그리고 축제를 즐기던 사람은 지붕에 있는 수만 족히 삼천명 가량이며 그 집은 블레셋의 모든 방백들로 가득하다. 삼손의 마음은 어떤 생각이 떠올랐을까? 이야기는 절정을 향해 간다.

3. 삼손의 기도와 그 응답 (28-31a절)

삼손은 드디어 여호와께 부르짖는다. 여호와께서 떠나신 줄 깨닫지 못하던 삼손은 비참한 상황 가운데에서 여호와께서 떠나심으로 인하여 자기에게 벌어진 일의 결국을 돌아본다. 그리고 드디어 자신의 한계를 깨닫고 여호와를 부르짖는다. 자기의 힘이 자신의 머리털에서 나오는 것이 아니라 여호와께로 말미암는다는 것을 깨닫고 하나님께 구하기 시작하는 것이다. 이것은 마치 사사기의 반복적인 패턴과 일치하는데, 이스라엘 민족이 하나님을 배반하고 우상을 섬기다가 하나님의 진노로 이방민족에 압제 당하고 그 괴로움을 견디지 못하여 부르짖을 때 사사를 보내어 백성을 구원하신 것처럼 삼손은 자신이 당한 괴로움을 더 이상 견디지 못하고 드디어 하나님을 부르짖음으로 찾는다. 그것이 진정한 돌이킴이었다고는 말할 수 없으나 삼손의 뉘우침과는 별도로 하나님은 자신을 구하는 자에게 응답하시는 모습을 보여주신다. 삼손의 부르짖음이 돌이킴과는 별개라는 것은 삼손의 간구의 내용을 통해서 알 수 있다. 삼손은 블레셋이 자신들을 '우리'라는 공동체적 개념으로 설명한 것과 달리 그의 간구는 '나'가 중심이다. 여호와의 이름이 땅에 떨어진 상황에서 여호와의 이름을 위해서 혹은 이스라엘을 위해서가 아니라 14:1에서 딤나에 내려가서 한 여자를 '보고', 16:1의 가사에서 기생을 '보고' 그에게로 들어갔던 삼손은 나의 두 눈을 뺀 원수를 단번에 갚기 위해서 그는 한번만 자신을 강하게 해 달라고 간구한다. 그리고 블레셋 사람과 함께 죽기를 원한다. 블레셋 사람으로부터 구원하기 시작하리라는 하나님의 약속은 그 자신의 죽음으로 임의적으로 끝을 맺으려 한다. 죽는 날까지 하나님께 바쳐진 나실인이 됨이라(13:7)는 하나님의 계획을 그는 그의 원수 갚음과 함께 끝내 달라고 기도한다. 그에게는 더 이상 이스라엘의 구원 사역의 지속은 염두해두지 않는 듯하다. 15장 라맛레히에서 심히 목이 말라 여호와께 부르짖은 것처럼 삼손은 또 자신의 목마름과 자신의 원수갚음을 위해서 개인적인 간구에 국한된 기도를 드린다.

    이미 머리털이 자라기 시작하였지만, 삼손은 하나님께 자신을 생각해달라고(remember) 기도한다. 마치 여호와가 자기를 떠난 것을 알지 못한 것처럼 삼손은 머리카락이 자라듯 여호와의 자비가 자기를 기억하고 계심을 알지 못한다. 여호와의 능력은 그것을 깨닫는 자에게 주어진다. 그것을 믿고 구하는 자에게 주어진다. 모든 자에게 구원이 임하였지만 그리고 하나님은 구원을 베풀 준비가 되어 있지만 그것을 구하지 않는 자에게, 믿지 않는 자에게는 주시지 않는 것처럼, 부르짖지 않은 자에게 하나님은 능력은 나타나지 않는다. 그것은 삼손의 힘이 언제 돌아왔는가의 문제보다 삼손이 하나님을 언제 다시 부르짖는가, 기억하는가의 문제로 생각하여야 한다. 삼손은 드디어 여호와를 기억한다. 그리고 자신의 힘의 근원이 하나님임을 고백한다. 비록 간구가 개인적인 것에 머무르는 한계를 극명하게 드러내 주지만 하나님은 부르짖는 자에게 응답하시는 분이며, 인간의 한계에도 불구하고 하나님의 구속사역을 이루시는 분이다.

하나님의 응답은 삼손의 죽음과 거기에 모인 블레셋 사람들 즉, 모든 사람의 죽음으로 나타난다. 삼손의 기도의 응답은 그가 죽을 때에 죽인 자가 살았을 때에 죽인 자보다 더욱 많았더라는 언급에서와 같이 넘치도록 응답하신다. 그리고 그의 개인적인 욕망에 의한 죽음을 블레셋을 심판하는데 사용하신다. 삼손은 그의 부르심과 삶에 충실하지 않은 삶을 살았지만 하나님은 그의 삶과 죽음조차도 사용하신다. 결국 이스라엘은 하나님과의 언약에 충실하지 않았지만 하나님은 여전히 그 언약에 신실하시며, 만약 그들이 하나님을 부르면 반드시 그들을 구원한다.

4. 삼손을 장사지냄(31a절)과 에필로그(32b절)

그리고 드디어 삼손은 죽음에 있어서만은 혼자가 아니다. 그의 형제와 아버지의 온 집이 다 내려가서 그의 시체를 거둔다. 그리고 그의 아버지 마노아의 장지에 누워 쉰다. 여기에서 마노아의 장지는 resting place의 뜻을 가지고 있다. 그의 가족에게로 돌아가서 처음 그가 하나님의 영을 받았던 곳 소라와 에스다올 사이에 안식한다. 비록 사람들에게는 거부당했지만 그의 죽음도 사용하신 하나님의 긍휼은 이스라엘의 형제들을 숙연하게 하며 하나님은 그를 담담하게 이스라엘의 사사로 인정하신다.

V. 통전적 해석

【논지】이 본문은 하나님의 백성으로서 특히 지도자로 부름 받은 자의 삶이 어떠해야 하는지를 반면교사적인 삼손의 모습을 통해 보여주고 있다. 비록 그 삶이 세상의 유혹과 인간의 나약함으로 인해 실수와 패배의 늪에 빠져 절망할 수도 있지만 하나님의 인간을 위한, 택하신 자를 통한 구원 계획은 멈추지 않는다는 것과 모든 것을 통해 하나님은 자신의 일을 성취하신다는 것을 보여준다.

1. 실패의 순간에도 하나님의 돌아보심을 믿어야 한다.

선택받은 자로서의 삶을 구별됨으로 살지 못하고 자신의 힘을 의지하여 자신의 욕망을 채우던 삼손은 바로 그 욕망에 의해서 절망가운데로 빠지게 된다. 머리털이 밀리고 눈이 뽑히고 놋줄에 매어 힘을 상실한 채 맷돌을 돌리던 삼손은 자신의 삶이 이제 끝난 것으로 여겼을 것이다. 블레셋 사람들이 그를 불러 조롱하고 그에게 재주를 부리게까지 하는 모습에도 그는 순순히 순응하는 것처럼 보인다. 마치 죽기만을 바라는 사람처럼 말이다. 태어나기 전부터 나실인으로 구별되었고 이스라엘을 블레셋으로부터 구원하기 시작할 자라는 거창한 출발이 무색하게 그는 그의 정욕과 충동적인 힘의 사용으로 블레셋에서도 또 자국 이스라엘 백성에게서도 환영받지 못한 존재로서 살아갔다. 그러나 그가 가진 힘은 누구도 그를 업신여기지 못하게 했으며, 블레셋도 그를 쉽사리 손에 넣지 못하며 오히려 번번히 그의 힘에 의해 당하고 만다. 그러나 지금 나실인으로서 거룩성을 지키지도 못하고 나실인의 규정을 무시하고 오직 자신의 힘을 신뢰하고 살았던 삼손은 아무도 지지해 주는 이 없이 자신이 믿고 있던 그 힘마저 상실한 채 절망 가운데 빠져있다. 그가 생각하기에 그는 머리털이 밀린 것이다. 이제 머리털과 함께 그의 존재 이유는 사라졌다.

그러나 닭목을 비틀어도 아침이 오듯, 생명이 있는 모든 것은 잠시 그것이 꺾였다 할지라도 다시 새로운 싹이 돋아나게 되어 있다. 누구에게나 그러하듯 머리털은 다시 자라기 시작했으며, 다시 새로운 시작과 희망을 꿈꿀 수 있게 되었다. 설사 그것이 극악무도한 죄를 지은 죄인일지라도, 도저히 용납할 수 없을 것 같은 실패일지라도, 더 이상은 일어설 힘이 없이 좌절을 경험한 사람에게도 누구에게나 그러하듯 머리털은 다시 자라게 되어 있으며, 하나님의 자비는 모든 자에게 동일하게 주어진다. 자신의 치욕과 약점이 만천하에 드러났을지라도 하나님은 그가 택하신 자를 결코 저버리지 않으신다. 비록 실패한 모습의 사사 삼손일지라도 이스라엘의 사사로 인정하고 그의 죽음을 담담하게 마무리한 것처럼 또 죽는날까지 그는 하나님께 바쳐진 나실인이라는 계획을 하나님은 수행하시는 모습을 보여주신다. 이렇듯 하나님의 자녀는 저녁이 되고 아침이 되는 한 그 하나님의 사랑과 자비에서 끊지 않으며 오히려 그에게 재기할 수 있는 기회를 허락하신다. 하나님은 인간의 실패와 함께 실패하는 존재가 아니시다. 오히려 그러한 인간을 사용하시고 그것으로 말미암아 자신의 영광을 드러내시는 분이시다.

2. 자신의 실패를 돌이켜 하나님께 능력이 있음을 알아야 한다.

실패한 지도자 삼손은 자신의 실패를 가슴 깊이 곱씹어야 하는 결정적 무대에 오른다. 그들의 원수 삼손을 붙잡은 것으로 말미암아 블레셋은 그들의 신 다곤을 향해 제사하며 찬양하며 즐거워한다. 삼손의 하나님은 이방신 앞에서 공개적인 모욕을 당하고 계시다. 삼손은 자신이 원하던 원하지 않았던 이스라엘 백성으로서 또 사사로서 마땅히 하나님을 대변하는 대사의 자리를 감당했어야 했다. 삼손의 무지와 무책임으로 삼손에게서 힘이 떠난 것이 거룩을 상실한 하나님의 진노인 것이 감춰진 채 오히려 다곤 신의 능력이 높아지게 된 상황인 것이다. 그들의 축제의 현장에 삼손을 노리개로 사용한다. 한번도 그의 힘의 능력을 주신 것에 대해서 또 블레셋을 물리치도록 허락하신 것에 대해서 감사도 제사도 없던 삼손과 극명하게 대조되는 모습을 볼 수 있다. 여호와의 이름은 땅에 떨어졌다. 그 누구의 입을 통해서도 높임을 받지도 못하고, 그의 자비와 인내하심에 대한 찬양도 없다. 마지막 보루이던 머리털까지 밀리고 난 후 하나님의 자비는 더 이상 삼손에게 머무를 수 없게 되고 하나님은 삼손을 떠난다. 하나님이 떠나신 후 삼손은 그의 능력을 상실하고 비참한 최후를 기다리고 있다. 그것을 일찍 깨달았다면 얼마나 좋았을까? 삼손은 하나님이 떠나신 것을 알지도 못하는 영적 무지를 보여주며, 그것을 알았을 때에 하나님의 자비를 구하며 하나님의 약속에 근거한 기도를 드리지도 않는다. 죽는 날까지 하나님께 바쳐진 나실인이 되리라(13:7)는 하나님의 신실하심을 그는 모르고 있는 것일까? 그의 능력을 가져가신 하나님이 다시 그에게 능력을 회복하게 하실 수도 있다는 것을 정녕 모르고 있는 것일까?

　실패 속에 있는 자는 그 실패의 원인을 생각해 보아야 한다. 하나님에 대한 바른 신앙을 상실한 채 다른 무엇이 그 하나님의 자리를 대신하고 있지는 않은지, 자신에게 허락된 것이 마치 자신이 주인 것인 양 행세하는지 않았는지, 그리고 하나님이 허락하신 선물을 교만하게 사용하여 여호와의 이름을 실추시키지 않았는지 무엇보다도 자신에게서 하나님의 임재가 함께하고 있는지 생각해 보아야 한다. 하나님을 버리고 떠나간 것이 실패의 원인일 수 있다. 거룩을 상실한 것이 하나님의 능력이 머무르지 못하게 한 원인일 수 있다. 돌이켜 하나님을 알고 자신을 바로 알 때 그는 다시 바른 신앙인의 모습으로 하나님의 이름을 부를 수 있는 것이다.

3. 실패한 지도자라도 하나님은 그를 사용하신다.

이제 자신의 실패와 그러나 여전히 계속되는 하나님의 역사를 깨달았다면 하나님을 구하며 나아가야 한다. 삼손은 시끄러운 노래 소리와 제사하며 찬양하는 사람들의 소리를 통해 그곳에 모인 사람의 숫자와 장소를 가늠할 수 있었을 것이다. 그리고 그가 할 수 있다고 생각하는 최후의 일격을 마음속에 그리고 있다. 자신을 두 기둥 사이에 세워달라고 부탁하고 그것을 넘어뜨려 함께 죽고자 계획한다. 그리고 그것을 가능하게 하는 힘이 여호와께 있음을 고백하며 여호와의 이름을 부르짖는다. 마치 이스라엘 백성이 우상을 섬기다가 도저히 견디지 못해 여호와께 부르짖으면 하나님이 사사를 통해 그들을 구원하셨듯 삼손은 그들의 조롱과 모욕감을 견디지 못해 자신을 생각해 달라고 요청한다. 한번만 나를 강하게 해달라고 강하게 간청한다. 비록 그의 간구의 목적이 자신의 두 눈을 뺀 원수를 갚기 위해서라고 할지라도 여전히 자신밖에 모르는 이기적인 인간의 한계를 극명하게 드러내고 있지만 최소한 자신의 힘의 근원이 하나님께 있음은 깨달은 것 같다. 이러한 어린 간구이지만 하나님은 그 간구를 들어 블레셋에서 이스라엘을 구원하기 시작한 자신의 사역을 계속 이어 나가신다. 이미 블레셋을 몰아 내시려던 하나님의 계획은 잉태치 못한 태중에서 삼손을 계획하고 그를 나실인으로 자라게 하신 것과 죽는 날까지 그를 사용하실 거라는 약속을 실행하신다. 삼손의 간구는 하나님이 그의 영광을 회복할 최소한의 조건이었던 것이다. 마치 하나님이 자기를 영원히 떠난 것처럼, 그리고 삼손을 잊어버리시기라도 한 것처럼 생각하며 구한 삼손에게 하나님은 그 힘의 권능으로 기둥을 무너뜨릴 수 있는 능력을 부여하신다.

도저히 회생 불가능할 것 같은 절망 속에서도, 세상과 구별되지 않은 교회의 모습으로 인해 이 땅에 주님의 나라가 다시 회복되기는 불가능할 것 같이 욕망과 우상이 판치는 사회 속에서도 하나님은 여전히 일하고 계시며 자신의 이름을 위하여 인간을 사용하시며 그를 일으키실 것이다. 이제 자신의 힘을 의지하여 발버둥 치던 옛 습관을 벗어버리고, 현재의 축복에 머무르며 안주하지도 말고, 이 세상을 구원하시고자 하나님의 계획과 인간을 향한 자비와 긍휼을 멈추지 않은 하나님의 능력에 집중할 때이다. 실패를 통해서도 하나님은 자신을 기억할 것을 말씀하고 계시며 참신이 누구인지 모르는 이방민족들에게도 결국은 자신이 참으로 유일하신 하나님이심을 드러낼 것이다. 한계를 지닌 삼손도 그가 택하심으로 사용하셨듯이 하나님이 택하신 자는 그의 이름을 위하여 어떤 작은 모습일지라도 사용하실 것이다. 여호와의 이름을 부르기만 한다면 말이다.

VI. 결론

자신의 힘을 믿고 자신의 욕망과 눈에 이끌리는 대로 살았던 삼손은 나실인이라는 명칭이 무색할 정도로, 사사라는 칭호가 어울리지 않을 정도로 자신의 역할과 책임을 다하지 못한 모습을 보인 것이 사실이다. 비록 그의 시작과 사역에 있어서 하나님의 영에 강하게 사로잡힘을 당하기도 하였지만 결국 그는 자신의 정체성을 대변해 주던 최후의 보루도 적들에게 내 놓은 채 자신에게서 하나님을 떠나 보낸다. 그의 죽음이 값지다고 하여서 그가 영웅이었다고 말할 수 있을까? 비록 그가 살았을 때 죽인자보다 죽음으로 죽인자가 더 많았지만 그리고 하나님은 그를 이스라엘의 사사로 담담하게 서술하며 그의 택하심을 철회하지 않으시지만 사사기를 통해 보여준 삼손의 모습은 결코 영웅적이지도 않고 그 삶을 주님께로 돌이키는 겸손함도 보이지 않는다. 그러나 이 이야기가 왜 사사기의 중요한 마지막분량을 장식하고 있는가? 그것은 우리에게 반면교사의 역할을 해줄 뿐 아니라 삼손의 모습을 통해 현재 지금 우리의 모습을 보게 해준다. 삼손을 보면 볼수록 혼자 잘난 척 날뛰다가 여호와 경외를 잃어버리고 스스로 하나님의 언약 백성으로서 거룩한 모습을 지키지 못하고 날개 꺾인 모습일 때가 꾀나 많은 자신을 바라보게 된다. 일이 좀 된다 싶으면 하나님을 찾지도 부르지도 않는 우리네 모습이나, 어려운 일을 만나 도저히 혼자 해결할 수 없을 때 겨우 면목없이 기도하러 찾아 가는 정도의 신앙의 행동은, 더 이상 하나님이 우리의 주인도 아니고 구원자도 아니라고 말해주고 있다. 자신의 실체는 알면 알수록 작아지게 되어 있고 하나님을 떠난 삶은 능력을 잃어버리게 되어 있다.

 반면 인간의 이런 연약함과 무지함과 여호와를 경외하지 않는 모습에도 불구하고 하나님은 신실하시고 선하시고 인자와 긍휼이 무궁하시다는 것은 더 말할 것 없이 커져만 간다. 이스라엘의 구원을 위해 있지도 않은 아기를 생겨나게 하시고 어거지 같은 그의 삶을 통해서 블레셋을 무찌르신 것과 같이 하나님은 우리의 실패와 연약함에도 불구하고 자신의 인간을 구원하고자 하는 계획을 실행하신다. 그러니 제발 자신의 나약함만 묵상하며 능력을 잃은 상실한 그리스도의 모습에 머무르지 말자. 하나님은 그러한 죄인에게도 희망의 빛을 거두지 않으시며 그의 회복만을 간절히 기다리신다. 그것도 우리가 다시 회개하고 찾을때까지가 아니라 이미 문 앞에서 두드리시며 문만 열기를 간절히 기도하고 계신다. 현재 눈앞의 실패가 너무 커 보이고 도저히 회생할 수 없을 것 같은 상황일지라도 이미 베푸신 은혜를 묵상함으로 그리고 나를 나 되게 지금까지 인도하신 것이 하나님의 능력임을 고백하며 하나님의 은혜에 감사함으로 나아가기를 기대해본다. 나 자신이 작아질수록 하나님은 우리 안에서 더욱 커질 것이고 세상에서 자신의 이름을 영화롭게 하실 것이다.

(2) 보고서 평가

1) 이 보고서에서 관찰은 간결하면서도 본문의 문맥을 잘 드러내고, 필자의 관점대로 자료를 잘 배치하여 유익했다.

2) 해석은 세 가지로 나타난다. ① 실패의 순간에도 하나님의 돌아보심을 믿어야 한다. ② 자신의 실패를 돌이켜 하나님께 능력이 있음을 알아야 한다. ③ 실패한 지도자라도 하나님은 그를 사용하신다.

3) 해석 1의 관찰에서는 본문 이전에서부터 현재 직전까지의 과정이기는 하지만 조롱받는 삼손을 말하고 있고, 해석에서는 자라는 머리털에 대한 희망을 이야기하고 있다. 여기서 조롱받는 삼손을 더 묵상하면서 희망은 실패를 충분히 음미하면서 예측할 수 없는 기대 정도로 나오는 것이 좋다.

4) 해석 2는 다시 본문의 서두인 조롱받는 삼손을 말하면서 해석 1의 앞 부분과 유사한 느낌이 든다. 즉, 해석 1과 해석 2는 많은 부분들을 중복시키고 있으므로 해석 3에서 더 많은 이야기를 해야 할 것으로 느껴진다. 삼손이 조롱을 받으면서 경험하였을 회개와 통한을 그려주면서 은사를 받은 자라 할지라도 남용하면 고통의 순간에 이름을 더 보여주어야 반전에 힘이 있을 수 있다. 자라는 머리는 물론 희망의 상징으로 머물러도 좋지만 실제적인 회복의 사건과 만날 때 더 힘을 발할 수 있다.

5) 해석 3의 주제의 표현은 오히려 이 본문 전체를 요약하는 느낌이다. 해석 3은 해석 2이후를 다루어야 한다. "실패한 지도자"라는 말은 16:22 이전의 실패를 뜻하지만, 이는 본문에서 전개된 상황을 담지 못한다. 해석 3에서는 실패했지만 회개하고 마지막 남은 목숨을 통해 하나님의 사역을 하려는 삼손이 그려져야 한다. 그러므로 "실패한 지도자"라기보다는 "실패했지만 돌아서서 생명을 바치는 지도자를 통하여"라고 진전된 문맥을 보태는 것이 도움이 된다.

6) 이 본문은 정상적인 삼손의 승리 이야기가 아니다. 실수 후에 다시 사용되어 해피엔딩으로 끝나는 일반적인 예와는 달리, 본문은 삼손이 살아 있을 때보다 더 훌륭하게 하나님의 사역을 감당하지만, 마지막 남은 기회를 목숨 바쳐 수행하고 있음을 주시해야 한다. 삼손의 비극과 역설적인 하나님의 영광의 대조가 드러날수록 본문의 문맥이 살아나는 것이다. 그러한 디테일이 살아날 때 유사한 상황에 있는 사람들의 결단을 유도할 수 있다.

5. 좌절 속에 있는 지도자에게

(1) 김지혜의 보고서(2010년)

좌절 속에 있는 지도자에게

(사사기 16:22-31)

Ⅰ. 서론

성경 속 비운의 지도자 중 대표격이라 할 수 있는 삼손, 사랑하는 여인에게 버림받고 감옥에 갇혀 있던 그는 지독히 외로운 상황 가운데 놓여 있었다. 지독히도 처참하고 비참한 상황 가운데 홀로 있어야만 했다. 두 눈이 뽑히고 두 손이 결박당한 채 그가 할 수 있는 것이라고는 아무 것도 없었다. 온통 어두컴컴하기만 했다. 그의 주변도, 그의 앞날도. 그러나 아무런 희망도 보이지 않던 그에게 하나님께서는 다시금 기회를 주신다.

실패하지 않는 사람은 없다. 죄의 유혹에 넘어가지 않는 사람은 결코 이 세상에 있을 수 없다. 때문에 우리가 현재 놓여 있는 상황이 삼손처럼 온 사방을 가로막고 있는 상황이 찾아올 수 있다. 좌우로 나를 넘어뜨리려 기회만 엿보고 있는 사람들이 나를 둘러싸고, 앞뒤로 꽉 막혀 있는 현실이 우리로 하여금 하나님은 도대체 어디 계시는지 물어도 대답할 수 없게 할 때가 있다. 그러나 하나님은 비운의 지도자 삼손에게 임하셨던 것처럼, 오늘 우리에게도 임하신다. 그 사건이 성경 속에서 오늘 우리에게 적용된다. 지금 이 순간, 본문을 통해 우리를 비참함 속에서 주님의 임재와 권능의 장소로 초대하신다.

II. 본문비평

1. 본문

22 그의 머리털이 밀린 후에 다시 자라기 시작하니라^a
23 블레셋 사람의 방백들이 이르되 우리의 신이 우리 원수 삼손을 우리 손에 넘겨 주었다 하고 다 모여 그들의 신 다곤^b에게 큰 제사를 드리고 즐거워하고
24 백성들도 삼손을 보았으므로 이르되^b 우리의 땅을 망쳐 놓고 우리의 많은 사람을 죽인 원수를^{cd} 우리의 신이 우리 손에 넘겨 주었다 하고 자기들의 신을 찬양하며^a
25 그들의 마음이 ^a즐거울 때에^a 이르되 삼손을 불러다가 우리를 위하여 ^c재주를 부리게 하자^c 하고 옥^b에서 삼손을 불러내매 삼손이 그들을 위하여 재주를 부리니라 그들이 삼손을 두 기둥 사이에 세웠더니
26 삼손이 자기 손을 붙든 소년에게 이르되 나에게 이 집을 버틴 기둥을 찾아 그것을^a 의지하게 하라 하니라^b
27 그 집에는 남녀가 가득하니 ^a블레셋 모든 방백들도 거기에 있고 지붕에 있는 남녀도 삼천 명 가량이라^a 다 삼손이 재주 부리는 것을 보더라
28 삼손이 여호와께 부르짖어 이르되 주 여호와여 구하옵나니 나를 생각하옵소서 하나님이여 구하옵나니 이번만^a 나를 강하게 하사 나의 두 눈을 뺀 블레셋 사람에게 원수를 단번에 갚게 하

옵소서 하고

29 삼손이 집을 버틴 두 기둥 가운데 하나는 왼손으로 하나는 오른손으로 껴 의지하고

30 삼손이 이르되 블레셋 사람과 함께 죽기[ab]를 원하노라 하고 힘을 다하여 몸을 굽히매 그 집이 곧 무너져 그 안에 있는 모든 방백들과 온 백성에게 덮이니 삼손이 죽을 때에 죽인 자가 살았을 때에 죽인 자보다 더욱 많았더라

31 그의 형제와 아버지의 온 집[a]이 다 내려가서 그의 시체를 가지고 올라가서 소라와 에스다올 사이 그의 아버지 마노아의 장지에 장사하니라 삼손이 이스라엘의 사사로 이십 년 동안 지냈더라

2. 본문비평

22a 히브리어 'צָמַח'는 '식물이 자라나는 것 또는 피부에서 털이 돋아난다.'는 뜻으로, 본문에서는 피엘형으로 쓰였다. 피엘형 'צִמַּח'는 '솟아나다.'라는 뜻으로 심손의 머리털이 자라나는 것을 표현하고 있다. 개역개정에서는 접속사를 생략하고 '그의 머리털이 밀린 후에 다시 자라기 시작하니라.'고 기록되어있어, 상황을 명확하게 이해하는데 한계가 있어 보인다.

22b דָּגוֹן이라는 단어가 물고기를 뜻하는 דָּג에서 왔다고 보고, דָּגוֹן을 바다의 신으로 보는 견해와 '곡물'을 나타내는 דָּגָן에서 유래된 말로 곡물의 신으로 보는 견해가 있다.

24a MT에 따르면 24절을 25절 뒤에 놓는다. 25절은 블레셋 사람들이 삼손을 불러낸 뒤, 24절에서 블레셋 사람들이 삼손을 보고 자신의 신을 찬양하는 것이 시간 흐름상 타당하다고 보았다. 비평장치에 따라서 24절을 25절 뒤에 놓기로 한다.

24b 바티칸 사본에는 아마도 "אָמְרוּ"(이르되)가 삭제되었을 것으로

추정하였다. 삭제를 하려면 충분한 근거가 필요한데, "이르되"가 있으면 본문이해에 용이하므로 그대로 두었다.

24c 많은 소마소라에는 "אוֹיְבֵנוּ"(우리의 원수를)를 "삼손"이라고 쓰기도 하고, "우리의 원수 삼손"(שִׁמְשׁוֹן אוֹיְבֵנוּ)이라고도 쓰기도 한다. 아마도 소마소라에 "삼손"이라는 내용이 삽입됐을 것으로 여겨진다. 후에 삽입한 내용보다 원문에 가깝다고 여겨 "אוֹיְבֵנוּ"라고 쓴다.

24d MT에서 우리의 원수(אוֹיְבֵנוּ)라고 기록되어 있는데 반해, 레닌그라드 사본의 원본과 많은 소마소라에는 "אוֹיְבֵינוּ"(우리의 원수들; our enemies)의 복수형태로 쓰고 있다. 그러나 원수들이라는 복수의 형태보다 문맥상 삼손, 한 사람을 지칭하는 단수 형태인 원수라고 쓰는 것이 더 타당하다고 본다. 그리고 24c의 본문비평장치 내용을 보면 אוֹיְבֵנוּ가 지칭하는 사람은 여러 사람이 아니라 한 사람, 삼손이었다는 것을 지지하는 내용으로 볼 수 있다. 따라서, 24c의 내용과 개역개정과 MT의 권위에 근거하여 복수가 아닌 단수의 의미를 지닌 "우리의 원수"(אוֹיְבֵנוּ)라고 하는 것이 적합하다.

25a-a 레닌그라드 사본처럼 많은 MT 사본과 히브리어 본문에서는 "כִּיטוֹב"라고 적혀 있는 반면, 많은 필사본에는 "כִּי־טוֹב"로 적혀 있다. 그러나 소수의 필사본에는 "כְּטוֹב"로 읽는다.

25b 25절에서 삼손을 감옥에서 불러내는데, 21절에서 이미 언급되어 있는 감옥이다.

25c-c 그리스어 원본 텍스트에는 "καὶ ἐκάλεσαν τὸν"으로 "그리고 그들은 그를 조롱했다"의 의미로 적혀있다. 이는 삼손의 사사로서의 권위를 존중하기 위해 삼손이 재주를 부렸다는 비참한 기록을 빼고, '그들이 삼손을 조롱했다'라고만 기록한 것으로 여겨진다. 그러나 MT는 "삼손이 그들을 위하여 재주를 부린

다."라는 의미의 "וַיְצַחֵק לִפְנֵיהֶם"을 사용하였다. "וַיְצַחֵק"는 삼손이 자발적으로 재주를 부린 것이 아닌, 다른 이에 의해 삼손이 재주를 부릴 수밖에 없는 상황을 동사 צחק의 히필형으로 나타내고 있다. 이는 삼손이 조롱당하는 비참한 상황을 더 구체적으로 표현하기 위해 기록하였다고 여겨진다. 우리는 삼손이 처한 상황을 더 구체적으로 표현할 수 있는 MT의 내용과 개역개정의 권위에 근거하여 "삼손이 그들을 위하여 재주를 부린다."는 본문의 번역을 따른다.

25d 24a와 비교해보면, 24a는 24절 전체 의미하고, 25d는 두 기둥을 의미하는 단어이다. 24절이 25절 뒤에 들어가면 두 기둥 사이에 서 있는 삼손을 블레셋 사람들이 보고 자기의 신을 찬양했다는 내용으로 이해할 수 있다.

26a 70인경에는 "ὁ δὲ παῖς ἐποίησεν οὕτως"가 추가 되어 있는데 그 의미는 '그리고 그 소년이 이와같이 하였다'이다. 보다 구체적으로 상황을 서술하려는 의도로 후대에 추가된 것으로 보인다. 의미의 큰 차이가 없으므로 마소리 본문과 상통히는 번역인 개정개역을 그대로 따르기로 한다.

26b 'וַהֲמִשֵׁנִי'는 접속사 와우(ו)와 '만지다'라는 뜻을 가진 동사 מוש, 혹은 מוש의 사역 명령형 הֲמִישֵׁנִי와 1인칭 단수 목적격 접미어 ני 가 결합된 형태로 '너는 나로 하여금 만지게 하라'이다. 개역개정에는 이 단어의 뜻을 제외하고 해석하였는데 의미의 전달에서 제외하여도 문제가 전혀 없기 때문에 개정개역을 따르기로 한다.

27a-a 마소라 비평장치에 의하면 27절 본문에서 삽입되었다고 보는 견해가 있으나 확실하지는 않으며 전체적인 본문의 흐름과 내용적인 면에서 잘못된 이해를 만들어 낼 부분이 없기 때문에 개정개역 본문을 그대로 따르기로 한다.

28a 그리스 원본이나 고대 라틴어 역본에는 הָאֱלֹהִים이 빠져 있는 경우들이 더 많다. 그러므로 יְהֹוִה를 יהוה로 보는 것을 제안한다. 이렇게 놓고 본다면 해석이 '이번 한번만'이 아니라 '한 번만'이 되어야 하지만, 의미상 큰 차이가 없기에 개역개정의 번역을 따르기로 한다.

30a 한글 개역 성경에서 번역되지 않은 단어 '나프쉬'는 '생명', '목숨'이라는 뜻을 가진 명사 'נֶפֶשׁ'에 1인칭 단수 소유격 접미어 '니(י)'가 결합한 '나의 목숨'이란 뜻이다. (영어 성경 NIV, KJV에서는 "Let me die with the Philistines!").

30b 원어 성경 상 본문에는 '죽다'(to die, מות)란 표현이 세 번이나 나오며, 본 절 전체적으로는 모두 다섯 번이나 나오고 있다. 한 절에 'מות'라는 단어가 이와 같이 여러 번 쓰이는 것은 죽음을 강조하고자 하는 저자의 의도 때문이다. 한편 'הַמֵּתִים'은 '죽다'라는 뜻을 가진 동사 'מֵתִים'의 능동 분사 복수형 'מֵתִין'에 정관사 'ה'가 접두 된 '그 죽은 자들'이란 뜻이다. 삼손의 생애 대부분은 부끄러운 행적의 연속이었는데 스스로 목숨을 내어 놓은 마지막 죽음의 순간에서 그 허물을 가리고도 남을 만한 업적을 남겼던 것이다.

31a 'אֶחָיו'는 형제를 의미하는 명사 'אָח'의 복수 연계형에 남성 3인칭 단수 소유격 접미어가 결합된 형태로서 '그의 형제들'이다. 그러므로 '그의 형제들'은 삼손의 친척들 혹은 동족 사람들을 지칭한다. 'אָח'는 친형제 뿐만 아니라 이웃, 동족 그리고 이스라엘 전체를 가리키는 데에도 쓰이는 단어이기 때문이다. 이상과 같은 이유로 해서 '그의 형제와 아비의 온 집'이라 함은 삼손이 속한 부족들은 물론 다른 부족의 이스라엘 동포를 가리킨다고 볼 수 있다.

III. 본문의 범위와 문학적 구조

1. 본문의 범위

1) 소개

중세를 서양사 가운데 암흑기라 칭한다면, 이스라엘 역사 가운데 사사시대가 과연 그러하다. 하나님의 택하신 아브라함-이삭-야곱의 시대를 이어 찬란한 리더십이 빛나던 모세와 여호수아 시대, 거기에 가장 아름다운 왕이었던 다윗을 시작으로 한 왕정 시대 사이에 끼어있는 사사기에서는 그 어디에서도 복된 소식은 찾아볼 수가 없다. 그저 '사람마다 자기 소견에 옳은 대로 행하였'으며(삿17:6; 21:25), '여호와의 목전에 악을 행하였'을 뿐이었다(삿 2:11; 3:7; 12; 4:1; 6:1; 10:6; 13:1). 사사기는 이스라엘의 죄악(우상숭배) - 심판(이웃 나라의 괴롭힘) - 회개(여호와께 부르짖음) - 구원(사사 통치)이라는 도식이 계속적으로 반복된다. 이는 사사기란 책의 이름이 '재판관들(심판자)'을 의미하듯, 사사를 우리 가운데 세우시고, 하나님의 공의로 말미암는 진정한 심판이 무엇인지, 심판자가 누구인지 알려주고자 한다. 사사기 1장이 여호수아서의 연장선으로 미처 정복하지 못한 땅에 대해 기록하고 있다면, 2장부터는 본격적으로 사사시대에 대해 다루고 있다. 여호수아가 죽은 이후, 영적 리더를 잃은 이스라엘의 혼란과 함께 점차 타락해가는 모습을 먼저 대강 설명해주고 있다. 3-16장은 사사들의 구체적인 이야기들이 나오며 삼손을 마지막으로 17-21장까지는 결코 회복의 기미를 보이지 않을 정도로 타락함의 정도를 단적으로 보여준다. 끊임없이 하나님으로부터 멀어지는 우리의 죄악과 그럼에도 불구하고 우리를 징계하심으로 돌이키게 하시고 하나님의 백성답게 살도록 하기 위해 통치하시는 하나님의 모습을 엿볼 수 있다. 이것이 하나님의 공의이며, 그분의 심판이며, 곧 사랑이다. 사사기의 마지막이 왕이라는 강력한 카리스마적 리더십을 요청하며, 종결되지 않은 채 끝나는 것처럼, 이스라엘의 계속되는 악행에도 불구하고, 하나님은 여전히 이스라엘을 사랑하시며, 그 분의 공의는 여전하다.

2) 전후 문맥

사사기에서 처음 등장하는 지도자가 여호수아였던 만큼, 그의 강력한 리더십 하에 있던 이스라엘은 온전히 하나님만을 향해 열려있음을 알 수 있다. 그러나 여호수아의 죽음 이후 이스라엘이 여호와 하나님을 버린 사실을 본문에서 보게 된다. 이후, 사사 옷니엘 시대, 드보라 시대, 기드온 시대, 입다 시대 등을 지나면서 영적으로 점점 타락해져 가는 것을 볼 수 있다. 삼손은 사사기에 기록된 사사 시대의 마지막 사사로서 사사기 13-16장에서 삼손에 대해 다루고 있다. 13장에서는 삼손의 출생, 곧 사사로서의 부르심에 대한 이야기가, 14장에서는 블레셋 여인과의 혼인과 그로인해 벌어지는 블레셋과의 갈등, 곧 삼손의 사사직 시작과 15장에서는 사사로서 블레셋과 벌였던 갈등, 그리고 16장에서는 강력한 힘을 가진 사사에서 한낱 평범한 인간으로 전락한 삼손의 이야기가 적혀 있다. 이는 13-16장까지의 삼손의 이야기가 기-승-전-결의 구조로 되어 있음을 알 수 있다. 인간으로서, 사사로서 그리 순탄한 삶을 산 이는 아니었으나 그의 죽음을 맞은 이스라엘은 이후, 17장부터는 영적 리더십의 부재로 인해 진리가 흐려지고 율법이 그릇 적용되는 모습을 보게 된다.

삼손이 태어나던 당시에는 영적으로 매우 타락하고 희망이 없는 시대였다. 이미 삼손의 3대 전 사사였던 입다 시대에는 비참한 동족상잔의 상황(삿 12)이 벌어졌으며, 그의 무남독녀 외동딸을 여호와께 드리는(삿 11) 어처구니없는 일이 발생했음에도 불구하고 누구하나 올바른 판단을 하지 못하는 상황이었다. 심지어 삼손이 이스라엘의 지도자로 세워졌음에도 불구하고 그의 필요성을 느끼지도, 중요성을 인식하지도 못할 정도로 영적으로 무지하였다(삿 15:11-13). 이미 블레셋의 지배를 받고 있었으나 이에 대해 여호와께 부르짖는 것조차 잊은 이스라엘이었다. 여호수아의 죽음 이후 사사 시대는 비록 여호와께서 사사를 세워 이스라엘을 다스리게 하셨음에도 불구하고 점차적으로 어둠 속을 걷게 되었으며, 결국 삼손 시대에 와서는 '임신하지 못하므로 출산하지 못하는'(삿 13:2-3) 영적 불모의 땅이 되어버린 것이다. 그러나 이제 여호와의 사자가 나타나 '이제 임신하여 아들을 낳으리니'라고 선포한다. '이스라엘을 구원하기 시작하리라'고 말씀하시는 여호와의 구원이 시작된 것이다.

3) 본문 확정

삼손은 여러 모로 논란이 많은 지도자였다. 나실인으로 태어났음에도 불구하고 나실인 규정(민 6) 중 어느 하나도 지키지 못했다. 포도주는 물론이거니와 시체, 그리고 이방 여인과의 통혼, 머리털에 이르기까지. 그럼에도 불구하고 본문 사사기 16:22-31에서는 삼손의 죽음을 통하여 사사직을 확증하고 있다. 그의 죽음은 비참했으나 하나님이 허락하신 것이었으며 하나님의 사용하심이었다. 그의 사사직이 결코 아무 것도 아닌 것이 아님을 보여주는 것이다. 이는 13-15장까지 삼손의 사사직에 대해 설명한 것과 17장부터 사사의 부재로 인해 영적 혼탁을 빚는 본문과의 비교를 통해 알 수 있다. 16:4-21에서 비록 인간적인 실수를 하였으나 22절을 시작으로 삼손을 통한 하나님의 역사가 다시 시작되고 이루시고 종결된 것이다.

2. 문학적 구조

A. 발단: 이스라엘을 향한 하나님의 구속 계획의 새로운 시작(22)

B. 전개: 즐거워하는 블레셋 사람들과 조롱당하는 삼손(23-27)
  1. 즐거워하는 블레셋 방백과 백성
    a. 블레셋 방백의 태도
      (1) 긍정적 대상: 다곤 신 찬양과 감사의 제사 드림(23)
      (2) 부정적 대상: 삼손을 조롱(25a)
    b. 블레셋 백성의 태도
      (1) 부정적 대상: 삼손 바라봄(24a)
      (2) 긍정적 대상: 다곤 신 찬양(24b)
  2. 즐거워하는 블레셋 사람들에게 조롱당하는 삼손
    a. 재주부리는 삼손(25b)
    b. 기둥 사이에서 기둥을 의지하게 해달라고 요구하는 삼손(25c-26)
  3. 정리: 삼손을 조롱하며 즐거워하는 블레셋 방백과 백성들(27)

C. 절정: 삼손의 간구와 그 결과(28-31)
  1. 블레셋 사람들에게 조롱당한 삼손의 간구
    a. 고백: 나의 하나님(28a)
    b. 간구1: 힘의 회복(28b)
    c. 간구2: 원수 갚음(28c)
  2. 블레셋 사람들의 최후
    a. 과정: 삼손이 기둥을 잡고 몸을 굽힘(29-30a)
    b. 결과: 블레셋 사람들의 전멸(30b)
  3. 정리: 삼손을 장사지내는 가족과 친지들(31a)

D. 결말: 삼손의 사사직에 대한 성경의 입장(31b)

Ⅳ. 분석적 관찰

1. 발단: 이스라엘을 향한 하나님의 구속 계획의 새로운 시작

삼손의 머리털이 자라기 시작했다는 본문은 '그러나'라는 역접의 접속사로 시작하며 이전과 다른 국면을 맞이한 것을 의미한다. 사사기 16장 18-21절까지의 본문은 현실적으로 삼손의 절망적인 상황을 묘사한다. 그는 사랑하는 여인에게 배신당했으며, 적에게 붙잡혔고 하나님께 버림받았다. 결과적으로 그는 감옥 속에서 조롱거리가 되고 눈이 뽑힌 채, 어둠 속에 갇혀 있는 것이다. 성경에는 당시 삼손이 머리털이 밀리고 영적으로는 여호와의 영이 떠나 그가 힘을 쓰지 못하고 있다고 적혀있다. 그로 인해, 22절은 삼손의 머리털이 자랐다는 문자적, 실제적 의미임과 동시에 영적인 의미를 동시에 가지는 듯 보인다.

그의 머리칼은 분명 여호와의 임재의 상징이었다. 여기서 삼손의 머리털이 자란 것을 세 가지로 해석할 수 있다. 첫 번째 경우는 삼손이 회개하고 여호와 앞에 돌아옴으로써 힘이 회복되었다고 보는 것이다. 이미 삼손의 머리털에 여호와의 능력이 함께 하고 있다(삿 16:17)고 삼손이 그의 입으로 언급하였다. 이에 감옥에 있는 동안 그의 머리털이 자란 것을 두고, 여호와께서 다시 그를 영적으로 회복시키셨다고 추측해 볼 수 있다. 두 번째는 새로운 장면으로 전환되었음을 이야기하되 단순한 시간의 흐름으로 이해할 수 있다. 이전 본문 18-21절에서 삼손이 블레셋 사람들에게 잡힌 후, 23절 이하에서 그들의 원수를 붙잡게 한 다곤 신에게 감사의 제사를 드리기까지 그리 많은 시간이 지났지 않았을 것임을 고려한 것이다. 물론, 머리털의 길이와 삼손의 힘이 정비례했다고 확신할 수 없으므로 그의 힘이 회복되지 않았다고 말할 수는 없다.

그러나 문자적으로 봤을 때, 그 기간 동안 머리털이 자란 것만으로 단순히 그가 회개하였다고 보기에는 근거가 부족하다. 마지막 세 번째는 삼손을 통하여 이스라엘을 구원하고자 하는 하나님의 계획이 다시 시작되었다고 보는 시각이다. 이는 단순히 머리털의 성장이 아니라 머리털이 '밀렸다가 다시 자라기 시작'하는 것에 집중하는 것이다. 이것은 삼손이 블레셋 사람에게 잡히면서 중단되었던 하나님의 구속사가 재개된 것이자 생명의 영이신 성령께서 다시금 활동하시기 시작했다는 의미로 받아들일 수 있다. 이 문장에서 사용된 히브리어 'צמח'는 '(식물이) 자라나거나 (피부에서 털이) 돋아나다'는 뜻이다. 확장하면 생명체의 성장을 나타내는 것으로 생각할 수 있다. 다시 말해, 생명이 없는 존재는 성장하지 않기 때문에, 머리털이 자랐다는 본문을 생명의 영이 활동하는 것으로 여겨 새로운 창조의 시작으로 여기겠다는 것이다. 이는 태초부터 피조세계를 향하신 하나님의 창조와 구속계획을 근거로 한다.

그러나 이 본문에서 중요한 것은 실제적인 힘의 근원을 찾는 것이 아니라, 삼손의 힘의 시작이 여호와 하나님의 주권으로 말미암는다는 것이다. 결국, 22절에서 삼손의 머리털이 자랐다는 그 자체보다 다시 자라기 '시작'했다는 데에 의미를 두었다. 창 1:1에서 '태초에 하나님이 천지를 창조하시니라'라는 말씀에서처럼, 생명이 시작이 하나님으로부터 오는 것임을 인식하고, 새로운 장면의 전환점으로써 삼손을 향한 하나님의 계획이 다시 시작되었음을 의미한다. 이는 삼손'이' 회복되었다고 보는 것보다 역사의 주체자로서 하나님'의' 회복이 시작되었다는 것이다.

2. 전개: 즐거워하는 블레셋 사람들과 조롱당하는 삼손

이제 삼손은 감옥에서 끌려나와 다곤 신 앞에서 잔치를 베푸는

블레셋 방백과 백성들 앞에 서게 된다. 24절에서 다곤 신에게 제
사를 드렸다는 구절로 미루어 짐작컨대, 삼손이 끌려나온 이곳은
다곤 신전이었을 것이다. 남녀 3천 명이 지붕 위에 걸터앉았을 정
도이니 과히 그 규모를 짐작할 만하다.

이처럼 거대하게 모인 블레셋 사람들은 스스로를 일컬어 23절
에서 3번, 25절에서 1번, 24절에서 4번 총 8번이나 '우리'라는 표현
인 1인칭 복수 접미어 'נּו'가 사용되는 등 그들의 공동체성과 힘, 그
리고 그들의 신 다곤의 능력을 강조하고 있다. 그들이 그토록 두
려워하며 겁냈던 원수 삼손이 붙잡혀, 두 눈이 뽑혀 자신의 몸조
차 제대로 가눌 수 없는 나약하고 작은 존재가 되어버린 것과 매
우 대조되는 표현이다. 이는 블레셋 사람들을 괴롭혔던 삼손에 대
해 '우리의 땅을 망쳐놓고, 우리의 많은 사람을 죽였다'는 표현을
구체적으로 기술할 정도로 그에 대한 공포가 컸던 만큼, 승자로서
의 우월감을 드러내고자 하는 표현으로 보인다.

그러한 우월감, 승자로서의 기쁨을 더욱 만끽하기 위해 그들은
원수를 그들의 손에 넘겨준 그들의 신, 다곤에게 감사의 제사를
드리며 찬양하고 있다. 23, 25, 24절에서 블레셋 사람들의 두 가지
태도를 찾아 볼 수 있다.

첫 번째는 그들은 우선 다곤 신에게 '우리의 신이 우리 손에 우
리의 원수를 넘겨주었다'며 그들의 신을 찬양하는 것이다. 이는 하
나님 외에는 다른 신을 섬기지 말라는 제1계명과 우상숭배 하지
말 것을 명하는 제2계명(신 5:7-9)과는 대조되는 모습으로, 하나님
의 백성들이 지켜야 할 태도와 극명하게 대조된다. 또한, 솔로몬
성전봉헌식에서 여호와께서 베푸신 모든 은혜로 말미암아 기뻐하
며 마음에 즐거워하던 모습(왕상 8:66), 그리고 바벨론 포로기 이후
느헤미야 지도하에 성벽완공 이후 하나님께서 크게 즐거워하게
하셨으므로 즐거워하였던 이스라엘의 모습(느 12:43)을 볼 때, 즐

거워하는 블레셋 사람들의 모습은 타락한 블레셋 사람들의 모습의 전형을 보여주는 듯하다. 하나님께서는 당신의 임재가 가득한 곳에 당신의 기쁨을 주셨으나, 블레셋 사람들은 자신들의 승리를 자축하며 스스로 즐거워했던 것이다. 그토록 거대한 다곤 신전에서 다곤 신에게 경배하고 자축했다면 하나님께서 그 모습을 보시고 통분해 마지 않으셨을 것이다. 아마도 이 같은 모습이 본문 마지막에서 이루어지는 블레셋 사람들의 전멸에 대한 타당한 근거이자, 그 도구로써 삼손을 선택하신 이유였을 것이다.

두 번째로 삼손을 조롱하는 모습을 볼 수 있다. '우리의 신이 우리의 손에 우리의 원수를 넘겨주었다'는 표현은 그들이 포로 삼손을 임의로 다룰 수 있다는 의미를 담아 실제 그들을 위하여 삼손에게 재주를 부리게 하였다. 25절에서 사용된 '재주를 부리다'는 표현은 각각 춤추다, 조롱하다라는 의미의 히브리어 'שחק', 'צחק'가 피엘형으로 사용되어 사람을 수동적으로 조종함과 동시에 조롱함의 의미를 동시에 담고 있는 것으로 이해할 수 있다. 단순히 재미를 위해 사람을 사람의 마음대로 다룬다는 의미로, 하나님의 형상을 닮아 창조된 사람이 당해서는 안 될 모욕적인 행동인 것이다. 여호와께서는 분명 적을 여호수아, 혹은 다윗의 손에 넘기겠다는 표현을 사용하고 계시지만(수 10:8; 삼상 24:4), 이는 전쟁의 승리여부에 관한 의미로 사용된 것이었다.

본문에서 블레셋 사람들은 웃고 취하고 즐기며 여호와의 백성의 지도자를 조롱하며 희롱하는 모습을 보인다. 그들의 행동은 직접적으로는 다곤 신에게 경배함으로써, 간접적으로는 하나님의 사람인 삼손을 모욕함으로써 여호와께 배격하고 대항하였다.

학자들은 블레셋 사람들의 신인 다곤에 대해 서로 상이한 견해를 보인다. דגון이라는 단어가 물고기를 뜻하는 דג에서 왔다고 보고 דג을 바다의 신으로 보는 견해가 있으나, '곡물'을 나타내는 דגן

에서 유래한 곡물의 신으로 보는 견해가 지배적이다. '우리의 땅을 망쳐 놓은 원수를 우리의 신이 넘겨 주셨다'라는 표현은 농경사회이던 당시 사회에서 한해 농사를 불태운 엄청난 사건(삿 15:4-5)의 원흉을 무릎 꿇게 한 곡물의 신 다곤의 위대함을 나타냄이다. 그들은 '썩어지지 아니하는 하나님의 영광을 썩어질 사람과 새와 짐승과 기어다니는 동물 모양의 우상으로 바꾸었(롬 1:23)'던 것이다. 거기에 포로가 된 삼손에게 곡식을 빻는 맷돌을 돌리게 함으로서 블레셋 사람들의 승리를 연거푸 확증하고 있다. 이는 삼손과 블레셋 사람들 간의 대결을 넘어서 삼손의 신인 여호와 하나님과 다곤 신과의 신적 구도로 배치될 수 있는 것이다. 결국 이 같은 대치는 주권자이자 신 중의 신이신 여호와 하나님의 개입의 필연성을 낳게 한다.

(기둥에조차 의지해야 하는 신세 연약함을 깨닫는 순간) 이제 무기력한 삼손은 그가 할 수 있는 유일한 것을 하기로 한다. 두 눈이 뽑히고 손, 발이 묶인 채 힘이 빠져 아무 것도 할 수 없었던 그가 그를 부축하던 종에게 부탁을 한 기지 한 것이다. '이 집을 버틴 기둥을 찾아 그것을 의지하게 하라'는 삼손의 부탁 속에는 이미 기둥을 무너뜨릴 의도를 갖고 있었던 것으로 보이며, 그 숨은 뜻을 알 리 없는 종에게는 합당한 것으로 받아들여졌던 것이다. 그런데 삼손은 심중에 의도를 갖고 있되 그의 계획은 무엇으로부터 온 것이었을까. 그 자신의 힘이었을까, 혹은 하나님께서 이 일을 이루실 것이라는 것에 대한 믿음에서 기인한 것이었을까.

3. 절정: 삼손의 간구와 그 결과

이제 삼손은 여호와를 부르짖기 시작한다. 이제까지 살면서 여호와를 의식해본 적이 거의 없던 삼손이 부르짖으며 불렀던 이름은 '나'의 하나님, 'אֲדֹנָי'였다. 그는 기도한다. '나의 하나님, 나를 생각하옵소서. 나를 강하게 하사 나의 원수를 갚게 하옵소서'. 단 한 줄의 기도문에서 나라는 1인칭 단수 표현이 계속적으로 반복되고 있다. 이는 앞서 언급한 블레셋 백성들의 자신들을 언급한 '우리'라는 표현과 매우 대조적이며, 또한 이스라엘의 사사치고 지나치게 개인적이다. '이번 한 번만'이라는 기도 속에는 그의 간절함이 물씬 묻어난다. 그러나 그가 간절하게 구하는 것은 블레셋 사람에게 뽑힌 두 눈의 복수이다. 개인적인 원한에서 나온 기도인 것이다. 다윗이 그의 생명을 위협한 이에 대한 복수를 하나님께로 돌렸던 장면이 그리울 정도이다(삼상 24:12; 삼하 16:11-12). 하나님이 사랑하시던 다윗과 참으로 다른 인생을 산 삼손이었다. 그의 삶 동안에 한 번도 하나님의 뜻을 구한 적이 없던 그가 이제야 여호와의 이름을 불렀으나, 끝까지 '나'를 벗어날 수 없었다. 하나님의 뜻 가운데 태어난 사람이라면, 한 번쯤은 하나님의 뜻을 생각해볼 법도 한데, 그는 그러지 않았다. 그의 행동 가운데 하나님의 뜻과 의지가 명백한데도 불구하고 그는 그것을 깨닫지 못했다. 이것이 삼손의 한계였다. 지극히 인간적인 사사였다.

이스라엘 구원의 역사를 위해 삼손을 택하신 하나님(13:5). 이제 하나님의 거대한 구속의지가 다시금 시작되고 있다. 이미 자신의 입으로 자신의 우월함을 인정(16:17)했던 삼손은 이제 자신의 우월함이 자신의 것이 아니라 하나님께로 나오는 것임을 인정하고 여호와께 도움을 요청하고 있다. 사사기 15:18에서 목마름이 마치 하나님의 잘못이라도 되는 양 투정부리는 모습이나, 15:7, 15:11에서 '내가' 행하였다고 이야기하는 모습은 삼손 자신의 교만을 잘 드러내주고 있다. 그러나 이제 삼손의 기도는 '(주여) 구하옵나니 (나를) 생각하옵소서 (하나님이여) 구하옵나니 (나를) 강하게 하사 (원수를) 갚게 하옵소서'로 하나님으로부터의 도움을 구하는 요청 일색이다. 이는 앞서드린 삼손의 기도와 언행 등과 매우 대조적이다. 삼손은 그 자신을 특별하게 만들던 능력, 곧 힘을 잃고, 사랑했던 여인 들릴라에게 배신당했으며 이스라엘 친지와 가족에게 버림당한 데다 적 블레셋 사람들에게 조롱당하면서 매우 비참한 상태에 있었다. 그러한 비참한 가운데에서 삼손은 자신을 생각하면 낮아질 수밖에 없었고 작아질 수밖에 없었다. 상대적으로 그의 의지와 상관없이 임하셨던 여호와의 영을 생각했을 것이다. 그의 능력인 것처럼 느껴졌으나 실상 여호와의 능력임을 깨달았을 것이다. 그에게 아무 것도 없을 때에야 그는 구한다. 그토록 귀한 것인 여호와의 능력을 말이다. 이제 삼손에 대한 계획, 여호와의 언약(삿 13:5)이 성취되기 시작한다.

이전까지 여호와의 영을 통해 삼손을 움직여 블레셋 사람을 심판했다면, 이번은 삼손의 기도를 통해 블레셋 사람을 심판하고 계심을 알 수 있다. 그것이 삼손에게는 설욕하기 위한 간구일지 모르나 하나님의 구속계획 속에서 나온 기도제목이기도 하다. 그리고 하나님 뜻에 합당한 기도를 하나님께서는 들으시고 응답하셨다. 결국 결연한 의지를 갖고 '내 생명이 죽기를 원하노라'고 외치며 삼손이 죽을 때, 살았을 때 죽인 자보다 죽을 때 죽인 자가 수적으로 많았음을 알 수 있다. 오히려 삼손이 살아 여호와의 영으로 말미암아 블레셋 사람들을 물리친 것보다 수적으로 더 많은 이들을 물리쳤던 것이다. 이는 삼손의 결연한 의지가 있었기 때문이라고 보았다. 하나님의 경륜을 향하여 자신이 죽고라도 이루고자 하는 헌신이 필요한 것이다. 그러나 여호와의 영이 이미 떠난 삼손에게 여호와께서는 힘의 회복과 원수 갚음을 간구하는 그의 기도를 들어셨을지언정 여호와의 영이 돌아왔는지는 성경 속에서 확인할 수 없다.

블레셋의 방백들과 백성들을 멸절시킨 이스라엘의 사사 삼손.

성경에서 죽음의 상황을 자세히 기록한 것을 볼 때, 그의 죽음이 본문에서 가지는 의미가 상당함을 알 수 있다. 한 사람의 죽음으로 말미암아 많은 사람이 구원받게 된 것이다. 이는 마치 예수 그리스도를 보는 듯하다(롬 5:19).

4. 결말: 삼손의 사사직에 대한 성경의 입장

사사란 히브리어로 재판관을 의미한다. 결국 삼손 자신이 임의대로 블레셋을 심판하였지만, 하나님의 관점에서 봤을 때 하나님의 심판이었다. 삼손은 하나님의 계획을 이루기 위한 도구였으나 그 자신이 도구임을 인식하지 못하였다.

대개 사사는 두 가지 일을 했다. 첫째는 이스라엘 백성을 원수의 손에서 구해내는 것이다. 이를 위해 군사를 소집, 훈련하고 하나님의 인도하심에 따라 작전을 짜고 전장에 나가 적을 쳐서 물리치고 승리하고 평화를 얻는 것이다. 둘째는 이스라엘 민족을 다스리는 것이다. 법적인 면만 아니라 신앙과 진리적인 면(종교적)에서도 바로 다스리는 것이다.[8] 그러나 삼손은 이 두 가지 일을 모두 감당하지 않았다. 스스로 사사로서의 직무를 감당하지 않은 것이다.

삼손의 개인적인 면을 들여다봤을 때, 그는 블레셋 백성들 한 가운데 뛰어들어 수백, 수천을 죽이는 용기는 있으되 지혜와 절제가 부족한 사람이었다. 스스로에 대해 이 땅에 태어난 목적과 사사로서의 사명에 대해서 알지 못했고, 목적이 이끄는 삶, 사명대로 사는 삶 대신 자유와 방종을 택했다. 이스라엘의 하나님, 약속의 하나님을 알지 못했고, 이스라엘을 택하여 구별하신 이유를 알지 못했으며 거룩하신 하나님의 성품 또한 알지 못했기에 '거룩하

---

8) 원용국, 『사사기·룻기주석』(서울: 호석출판사, 1994), 13.

고 성결하라'는 말씀을 좇을 수 없었다. 그렇기에 삼손이 사사로 군림하는 동안 이스라엘에 평온이 있었다는 말이 없었을는지도[9] 모르겠다.

  이미 그의 삶에서 여러 번 여호와의 영이 그를 움직였음을 알 수 있다(13:25; 14:6; 14:19; 15:14). 그가 방종과 방탕 가운데 있던 중에도 여호와의 영은 변함없이 그와 함께 하셨던 것이다. 이렇듯 연약함과 부족함 가운데에서도 용납하시는 여호와께서는 머리에 삭도를 대지 말라는 조항을 어긴 삼손을 떠나신다(15:20). 매우 사소한 것처럼 보이나, 이는 태초에 아담과 하와가 선과 악을 알게 하는 나무의 열매를 따먹는 바람에 에덴동산에서 추방당하는 모습을 연상케 한다(창 3). 하나님께서는 연약함은 아시고 용납하시되 불순종에 대하여 그 책임을 물으시는 법이다.

  성경 속에서 임신하지 못한 여인의 태를 열어 태어난 사람으로 사무엘, 세례요한, 그리고 삼손의 세 사람을 들 수 있다. 모두 나실인으로 하나님께 바쳐진 인생을 살았던 이들이다. 앞서의 두 사람이 매우 바람직하고 긍정적인 인물로 대표된다면, 삼손은 그렇지 못했다. 그러나 그가 비록 지도자로서 인정받지 못했으며(14:11-13), 아무리 공동체를 알지 못했을 지라도 하나님께서 세우신 지도자에 대해 성경은 삼손에 대하여 사사로 기록하였다. 이는 그의 인간적 실수에도 불구하고 하나님이 택하신 자로서 인정하고 있는 것이다. 삼손은 소명을 알지 못하는 자였으나 소명대로 산 사람이었다. 그가 방종과 타락에 빠져있을 때라도 그는 변함없이 하나님의 대리자로서 심판자의 역할을 하였으며, 이는 여호와의 영이 역사하심이었던 것이다.

---

9) 송병현, 『엑스포지멘터리 사사기』(국제제자훈련원, 2010), 343.

V. 통전적 해석

【논지】지극히 인간적인 사사였던 삼손은 이스라엘의 안위보다 자기 자신의 즐거움을 좇았지만, 결국에는 그조차 하나님의 구속의 방편이었다. 본문은 죄의 유혹에 빠져, 혹은 실패하여 넘어져 무기력했던 삼손의 마지막 순간이라도, 하나님께서는 다시금 일어설 수 있는 기회를 주시며, 하나님 당신의 계획을 반드시 성취하실 것임을 이야기하고 있다.

1. 하나님은 어떤 상황에서도 새로운 시작을 가능케 하신다.

머리털이 밀리고 두 눈은 뽑히고 조롱당하며 감옥에 갇혀 있던 삼손은 틀림없이 죽은 인생이나 마찬가지였을 것이다. 그런 그에게 육신의 눈은 보지 못하나 영적인 눈동자 속에 한 줄기 빛이 비추이게 된다. 이는 머리털이 자란 것이자 머리털을 자라게 하시는 생명의 영이 그와 함께 하심이었다. 하나님께서는 그가 택하신 자를 징계하시되 결코 그를 싫어버리지 아니하시는 분이시다(신 8:5; 사 41:9; 사 54:7-8). 블레셋으로부터 이스라엘의 구원을 위하여 택하신 삼손을 다시금 일으키신 분이 하나님이었다. 하나님의 계획은 결코 중단된 적이 없기에 삼손은 태초부터 그의 지음 받은 목적, 곧 이스라엘의 구원을 위해 일어서야만 했던 것이다.

삼손은 감옥에서 갇힌 채로, 두 눈이 뽑혀 자신의 몰골을 보지도 못한 채로 있어야만 했을 것이다. 한참 잘 나가던 삼손이 감옥에나 갇혀 제대로 걷지도 못하는 신세가 되어버린 자신의 모습이 참으로 비참했을 것이다. 그러나 그런 그에게 하나님은 다시 소명을 불어 넣으신다. 머리털이 자란다는 것은 무엇을 의미하는가. 아직 살아있다는 증거이다. 이는 아직 살아서 해야 할 일이 있다는 것이다. 사명이 있다는 것이다.

우리의 인생 가운데에도 실수가 있고, 실패가 있고, 때로 유혹이 몰려와 넘어지기도 하고, 추악하기 짝이 없는 죄에 빠질 수 있다. 마치 날개를 잃은 양 끝없는 나락으로 추락할 때, 그 때 오는 좌절감과 패배감, 비참함과 열등감은 말로 이루할 수 없을 것이다. 그러나 그 순간에도 하나님께서는 우리를 향한 회복을 계획하고 계신다. 새 일을 시작하신다. '보라 내가 새 일을 행하리니(사 42:19).' 우리는 여호와를 위하여 지으셨으며 여호와를 찬송하게 하기 위함이기 때문이다(사 42:21). 여호와께서는 당신을 찬송케 하기 위하여 다시금 우리에게 기회를 주시며, 징계하실지언정 우리의 손을 놓지 않으신다. 이를 위하여 예수 그리스도께서 죽음 가운데 다시 살아나셨으며, 새로운 역사의 지평이 열려진 것이다.

2. 하나님이 시작하시되 낮은 자의 겸손의 기도를 통해 일하신다.

삼손은 지극히 이기직이있다. 나실인으로, 사사로 하나님께 택함 받은 이라고 보기에는 사명감도, 공동체성도, 하다못해 리더십조차 없던 이였다. 그런 그에게 있던 유일한 것은 '힘' 하나였다. 힘 하나 믿고 있던 그가 힘을 잃었다. 사랑하는 여인 들릴라의 배신, 동족 이스라엘으로부터의 버림, 적이었던 블레셋의 조롱은 참기 힘든 고통이었을 것이다. 그러나 그를 가장 힘들게 했던 것은 무엇이었을까. 삼손을 삼손답게 만든 것은 그의 힘이었다. 그의 존재성, 그의 정체성이기도 했다. 그런 중요한 것을 잃고 나서 그는 '물리적' 힘이 빠지되 '의지적' 힘마저 빠져 버렸다. 블레셋 사람들을 '내가' 물리치고 '내가' 죽였다던 삼손의 이야기에서 이제는 '나의 하나님이여'를 부르게 된 것이다. 어느 누구에게 의지해 본 적도, 그럴 필요도 없던 이가 이제 기도를 통하여 유일하신 주권

자이자 능력자이신 여호와 하나님께 그 자신의 모든 것을, 힘을 의탁하게 된 것이다. 이제 삼손은 안다. 모든 능력이 여호와 하나님께로부터 나오는 것임을. 진정한 힘의 기원이 여호와께 있으며, 이를 위해 기도와 간구가 필요함을 알게 된 것이다. 이제 그는 비로소 진정한 사사로서 여호와 하나님의 심판을 알게 되었다. 이제까지의 인생에서 그가 사사로서 스스로 블레셋 사람들을 심판했다면, 이제는 여호와의 능력으로 말미암아 그것이 가능함을 인정하게 된 것이다. 이제야 비로소 여호와를 보는 눈이 뜨이게 된 것이다. 그리고 그러한 고백의 기도를 드렸을 때 하나님께서는 기도에 응답하셨다. 이전처럼 여호와의 영이 임하여 강권적인 역사를 만들어가지는 않았을지언정, 기도를 통하여 삼손에게 능력으로 임하심으로 하나님의 구속의 계획을 이루신 것이다.

겸손은 여호와를 알 때에야 행할 수 있는 태도이다. 하나님이 우리에게 계시지 않는 한 우리는 한없이 교만하며 높아지려고만 한다. 아니 하나님이 계시지 않다고 한다. 그런 우리를 하나님께서는 깨뜨리시고 낮추시어 사용하고자 하신다. 겸손이란 무엇인가. 하나님의 하나님 되심을 인정하는 것이다. 모든 것이 하나님의 것임을 인정하고, 하나님으로부터만 모든 것이 가능함을 아는 것이다. 이러한 하나님이 나의 하나님임을 고백하는 것이다. 그 고백이 진정한 기도이다.

하나님께서는 결코 교만한 자를 그냥 두지 않으시며 낮추시어 그의 고백을 받아내시고야 마는 분이다. 삼손에게 그러하셨으며, 오늘날 우리에게 그러하신다. 우리에게 요청하시는 겸손, 겸손한 자를 통하여 하나님께서는 일하신다. 예수 그리스도 또한 스스로 낮아지심으로 이 땅에 오셔서 하나님의 일을 이루셨다.

3. 한 번 시작된 하나님의 계획은 하나님의 사람을 통하여 반드시 이루신다.

하나님의 역사는 두 가지 방법을 통하여 이루어진다. 하나는 하나님의 강권적인 역사하심이며, 나머지 하나는 우리의 기도와 간구를 통하여 그분의 뜻을 이루어 가시는 것이다. 삼손은 하나님의 손에 쥐어 그의 삶이 움직여짐으로 인해 하나님의 뜻은 이루어졌으나 정작 그 자신의 삶은 실패한 인생이 되어 버렸다.

그가 실패한 삶을 살았던 이유는 무엇일까. 당시는 영적, 도덕적, 사회적으로 둔감하며 암울했던 시기였다. 무엇이 옳은지 알 수 없으며, 하나님의 뜻이 무엇인지 알고 싶지도, 하나님을 찾으려 하지도 않던 시기였다. 하나님의 말씀이 들려오지 않던 시기였다. 이런 상황 속에서 거룩함을 지키기란 쉬운 일이 아니다. 삼손 역시 마찬가지였을 것이다. 삼손이 실패한 사사로 기록된 데에는 타락한 시대 가운데 스스로 거룩함을 지키지 못한 것이 컸을 것이다.

그는 지극히 자기중심적인 사람이었다. 분명 하나님을 위해 태어난 이였음에도 불구하고 그 자신을 위해 살았던 사람이었다. 삼손은 그 자신을 위해 마시고, 즐겼다. 심지어 그 자신을 위하여 블레셋 사람들을 물리쳤다. 이러한 그의 신앙관, 삶의 철학은 마지막 순간에 나온 그의 기도에서도 동일하게 적용된다. '나의 두 눈'을 위하여-라니, 이 어찌 기가 막힌 간구가 아닌가. 그러나 이렇게 자기중심이었던 삼손의 삶과 기도를 하나님께서는 하나님 중심으로 이루어 가신다. 삼손의 실패한 삶은 그 자신에게는 허사이며 물거품으로 종결되었으나, 하나님께서는 여호와의 영이 그를 움직이게(삿 13:25) 하셨던 것이다. 결국 다곤을 찬양했던 블레셋의 방백 대부분과 3천여 명의 블레셋 백성들이 전멸당하는 결과를 낳았다. 이는 결단코 여호와 하나님의 승리였다. 여호와의 영이 삼손을 떠났으나, 그를 통하여 여호와 하나님께서는 이스라엘의 구원 계획을 이루셨을 뿐 아니라 다곤이 받았던 영광을 찾아가셨으며, 승리자의 이름을 받으실 수 있었다.

우리도 한낱 미천한 인간일 뿐이다. 성경 속 모든 인간의 역사가 그러하듯 죄를 짓지 않은 이가 없으며, 성경의 모든 페이지가 그것을 이야기해주고 있다. 인간은 가망이 없는 존재이다. 그러나 하나님께서는 그런 우리를 불러주셨다. 한없이 약고 미천한 우리를, 조그마한 유혹에 빠져 걸려 넘어지기 쉬운 우리를 사용하기 위해 이 자리에 세워주셨다. 삼손에게 그러하셨듯이, 한 사람 한 사람에게 각자마다 소명을 주시고 부르심을 주셨다. 우리의 죄 가운데 비추어주시는 한 줄기 빛인 하나님의 긍휼로 말미암아 우리는 지금 하나님의 사역을 향해 걸어가고 있는 것이다. 실패했는가. 하나님의 이름을 더럽혔을까 두려운가. 결코 두려워 말라. '나는 여호와이니 이는 내 이름이라 나는 내 영광을 다른 자에게, 내 찬송을 우상에게 주지 아니하리라'(사 42:8) 여호와께서는 결코 우리의 실패를 우상의 영광으로 돌리지 아니하신다. 다시금 일어나게 하시는 분이며, 그러한 능력을 주시는 분이며, 우리를 통하여 하나님의 목적을 달성하기 원하신다. 왜냐하면 하나님은 하나님이시기 때문이다.

VI. 결론

하나님의 사람으로 부름 받은 삼손, 그에게 없는 것이 있었다. 여호와의 이름이 결코 불리지 않던, 깜깜한 암흑만 같던 당시에 그는 분명 지도자로 세움 받았으나 지도자에게 요청되는 가장 중요한 세 가지가 없었다. 그에게는 사명감이 없었다. 그가 왜 태어났는지, 하나님께서 강권적으로 닫혀있던 태의 문을 여시면서 까지 그를 이 땅에 나게 하신 이유에 대한 묵상이 그에게 없었다. 그리고 그 자신을 향한 하나님의 뜻을 알고 행하고자 하는 사명의식과 부르심대로 살고자 하는 열정이 없었다. 둘째로 삼손에게는 하나님께 그의 온 삶이 드려진 사람으로서 거룩함을 지키고자 하는 마음이 없었다. 하나님께 드려진 나실인으로서 정체성마저 없던 이였다. 마지막으로 그에게는 공동체 의식이 없었다. 그는 분명 이스라엘의 사사였으나 정작 이스라엘을 품지도, 함께하지도 못했고, 돌보고 살피지 못했다. 아브라함 시대를 거쳐 출애굽, 그리고 사사시대까지 이어지는 하나님의 사랑을 알지 못했고, 이스라엘을 향한 구속계획을 알지 못했으며, 무엇보다도 아비의 마음을 알지 못했다. 그는 실패했다. 실패한 지도자였다.

분명 위의 덕목들은 오늘날 지도자에게도 필요한 것들이다. 시대가 어둡고 혼탁할수록 하나님의 형상을 닮은 우리는 그분의 모습대로 살고자 힘써 노력해야 한다. 우리의 삶을 구별해 드려야 한다는 말이다. 그러니 우리의 부족함에도 불구하고 하나님께서는 반드시 하나님 당신의 일을 성취하신다. 왜냐하면 하나님은 여호와 하나님이시기 때문이다. 삼손에게 그러하셨던 것처럼, 우리의 모든 삶이 하나님의 구속사 속에 있으며, 우리를 통해 그 일을 행하시는 분이시자, 우리는 실패할지언정 결코 실패하지 않는 분이기 때문이다. '사람이 마음으로 자기의 길을 계획할지라도 그의 걸음을 인도하시는 이는 여호와시니라(잠 16:9)' 삼손의 삶이 그러했다. 자신의 뜻대로 살은 삶, 그럼에도 불구하고 여호와 하나님의 일을 이루시는 하나님은 우리의 하나님이시다.

실수와 실패, 죄 가운데 놓여 있어서 좌절했는가. 결코 벗어날 수 없는 죄의 굴레 가운데, 구렁텅이에 빠져 있는 것만 같은가. 세상이 온통 나를 비난하고 정죄하며 판단하고 있는가. 그것이 두려워 무언가를 시작하기 겁만 나는가. 일어나라. 일어날 수 없다면 눈을 들어 하늘을 보라. 일을 행하시는 여호와, 그것을 만들며 성취하시는 여호와, 그의 이름은 여호와라(렘 33:2). 여호와 하나님께 소망이 있다. 우리는 하나님의 일을 위하여 지음 받았으며, 부름 받았으며, 지금 이 땅에서 숨 쉬며 살아가고 있다. 하나님의 약속과 계획은 반드시 이루어진다.

(2) 보고서 평가

1) 이 보고서의 세 개의 해석은 다음과 같다. ① 하나님은 어떤 상황에서도 새로운 시작을 가능케 하신다. ② 하나님이 시작하시되 낮은 자의 겸손의 기도를 통해 일하신다. ③ 한 번 시작된 하나님의 계획은 하나님의 사람을 통하여 반드시 이루신다.

2) 해석 1은 조롱받는 삼손의 비참함 가운데에서도 자라는 머리칼에서 하나님의 희망을 본다. 앞의 글에서도 유사하지만 삼손 스스로 자초한 비참함을 조금 더 묵상하고 희망을 말해도 좋을 것이다. 왜냐하면 해석 1은 삼손처럼 재능이 많지만 타락할 위기에 선 지도자에게 할 말이 있기 때문이다. 희망을 먼저 말하면 "타락해도 길이 있으니 괜찮구나"라는 낙관적인 생각에 쉽게 타락에 들어선다. 타락의 아픔을 묵상하면서 해석 2로 넘어가야 한다.

3) 해석 2에서 살펴볼 것은 "낮은 자의 겸손한 기도"이다. 본문에서 삼손의 기도를 겸손한 기도로 보려면 관찰에서 충분한 토의를 거쳐야 한다. 관찰을 살펴보니 "개인적인 원한에서 나온 기도"라는

것을 인정하면서도, 이전처럼 자신의 힘을 자랑하는 것이 아니라 하나님의 도움을 구한다는 면에서 겸손한 기도라고 보는 것 같다.

4) 해석 3은 해석 2와 겹치는 부분이 있어 보인다. 겸손한 기도는 해석 2에, 하나님의 승리는 해석 3에 두려는 것처럼 보이지만, 해석 3에서 "자기중심적이었던 삼손의 삶과 기도"라는 말은 해석 2를 반복한다. 결과적으로 해석 3의 증거로 제시될 본문의 근거가 집중력이 약해졌다. 해석 2와 해석 3이 적절하게 분리되고 집중되는 것이 좋겠다.

5) 전체적으로 죄의 덫에 빠져 실패한 삼손이 비록 이기적인 기도이기는 하지만, 하나님의 도움을 강구함으로 하나님의 승리를 이루는 과정에서 삼손의 비극과 하나님의 사역의 역설이라는 문맥을 의식하는 것이 좋다. 즉, 하나님의 계획은 선택한 사람을 통하여 반드시 이루신다는 말이 맞기는 하지만, 이 과정에서 삼손의 존재는 행복하지 못할 수 있기에 그것이 하나님의 일을 하는 사람에게 경고가 되어야 한다. 이 해석의 어조로만 본다면 나의 실수도 거두시는 하나님의 은혜 때문에 실수에 대한 경고 효과를 무시할 위험이 있다. 하나님은 나를 통하여 당신의 일을 이루기는 하지만, 내가 단순히 일의 도구로 멈추지 않고 인격이 바뀌고 사역이 행복한 자가 되어야 한다는 경고를 드라마처럼 담아야 하는 것이다.

6) 그럼에도 불구하고 이 보고서는 삼손처럼 많은 것을 잃고 낙심한 지도자에게 일정한 격려가 될 수 있을 것이다.

6. 실패한 지도자를 향한 끝나지 않은 부르심

(1) 김도연의 보고서(2010년)

실패한 지도자를 향한 끝나지 않은 부르심
(사사기 16:22-31)

Ⅰ. 서론

우리가 사는 요즘의 대한민국에는 교회가 다 수용하지 못할 정도로 수많은 목회자와 영적 지도자들이 쏟아져 나오고 있다. 이전에 없던 대형 교회의 출현과 종교 기관의 세속화, 정치화로 영적 리더십을 양산하는 신학교 등에 지원하는 이들의 동기도 다양해졌고 그 중에는 그리 순수하지 않은 것들도 있게 되었다. 이에 따라 이 시대의 영적 지도자를 바라보는 사회의 시각도 달라질 수밖에 없었고 지금은 목회자의 흠 잡아내기가 유행처럼 되어 뭐라도 발견되면 성직자의 타락이란 주제로 뉴스 1면을 채우는 것이 다반사다. 그러다 보니 이런 과정 속에서 많은 기독교 지도자들이 실패한 리더쉽으로 낙인찍히고 더 이상 재기가 불가능할 정도로 위축되고 억눌러져 있는 것이 현실이다. 물론 그들의 죄로 인해 교회와 사회에 미친 악영향들에 대해서는 분명한 사죄와 깊은 회개의 시간이 필요하다. 하지만 이들에게도 남은 삶이 있다. 지금 이 순간에도 '나는 끝났구나. 내가 어떻게 하나님과 사람 앞에 다시 설 수 있겠는가.'라는 한탄에 빠져 있을 이들에게 오늘 우리 앞에 놓인 삼손의 이야기는 도전하는 바가 있다. 블레셋의 포로가 되어 돌이킬 수 없을 것 같은 절망에 빠진 하나님의 사사 삼손을 통해 실패한 영적 지도자들을 향한 교훈을 되새겨보자.

II. 본문의 확정

22 그의 머리털이 밀린 후에 다시 자라기 시작하니라
23 블레셋 사람의 방백들이 이르되 우리의 신이 우리 원수 삼손을 우리 손에 넘겨 주었다 하고 다 모여 그들의 신 다곤에게 큰 제사를 드리고 즐거워하고
24 [a]백성들도 삼손을 보았으므로 이르되[b] 우리의 땅을 망쳐 놓고 우리의 많은 사람을 죽인 원수[cd]를 우리의 신이 우리 손에 넘겨 주었다 하고 자기들의 신을 찬양하며
25 그들의 마음이 [a]즐거울 때에[a] 이르되 삼손을 불러다가 우리를 위하여 재주를 부리게 하자 하고 옥에서[b] 삼손을 불러내매 [c]삼손이 그들 앞에서 재주를 부리니라[c] 그들이 삼손을 두 기둥 사이에 세웠더니
26 삼손이 자기 손을 붙든 소년에게 이르되 나에게 이 집을 버틴 기둥을 찾아 그것을 나로 만지게 하라[a] 내가 그것들에게 의지하게 하라[b] 하니라
27 그 집에는 남녀가 가득하니 [a]블레셋 모든 방백들도 거기에 있고 지붕에 있는 남녀도 삼천 명 가량이라[a] 다 삼손이 재주 부리는 것을 보더라
28 삼손이 여호와께 부르짖어 이르되 주 여호와여 구하옵나니 나를 생각하옵소서 하나님이여[a] 구하옵나니 이번만[b] 나를 강하게 하사 나의 두 눈을 뺀 블레셋 사람에게 원수를 단번에 갚게

하옵소서 하고

29 삼손이 집을 버틴 두 기둥 가운데 하나는 왼손으로 하나는 오른손으로 껴 의지하고

30 삼손이 이르되 나의 생명이[a] 블레셋 사람과 함께 죽기를 원하노라 하고 힘을 다하여 몸을 굽히매 그 집이 곧 무너져 그 안에 있는 모든 방백들과 온 백성에게 덮이니 삼손이 죽을 때에 죽인 자가 살았을 때에 죽인 자보다 더욱 많았더라

31 그의 형제와 아버지의 온 집이 다 내려가서 그의 시체를 가지고 올라가서 소라와 에스다올 사이 그의 아버지 마노아의 장지에 장사하니라 삼손이 이스라엘의 사사로 이십 년 동안 지냈더라

24a BHS와 70인역 바티칸 사본은 24절을 25절 다음에 오는 것으로 해석할 것을 제안한다. 23절 후반에 다곤 신에게 제사하고 즐거워하는 모습은 25절 초입의 '그들의 마음이 즐거울 때에'와 연결이 용이하며, 삼손을 불러다가 재주를 부리게 하고 그 모습을 바라보던 블레셋 방백들이 '원수를 넘겨준 자기들의 신'을 찬양하는 것으로 보는 것이 흐름상 자연스럽기 때문이다. 그러나 여기서는 이 사실을 밝혀두고 절과 절을 뒤집지는 않기로 한다.

24b 칠십인역 바티칸 사본에는 'אָמְרוּ'가 아마 삭제된 것 같다. 그러나 MT의 문맥 흐름이 어색하지 않고 해석 상 큰 편차를 보이지 않으므로 BHS의 본문을 따라 개역개정의 번역을 따르기로 한다.

24c 어떤 히브리어 필사본들에는 그 사이에 שִׁמְשׁוֹן이 포함되어 있다. 이 단어는 아마도 삽입된 것으로 보인다. 'אוֹיְבֵנוּ'가 누구인

지에 대해 분명하게 명시해준다는 점에서 שִׁמְשׁוֹן을 포함하는 것에도 무리가 없으나 이를 삽입하기 위해 본문을 수정할 특별한 이유는 없다. 개역 개정의 번역을 그대로 채택한다.

24d 레닌그라드 사본 원본과 20개 이상의 마소라 사본에는 וּנִי-라는 복수 명사의 대명접미사가 붙어 있어 직역하면 '우리의 대적들'이 된다. 이는 'אֱלֹהִים' 등이 복수형 명사로 쓰인 것과 같이 신적 존재나 거대한 존재를 명시하기 위한 의도로 사용한 방법으로 이해할 수 있고 블레셋 방백들에게 삼손의 존재가 얼마나 크고 두려운 것이었는지 보여주는 표현이다. 번역은, 여기서 지칭하는 자가 삼손으로서 3인칭 단수이므로 '원수'로 번역된 것을 그대로 취한다.

25a-a BHS에는 레닌그라드 사본과 같이 'כִּיטוֹב'로 기록되어 있으며 이를 케티브로 밝히고 있다. 이것이 20개 이상의 히브리어 필사본과 역본들에는 כִּי־טוֹב로 쓰였고, 20개 이상의 히브리어 필사본에는 마케프을 사용한 'כִּי־טוֹב'를 케티브로 보여주고 있다. 이런 경우 כִּי는 종속절을 이끄는 관계 부사로서의 힘을 상실하므로 이를 כִּי에 따르는 부사절로 이해한다면 '세와'가 '히렉'으로 바뀌어야 하거나 아예 문법적 형태를 כְּ가 이끄는 전치사구로 바꾸는 것이 적절하다. MT와 여러 개(11-20개)의 히브리어 필사본은 후자의 형태로서 'כְּטוֹב'라는 케레를 보여주고 있다. 어느 편이든 '즐거울 때에'라는 개역개정의 번역에 큰 무리가 없다.

25b 25절에서 '죄수, 포로, 노예' 등의 뜻으로 쓰인 단어는 'הָאסִירִים'라는 K(케티브)로 기록되어 있다. 이는 'ס'에 모음이 없고 'י' 안에 다게쉬가 찍힌 형태인데 이 단어를 'הָאֲסִירִים'로 본다면 명사 'אָסִיר'의 복수형이며 BHS가 제안한 Q(케레)대로 'הָאֲסוּרִים'로 본다면 'אסר' 동사에서 파생된 수동분사의 복수형으로 이

해할 수 있다. 출발점 자체가 다른 것이지만 무엇을 택하든 해석 상 큰 차이를 일으키지는 않으므로 앞의 'מִבֵּית'와 연결하여 '옥에서'라고 번역할 수 있다.

25c-c 'וַיְצַחֵק לִפְנֵיהֶם'는 고 라틴어 역본에서 '춤추다'(dance)로 그 의미를 제안하고 있으며 그리스어 원 본문은 καί ἐνέπαιζον αὐτῷ 라고 기록하고 있다. 이를 직역하면 '그리고 그들이 그를 조롱했다'인데 ἐνέπαιζον은 복음서에서 예수께서 조롱당하는 장면에서도 동일하게 쓰인 단어이며 칠십인역 바티칸 사본은 이를 '삼손을 조롱하고 때린 것까지'로 의역을 확장하고 있다. 이는 '삼손이 그들을 위하여 재주를 부린다'고 번역한 개역개정의 표현과 다른 뉘앙스를 내포한다. 하지만 BHS 본문의 'וַיְצַחֵק' 가 3인칭 남성단수 피엘 동사의 형태를 지니고 있으므로 주어를 '그들'로 교체하는 데에는 무리가 있으며, 다만 피엘 형태가 강조하고 있는 삼손의 행위가 그의 자발성에 기인한 것이 아니라 그 역시 철저히 피해자의 입장에 있었다는 것을 밝히고 있는 것이라고 볼 수 있다. 한편, 'לִפְנֵיהֶם'는 '그들을 위하여' 보다 '그들 앞에서'라고 해석하는 것이 더 적절하므로 전체적으로 '삼손이 그들 앞에서 재주를 부리니라' 정도로 수정하여 번역한다.

26a 20개 이상의 히브리어 필사본은 해당하는 BHS의 Q(케레) וַהֲמִשֵׁנִי 를 본문 안에 담고 있고 소수(3-10개)의 히브리어 필사본은 וְהֵימִישֵׁ(י)נִי를 K(케티브)로 기록하고 있다. 한편 몇 몇 히브리어 필사본에는 아예 자음의 위치를 교정하여 והשמיני라는 단어를 보여준다. MT의 케티브 'וִיהֵימִשֵׁנִי'의 어근으로는 'ימש'(만지다), 'מוש' (느끼다, 만지다) 등을 유추할 수 있지만 BHS는 משש(붙잡다, 손에 대다, 만지게 하다)에서 파생된 히필 미완료 동사 'וַהֲמִשֵׁנִי'을 제안하고 있는데 이는 중복되어 이어진 ש가 다게쉬의 형태로 삽

입되어 찍힌 것이 지워진 것을 암시한다. 이런 해석은 문자 형태의 소실 가능성을 생각할 때 가장 납득할만하며 결국 해석의 범위가 '만지다', '느끼다' 등으로 제한되므로 개역개정에서 번역을 피하고 있는 이 단어를 살려 '나로 만지게 하라'는 번역을 포함하여 읽기로 한다.

26b 그리스어 원 본문에는 ὁ δὲ παῖς ἐποίησεν οὕτως (= ויעש הנער כן) 이 추가 되었다. 이는 직역하면 '그리고 그 소년이 그렇게 했다'라는 뜻인데 개역개정판에는 삼손의 요청에 대해 그 소년이 어떻게 반응했는지 생략하고 있다. 추가된 본문은 28-29절의 흐름 안에서 충분히 유추 가능한 부분이므로 첨가하지 않고 BHS를 그대로 따른다.

27a-a BHS는 이를 아마도 첨가된 것으로 보고 있는데 문맥 사이 어떤 객관자가 전지적 시점으로 끼어들어 해석하는 부분이다. BHS와 개역개정에서 언급한 부분을 굳이 뺄 필요는 없는 것으로 보인다. 한편 70인역 바티칸 사본에는 삼천으로 번역되는 'שְׁלֹשֶׁת אֲלָפִים' 대신에 칠백으로 번역 가능한 단어 'ἑπτακόσιοι'를 사용하고 있으나 정확한 근거는 찾기 어렵다.

28a 그리스어 원 본문과 고대 라틴어 역본에는 생략되었다. 아마도 지운 것 같다. 삼손이 그 인생의 마지막에 드리는 기도의 간절함을 생각할 때 굳이 삭제할 이유는 없으며 MT의 본문을 살려 읽는 것이 좋겠다.

28b BHS는 'הַזֶּה' 대신에 יהוה를 제안한다. 이는 28절 초반부에 삼손이 호격으로서 '아도나이 야훼'를 부르는 장면을 다른 단어 형태로 반복하는 것일 수 있다. 그러나 '걸음, 순간(때), 사건' 등을 뜻하는 그 앞 단어 'הַפַּעַם'를 고려할 때 지시대명사로 간주하고 '이번만'으로 번역한 개역개정을 따르는 것이 적절하겠다.

30a 개역개정에는 BHS 본문의 'נַפְשִׁי'의 번역을 생략하고 있다. 그러나 문맥의 흐름을 생생하게 하고 MT의 원문을 살리도록 '나의 생명이'를 삽입하여 읽기로 한다.

III. 본문의 범위 및 문학적 구조

1. 본문의 범위

사사기는 전체적으로 세 부분으로 나눌 수 있으며 각각 '정복 실패와 하나님의 심판', '사사들의 행적', '이스라엘의 부패상' 등을 주제로 한다. 본문은 13-16장에서 다루어지는 삼손 관련 기사의 마지막 부분이며 넓게는 12사사의 행적을 통해 이스라엘의 타락과 하나님의 구원 역사를 반복하여 보여주는 본론 부분의 종결부라 할 수 있다. 사사 삼손의 파트를 좀 더 자세히 살펴보면 나실인으로서의 삼손 탄생(13장), 사자의 주검에서 꿀을 떠먹는 삼손과 블레셋 사람의 딸 중 맞이한 아내로 인해 삼십 명을 쳐 죽인 사건(14장)이 전반부를 이루며 이어지는 15장은 아내를 찾으러 간 삼손이 여우 삼백 마리의 꼬리를 이용해 블레셋 사람들의 밭을 해친 사건과 나귀의 새 턱뼈로 블레셋인 천 명을 죽인 사건을 다루어 사사 삼손의 주된 이력을 보여준다. 주목할만한 점은 13장에서 삼손의 탄생이 나실인으로서 구별된 것이었음에도 불구하고 14, 15장에서 드러나는 삼손의 삶의 태도는 그 사실에 부합하지 못한다는 것이다. 여기서 삼손은 지극히 개인적인 취향과 소원에 따라 행동하며 블레셋에 대한 적대적 행위도 사사로서의 임무에서 출발한 것은 아닌 것으로 보인다. 이러한 분위기의 서술은 16장에서 가사의 기생과 소렉골짜기의 들릴라를 만나는 장면에서도 계속되며 점차적으로 불안감을 고조시킨다.

본문(16:22-31)은 삼손의 탄생(13장) 이후 14장부터 고조된 불안감이 비로소 결말에 이르는 장면이며 들릴라를 이용한 블레셋 방백들의 계속된 시험에 괴로워하다 결국 진실을 토하고 비참한 결과를 맞는 삼손의 이야기(16:4-21)와 닿아 있다. 즉, 본문은 포로로 잡혀가 죄수의 모습으로 비참하게 전락한 그의 마지막 발악과 최후를 담아내고 있는 것으로 전후 문맥과 구별된다. 17장 이후는 12사사의 이야기와는 직접적 연관이 없이 사사기의 시대적 정황을 보여주는 에피소드(미가와 단 지파, 레위 사람의 첩과 베냐민 지파 등) 몇 가지를 나열하고 있다.

2. 문학적 구조

A. 블레셋 사람들의 잔치(22-24)
  1. 도입 : 하나님의 구원 역사 회복의 전조(22)
  2. 블레셋 방백의 제사와 즐거움(23)
  3. 블레셋 백성이 자기들의 신을 찬양(24)

B. 블레셋 사람들의 조롱과 삼손의 요구(25-27)
  1. 블레셋 사람들의 마음이 즐거울 때 불러낸 삼손(25a)
  2. 그들 앞에서 재주를 부리는 삼손(25b)
  3. 다곤 신전을 버티고 있는 기둥에 의지하게 해달라는 삼손의 요구(26)
  4. 잔치의 규모 : 블레셋 모든 방백과 지붕 위 남녀 삼천 명이 삼손의 재주를 관람(27)

C. 삼손의 마지막 기도와 최후(28-31)
  1. 삼손의 마지막 기도 : 이번만 강하게 하사 원수를 갚게 하소서(28)
  2. 신전의 기둥을 무너뜨릴 준비 (29)
  3. 삼손의 마지막 외침과 최후(30a-c)

    a. 나의 생명이 블레셋 사람과 함께 죽기를 원하노라(30a)
    b. 집이 무너져 블레셋 방백과 백성을 덮음(30b)
    c. 삼손이 죽을 때 죽인 자가 살아서 죽인 자보다 많음(30c)
  4. 마무리 : 삼손을 장사함 (31a-b)
    a. 형제와 아버지의 온 집이 삼손의 시체를 거두어 장사함(31a)
    b. 삼손의 정체성 확인 : 이십 년 간 이스라엘의 사사

IV. 분석적 관찰

1. 블레셋 사람들의 잔치 (22-24절)

본문은 나실인으로서 하나님께 드려진 바 된 삼손이 들릴라라는 여인에 대한 사랑 때문에 자신의 비밀을 밝히고 블레셋 사람들의 포로로 전락한 후의 장면을 배경으로 시작하고 있다. 한 때 나귀 턱 뼈로 천 명을 쳐 죽이던 그의 힘과 능력은 온데간데없이 사라졌고 우상을 섬기며 하나님을 대적하는 블레셋은 큰 축제를 벌이기에 이르렀다. 삼손이 이스라엘의 사사로, 그리고 나실인으로서 구별되어 태어났음에도 불구하고 신앙적, 역사적 사명과 무관한 개인적인 이유로 블레셋을 공격해 얻었던 그간의 승리는 이제 사사로운 감정에 휘말린 그 자신으로 인해 다 지난 일이 되고 말았다. 그러나 이런 배경에도 불구하고 본문의 시작은 그의 머리털이 다시 자라기 시작했다고 명시하고 있는데 이는 하나님의 구원역사가 아직 끝나지 않았음을 암시하는 장치로서의 역할을 한다.

한편 본격적인 본문의 시작은 분명히 블레셋 사람들의 잔치다. 이 잔치에 모인 이들을 나타내는 'סֶרֶן'은 왕이나 군주와 같은 절대 권력자들을 지칭하는 단어로서 삼손을 사로잡은 일이 국가적으로 얼마나 큰 의미의 일이었는지 유추할 수 있게 한다. 또한 삼손을

나타내는 'אוֹיְבֵינוּ'에는 복수형 대명접미사가 쓰여 있어 두 가지 함의를 보여주고 있는데 첫째는 삼손이 개인적 차원을 넘어 '우리'라는 말로 번역된 블레셋 백성의 국가적 원수였다는 점과 둘째는 '엘로힘'과 같이 신적 존재를 복수 명사로 표기한 전승에 근거할 때 삼손이 그들에게 엄청난 두려움을 끼치는 대상이었다는 점이다. 감당할 수 없을 정도로 큰 힘을 지닌 자가 자신들의 땅을 황폐하게 하고 형제를 죽인 일을 생각해보면 삼손은 그야말로 원수요 그를 포로로 잡은 일이 한 나라의 새 평화로 받아들여진 것은 당연한 일이었을 것이다. 문제는 이 일이 국가 사회적인 일을 뛰어넘는 상징을 담고 있다는 데에 있다. 블레셋 방백과 백성들에게 이런 삼손의 생포는 그들이 섬기는 신 '다곤'의 승리와도 같은 것이었다. 즉, 이스라엘의 사사로서 하나님의 뜻을 삶에 통째로 짊어진 삼손의 패배는 이스라엘의 하나님, 여호와의 실패인 것처럼 보이며 그 이름의 영광을 땅에 떨어뜨리는 일로 이해된다는 것이다. 머리털이 다시 자라는 이 시점에서 사사로서 삼손은 절망적인 스스로의 모습을 바라보며 무슨 생각을 하고 있었을지 아직 본문은 가르쳐주지 않는다. 오히려 블레셋 백성의 즐거움과 기쁨과 찬양만이 본문을 덮고 있는 분위기의 흐름이다.

2. 블레셋 사람들의 조롱과 삼손의 요구 (25-27절)

한창 그들의 흥이 고조되었을 때 블레셋 사람들은 대적 삼손을 광대로 삼고 조롱하려는 목적으로 불러낸다. 힘을 잃은 삼손은 도무지 대항할 수 없을 정도로 무기력해져 있고 어떤 반항의 흔적도 없이 오라면 오고 가라면 가는 절대 절망의 신세로 떨어져버렸다. 이런 비참함을 나타내주는 단어로서 'שָׂחַק', 'צָחַק'는 각각 '즐겁게 웃고 조롱하다'와 '악기를 연주하다, 비웃다, 조롱하다'의 유사한 뜻을 지니고 있는데 특히 본문의 'פחצ'는 피엘 동사로서 본래의 뜻을 더욱 강조하고 있다. 70인역에서는 여기에 예수님이 수난 당하시는 장면의 단어를 동일하게 사용함으로서 삼손이 재주 부리는 장면이 그의 의지와 상관없이 얼마나 비참했고 수동적이었는지 드러내준다. 재미있는 점은 지금 삼손이 서 있는 자리가 다곤 신전을 지탱하고 있는 두 기둥 사이 즉 이방 신전의 핵심적 자리라는 것이다. 나실인으로 태어난 그가 여호와 하나님을 예배하는 곳의 중심에 서 있는 장면을 성경 안에서 찾아볼 수 없다는 것을 생각할 때 영적 지도자로서 그가 서 있어야 했을 자리에 대한 안타까움을 더욱 크게 한다.

그렇다면 이제 모든 것이 대적의 승리로 끝을 맺는 것일까. 삼손의 본 마음이 어디에 있었는지는 정확히 알 수 없지만 어쨌든 그는 아직 끝이 아니라고 생각했던 것 같다. 그래서 그는 이 순간 눈 먼 자신을 붙들고 있는 소년에게 신전을 버티고 있는 기둥에 손이 닿게 해 그것에 기대어 쉴 수 있게 해달라고 요구했다. 자신들의 승리를 자축하며 갖가지 향락을 누리며 시끄럽게 떠들었을 블레셋 사람들은 그의 작은 행동 따위는 그리 신경 쓰지 않았을 것이다. 더군다나 놀라운 것은 삼손이 손에 닿게 해달라고 요구했던 그 기둥은 마치 누군가의 계획을 따라 일이 진행된 것처럼 이미 블레셋 사람들이 삼손을 세운 바로 그 자리 양 옆에 있었다는 것이다. 당시 블레셋의 신전은 옥상 형태로 된 넓은 지붕을 두 개의 큰 기둥이 받친 구조로 되어 있었는데 이런 배경에 '블레셋 모든 방백이 거기에 있고 지붕에 있는 남녀도 삼천 명 가량이라.'는 27절의 정황 설명은 22절에서 삼손의 머리털이 다시 자라기 시작했다는 것에 담겨있던 암시가 곧 어떤 사건으로 펼쳐질 것을 예고하는 것 같다. 아무 희망도 없이 내버려진 이 때에도 하나님은 사명자로서의 삼손의 삶을 인도하고 계신 것이다.

3. 삼손의 마지막 기도와 최후 (28-31절)

삼손은 이제 그 하나님을 향해 부르짖는다. 'יִּקְרָא'의 어근인 'קָרָא' 동사는 '소리를 내어 부르짖다'의 의미로서 이 시끄러운 잔치 속에서 삼손이 어떤 간절함으로 여호와를 찾았는지 알게 한다. 특히 두 번이나 반복하여 사용되며 '구하옵나니'로 번역된 'נָא'는 삼손이 특별한 간절함으로 여호와께 호소하고 있음을 보여준다. 그러나 삼손의 이 간절함이 철저히 하나님을 향한 것이라고 보기는 어렵다. 그는 '나를 생각하옵소서', '나를 강하게 하사 …', '원수를 단번에 갚게 하옵소서' 등을 통해 앞이 보이지 않고 수치스러운 광대의 모습으로 적진에 서 있는 자신에 대한 억울함을 토로하고 있다. 반면 그가 여호와를 'אֲדֹנָי' 즉 '나의 하나님'으로 부르고 있다는 것은 주목할 만한 점인데 한 번도 여호와를 그렇게 불러본 적 없는 삼손이기에 이 표현은 생소하게 느껴지면서도 나실인으로서 그의 정체성에 가까이 있는 보기 드문 고백이라고 할 수 있다. 그는 세상을 보는 눈을 잃고 나서야 하나님을 보고, 죽음의 순간에 이르러서야 자신이 평생 지니고 살던 힘의 근원이신 하나님을 주로 고백하고 있는 것이다. 결국 그의 마지막 기도는 아직까지 미완성된 모습으로 남은 삼손을 확인하게 해준다.

이제 본문은 클라이막스에 닿았다. 삼손은 블레셋 신전의 중심에서 두 기둥을 양 손에 붙잡았고 억울함과 복수심이 담긴 마지막 기도 후 온 힘과 생명을 내던졌다. 블레셋에 대한 민족적 사명을 안고 하나님께 붙들린바 살았어야 했던 삼손은 끝까지 그 뜻에 완전히 합하지 못한 모습으로 남았지만 놀랍게도 본문의 장면은 삼손이 이전에 이룬 것보다 훨씬 더 큰 결과로 귀결됨을 보여준다. 이렇게 삼손의 태도와는 상관없이 죽을 때 죽인 자가 살았을 때 죽인 자보다 더욱 많았음은 삼손이 좀 더 나은 사사의 모습으로 하나님 앞에 서서 멋지게 마지막을 장식해주기를 바라는 일반의 기대감과는 조금 달라 보인다. 이 일 후에 삼손의 이야기는 그의 형제와 아버지의 온 집이 다 내려가서 그를 장사한 것으로 마무리 되고 있다. 특별히 '형제'에 해당하는 단어 'אֶחָיו'는 반드시 혈연관계를 지칭하는 것이 아니라 '형제, 친척, 친구, 공동체 구성원' 모두를 통칭하는 의미로 사용되는 것인데 따라서 삼손의 죽음이 그의 가족 뿐만 아니라 이스라엘 백성 전체에게 기억될만한 것이었음을 드러내려는 것으로 이해할 수 있다. 나실인이지만 인생의 많은 시간을 정욕에 이끌리어 거룩한 구별됨을 저버렸던 삼손의 삶, 그리고 그의 억울함 가득한 마지막 복수의 기도에도 불구하고 하나님은 그가 이스라엘의 사사로서 기억되는 것을 허락하시고 삼손을 불러 세우신 당신의 영광을 우상에게 넘기지 않으셨다.

V. 통전적 해석

【논지】 이 본문은 정욕에 휩싸여 사명을 놓치고 포로된 나실인 삼손이 지도자로서 마지막까지 완전하게 서지 못했음에도 불구하고 하나님의 도구로 쓰임 받아 민족의 영웅으로 남은 사건을 통해 죄에 대한 경각심은 물론 부르심 안에 담긴 하나님의 주권을 깨우쳐 주는 본문이다.

1. 죄로 인한 지도자의 넘어짐은 하나님의 권위를 흔들 만큼 비참한 결과로 이어질 수 있다.

삼손은 영적 지도자로 부름 받아 이스라엘을 이끌어야 하는 엄청난 사명에도 불구하고 들릴라를 향한 인간적 사랑과 스스로의 정욕에 이끌리어 생각지도 못한 비참한 최후를 맞이하게 되었다. 모든 백성이 자기의 소견대로 행하여 왕도 없고 율법도 무시되던 시대에 세워진 한 나실인의 가치는 이스라엘 백성뿐만 아니라 하나님 편에서도 무엇과 바꿀 수 없을 만큼 큰 것이었을 것이다. 그러나 안타깝게도 삼손은 하나님께서 구별하여 세우신 자신의 정체성을 가벼이 여기어 이전에 '내 것' 같았던 힘을 모두 상실하고 말았고 숱한 여인을 바라보며 만족해하던 그의 눈은 이제 뽑히어 없게 되었다. 고대 사회에서 '마음의 중심'과 별반 다르지 않게 이해되던 '눈'이 뽑혔다는 것은 늘 자신만만하던 삼손의 마음 자체의 죽음이라고 해도 과언이 아닐 것이다. 그렇게 하나님이 세우신 한 영적 지도자가 자신의 정욕으로 말미암아 무너지고 포로가 되어 옥에 갇혀있는 동안 적대 세력인 블레셋이 우상 숭배를 위한 제사와 잔치를 벌이고 있는 모습을 보라. 얼마나 통탄할만한 일인가. 이는 블레셋 민족의 평화 회복을 자축하는 잔치임과 동시에 그들의 신 다곤의 승리에 대한 찬양 제사이기도 했다. 이스라엘의 사사로 하나님의 뜻을 삶에 짊어진 삼손의 패배가 곧 블레셋의 평화요 다곤의 승리를 상징하는 것이 된 셈이다. 다만, 다시 자라기 시작한 그의 머리털(22)이 아직 끝나지 않은 하나님의 구원 역사에 대한 한 줄기 소망으로 남아있다.

사역의 자리에서 영적 지도자로서 부름 받아 섰을 때 하나님이 주신 은사와 능력이 언제나 내게 머물 것이라는 착각은 그것을 익숙하게 누려온 하나님의 종들에게 너무도 걸려들기 쉬운 덫이다. 블레셋에 대항하여 누린 몇몇의 승리들처럼 사역의 열매에 길들여지고 사람들에게 인정받기 시작하면 더욱 자신을 빛나게 하는 도구로 그 능력을 사용하려는 유혹에 던져지기 십상이고 자신의 정욕에 이끌리어 넘어지는 일이 자기도 모르는 새 일어나기 때문이다. 그러나 그것을 내게 허락해 주신 하나님의 목적과 지도자로서의 부르심을 망각한 채 삶을 지속한다면 삼손이 포로로서 눈이 뽑히고 조롱의 대상으로 전락한 것과 같이 그 끝은 개인에게 있어서 상상할 수 없을 만큼 무서운 결과를 낳고 만다. 또 그 뿐 아니라 공동체의 위기로, 그리고 세우신 하나님의 권위를 흔드는 위기로 이어지게 된다. 사역자로 세워진 지도자들이 하나님 앞에 구별되어 세워진 목적과 이유를 늘 되새길 수만 있다면 좋겠지만 실패의 가능성이 인간 안에 있음도 부인할 수 없으므로 죄에 대한 경각심을 놓지 않고 깨어있는 것이 필수적일 것이다.

2. 그러나 마지막으로 여겨지는 죽음 직전의 순간도 하나님 뜻 안에서는 아직 끝이 아니다.

본문에서 포로로 끌려간 삼손은 블레셋의 잔치 자리에 광대로, 조롱거리로 불려 세워졌다. 영적 지도자로서 하나님을 예배하는 성전의 중심에도 서보지 못했던 그가 대적의 우상을 섬기는 신전의 중심에 서 있게 된 것이다. 삼손이 스스로 하나님을 예배하는 자리를 사모하거나 그것에 대해 고민한 흔적 따위는 전혀 나타나지 않지만 오히려 그렇기 때문에 이 자리가 더욱 비극적으로 다가온다. 눈을 잃어 그 곳이 어디인지 정확히 인지할 수는 없었겠지만 시끄럽고 혼란스러운 블레셋 사람들의 웃음소리 속에서 이미 삼손은 본인이 블레셋 방백들 한 복판에 서 있음을 알았을 것이다. 게다가 그들 앞에서 재주를 부리며 온갖 조롱을 당해야 했으니 그의 마음이 감당해야 했을 절망과 분노를 무엇으로 다 말하랴. 이대로 스스로 목숨을 끊는 것이 이 절망감에서 도망치는 가장 빠른 방법이라 해도 할 말 없을 그 순간에 삼손이 자신을 붙드는 소년에게 요구한 것은 신전 기둥에 기대어 쉬게 해달라는 것이었다. 재미있는 것은 이미 삼손이 끌려 나와 세워진 그 자리가 신전의 두 기둥 사이였다는 점이다. 앞이 보이지 않아 자기가 선 자리를 알지 못했을 그가, 구하는 바로 그 자리에 이미 세워져 있던 모습은 한 켠에서 미리 계획된 하나님의 이끄심을 생각하게 한다. 완전한 패배감과 절망, 수치 속에 던져진 그 때에도 하나님은 그 인생 마지막에 준비하신 무언가를 서서히 열고 계신 것이다.

삼손은 깨닫지 못하고 있었을지언정 이루 말할 수 없는 절망과 실패감에 빠져 큰 위기를 겪는 그 순간에도 지도자로서 우리는 스스로가 처한 상황 그 너머에서 여전히 일하고 계신 하나님을 신뢰해야 한다. 그리고 그 신뢰를 토대로 마지막 힘을 다해 최선의 일을 계획하고 추진해야 한다. 설령 조롱의 소리가 귀를 따갑게 하고 이전에 상상하지 못한 두려움이 엄습할지라도 어떤 하나님의 음성도 들리지 않고 내게 있던 힘이 돌아올 기미조차 보이지 않더라도 하나님의 뜻은 처음부터 내 손이 닿는 지경, 그보다 훨씬 위에 있는 것이다. 그러므로 나의 감정과 욕망에 이끌려 얻은 결과가 얼마나 치명적이있는지 기억하고 나의 마시막이 하나님의 마지막은 아니라는 믿음을 끝에 가까울수록 더욱 놓치지 말아야 한다. 그 믿음으로 계획하고 추진할 때 하나님의 도우심이 그 위에 있다.

3. 죄로 인해 무너지고 여전히 불완전한 지도자를 통해서도 하나님은 당신의 부르심을 완성하시고 도구로 사용하신다.

준비를 끝낸 삼손은 이제 이전에는 없던 간절함으로 여호와께 부르짖으며 기도한다. 한 때 이스라엘을 이끄는 영적 지도자로서 구별되어 부름 받은 그가 이렇게 수치스러운 모습으로 외치며 기도하는 장면은 눈시울이 붉어질 만큼 가슴 찢어지는 부분이다. 또한 그렇기에 이 순간 기도의 간절함이 더욱 큰 것이기도 하다. 그러나 '구하옵나니 … 구하옵나니 …'를 반복하고, 하나님의 강함에 전적으로 의지하는 것이 아니라 '나'의 강함을 구하며 원수를 갚게 해달라는 그의 기도(28)를 볼 때 이 간절함은 힘을 잃고 포로로 묶인 처지에 대한 억울함과 블레셋 민족에 대한 복수심에 기인했을 가능성이 크다. 물론 삼손이 이전에 없던 고백으로 '나의 하나님'을 부르며 힘의 근원 되신 하나님의 도우심을 구하는 모습이 여호와의 주권 앞에 서있는 그의 태도를 보여준다는 점에서 고무적이긴 하지만 절망적 상황에서 억울함과 복수심으로 가득 차 있는 그의 심성에서 나온 기도로 그의 마음 중심의 변화를 확증하기엔 무리가 있다. 결국, 아직까지도 지도자로서 신앙의 완전함은 사사 삼손 안에서 발견되지 않는다.

한편 삼손은 생명을 내걸고 그의 마지막 힘을 쏟아 부으며 최후를 맞이했다. 신전을 버티고 있는 두 기둥, 블레셋의 영적 버팀목을 드디어 삼손이 양손에 쥐게 되었다. 놀라운 것은 이 순간 하나님의 능력이, 일어버렸던 힘이 그의 두 손에 회복되어 있다는 점이다. 그의 기도가 응답된 것이다. 이전의 힘을 잃은 삼손이 자기의 두 눈을 뺀 블레셋에게 복수하기 위해 주를 찾은 기도가 완전하지는 않았지만 하나님은 자기를 향해 부르짖고 '나의 하나님' 되심을 고백하는 순간 삼손을 향한 부르심을 기억하고 강권적 능력을 다시 허락하셨다. 결국 삼손은 인생의 마지막에 찾아온 절망의 순간에 본인의 의도와 상관없이 하나님과 이스라엘을 새롭게 하는 역전의 도구로 쓰임 받았고 그 열매는 이전의 어떤 것보다도 컸다. 이스라엘 민족과 하나님의 이름을 실추시킨 지도자로서 기록될 뻔한 그의 죽음을 하나님은 가족뿐만 아니라 민족 전체가 기억할만한 이스라엘의 사사의 빛나는 최후로 바꾸신 것이다.

죄로 인한 실패와 절망 속에서 영적 지도자가 겪게 되는 시험과 좌절은 이루 말할 수 없다. 때로는 삼손처럼 자신의 정체성조차 온전히 깨닫지 못하고 인생의 마지막 순간까지 '나'의 강함을 구할 만큼 능력의 근원되신 하나님으로부터 초점이 흐려질 수도 있다. 하지만 중요한 것은 죄로 인해 무너지고 여전히 불완전한 지도자 조차도 하나님은 포기하지 않으시고 도구로 사용하시며 당신의 부르심을 완성하신다는 사실이다. 그러므로 늦지 않았다. 하나님이 포기하시지 않은 일을 우리가 먼저 포기하는 것은 자기의 복수심으로 하나님을 포기하지 않은 삼손의 태도보다도 못한, 여전히 하나님의 주권 앞에 내어드린 바 되지 않은 죄의 본성이다. 부르신 하나님이 친히 이루신다는 믿음을 놓치지 말아야 한다. 온전하지 않은 삼손의 기도를 통해서도 당신의 이름과 영광을 회복하시고, 이전과 비교할 수 없는 응답과 열매를 통해 사사 삼손의 이름까지 이스라엘 중에서 기억하게 하신 그 하나님이 우리를 이 시대의 영적 지도자로 불러 세우신 바로 그 하나님이시기 때문이다. 그것이 곧 실패한 지도자로 우리를 낙인 하던 사람들과 하나님 앞에서 옳다 인정함을 받는 지도사로서 우리를 새롭게 하는 길이 될 것이다.

VI. 결론

삼손은 나실인으로서 구별되어 태어나 모두가 자기의 소견대로 행하는 혼란기 이스라엘의 영적 지도자로서의 사명을 받았다. 그러나 그는 자신의 사명을 잊은 채 순간적인 감정에 기대어 살았고 그의 인생을 이끌어온 동기는 대체로 여자와 관련된 개인의 정욕이었다. 결국 삼손은 자신을 사사로 구별해 주는 나실인으로서의 비밀을 이방 여인에게 털어놓은 후 힘을 잃고 블레셋의 포로가 되었다. 굴욕적으로 두 눈이 뽑히고 하나님의 이름의 권위마저 실추시킨 그의 실패에 블레셋은 자신들의 우상인 다곤을 찬양하며 기뻐했고 삼손을 희롱의 대상으로 삼았는데 이 때 삼손은 자신의 처지에 대한 분노와 복수심으로 다시 자기의 힘을 회복해주시기를 구하고 사실상 처음으로 '나의 하나님'을 부르며 간절히 기도했다. 놀랍게도 하나님은 삼손의 온전하지 못한 신앙 상태와 개인적인 복수에 근거한 간구에도 불구하고 이 기도에 응답하셨고 힘을 회복시켜주셔서 사용하심으로 살아있을 때보다 더 많은 블레셋인들을 치게 하셨다. 이후 삼손의 온 가족과 이스라엘은 그의 시체를 직접 찾았고 그의 아버지 마노아의 장지에 장사했다.

정욕으로 인한 실패와 포로로 묶인 바 되어 대적의 한 가운데 던져진 삼손의 절망은 죄의 사슬에 얽매여 하나님의 영광을 드러내지 못하고 실패감에 사로잡혀 있는 이 시대의 많은 영적 지도자들의 절망과 별반 다르지 않다. 주의 종으로 부름 받고 나선 길에서 포기해야 했던 수많은 것들은 때로는 억울한 미련이 되어 하나님을 향해 부르짖게 하고 때로는 떼를 쓰듯 당신의 도우심을 구하게도 한다. 본문은 이렇게 약한 마음으로 무너지고 실패한 지도자들에게 다시 한 번 진리를 깨우치며 부르심의 회복을 촉구하고 있다. 먼저 본문은 하나님의 부르심을 잊고 정욕에 이끌리어 소진하는 삶이 얼마나 처절한 대가를 치르게 하는지 보여준다. 사사 시대의 나실인으로 하나님의 선택이라는 엄청난 축복을 안고 태어났지만 그것에 대한 감격도 감사도 소명 의식도 없이 잘못된 동기에 따라 삶을 소비하고 결국 결정적인 실수로 엄청난 수치를 경험하게 된 삼손의 모습은 부름 받은 영적 지도자들이 죄에 대하여 어떤 민감함으로 깨어있어야 하는지 무섭게 경고하고 있다. 그러나 마지막으로 여겨지는 이 절대 절망의 순간이 하나님의 뜻 안에서는 아직 끝이 아닐 수 있음도 본문이 보여주는 교훈 중 하나다.

삼손이 마지막 순간에 자기를 붙드는 소년에게 다곤 신전의 기둥에 기대 쉴 수 있게 해달라고 요구할 때도 하나님은 그를 주목하고 계셨고 도울 준비가 되어있으셨다. 우리에게는 이것을 믿는 믿음과 그 믿음 위에서 계획하고 추진하는 태도가 필요하다. 마지막으로 죄로 무너진 그리고 여전히 불완전한 자를 통해서도 하나님은 그 부르심을 완성하시고 일하실 수 있다는 것을 본문을 통해 기억해야 한다. 우리의 이기적인 기도까지도 당신의 영광을 위한 도구로 바꾸시고 그 가운데 우리를 세워주시는 분이 하나님이신 것을 기억하고 끝나지 않은 부르심 앞에 다시 서야 한다.

영적 지도자로서 삼손은 엄청난 수치를 겪은 죽음 직전의 순간까지도 완전한 신앙의 태도를 보여주지는 못했다. 하지만 그런 그의 모습에도 불구하고 당신의 이름과 주권을 빼앗기지 않으시는 하나님의 열심이 우리를 영적인 지도자요 나실인으로 부르신 하나님의 뜻 안에 동일하게 있다. 그러므로 먼저는 죄에 대하여 깨어 올바른 지도자로 소명의 길을 걷되 행여 실패하여 무너진 순간이 온다 할지라도 끝나지 않은 하나님의 부르심 앞에 다시 서서 도전하도록 하자. 하나님은 회복하실 것이고 영적 지도자로서 우리에 대한 세상의 기억 또한 새롭게 하실 것이다.

(2) 보고서 평가

1) 논지가 명쾌하게 전개된 편이다. 세 가지 해석은 다음과 같다. ① 죄로 인한 지도자의 넘어짐은 하나님의 권위를 흔들만큼 비참한 결과로 이어질 수 있다. ② 그러나 마지막으로 여겨지는 죽음 직전의 순간도 하나님 뜻 안에서는 아직 끝이 아니다. ③ 죄로 인해

무너지고 여전히 불완전한 지도자를 통해서도 하나님은 당신의 부르심을 완성하시고 도구로 사용하신다.

2) 다른 보고서들에 비하여 이 보고서의 특징은 해석 1을 조롱받는 삼손으로부터 시작한다는 것이다. 머리가 자라는 것을 통하여 회복으로부터 시작한다면, 이 삼손 이야기의 회복이 단조롭게 반복될 위험이 있기 때문이다. 삼손이 아이에 이끌려 기둥을 찾을 때까지 비극은 계속 되기 때문에 머리칼이 자라는 희망은 좀 더 지연을 시켜서 뒤의 자료와 합할 때 힘을 발할 수 있다. 그래서 해석 1은 지도자의 넘어짐이 초래한 비극적인 결과를 음미하는 시간을 갖는다. 눈이 뽑히고 조롱의 원인을 깊이 자각하도록 촉구하며 "죄에 대한 경각심"을 제공하는 효과를 갖는다.

3) 해석 2에서는 삼손이 "완전한 패배감과 절망, 수치 속에 던져진 그 때에도" 하나님은 사역을 준비하신다는 역설적인 서술이 돋보인다. 해석 1에서의 죄에 대한 경고와 조롱의 연속선상에서 해석 2를 진행하면서 인간이 예기치 않은 방법으로 일하시는 하나님을 기대하게 만든다.

4) 해석 3이 돋보이는 것은 다른 학생들이 해석 2에서부터 시작하였기 때문에 해석 3을 둘로 나누어 삼손의 기도와 하나님의 사역으로 나누어 전개하였는데, 이 글에서는 부족한 삼손과 하나님의 사역을 합하여 배치시키면서 전개하였기에 집중력의 효과가 더 크다는 것이다. 삼손의 기도의 이중성을 통하여 본문의 역설적인 문맥을 드러낸다. "삼손이 이전에 없던 고백으로 '나의 하나님'을 부르며 힘의 근원 되신 하나님의 도우심을 구하는 모습이 여호와의 주권 앞에 서있는 그의 태도를 보여준다는 점에서 고무적이긴 하지

만, 절망적 상황에서 억울함과 복수심으로 가득 차 있는 그의 심성에서 나온 기도로 그의 마음 중심의 변화를 확증하기엔 무리가 있다." 삼손은 실패한 존재이지만, 하나님의 도구로 사용되었기에 삼손과 같은 실패가운데 있는 자들에게는 소망이 될 수 있다. 이 마지막 부분에서 우리는 삼손을 향한 촉구가 죄를 합리화 시키는 것이 아니라 실패에도 불구하고 좌절하지 않고 나아가게 만드는 메시지로 읽을 수 있다.

5) 이 보고서에서 결론이 아주 감동적이다. 물론 해석을 요약하였지만, 이 해석은 건조한 요약에 머물지 않고 감동을 선사한다. 그는 "죄의 사슬에 얽매여 하나님의 영광을 드러내지 못하고 실패감에 사로잡혀 있는 이 시대의 많은 영적 지도자들"을 향하여 다음과 같이 결론을 맺는다. 이 결론이 핵심적인 케리그마를 전하는 효과를 제공한다고 볼 수 있다. "영적 지도자로서 삼손은 엄청난 수치를 겪은 죽음 직전의 순간까지도 완전한 신앙의 태도를 보여주지는 못했다. 하지만 그런 그의 모습에도 불구하고 당신의 이름과 주권을 빼앗기지 않으시는 하나님의 열심이 우리를 영적인 지도자요, 나실인으로 부르신 하나님의 뜻 안에 동일하게 있다. 그러므로 먼저는 죄에 대하여 깨어 올바른 지도자로 소명의 길을 걷되 행여 실패하여 무너진 순간이 온다 할지라도 끝나지 않은 하나님의 부르심 앞에 다시 서서 도전하도록 하자. 하나님은 회복하실 것이고 영적 지도자로서 우리에 대한 세상의 기억 또한 새롭게 하실 것이다."